倾谈录

深度对话鲁奖作家

舒晋瑜 著

作家出版社

图书在版编目（CIP）数据

倾谈录：深度对话鲁奖作家 / 舒晋瑜著．-- 北京：作家出版社，2024.1

ISBN 978-7-5212-2468-9

Ⅰ．①倾… Ⅱ．①舒… Ⅲ．①作家-访问记-中国-当代 Ⅳ．①K825.6

中国国家版本馆 CIP 数据核字（2023）第 157652 号

倾谈录：深度对话鲁奖作家

作　　者：舒晋瑜
责任编辑：李亚梓
封面设计：琥珀视觉
出版发行：作家出版社有限公司
社　　址：北京农展馆南里 10 号　　　**邮　　编：**100125
电话传真：86-10-65067186（发行中心及邮购部）
86-10-65004079（总编室）
E-mail: zuojia@zuojia.net.cn
http://www.zuojiachubanshe.com
印　　刷：唐山嘉德印刷有限公司
成品尺寸：152×230
字　　数：400 千
印　　张：29
版　　次：2024 年 1 月第 1 版
印　　次：2024 年 1 月第 1 次印刷
ISBN 978-7-5212-2468-9
定　　价：58.00 元

作家的知音

刘庆邦

一般来说，作家比较敏感，自尊，内向。长期写作，使他们习惯了进入自己的内心，日复一日地自己和自己对话，而不大愿意和别人对话。偶尔说点儿家常话还可以，他们尤其不爱说关于文学方面的话题，一提文学，好像触到了他们的隐私，顿时显得有些警惕，甚至有些抵触，一句话都不愿多说。在一次作家代表大会期间，北京一家颇有影响的报纸的记者，打算专访一下王安忆，让王安忆谈谈文学创作方面的情况。记者大概担心会遭到王安忆的拒绝，没敢贸然直接和王安忆联系。记者的父亲也是一位作家，记者知道他父亲跟我相熟，而我和王安忆比较熟悉，就让他父亲找我，我再找王安忆，看看王安忆能不能接受他的专访。这样拐弯抹角，有点“托关系”的意思，可见当记者也不容易。

然而这事儿让我有些犹豫，首先我自己就不愿意接受采访。现在多种形式各个层级的媒体那么多，有千家万家，人家让你说吧说吧，你不说有点少，一开口便是多，得到的只能是不安和失落。每次答应接受采访，对我来说都是一种心理负担，会让我紧张好几天。将心比心，我想王安忆也是一样，为保持安静，她不会轻易接受任何一家媒体的采访。可朋友托到我，我不跟王安忆说说也不好，就打电话把朋友的意思对王安忆说了。王安忆像是犹豫了一下，还是说：我看算了吧。她给出的理由是：媒体总是没完没了，受不了！

绕了一个弯子，现在该说到舒晋瑜的文学访谈了。舒晋瑜也是一位记者，她凭什么就采访到了这么多包括王安忆在内的重量级作家呢？她的访谈为什么总是那么深入、丰富和精彩呢？我想这不仅在于舒晋瑜所供职的媒体平台高一些，专业性强一些，关键还是舒晋瑜以诚恳、尊重、虚心和学习的态度，赢得了作家的好感和信任，作家们才向她敞开了心扉。当作家的大都不爱多说话，并不是他们无话可说，相反，每一个勤学善思的作家都有一肚子两肋巴的话要说。作家们也不是不会说话，他们每个人都有自己的语言系统，不鸣则已，一鸣即有独特的表达。饭端给饥人，话说给知人，他们在等待，在选择，等待能倾听他们说话的人，选择能和他们双向交流的人。或者说如“众里寻他千百度”，他们在寻找知音。这时，舒晋瑜走过来了，舒晋瑜微笑着走过来了。他们把舒晋瑜辨认了一下，心说是她，就是她。以前，他们大都读过舒晋瑜所写的访谈，在报纸上看见过舒晋瑜作为访谈栏目主持人的头像，也在口口相传中听说过挑剔的作家们对舒晋瑜的认可，及至见到舒晋瑜，他们生出一种终于对上号了的感觉，于是就坐下来，就访，就谈，不知不觉间，山高水长，星光闪烁，他们一谈就谈远了。

千万不要以为舒晋瑜的访谈来得轻而易举，不费功夫，我宁可相信，舒晋瑜做访谈也不容易，也遇到过困难，甚至付出了很大辛苦。每访问一位作家，她都要事先把功课做足，把准备工作做充分。台上一分钟，台下十年功，这话对舒晋瑜也适用。她的第一部访谈录是《从头说起——舒晋瑜文学访谈录》。让人家“从头说起”，她读人家的作品也得从头读起。每访问一个作家，她起码要把那个作家的全部作品读一遍。须知像张炜、贾平凹等勤奋的作家，他们著作等身，作品的量都很大，舒晋瑜须一一读来，才能做到心中有数，对谈时才不会掉底子。舒晋瑜的阅读，不是那种“完成任务”式的读法，如沈从文所说，“照我思索，能理解我；照我思索，能认识人”，舒晋瑜通过阅读作家的大量作品，既深入到作品的内部世界，也贴近作家本人的心灵世界，力求做到识了作品又识人，把作品和作家的真正个性令人信服地呈现给读者。我注意到，无论是《从头说起》《以笔为旗——军旅作家访谈录》还是《深度对话茅奖作家》《深度对话鲁奖作家》《风骨：当代学人的追忆与思索》，在每一篇访谈录前面，舒晋瑜都有一段“采访手记”，手记不长，却言简意赅，准确有力，颇有些“一剑封喉”的效果。比如她记阿来，说阿来“有一股子拧劲儿”。比如她记贾平凹：“写作前他要焚香，对于文学的虔诚使他始终保持敬畏之心。”一句话或几句话，就勾勒出一位作家，朋友们看看，舒晋瑜是不是真的很厉害！

我很喜欢看舒晋瑜所做的访谈，只要见报纸上载有舒晋瑜和作家的对谈，眼前一亮，定会把报纸留下来仔细拜读。自己写作四十多年，我和我国的知名作家们差不多都认识，可我们见面时，开会、吃饭、喝酒的时候多，很少深入地谈文学。是舒晋瑜让他们开金口，谈文学，我想看看他们谈了些什么。文学目前的问题无非是生活、思想、天赋、创新、走出去，还有青年与网络、梦想与现实、体制与自由、长篇与短篇、小说和影视的关系等。对这些问题，我都有自己的看法。我的私心是，想看看作家同行们的观点和我的观点有什么不一样的地方。不是自吹，他们对诸多问题的观点和我基本一致。比如阿来对网络文学的看法，不仅完全和我相同，连表述用语几乎都是一样的，不免让人窃喜。有些访谈我不是看一遍就完了，还放在书柜里保存下来。舒晋瑜对莫言和韩少功的访谈，我就作为资料一直保存着。现在有了舒晋瑜的访谈录，保存起来就更方便，也更全面。我个人认为，不论是文学价值，还是文史价值，这些书都值得长期珍藏。随着时间的推移，它的价值会越来越高。

舒晋瑜文学访谈录之所以成为《中华读书报》的一个名牌栏目，不仅在于她是一位好记者，还是一位好作家。也就是说，她不仅是一位记录者，还是一位创作者。除了以上提到的三部访谈录，她还出版过散文集《旭光晨韵》，写过诸多文学评论。更让人欣喜的是，她还给济南出版社主编了一套“麒麟中国新文学少年读本”丛书，丛书包括汪曾祺、宗璞、肖复兴、赵丽宏、黄蓓佳的作品集，还有我的一本短篇小说集《红围巾》。丛书选篇严格，编辑精细，装帧精美，着实让人喜爱。我也当过二十多年编辑、记者，知道“绝知此事要躬行”的道理，在做好本职工作的同时，我从没有放弃文学创作。世界上许多东西，我们听说了，看见了，知道了，并不等于变成了我们自己的东西。只有在实践中遇到了问题，又在实践中解决了，才会真正变成自己的东西。不难预期，谦逊纯朴、知行合一的舒晋瑜，一定会写出、编出更多的好书。

目录

短篇小说奖

中篇小说奖

散文杂文奖

诗歌奖

报告文学奖

文学理论评论奖

文学翻译奖

短篇小说奖

与时代同行，为生民立传

徐坤 1965年3月出生于沈阳。作家，文学博士。现任中国作家协会《小说选刊》杂志主编，中国作家协会全委会委员，享受国务院特殊津贴专家，全国宣传文化系统“四个一批”文化名家。已经发表各类文体作品五百多万字，出版《徐坤文集》八卷。代表作有《先锋》《厨房》《狗日的足球》《神圣婚姻》等。曾获老舍文学奖、中宣部“五个一工程”优秀长篇小说奖、庄重文文学奖以及《人民文学》《小说月报》等文学期刊优秀作品奖三十余次。长篇小说《野草根》被香港《亚洲周刊》评为“2007年十大中文好书”。部分作品被翻译成英、德、法、俄、韩、日、西班牙语。短篇小说《厨房》获第二届鲁迅文学奖。

采访手记

“一直是短发，戴一副不断变换样式的眼镜，仔细看，她的短发讲究，总需要及时修理，打扮得利落而入时。她酒量大、酒品好，任何时候都是体面地坐在那里，比男子更有气魄……”

在作家邱华栋简笔素描式的勾画中，徐坤就这么生动地跃入眼帘了。印象中，徐坤总是笑眯眯的，说话不疾不徐，让人如沐春风。但是她的文字与思想日渐成熟，作品也在逐渐走向阔大与深沉。

徐坤是在写作中成长的。她评价自己年轻时的文章很幼稚，但有激情，敢冲撞，想当前锋，想射门，有快感；年老时的文章，技术纯熟，但倦怠，围着球门子转，兜圈子，看热闹，就是不往里进球，知道射门以后会有危险后果出来。

尽管这么说，她的作品还是陆续与读者见面了。2022 年，八卷本的《徐坤文集》记录了徐坤从事文学创作三十余年的旅踪展痕。文集囊括了徐坤的长篇小说四卷，中短篇小说两卷，散文及学术论著各一卷。徐坤将自己的第一部文学评论著作命名为《双调夜行船》，想必是因为学者和作家的双重身份。文学创作起步时，她还是中国社会科学院亚太所的一名青年科研人员，短短两年时间，《白话》《呓语》《先锋》等中篇小说的问世，使她一度成为文坛熠熠生辉的明星。她研究女性主义文学批评，犀利地透视世纪末人文精神的衰落，叩问知识分子的灵魂，探寻欲望与挣扎背后的心灵，也温情款款地书写亲情、友情和爱情。

2022 年年底，徐坤又出版了长篇小说《神圣婚姻》，是一部带有鲜明的徐坤风格的作品。读完之后，你会觉得，徐坤又回来了，那个写《厨房》《狗日的足球》的徐坤，那个洒脱智慧的徐坤，给我们讲述新时代的北京故事，讲得神采飞扬，讲得酣畅淋漓。小说探讨的主题切近生活肌理，不仅写出了知识分子的坚守，也写出了对市民阶层与城市精英、知识分子与海归青年遭遇的审视。小说融入了她丰富的生活经验、生命体验，富有魅力的叙述语言，张弛有度又简洁凝练的叙事风格。这也是她认真思考、呕心沥血打造的一部符合新时代特征的长篇，篇中每个人物小传，她都写下了几万字的笔记。

她希望充当寻常百姓的代言人，为生民立传，同时也希望能真实记录自己所生活的这个时代，记录世事迁徙和风起云涌的变革，以及其中的人心嬗变。

作家王蒙曾称徐坤为“女王朔”，其先锋姿态与女性视角令人耳目一新

问：您曾说过对自己影响最大的是随社科院同行下乡锻炼的那一年，回来就按捺不住地要写小说。能具体谈谈是怎样的影响吗？

徐坤：二十世纪九十年代初，我刚毕业进中国社会科学院工作，一身学生气，带着年轻人成长过程中普遍的叛逆和冲撞精神。八十年代的结束和九十年代的开始，对于中国的改革开放进程来说，是一段非常特殊的历史时期。刚参加工作不久，我就随社科院的八十几位博士硕士一起到河北农村下放锻炼一年。远离城市，客居乡间，忧思无限，前程渺茫。在乡下的日子里，我们这群共同继承着八十年代文化精神资源的二十来岁的青年学子，经历浅，想法多，闲暇时喜欢聚在一起喝酒清谈，读费孝通的《乡土中国》，看昆德拉的《生命中不能承受之轻》，播放中关村淘回来的各种国外艺术片，在高粱玉米深夜的拔节声中，在骤雨初歇乡村小道咕吱咕吱的泥泞声里，凌虚蹈空探讨国家前途和知识分子命运，虽难有结论却兴味盎然。回城以后，这个小团体就自动解散，然而，在乡下探讨的问题以及与底层乡村民众打交道时的种种冲突和遭际却一直萦绕我心，挥之不去。终有一天，对世道的焦虑以及对于前程的思索，催使我拿起笔来，做起了小说——相比起“板凳要坐十年冷”的做学问方式，激情与义愤喷发的小说更能迅捷表达作者的情绪。

问：中篇小说《白话》让您一举成名，《中国作家》《人民文学》《当代》等刊物几乎同一时间刊发您的系列小说。您如何评价那一时期的创作风格？

徐坤：在1993—1994两年间，我以《白话》《先锋》《热狗》《斯人》《呓语》《鸟粪》《梵歌》等一系列描写知识分子的小说登上文坛，文化批判的锋芒毕现，又都是发表在《中国作家》《人民文学》《当代》这三家大刊物上的，立即就引起了读者和批评家的广泛关注。年轻时的写作，十分峻急，仿佛有无数力量催迫，有青春热情鼓荡，所有的明天，都是光荣和梦想。仿佛可以乘着文字飞翔，向着歌德《浮士德》中"灵的境界"疾驰。

问：《先锋》刊发于1994年第6期《人民文学》时，评论家李敬泽首先以"欢乐"形容它，说"如果说以艰涩的陌生化表现世界并考验读者曾是一种小说时尚，《先锋》对世界、对读者却摆出了亲昵无间的姿态"。评论和作品相得益彰，读来特别过瘾。您还记得当时作品发表后的情景吗？

徐坤：相当激动！接到通知稿子采用后，就天天等着《人民文学》第6期出刊。那时我在社科院亚太所工作，住在学院路，总去学院路的五道口新华书店看看杂志到了没有。前一次去五道口书店还是排队去买《废都》。5月底的一天，终于看到了有卖，只剩下一本了。赶紧买下来，拿起杂志一翻，哇！第6期整个卷首语都说的是《先锋》啊！天哪！我只是个新人哪！我还是第一次上《人民文学》啊！我是投稿过去的啊！跟他们一个人也不认识啊！这是谁写的啊！这么会写，表扬得这么的好！激动得我啊，立刻，骑着自行车就直奔了王府井新华书店，因为知道那里的书报杂志到得多。十多公里的路，没多久就骑到了，也不觉得远。到了王府井书店，一下子买光了店里的三十本刊物！那时的杂志是三块钱一本，花了我九十块钱，差不多是一个月的工资。

问：那时候人们对文学的虔诚和激情，很令人羡慕啊！

徐坤：是啊！那期的卷首语，我几乎是能够背下来，还曾一笔一画抄到了本子上。后来才知，是个跟我一般大的年轻人写的，叫李敬泽，刚升任了小说组的主任。那是他写的第一篇卷首语，“《先锋》是欢乐的；如果说以艰涩的陌生化表现世界并考验读者曾是一种小说时尚，《先锋》对世界、对读者却摆出了亲昵无间的姿态。它强烈的叙述趣味源于和读者一起开怀笑闹的自由自在；它花样百出的戏谑使对方不能板起面孔……”寥寥六百字，将近三十年，关于《先锋》的评论也有千百篇了，我认为竟没有一篇能超过它。

问：王蒙先生说您“虽为女流，堪称大‘侃’；虽然年轻，实为老辣；虽为学人，直把学问玩弄于股掌之上；虽为新秀，写起来满不论，论起来云山雾罩，天昏地暗，如入无人之境”。您是怎样理解的？

徐坤：那是王蒙老师发表在 1994 年《读书》杂志“欲读书结”专栏上的文章。我理解他的本意，一是震惊，刚进入九十年代没几天，年轻人写的东西已经变成这样后现代了；二是希望文坛多出几个王朔，不管是男的还是女的，都能够以年轻的话语，冲撞的身姿，把进入九十年代以来的文坛特殊的沉闷的日子捏出个响来；三是希望年轻写作者除了戏谑、解构、嘲笑外，能不能再稳健庄重些，能有一些建构的思想意见表达。他的话让我深受教益。从此以后就逐渐收敛起锋芒，努力在文章中做一些文化建设性的工作。

在北京作家协会期间，对于徐坤是创作上的拓展和深化。《野草根》《八月狂想曲》等都是这一阶段完成的

问：早期的写作，您以知识分子题材为主，后来您写《厨房》《狗日的足球》《午夜广场最后的探戈》《春天的二十二个夜晚》《爱你两周半》《野草根》等，不断关注着女性的生存状况，书写她们独特的生命体验。这种转变的契机是什么？

徐坤：二十世纪九十年代初，刚开始写小说那会儿，不考虑男女，只是按先贤先哲大师们的样子，追寻文学审美的传统精神之路，写《热狗》《白话》《先锋》《鸟粪》，写我熟悉的知识分子生活，探究人类生存本相，相信能成正果。后来，某一天，女权主义女性主义潮涌来了，急起直落，劈头盖脸。忽然知道了原来女性性别是“第二性”，西蒙娜·德·波伏娃告诉我们，子宫的最大副作用，是成为让妇女受罪的器官。

《厨房》写于1997年，距今已经有二十七个年头。依稀能记得，原先想写的是“男人在女人有目的的调情面前的望而却步”，写着写着，却不知最后怎么就变成了“没达到目的的女人，眼泪兮兮拎着一袋厨房垃圾往回走”。之后，《厨房》的主题给批评家演绎成了“女强人想回归家庭而不得”，所有同情方都集中在女性身上。

《午夜广场最后的探戈》，写于2005年，距今也已经十九年。2005年的夏季，不知在哪家厨房待腻了钻出来放风的那么一对男女，开始在大庭广众之下的居民区的午夜广场上发飙。他们把社区跳健身舞的街心花园广场，当成了表演弗拉门戈、拉丁、探戈舞的舞台，男女每天总是着装妖艳，嘚瑟大跨度炫技舞步，像两个正在发情的遗世独立的斗篷。最后以女方在大庭广众之下摔跟头收场。

问：您有没有想过把《厨房》和《午夜广场最后的探戈》两篇小说放在一起比较一番？

徐坤：《厨房》和《探戈》是两篇中间跨度有近十年，却又横亘了两个世纪的小说，前后放在一起考察时，连我自己也不禁悚然一惊！十余年来，竟然用“厨房”和“广场”两个喻象，用“拎垃圾”和“摔跟头”的结局，把女性解放陷入重重失败之中。小说的结局都不是预设的，而是随着故事自己形成的。但愿它不是女巫的谶语，而只是性别意识的愚者寓言。

十年一觉女权梦，赢得人前身后名。乐观一点儿想，“厨房”和

“广场”的意象，如果真能作为跨世纪中国女性解放的隐喻和象征，二者的场面也已经不可同日而语，不光活动半径明显扩大，姿态和步伐也明显大胆和妖娆。如果真有女性的所谓“内在”解放和“外在”解放，我真心祝愿二者能够早一天统一。既然，中国女性的解放之路，从“厨房”已经写到了“广场”，那么，下一篇，是否就该是“庙堂”了呢？

《野草根》被评价为女版的《活着》。三代女性始终在生活的夹缝中挣扎奋斗、狂欢跳跃，如风中摇曳的野草生生不息

问：您的长篇小说《野草根》被香港《亚洲周刊》评为“2007年十大中文好书”，这部作品在文坛获得诸多好评。

徐坤：当年这部小说被评为“2007年十大中文好书”，但在今天看来价值也是被低估了。《野草根》堪称女版的《活着》。小说讲述的是那个动荡年代，三代女人在各种艰苦环境下的坚持与隐忍、不断与命运抗争的故事。知青于小顶、于小庄与后代夏小禾三个女人的卓绝成长与红颜薄命，围绕她们身边的男人们的暴戾、颓败与倾情，构成广袤东北大地上四十年的最为壮观的风俗风情画和最为激越的命运交响曲。

作品的地域背景放到我的出生地东北沈阳，时间跨度则从“文革”知青下乡到当下，笔触深入底层女性的成长、情感、事业中，而真正的指涉却是对女性命运的观照。不管命运如何多舛，三代女性始终在生活的夹缝中挣扎奋斗、狂欢跳跃，她们宛如那随风摇曳的野草，根系深深扎在泥土里，生生不息，盎然丰沛。

问：我觉得《野草根》书中的情节、东北风俗，和根据梁晓声同名小说改编的电视剧《人世间》很相像——如果拍成像《人世间》那样的电视剧的话，您觉得谁来演合适？

徐坤：要说合适的演员，那得首推俺们大连姑娘秦海璐，长着一双桃花眼的周迅，老戏骨宋春丽，风头正健的抚顺小伙于和伟。《野草根》有望成为继电视剧《人世间》之后，又一部打动几代观众的爆款剧目。

第一，“时代·女性·命运”是这部《野草根》最为重要的主题；第二，“挣扎，奋斗，不屈”是这部《野草根》最强大的主基调；第三，“人间百态现实，时代变革发展”在剧中有最好的体现；第四，浓郁的东北风情，催人泪下的年代故事，三代女性的命运，吸引老中青三代观众有沉浸式观影体验；第五，绝世独立的大女主、红颜薄命的女配、桀骜不驯的女新新人类、刚愎强悍的东北老太太……这些人物形象，都给演员表演提供了极大的空间。

问：《野草根》以追忆和倒叙的方式讲述一个家庭三代女性的故事，折射近半个世纪里残酷的女性命运。这部作品的创作源于什么？

徐坤：2006 年五一长假，我应邀回沈去看沈阳世博园，也顺路回家探望父母。回来的路上，表妹为让我多观些风景，特意多绕了些路，将车子一路从棋盘山和东陵山间的森林里穿过，最后竟将车子拐到了东陵山野的墓地上，说这儿离姥姥姥爷的坟不远了，我领你顺道去看看吧。

她的姥姥姥爷也就是我的爷爷奶奶，我们徐家去世的几个亲人都葬于此。这还是我头一次在这个季节里来扫墓。一见到奶奶那座栽着柏树的坟我就哭了，泪如泉涌。手抚着墓碑，是热的，似觉有奶奶的体温在上面，分别之日竟像昨天！那一刻我真觉得奶奶好像还活着，她知道我们来看她，也能听到我们在跟她老人家说话。我和小表妹都是奶奶一手带大的，我在奶奶身边一直长到十五岁，考进辽宁省实验中学后才住校离家，对祖母的感情远胜过对自己的亲生父母。我总是在思乡的梦里和她老人家频频相见……那天的墓地方圆几十里几乎没有人，静寂无边。只有隐约的远山、青葱的绿草、夏季的风声和脚下的坟茔与我们为伴。站在芳草萋萋一望无际的墓地，我的心里霎时涌起无尽的惶惑和迷茫，生与死的问题头一次如此鲜明地涌上心间。

我当时想的问题跟《野草根》书里夏小禾想的并不一样，我想的竟是：再过几十年，二十年或者三十年，我也不过就是回到这里来吧？到时候也埋在这里的祖母和亲人们的身边化作一抔黄土吧！那时候埋葬我的是谁？又会有谁来扫墓看望？二十年或者三十年是个很快的时日，倏忽即逝，很快就来。那么，我们如此辛苦地打拼奋斗又有什么意思？活来活去的意义究竟何在？

回北京后，我仍然久久不能平静。就这样，原本要做的有关世博园的欢乐文章被搁下了，我开始写《野草根》，写生与死，写底层人民蓬勃的生命力，写中国人生生不息的生命哲学中的原动力。

问：您为什么选择知青一代和她们的子女的故事来写？

徐坤：《野草根》因为沈阳而引发创作联想，通篇又是以沈阳为背景展开，主要线索就是于小庄母女二人的命运。书中设计了一个生命的轮回：让知青于小庄在二十九岁芳华死去，如今站在墓前悼念她的女儿夏小禾也恰好是二十九岁。

为什么要选择这个年龄段的人来写？因为我考虑到在当下中国的人口成分构成中，知青一代人和他们的子女们正构成中国社会的基本力量。我重点要写的夏小禾这一代“新新人类”一族的生存状态，由此而上溯，先定下夏小禾的年龄身份，然后逆向推理，找出她的母系家族谱系，由此带出了母亲、姨妈、外婆这几个主要人物以及附带着的一些男人。然后选择从母亲于小庄下乡的 1968 年写起，将近四十年的时间跨度，写了三代生活在底层女人的命运。

2001 年，徐坤的《厨房》获得第二届鲁迅文学奖。它像一首悲歌，却只能在如水的夜晚任热泪汹涌

问：您的《厨房》在 2001 年获得第二届鲁迅文学奖。还记得当时获奖的情景吗？您知道这篇作品参评吗？

徐坤：当时的鲁迅文学奖，才是刚设立这个奖项的第二次评选，

动静还没有闹得今天这么大，报得很安静，我自己也不知道谁给报的奖，应该是首发这篇作品的《作家》杂志报的吧。

问：关于当年鲁奖评选，您还知道些什么？

徐坤：啥也不知道。那时候风气很正，大家对文学都怀有一颗初心，评奖就是评奖，安安静静，公公正正。

问：后来是在什么情况下得知获奖消息的？

徐坤：好像就是作协创联部电话通知了一下。那时候我还在社科院工作，根本没敢张扬，怕领导批评不务正业。

问：您当时的获奖感言说了些什么？

徐坤：当时没让说获奖感言，人太多了，派获奖代表发的言。二十年后，当我故地重游，我才把获奖感言说了出来。2021 年 9 月 25 日是鲁迅先生一百四十周年诞辰纪念日，我们《小说选刊》杂志社与绍兴市人民政府共同举办“鲁奖作家鲁迅故乡行”采风活动，邀请全国三十名鲁奖获奖作家到绍兴，相聚鲁迅故乡，寻找精神原乡。同样的时间，同样的地点，顶着同一片绍兴烟云，站在同一片大师故土，我才分外感受到大师的气脉，感受到大师精神的源远流长。大师的存在，就是在昭示一个民族精神气度和人类文明的高度，走近他们，就仿佛触摸到人类文化的灵魂。

在写作风头正健的时候，徐坤转向了编辑职业。有评论说，如果文坛增加了一个好编辑，却因此失去了一位优秀作家，也是重大损失

问：您是您这一代“60 后”新生代作家里，特别独特的、逆向行走的人，您是从专业作家走向职业编辑行列的，而上一代作家们，包括铁凝、王安忆、刘恒等，都是离开编辑队伍走向专业作家岗位的大家。您为什么还要逆向行走？

徐坤：我是 2013 年 6 月从北京市作家协会副主席岗位调到《人民文学》杂志工作的。那时候吧，我觉得二十年间，通过吃苦受累，我已经把一个作家能做的事情都做完了，已经把能写的库存题材都写光了，也把能获的奖都获了（鲁迅文学奖、中宣部“五个一工程”奖、老舍文学奖、冯牧文学奖、庄重文文学奖、中宣部“四个一批”领军人才、国务院特殊津贴专家、北京市三八红旗手、北京文联德艺双馨艺术家、北京市政协委员等），我的人生和写作都已滑入巨大的惯性，苦尽甘来，激情不再，日子舒服，慵懒怠惰，每年发几篇小说就可以完成工作量，日子几乎可以说是一眼望得见底，就等着退休去加入大妈群跳广场舞了。

估计好多作家写到一定程度后，都会有和我当时一样的感觉。

然后吧，就想换一个岗位、换一种生活试试，看看有没有那种能够让日子紧起来、让神经绷起来、让身体里像装上四驱发动机一样，轰隆隆隆、嘎嘎嘎嘎，一脚油门就“轰——”的一声瞬间提速八十迈奔高速，令人血脉偾张、新鲜、兴奋、刺激的新生活。

问：然后您就选择当编辑去了？

徐坤：2013 年 6 月 13 日上午，到《人民文学》杂志社报到那天，正是端午节小长假刚过，我一个人穿着白衬衫，头发梳得溜光水滑，揣着报到通知书，乘坐地铁，到梦想之地报到。

《人民文学》是中国文学的殿堂，也是所有文学爱好者的梦想之地。1994 年 6 月我在《人民文学》头题发表中篇小说《先锋》，并在当年 12 月获《人民文学》创刊四十五周年优秀小说奖。初登文坛的我，获得国刊的阳光照拂，得到王蒙等老一辈作家的关注和提携，王蒙老师在当年的《读书》杂志上发表有关我的作品评论《后的以后是小说》，赢得热烈反响，使我这个文学小青年迅速抽枝发芽开花，成长猛烈，坚定了把文学当作一生事业去奋斗的决心和信念。

二十年后，机缘巧合，我又回到了出发地，来到《人民文学》，到了我的文学梦想最初放飞的地方，怎能叫我不珍惜、不感慨，暗自庆幸自己又一次来到人生加油站呢！

中国作协副主席、评论家李敬泽认为，《神圣婚姻》和这个时代、和此时此刻人们的生活、和这个人间有一个开放性的、对话的关系

问：中国作协副主席李敬泽对您的新长篇予以高度评价的同时，以《西游记》中西天取经的降妖除怪作比《神圣婚姻》的叙述，提出“神圣”是一种态度和方法——您其实是在表达一路通关打怪，通往奔赴神圣婚姻的路上？

徐坤：对，《神圣婚姻》这本书的宗旨是，心中有敬畏，人生有修行。我们每个人在成长的过程当中，在婚姻的相处相守相敬相爱当中，实际上就是不断修行，走向神圣的过程。面对我们时代各种各样的选择和疑难，要在俗世中，在人间，在婚姻中，在多元的价值冲突中去求神圣，从而获得一份属于自己的幸福和美好。

问：这部小说是新时代的在场叙事，与时代的连接十分紧密，故事的发生从 2016 年元宵节开始，结束于 2021 年秋天，内容涉及很多时代的热点和痛点问题，比如买房、假结婚、支教、扶贫等，各种新时代的元素巧妙地融入故事，同时读起来又非常畅快，能否谈谈和时代“贴身肉搏”是怎样的创作状态？

徐坤：巴尔扎克说，作家要充当时代的“历史的书记官”，我们的术语说，作家要与时代同行，为生民立传。我特别希望自己能真实记录下我所生活的这个时代，赶上了世界百年未有之大变局，风起云涌，风云际会，这个时代的世事迁徙与人心嬗变都特别有意思，跟以往都不一样。

现实题材写好不容易，不是有句话叫作“画鬼容易画人难”嘛。一个作家，与时代“贴身肉搏”，需要胆识、气度、技巧，需要有对生活机敏的捕捉能力，高度的分析萃取能力，必须抓素材时像记者，追线索时像警察。当然，高高在上、主导一切的仍旧是我们的价值观。最终必须是由一个强大的价值观主导作品的走向。

其实我不用刻意去写新时代，因为我就置身在新时代之中，新时代的风扑面而来，我跟这个时代息息相关，就连呼吸里都滚动着新时代的清香、酱香和浓香气味。新时代同时也会主动找上门来让我书写。故事的发生从2016年元宵节开始，小说第一章里的一切故事和细节，都是真实的，矛盾冲突就是从这里起来的。紧跟着故事的走向，新时代或说当下的热点问题紧跟着就来了。买房、假结婚、支教、扶贫等，各种新时代的元素蜂拥而来。但是怎样编织和处理，还需要技巧。

我小说里的故事发生地在北京，实际又超越了北京，跨出了北京，从北京到澳洲，从东北铁岭到四川安岭，幅员辽阔，人物众多，活动半径大。小说里的故事都是发生在我身边的真人真事，有些还是我家族中的事情。我一次又一次看到他们在生活中的坚韧和泪水，也看到了他们的奋斗与牺牲。我希望自己能够充当他们的代言人，与时代同行，为生民立传。

问：您一直关注女性生存状况，书写她们独特的生命体验和生存困境。上次采访中您提到中国妇女的解放之路，已经从“厨房”写到了“广场”，那么下一篇，是否就该是“庙堂”了？《神圣婚姻》让女性进入庙堂了吗？

徐坤：是的。这部《神圣婚姻》，我就有意让女性进入了“庙堂”，让她们成为新时代的话语中心，能够充分主宰自己和他人的命运：顾薇薇是律所合伙人，企业技术专利和国际知识产权方面的专家；毛榛是社科院宇宙数字化经济研究所副所长，分管党务与人事；樊梨花是世界五百强企业的董事长，杀伐决断，雷厉风行。这些女性的独立和解放，是时代的进步使然，也是中国迈向现代化强国发展进程中的必然。

留心日常生活里的漩涡和浪花

石舒清　原名田裕民，回族，1969年生于宁夏海原县。现为宁夏文联专业作家，宁夏文史馆馆员。写有长篇小说《三岔河》《地动》，中短篇小说集《苦土》《暗处的力量》《伏天》，散文集《大木青黄》《看书余记》等。短篇小说多次获得《人民文学》奖、《十月》文学奖、《上海文学》奖；小说集《苦土》《伏天》分别获得第五届、第八届全国少数民族文学奖骏马奖。短篇小说《清水里的刀子》获得第二届鲁迅文学奖。

采访手记

他的小说里都有着真实生活的影子。

石舒清自谦虚构能力不强，完全出于向壁虚构的小说不多。但是正因为很多东西是写自己，在他是一种倾诉和宣泄，在读者，是一种聆听、领悟，以及走近作家的内心。

八十年代末，宁夏《固原报》发表了署名“乱鸣”收集整理的一首花儿。这是石舒清发表的第一篇作品。从此，这位刚刚结束高考的年轻作者，文学之梦悄然而绚烂地绽放；从此，他的目光没离开过西海固，因为他觉得故乡就像是自己的另外一个心脏：“比我的这个心更壮硕、更有力、更慈悲，也更深情。”

他始终将目光投注在淳朴的故土，以散文式的笔法舒缓地讲述村子里的故事。他饱含深情，但叙述极其克制；他语言凝练，但故事之多似乎又显出像剪不断的毛线团般喋喋不休——就像长篇《底片》的写作，计划三万字的故事，讲成了二十多万字。

这在石舒清的创作里毕竟是少数。他沉迷于短篇小说的创作，沉浸在乡村故土不断开掘，就像《果院》题记中他所引用博尔赫斯的话，“我只对平凡的事物感到惊异”，他耐心地、细致地、寂寞又略带悲伤地记录，感受与体验着生命的酸甜苦辣，抒写人们在生活重压下的韧性和尊严。

上一次采访还是十年前。那时，石舒清坦率地告诉我说，不愿意做一个多产作家，“好作品和多少没关系的，而且越是好作品，越是不可能多”。但他一直坚持写，“写作是一件十分棘手的事情。像猫捉刺猬一样，既想吃刺猬的肉，又忌惮于那满身的刺。我觉得凡写好作品出来的人都必须付出相应的代价，这并非迷信，而是公道所在”。

法国作家莫里亚克说，如果我很好地写了我的村子，那么我就写到了世界上所有的村子。在石舒清看来，只要真正地能回到自己，回到人所共有的那个“本我”，即等于走向了世界。

时间竟然可以把一个苦的童年酿成美酒一样的印象和感觉。从写作的角度，石舒清感激自己生在这样的村子，有这样的父母和亲邻

问：有关自己童年记忆写过的小说，在您的创作中占有相当的比例。您觉得作家和童年的关系是怎样的？

石舒清：确实我的相当一部分小说都写到了我的童年，或者是从我的童年生活里来。有的小说名字就显现出这一点来，比如有的名字就叫《童年纪事》。现在回想童年，远隔了许多岁月的缘故吧，就觉得特别文学化，具有某种根性的感觉，好像岁月中的情感部分和美好一面都沉淀在了那里。觉得童年和天堂是可以搁在一起的。其实我的童年是很苦的。但那时候大家都苦。时间竟然可以把一个苦的童年酿成美酒一样的印象和感觉，只能说是拜时间之所赐了。

我觉得就我的感觉而言，童年生活好像给我定了一个调子，使我的写作只能成为现在的这种面貌而难以成为别的。从写作的角度说，我感激我有这样一个童年，感激我生在这样一个村子里，有这样的父母和亲邻。

杰出作家把自己的故土变作共有故土的神奇能力，说来真是让人神往不已

问：在您的小说里处处流淌着西海固的气息，感觉只有这方土地，才能生长出您笔下的那些人物。地域文化对您的小说是很重要的补充？

石舒清：很长一段时间，我都被认定为是一个乡土文学写作者，我也很乐意被这样认定。我好像是一个和城市生活无关的写作者，而且自己也并不因此觉得遗憾。我能写好我那块土地已经相当不容易了，已经足够我来写了。我觉得一个写作者的故乡意识似乎要更浓烈一些。很多离开了故土的作家他的笔并没有离开故土，感情更是无法离开故土。反而好像是随着身体的离开，促成了精神对故土的急迫回归和深度融入。我觉得我的老家西海固，本身就是一件大作品，像一大块糖，我们这些西海固的写作者，每个人每一次都是凭着自己的努力和运气，撬下一小块来品尝而已。总之，有自己自留地的写作者是幸运的，我庆幸自己有着这样一小块自留地。我可以凭着在自留地里的用心经营，把自己和别的写作者区别开来，从而体现出自己作为写作者的一点点必要性和价值。

问：在您开始文学创作的时候，正是先锋文学流行的年代。您那时对于西方文学的接触多吗？有没有受到一些影响？

石舒清：我是师专英语系毕业的，大学课程里就有“精读”，所选篇目都是大家名作，而且我的授课老师周玉忠先生也很厉害，后来担任了宁夏大学外语学院院长。所以我对外国文学是不陌生的。但真正有意识读外国文学，到了二十世纪九十年代初期，经朋友左侧统推荐，读了雨果的《悲惨世界》，极受触动，觉得和我所见的写群体的小说相比，这种小说是写个体的，而且把个体写到好像具有原子弹那样的能量和感染力，于我而言，可谓是一次耳目一新的阅读。

您说的是先锋文学，而我先说到外国文学，好像我们的先锋文学主要是从外国文学那里得到了启发和借鉴。但其实看过《聊斋》和《十二楼》等小说后，就觉得中国古典小说里也饱含着先锋意识和先锋表达。至于其中有什么异同，是需要做比较文学方面的研究的。

虽然读了不少外国文学，但我的写作趣味主要还是受中国古典文学影响更多些。一直是不管不顾地埋头写，也不想那么多。而且信奉内容决定形式，对在形式上过于着力的写作不以为然敬而远之。但近年来的想法有大变化，一再觉到了形式的重要性。如果先锋性主要体现在形式这一块，那么现在我对这样的先锋性是有兴趣的。如果需要举例子的话，陶渊明的“采菊东篱下，悠然见南山”，鲁迅的《在酒楼上》《孔乙己》，马尔克斯的《礼拜二午睡时刻》《有人弄乱了玫瑰花》，莫言的《大风》《白狗秋千架》，等等，就是我心目中最具先锋感的作品。

《清水里的刀子》中暗含着民间文化的“原型”，作品的隐形结构来自传说

问：《清水里的刀子》获鲁迅文学奖，在当时的宁夏引起轰动了吧？

石舒清：《清水里的刀子》获奖后，我首先从李敬泽老师那里得到信息，这小说就是在《人民文学》发表的，李老师当时是《人民文学》的副主编，小说写出来我就寄给了李老师，责编是宁小龄老师。当时《人民文学》有一个新人新作专栏，那一期专栏推出了两篇小说，一篇是陈继明的《寂静与芬芳》，一篇就是我的《清水里的刀子》。《寂静与芬芳》也是陈继明兄的短篇小说代表作，现在回头看，依然是非常好的小说，发表我们小说的时候，李敬泽老师还配发了一篇文章，叫《两棵树，在远方》。小说发表后《小说选刊》又选了，是《小说选刊》第一次选发我的小说，责编冯敏老师还配了短评，年底又获了《小说选刊》奖。最高兴的当然还是获得了鲁迅文学奖。

问：这篇作品据说当时写得很快，是在什么背景下创作出来的？

石舒清：老实说，没有什么特别的背景。但确实写得快，我一天时间就写了出来。我们这里有一个民间传说，说牛一类大牲，宰掉的时候，能从饮它的水里看到宰它的那把刀子，我因为身体不是太好的原因，年纪轻轻，就对生死问题有一些思索，于是就结合这个传说，写出了这篇小说。我当时写了两篇小说，一并寄给了李敬泽老师，他留下了《清水里的刀子》，把另一篇退我了，后来退掉的这篇运气也不错，杨志广老师帮我发在了他担任副主编的《中国作家》上，叫《银子的声音》，在《清水里的刀子》获得鲁迅文学奖的同时，《银子的声音》也获得了《中国作家》短篇小说奖，还有一个短篇小说几乎同时获得了《十月》文学奖。运气好得很，连李敬泽老师也说，运气来了门板都挡不住。这么多年下来，我觉得真是有“文运”一说的。

问：能否以《清水里的刀子》为例，谈谈您的创作体会？

石舒清：从《清水里的刀子》的写作，我得到的一个体会是，写作还是要向民间文学汲取营养。我的写作一直和民间文学有关，写过名叫《古今》的小说，“古今”在我们这里其实就是民间文学的奶名。还把民间文学专家孙剑冰先生采录的一个民间故事改成了小说《公冶长》，这是我自己觉得比较有意思的一篇小说。我发现很多作家都对民间文学感兴趣，鲁迅的《故事新编》就可算是对民间文学的再创作，普希金、辛格、托尔斯泰、屠格涅夫等作家都写文章强调过民间文学与作家写作之间的关系。我的《清水里的刀子》从民间文学里获得启发和营养，我要永远记得这一点。

问：很喜欢《清水里的刀子》，老人马子善与一头即将被宰杀的老牛之间的感情，他的每一个细微的动作和表情所折射出来的内心之痛，非常有感染力。能否谈谈您所认为的一篇好小说需要具备的元素？

石舒清：《清水里的刀子》这样的小说我可能再也写不出来了。我的小说观念也发生了变化，过于抒情的小说可能不再是我的选项，而且这一方面的能力好像也不同于既往。正如和年轻人一样，恋爱是不再可能的事了。关于写一篇好小说要注意或者说要遵循什么，我相信听我说过的人一定把耳朵都要捂起来了，觉得我老是这一句，是的，不要我说则罢，要说就还是这一句，鲁迅先生说的，八字作文法：“选材要严，开掘要深。”能做到符合这八个字，小说差不到哪里去的。

问：您把鲁迅先生视为自己的精神源泉，获得鲁奖，您有怎样的体会？多次获得骏马奖等各种奖项，如何看待荣誉？

石舒清：作为一个素来喜欢鲁迅文字的人，获得了以鲁迅命名的文学奖，当然是很开心的。但我的性格气质和鲁迅真是相去太远，我是藏在人群中任何事也不愿露头实际上也不敢露头的人，这样一个人竟始终如一地喜欢着鲁迅，说来也是一个值得分析的事了，大概在于缺什么补什么了吧。

石舒清是一个始终关注着乡土日常生活的有心人，他的许多小说存在的价值和意义大多是对于波澜不惊的日常生活的品味和感悟

问：1994 年，您的第一部小说集《苦土》入选“二十一世纪文学之星”丛书引起文坛关注。这套书发现了很多优秀的作家作品，您对于入选这套丛书，有何感想？

石舒清：说起《苦土》要感激很多人。《苦土》是我的第一本书，其中一半的篇幅来自于我在《朔方》发的一个小辑，当时我还在一所乡下中学教书，《朔方》的几位编辑老师已经注意到我了，《朔方》的副主编虞期湘老师约我写小说，说要给我出一个小说辑。当时我二十三岁，虞老师一个月内会给我写好几封信，有期待，当然也有鞭策，后来我终于写出了一个中篇小说，两个短篇小说，在《朔方》1993 年第 4 期发了出来，《朔方》竟然真给我出了小说辑，还配发了责编吴善珍老师的评论《这是一个圣洁的世界》，当时《朔方》全本是六十四页，我一个人就占了三十六页。正是凭着这组小说，我入选了首届“二十一世纪文学之星”丛书。

记得在北京要召开首发式时，我已经从乡下中学调到了县一中，不但代着两个班的英语课，还是一个班的班主任，去参加首发式就不好请假。从上海来支边的张克庭副校长对我说，你放心去，有谁说什么我帮你顶着。我还记得我在校门口的鞋摊上补鞋时，张校长坐在一边陪我补鞋的情景。

“二十一世纪文学之星”丛书让我出了我人生的第一本书，当我在北京的宾馆里见到书时，好在屋子里只有我一个人，方便我释放情绪，老实说，对着这本装帧清雅的书，我禁不住自己几乎要跪下来。当时我的工资可能不到三百元，但我得到了三千七百多元的稿费，万元户的感觉我也能体会到一些了。

问： 从《农事诗》《果院》《颜色》《长虫的故事》……您在小说中耐心地讲述乡村故事，而且通常是二十世纪六七十年代的乡村人事，您如何看待自己小说中日常叙事中的变化？

石舒清： 看到您提到的《农事诗》《果院》《颜色》《长虫的故事》等小说，我有些感慨。一个人的写作应该是有阶段性状态的，写这几篇小说的时候，算是我写作状态不错的时候，说老实话，我最愿意写的小说，最能体现我的小说理想和情感寄托的小说，也正是这类小说，我很留心在日常生活中去捕捉蛛丝马迹。我对"日常生活"这几个字，有一种很特别的感觉，好像我的一切努力和梦想，都离不开这几个字，都在这几个字里。正像渔夫对给他提供一切的海的感觉。如果我的写作离开了日常而追求奇异，离开了芸芸众生而去捧大人物的脚，就算是舍本逐末走向歧路了。留心日常生活里的那些漩涡和浪花，这既是我对自己的提醒和棒喝，也会是我一以贯之的写作遵循。

问： 似乎有评论对您的小说《风过林》有不同看法，有人认为可以与史铁生的散文《我与地坛》媲美。有人则认为在叙述上有些失败，您自己怎么看？

石舒清：《风过林》提到的人并不多，其实就这篇小说我是有话说的，但又感到不知怎么说才好。

这篇小说或多或少写到了我自己的一些经历和思索，二十世纪八十年代末，因为我爷爷的不幸去世，给了我相当大的影响，算是自己的人生中遇到了一个坎，生活变了另一个样子，感受也是前所未有。当时我在大学只读了一学期，有休学的打算，但在父亲的鼓励下，还是磨过去了。这成了我人生中一个痕迹深重又不愿提及的经历。

时过境迁，就有所回顾，因此有了《风过林》《暗处的力量》等小说，这些文字应该说不是作为小说写的，是对自己经历的躲躲闪闪隐隐约约的一点儿记录。我还记得写《风过林》时那种特别的写作感觉，像是悄悄揭开了伤口，让伤口在冬天里晒日头的感觉。也可能有些言过其实了。不过像《风过林》这样的东西，作者自己知道的要远多过读者所知道的。有些文字是作者写给自己的,《风过林》就属于这样的文字。

和《我与地坛》中的那种深静阔大相比,《风过林》是有些太毛躁了,像野火急急地烧着野草,没有任何目的和意义似的,就是一通乱烧。所以当有人说《风过林》写得失败时,我就不知道说什么才好。如果从一篇小说的角度来要求,它肯定是不尽如人意的。

有时候评论家的一句话就可能让你受益终身,哪怕旁敲侧击的话也会对你有持久的作用和影响

问:《底片》是您唯一一部长篇?张贤亮评价您擅长写细微的东西,您觉得他说得准确吗?类似的评价或评论对您的创作有帮助吗?您如何看待评论?

石舒清:除了《底片》,还有《地动》我也是作为长篇小说来写的。我的长篇小说在形式上和惯见的长篇不同,我也不管那么多,先写出来再说。

张贤亮先生说我善于写细微的东西,我把这看作对我的鼓励,也愿意从这个方向去努力。我常记得三岛由纪夫对川端康成的一个评价,说川端是“写微小事物的巨匠”,说明从细微处写,写小事物,也可以有所作为。

我经常看评论,尤其给我写的评论,我会很认真地看。算是一种深度交流。我觉得评论家密切结合着文本谈出来的见解还是很值得一看的。有时候评论家的某一句话就可以让你受益终生,比如李敬泽老师说我有着一个“僻净的精神资源”就让我常常回味不已。还有他就我的一个短篇小说《颜色》的点评,说我既好像写了很多,最终又好像什么也没有写。这话会促使我在有无存续方面做很多的思考。

问:《底片》采用片段式的结构将一些记忆的人、事、物的叙述串联在一起。为什么会采取这种文体结构?《底片》和后来出版的

《三岔河》之间有何关系，有些内容重复吗？

石舒清：关于《底片》的情况是这样，我以前写作都是要回老家，回老家的目的就是要写东西，但具体要写什么不是很明确，回家再想再看，常常是在村子里走一走，听一听，看能否寻到什么素材。我那时候的很多小说都是这样写出来的。好几篇小说都是我三舅给我讲的素材。三舅是个皮匠，一个人在一个小窑洞里做皮活，白天也开着灯，三舅一边做皮活一边听收音机，听到不少广告卖药的，三舅不但自己买，还给人做推荐，上了不少当。三舅口才很好，心思又很细敏，如果不当皮匠当作家，是有可能写出好东西来的。我回老家就到他的小窑洞里去，听他给我讲故事，有一次讲了几个故事，使我有些兴奋地写了两个短篇小说《小事情》《浮世》，当时在《人民文学》任副主编的邱华栋兄都给我发了出来。

有一年回去，没找到什么好素材，三舅的小窑洞里已跑了好几趟，明显是给了三舅压力，他没的可讲，竟然把从收音机里听到的一些家长里短讲给我，使我和三舅相互之间眼神都有些躲闪。我觉得这一次三舅是靠不上了，得靠我自己，我就从自己的童年记忆里打捞一番，写了一组童年时候给自己深刻印象的物件，比如老木床、黄花被什么的，在物资匮乏的时代，每一样东西里其实都包含着许多生活感受和情感因素。写完了一组《物忆》，觉得和这些东西有关的家人也是可以写的；写完家人，觉得亲戚也是可以写的；父亲这边的亲戚写完了，接着写母亲那边的亲戚，又觉得街坊邻里也有值得一写的。就这样像写字的时候不小心在宣纸上掉了一滴浓墨，愈洇愈多，到最后就洇成了这本二十多万字的《底片》。写了大约一月有余，写在一个厚厚的笔记本上，写完之后，我自己都吃了一惊，竟然不知不觉写了这么多，这不是一个长篇小说的量了吗？最终得以以长篇小说的名义在《十月》发表了出来。

所以说到《底片》的结构，并不是成竹在胸，有意为之，而是且写且看，就势赋形，可以说自自然然就成了那样子。《底片》在我个人是很有意义的一次写作，其中的人物事件，都没有多少虚构成分，说是写了某一阶段的一份村史，也是可以这么讲的。

死亡一度成为他迷恋的主题，含着一种归宿的安心感来回述生的故事，与《清水里的刀子》同期的作品《风过林》《银子的声音》都涉及坟院和死亡

问：从《清水里的刀子》到《地动》，“死亡”是您的小说中常见的主题。您如何看待文学世界里的“死亡”？

石舒清：“死亡”确实是我小说中常常出现的一个主题。有一个朋友近乎愤怒地告诫我，让我不要再把主人公动不动就写死了。慢慢我会接受这个观点。不知生，焉知死，要少说死。同时我要始终埋植一条暗线，无论多么红火、多么丰富的活，其实都不过是在向死而生，可以少写死，但生的下面有一条通往死的线，这一条暗线我是任何时候不会抽掉的。另外人过中年，加上自己的身体也不怎么样，就觉得比较于活，死真是太容易了，我村里一个人，辛辛苦苦活着，眼睛不怎么好，骑摩托去送孙子上学，回家一边和老婆说话，一边吃炒面，忽然呛住了咳嗽不出来，一时三刻就没有了。所以在这方面我很认同史铁生的一句话：“死是一个没必要着急的事情。”活着活好，死了拉倒。就是这样。

问：2020年出版的《地动》，讲述了一百年前海原大地震灾难中各阶层人物的不同遭际和命运，听说这本书计划写三万字，结果写了近二十万字，是怎样的一种写作状态？

石舒清：《地动》写的是一个真实事件，一百年前，我的家乡发生了一次环球大地震，死亡近三十万人，我县遇难人数占全县总人口的百分之五十九。我开始写作不久就有写这一题材的打算，但一直到了百年纪念日的前夕，才因为某种机缘，开始了动笔写作。

素材是我县的一个作家提供的，也是缘分，我叫田裕民，给我提供素材的女作家叫田玉珍，我们并没有见过面，互相之间知道对方都是写作的，如此而已。她长时间在海原县地震局工作，对地震有着特别的敏感，收有各种学术和文学资料，不知从哪里得知我要写海原大地震，可能是出于某种责任感和督促的意思，就把她手头的资料慷慨地给了我，搁在我小区门房那里，然后通知我去取，所以我们之间面对面几乎没说过一句话。有人看名字还以为我们是兄妹关系呢。

拿到素材后，我是有些激动的，刚开始的打算是写三万字，于我这样的写作者而言，三万字已经是大体量写作了，我在宁夏文学院工作，院长是诗人杨梓，知道我要写海原大地震，而且立誓要写三万字时，说三万字不行，要写就写八万字，题目就叫《地动》。我就听他的话，把小说的名字定成了《地动》，对八万字的说法觉得这是不可能摘到手里的果子，只能听听而已。但是一气写下来，搞到电脑上一看，自己也振奋起来，竟然弄出了近二十万字。

《地动》对于我的意义是不用多说的，我作为一个喜欢写作的人，作为一个地震经历者和受难者的后裔，在地震整整一百年后，写了这样一部书，写得好坏且不论，只这个行为的完成，就能给我相当地安慰。

问：用史料作小说素材，在您之前的创作中就有很多，比如《听来的事情》是两位客家老人讲给“我”的，《一件军服》《军马》和《鹅柜》，是谢月如老人讲的，《米酒》是已退休的村主任谢运来老人讲的。而在《上海文学》等刊物发表的《女贼》《单耳子》，也延续了这一思路。近几年的创作有什么样的变化？

石舒清：我近年来的写作素材主要是从各种资料中翻检爬梳来的，这样的小说不计精粗收集起来，可以出两本小说集。当然像您提到的《听来的事情》，写得要更早，说明我很早就有意识地要从这个路径写小说了。关于我的资料式写作，大家都说我是“故纸堆里觅新义”。宁夏师范学院的马晓雁教授说我的此类写作尽量遵循着一个“历史的逻辑”和“人性的逻辑”，可以说这正是我的愿望。我的资料性写作可能还会持续一段时间，我手头有很多还没有来得及写的资料。

但是就像我们在前面所谈到的那样，我最想写的还是西海固题材的文字。我想等我隔着一大段时间回头再去写我感兴趣的那些素材时，比较于既有的写作面貌，一定会有一些新的认知和新的表达吧。

《公冶长》是石舒清在文学创作上的一次实验。他把尘封于故纸堆中的资料捡拾出来，进行了文学的二次创作

问：《学生证》一篇，读后令人唏嘘感慨。简洁的叙述里，隐含了历史的过往云烟中若干冤假错案，人的生命竟如草芥，如果不是于恩顺的奔波，弟弟的死亡就销声匿迹了。您在文末标注了“本文录自‘中央公安部、最高人民检察院联合检查组关于《于恩顺控告某市收容改造所误将其弟收容劳改致死》的调查报告’一文”，仅仅是想告知其真实性吗？您的很多故事都来源于档案，不断翻检历史档案是怎样的心情？既然这么写了，似乎这篇小说可以划定为非虚构了？您的小说并不介意虚构和非虚构的界限？

石舒清：我在文章后面注明素材的来处，主要的目的就在于想说，我写的这个事情是真实的。就是一个活生生的少年，在两个月的劳教生活里备受折磨，在两个月的劳教生活后死于非命。我想要说的是，人间不要再有这样的事了，人不该活成这个样子，人也不能如此对待人。这篇小说没有什么虚构，几乎就是把素材誊写了一遍。这就说到我的小说的非虚构与虚构之间的比例和度的把握。

我的小说《地动》给《十月》后，听说编辑部就有过议论，说是作为小说来发呢，还是作为非虚构来发？最后是以长篇小说的名义发表了。我投到刊物的有些小说，最后发出来编在了散文的栏目里，都在说明着我的文体是有些模糊的，是可此可彼的。这可能有时候会对我不利，但在我自己，已经习惯了靠资料写作，并在资料的基础上做合理的虚构，所以就在文体方面不多用心思了。

问：《公冶长》中，民间文学家孙富生先生先后采录了孙贵和他

的儿子讲的《公冶长》，为什么您会这么耐心地记录大同小异的故事？

石舒清：《公冶长》是结构上比较特别的一篇小说，这篇小说来自于民间文学家孙剑冰先生采录的一篇民间故事，我在小说中把孙剑冰写成了孙富生，这是要向孙剑冰先生致谢的。小说中之所以让父子两代人讲述同一个故事，就是因为在对同一对象的不同讲述里，往往会使同一对象因为不同的讲述而成为不同的。这没有什么新鲜，《罗生门》写的就是这个。但父子两代人讲述同一个故事，就连带了太多东西，两代人的观念、关注点、取舍，都有所不同，尤其两代人处在非常不一样的时代，就会对同一件往事讲述出非常不一样的东西来。比如一代完全不能接受的，引为忌讳的，另一代却觉得没有什么，是可以理解、可以被允许的。而且人们往往会把事情描述成自己所希望的样子，所以有时候事件本身成了次要的，而描述成了主要的。

记得汪曾祺先生在改写聊斋的时候，有一个原则“小改而大动”，就是汪先生改写后的聊斋，和原故事绝大部分是重合的，但着意改写的那一小点，却让整个故事味道大变，换了方向，正像一辆车别处不动，只换了发动机一样。汪曾祺先生的这一说法于我而言是很有启发的。回到《公冶长》，孙亮父子俩对同一件往事的不同讲述，就显得比故事本身要紧多了，从孙亮儿子的讲述里，可以看到时代的巨轮已经到了另一个阶段，好像原本只允许从小窗里看天空，现在却是可以站在院子里看天空了。虽然看的都是同一个天空，所看到的和看的时候的心态都很不一样了。

问：《情事》写得真实动人，很难得，您的小说里似乎很少有这样的故事？

石舒清：《情事》这样的小说在我的写作里确实是不多的。我还是一个希望把自己隐藏起来的写作者，不愿意暴露太多自己的情况。有一个大姐就说过我很少写情爱方面的小说，而且做了展望，说我即使写也容易写得蜻蜓点水、清汤寡水。《情事》算是突破了一把，但确实我写此类小说好像也只能写到这个程度了。写作者的禁忌和藩篱其实应该是越少越好，写着看吧，看自己最终能写到哪一步。饮食男女，人之大欲存焉，想避也避不开的。

问：很多时候，您只是记录故事的人，您的小说里有很多讲故事的人，母亲、外奶奶、外爷、老舅甚至木匠，在这样的记录中，您是否格外要提醒自己避免重复的模式？

石舒清：我写得不多，又是经验性写作，虚构能力弱，所以会有素材重复的现象，我自己注意到了，您这一说，算是又提醒了我一次。但有一个现象也值得说一说，就是同样的人事，在不同的时段不同的处境里来回望，来表达，拿出来的面貌和寄托在其中的认知也是不一样的，存在着同样的素材被反复运用的可能性和必要性，好比一件毛衣，可以拆了，再织成新的花饰和样式，前提是毛线还可以用，毛线若不可用，则新的可能性也就没有了。

短篇小说这种形式从多个方面都契合并满足了石舒清的写作需要。他的日常阅读中，也更关注好的短篇小说

问：多年来您秉持怎样的文学理念？

石舒清：我信守的创作理念：深切体会、领会生活；以谦卑之心诚恳写作；既要守成规，更要能破成规。

问：您如何看待想象力？

石舒清：在写作中，好比可以说“语言就是一切”一样，同理也可以说，想象力就是一切，从第一个字的写出到最后一个字的写出，都要靠想象力，想象力的最终目的和最高标准就是写出真实。真实包括生活的真实、情感的真实还有艺术的真实。黑泽明拍《姿三四郎》的时候，有一个情节是主人公夜里跳入水池里，听到莲花在夜里开放的声音。一个很有名的评论家说，错了，莲花在夜里是不开放的，而且开放的时候也并没有声音。黑泽明说，这不是一个物理问题，而是一个表现问题，评论家这样认为是可以的，但如果一个导演也如此认识就不可理解了。这是一段可以好好玩味的话。

问：您觉得自己的短板或瓶颈是什么？是怎样突破的？

石舒清：我的写作短板在于我写不了体量大的作品。这短板是一辈子的，会越来越成为我的短板。好比举重，我只能是一个轻量级选手。即使通过增重等手段的努力，还是变化不了这个事实，比如从 55 公斤级调到 60 公斤级，在我已经费了老鼻子的力气，但实际上还是在轻量级的范围内。

任何一种经历都不会被浪费

邵丽 1965年生于河南周口，现任河南省文联副主席、河南省作家协会主席。1999年开始写作，创作小说、散文、诗歌两百多万字，代表作有长篇小说《我的生活质量》《我的生存质量》，中篇小说《王跃进的生活质量问题》《刘万福案件》《城外的小秋》《第四十圈》《明惠的圣诞》，短篇小说《挂职笔记》等。曾获《小说选刊》双年奖，《人民文学》中、短篇小说年度奖，《小说月报》第十五届、十六届百花奖等。长篇小说《我的生活质量》入围第七届茅盾文学奖。中篇小说《明惠的圣诞》获第四届鲁迅文学奖。

采访手记

多年之后，鲁迅文学院第二十八届中青年作家高级研修班的很多学员都会记得，邵丽在结业典礼上穿着旗袍出场的绰约风姿，雍容端庄和大气洒脱的同时，透着一种不动声色却强大的气场。

这是女人邵丽在生活中的气派，也是作家邵丽在文学作品中给人的印象；是一种字字击中人心的冲击和力量，又是在岁月慢条斯理的打磨中不经意流露的沧桑和宁静。

2021 年年初，邵丽的短篇《风中的母亲》获得了完全由读者投票评出的《当代》年度冠军。长篇小说《金枝》《黄河故事》和小说集《天台上的父亲》（北京十月文艺出版社）陆续推出，显示出邵丽在漫长的文学马拉松长跑中作为“爆发型”选手的优势。

除了写小说，她还写诗歌、散文，如今已有两百万字的积累。和小说相比，邵丽的诗歌所表达的感情更柔软，更多的时候她只是一个小女人。而且，她愿意是一个被情绪煽动的小女人。

但是，这个“小女人”对于写作却无比自信。邵丽说：“我生命的长度就是我写作的长度。”

她的自信来自什么？

“我觉得我有话要说，有很多话要说。我没有‘写作’的功利，只有‘说’的需求。一息尚存，我都会坚持说下去。那未必是拿给别人看的，只是我想告慰自己，我来了，我说了，我尽力了。”

在长达近四十年的写作中，邵丽在逐渐走向自己内心。她发现，越开放，对内心的张望越热切，因为参照系更博大，更深邃。开始是找故事，后来是那些故事找自己。“它们拥挤在你周围窃窃私语，拼命挤进你的生活里，直到你跟它们融为一体。”

作为鲁迅文学院作家高级研修班“黄埔一期”的首届班学员，邵丽很快成长为文坛“最具潜质的青年作家”

问：您一度成为文学刊物的“宠儿”，作品常常被《人民文学》《当代》《十月》《中国作家》《小说月报》《小说选刊》等全国大型刊物刊载。中短篇小说连续数年被中国作协收入年度小说精品年鉴，还多次获全国奖项，不是所有的作家都有这样的幸运。您觉得是什么原因？能否回忆下当年的创作，停滞多年，突然厚积薄发吗？对您而言是不是一种必然？而且，“爆发力”在您这里好像比较突出。前几年似乎相对沉寂，疫情期间又连续几部作品反响很大，能分析一下吗？

邵丽：2002 年，中国作协鲁迅文学院开办作家高级研修班，我是首届班学员之一。那时我们那个班被文坛称为“黄埔一期”，班上一半以上的学员已经是成名作家，包括徐坤、孙惠芬、张梅、麦家、艾伟、关仁山、柳建伟等。授课老师除了专业作家、评论家，还有各部委的领导和专家，李肇星、王蒙、李敬泽、胡平、李建军等都亲临授课带学生。课余与同学们在一起的文学交流，极大地拓宽了我的视野和写作空间。我从一个业余作者，进入公务员队伍，然后又走出来搞写作，应该说具备很多生活资源优势，看问题的角度也不一样，这些经历资历可能会增加作品的厚度吧！说是厚积薄发也好，说是必然也好，不过我觉得任何一种经历都不会被浪费。之所以有所谓“井喷”般的创作，与我几十年来始终没有停止对家族的思考有关。我们这个家族的关系复杂，很有故事性。

问：《我的生活质量》2003 年由人民文学出版社出版，不到半年时间发行突破十万册。这部作品使您获得了人民文学出版社“年度中华文学人物最具潜质的青年作家”称号，并入围第七届茅盾文学奖。

邵丽：我进入公务员队伍时是二十世纪八十年代初期，正赶上干部队伍知识化、年轻化，各个层面的领导班子结构都发生了较大的变动。我接触到的大批领导干部都是七七、七八、七九“新三届”的大学毕业生。不能说我对官场有多熟悉，而是我比较熟悉。他们大多是五十年代中后期生人，他们的日常生活、他们的工作和婚姻状况，我都耳熟能详。所以写起他们来几乎是顺流而下。我写的不是官场，也从来不认可我写的是官场小说，我写的就是跟我们一模一样的“他们”。官场不是一个独立的场，他们的日常和寻常人没有什么区别。

这部作品之所以成功，估计和它的真实、自然有关。从技术角度看，因为是第一次写长篇，结构肯定有不合理之处，那时几乎就没有很好地规划，完全凭着自己的感觉走。叙事倒也没有遇到特别大的难题，毕竟对那种生活太熟悉了。

问：用评论家孟繁华的话说，《我的生活质量》“不是一部仅仅展示腐败和黑暗的小说，不是对官场异化人性的仇恨书写。在某种意义上，这是一部充满了同情和悲悯的小说，是一部对人的文化记忆、文化遗忘以及自我救赎绝望的写真和证词”。您如何评价自己的这部长篇处女作？

邵丽：孟老师用了“不是一部仅仅展示……”我不同意，我完全没有写到腐败和黑暗。他用“同情和悲悯”我觉得非常好，我只是试图讲述一代人的生命历程，从而向那些在历史的洪流里载浮载沉的知识分子致敬。他们有情怀，但也得向世俗低头；他们会苟且，但也能守住最后的底线。

我所有的书写都心怀悲悯之情，我心疼我的人物，读者才会心疼我。这部作品从 2003 年出版，多次再版，从当年的畅销书变成了常销书。有读者的认可才是我最大的满足。

《明惠的圣诞》获第四届鲁迅文学奖短篇小说奖。邵丽说，人生的过程是一个灵与肉痛苦挣扎的过程

问：2007 年，您的短篇小说《明惠的圣诞》获第四届鲁迅文学奖。能否具体谈谈，这篇小说是在什么背景下创作出来的？

邵丽：写完《我的生活质量》，我接着又写了几部中短篇，其中就有《明惠的圣诞》。之所以写这部作品，是听我们家阿姨讲她的一个同学进城的事情，当时我触动很大，也正好赶上农民工进城的热潮。但我从另外一个角度想，“她们”所谓的进城，真的能进得了吗？“她们”与城市是对立的，不可能相融的。反复斟酌后，就写出了这样一个对城市充满憧憬又在打击面前希望破碎的女孩子的生死故事。

问：您知道作品参评吗？您所了解的鲁奖评选的情况有哪些？

邵丽：具体细节已经记不得了，只记得河南那一年报鲁奖有《明惠的圣诞》。我对这篇作品并不抱太多期望，觉得只是大背景后面的一个小叙事，认为报奖也只是凑数而已。而且，并未觉得奖是什么大事情。那时我和文学圈还比较生疏，对评奖获奖基本没什么概念。之所以获奖，我想肯定不是因为技术原因，后来评论出来之后我自己才搞明白，“农民工进城”“身份焦虑”这些因素占了很大优势，毕竟当时很少有人这么深地介入这个问题。

问：颁奖活动上有什么印象深刻的事情吗？

邵丽：当时以为获奖了，作协给我发个证书就完了，不知道是那么隆重的事情。鲁奖前几届都是在绍兴颁奖，我们要坐船，走红毯，还有领导讲话，自己发表获奖感言……反正觉得很惊讶。印象最深的是，领奖时我们坐在前排，听见后面几个人在讨论《明惠的圣诞》。我回头对他们点头笑了一下，彼此并不认识，后来才知道他们都是那一届的评委。

问：无论是《我的生活质量》还是《明惠的圣诞》，关注的都是农村人进城，身份得不到认同的问题，揭示城乡之间无法弥补的差距。同类作品也有很多，您认为自己胜在何处？

邵丽：其一我涉及这个问题比较早。过去这类作品，主要表现农民工外在的困苦，怎么做苦力、怎么当小姐等，很少涉及他们内心的焦虑。我很早就看到了这个问题，也可能跟我在政府劳动人事部门工作有关。当时很多城市“卖户口”，农民花十万八万块钱买一个城市户口。有了这个户口，你就是个城里人了，在上学、就业、参军、医疗等方面享受便利。即使车祸身亡，赔偿也比农民高几倍。所以他们的困苦不是外在的，而是内在的焦虑，是巨大的社会不公在他们的内心投下的阴影。

其次是真，真情，真诚。很少考虑写作的技术问题，重点是用真情实感书写，先打动自己，然后才能打动读者。只有笨作者，没有笨读者。自己感动三天，读者感动三分钟，这个作品就应该是不错的作品。常常听一些人批评说，某一部作品是靠赚取读者的眼泪走红。现在媒体这么发达，人们接触信息的渠道空前广泛，能赚到眼泪真的是很不容易的一件事。

父亲像一棵老树，历经岁月的沧桑洗礼，呈现出枝繁叶茂的盛景。但谁能知道，一棵树延伸出去的两条根脉，曾经经历过怎样的成长？

问：近年来，您创作了《天台上的父亲》《风中的母亲》《黄河故事》等一系列“父母故事”，能谈谈您是从什么时候开始转向家族叙事的吗？

邵丽：“挂职系列”之后，我创作了《北去的河》《春暖花开》《大河》《节日》等中短篇，都是比较温暖的题材，反响都还不错，但总有一种意犹未尽的感觉。写父母亲那一代人以及我们的家族，是我长久的心愿，那是一个特殊年代所能产生的特殊人物。赶上疫情关在家里几个月，就试着写，没想到有了开始就收不住了。我在想，对于上一代人的生活，我们这一代人还有耐心窥看。等我们老了的时候，下一代人对我们还有兴趣吗？如果有一天我们不在了，我们经历的这个大喜大悲、跌宕起伏的时代还能留下什么？所以这也是我着急进入家族叙事的原因。

问：从开始创作到今天的《黄河故事》和《金枝》，您对文字的把控能力一直都是节制内敛，不动声色，平实真切。能谈谈您对文字和语言的追求吗？

邵丽：这是一个经济的时代，读者的时间也很珍贵，所以我不大喜欢塞进去很多跟书的主题不太相干的内容。我追求一种干净、纯粹、质朴的文风，尽量做到不煽情，不追求绮丽，不标新立异。简洁一直是我对文字的要求。

问：《黄河故事》是典型的小切口大叙事。既反映出中国家庭的情感结构，也映照出一个时代的变迁和“社会的缩影”。讲述的是家族史，也是女性自立自强的命运史。有评论家认为，小说对女性获取独立地位的新解具有鲜明的时代感，其人物形象栩栩如生，讲述方式“在是与非之间，在虚构与非虚构之间”，讲述的仿真性强化了小说的真实性。这种叙事和《金枝》一脉相承？

邵丽：其实，《黄河故事》是一部纯虚构之作。我的长处是可以把虚构写得很真实，我能很容易地进入彼时彼地，这与我上面所说的创作态度有关。《金枝》则有我家族的影子，但我完全是实事虚写，没有场景再现。两部作品主旨相一致的，就是通过一个家庭，反映历史的沧桑巨变，包括我亲历过的四十几年的改革开放。

我觉得虚构和非虚构很难清楚地界定，没有绝对的虚构，也没有绝对的非虚构。也可以说，所有的创作都是主观的、唯心的。所以我觉得虚构和非虚构的转化是自然而然的。

问：《黄河故事》中的母亲，是一个不同寻常的母亲，看上去好像刻薄冷漠得不近人情，却是悲凉无奈，也是自己执念的“牺牲品”。您如何看待故事里的父亲母亲？

邵丽：我写《黄河故事》中的父母亲，脑子里想的却是我的公公婆婆。解放前，我公公出身大家，算是个公子哥儿，受过新学教育，生得面目清秀，气宇轩昂。解放后一家子人七零八落，他年龄最小，房无一间，又有着极其复杂的社会关系，所以日子不好过。经他的姐姐们张罗，娶了一个比他大四五岁、又矮又胖的女人，就是我后来的婆婆。婆婆家当时在他们那儿算是殷实人家，靠娘家照拂，日子才能过下去。公公婆婆生了七个儿女，成活了五个。按我婆婆所说，公公一辈子没正眼看过她一眼，也没往家拿过一分钱。公公在外地医院当医生，很少看顾家。一个一米五多的小个子女人，独自抚养五个儿女，并且严格要求他们读书上进，好好做人。她不是没想过指靠丈夫，是真的指靠不上。她白天参加生产队集体劳动，跟男劳力一样挣全工分儿，挖河修路什么都干。靠她的一己之力，愣是把五个儿女送进大学。故事里的父亲母亲和我的公公婆婆有类似的地方，也有较大的差异性。他们都走向了各自的极端，他们的冲突主要是人生理念和价值观的冲突，这种冲突在一个封闭的社会里是很难调和的。

邵丽的家族叙事用绵密的语言讲述了夹在时代缝隙里的几代人的挣扎、苦闷和彷徨，以及坚忍不拔的行进

问：《黄河故事》的视角转换非常自然，《金枝》上下两部的叙事视角也有对称性变化，共同的特点是，“我”既是叙事者，又是叙述对象。能否谈谈您作为“讲故事的人”，在叙述视角上是怎么考虑的?

邵丽：这是我一直以来的叙事习惯，信马由缰，是自然，亦是天然。我觉得叙述的目的是这样的，首先你要知道自己想说什么，然后你得让读者明白你想说什么。你要相信自己，更要相信读者。只要不故弄玄虚，读者都会读懂你和你的作品。

问：相对而言，《金枝》的开头比较平缓，越往后看越感觉渐入佳境。对于历史和现实的把握，是否对您来说还是有着不一样的感受?

邵丽：历史是凝重的，而现实却是轻飘飘的，有时候则相反，感受自然是不一样的。我写作习惯以平缓开头，在写作的过程中逐步发力，不喜欢故作惊人之语。但是一百个读者心中有一百个哈姆雷特，有人说前半部好，也有人说后半部好。我个人还是比较喜欢前半部，那才是我最想审视的生活。

问：《金枝》讲述父亲在追求进步中建立了两个家庭，而他和他的子女们几十年却陷入各自的人生和人性困境中。小说以自身经历和家族发展为主线，以父亲的两个家庭的故事为线索，突出了“审父”这样一个代际之间的永恒命题。通过“审父”，您想要表达什么？

邵丽：想通过一个人，一个个体，讲述一个困窘的时代。小说出版后，好多熟悉不熟悉的读者通过各种方式留言，有的说写的是他们的父亲母亲，有的说写的是他们。当年《我的生活质量》出版后，也有很多人问，你写的是不是我？我有时候很惶惑，读者被代入是作品的成功吗？我的同龄人有此遭际的不甚少，我们的共同困惑就是不理解自己的父亲母亲。一个家庭往往是母亲一力支撑，父亲怯于担当。我们必须把父亲放在那个时代去审视，才可能找到答案。毋庸讳言，在那个政治挂帅的时代，作为一家之主的父亲背负的社会压力更大，稍有不慎就会全家皆输。即使以离婚这种正常的事情而言，男人离婚可能会被认为是道德污点，根本抬不起头来。以此而言，“审父”又何尝不是“识父”？

问：小说中对于何为强大、何为教育、何为爱情、何为孝顺等问题都有深思，在阅读中很有共鸣。我特别喜欢《金枝》的结尾，感觉真是神来之笔啊！您自己觉得呢？

邵丽：不管经历怎样的黑暗和磨难，最终总会走向“应许之地”。这不是麻木之后的自我陶醉，而是心灵解脱后的一种精神生长。我几乎所有的作品都带着和解的意愿，也有评论家说我是个阳光型作家。不是上帝说有光就有了光，而是只要你心中想着光就会有光。一个作家，有责任和义务让读者看见这光。

“刚刚过去的事情既像一个伤口，更像是到处游走的内伤，无从安抚。”用《天台上的父亲》中这句话概括阅读后的感受也比较确切

问：《天台上的父亲》中的父亲形象是独特的，同时也是立体的。他被权力伤害过，也喜欢权力。塑造这样的人物，您的切入点是什么？

邵丽：与其说父亲是权力的象征，不如说他是权力的奴役。他已经患上了斯德哥尔摩综合征。他被权力绑架，又十分依附权力。失去权力于他而言就是失去了生命的支撑，所以他的活与死只是形式上，而不是实质上的。从脱离开权力的那一天，他就成为一具活尸游魂，他上不上天台，死或者活着，已经没有了生活上的意义。

我写这样的父亲，是写别人的父亲，也是写我的父亲。他们在那个时代里载浮载沉，也在那个时代里与我们渐行渐远。

问：小说中的父亲隔膜又熟悉。多数传统家庭中的父亲不太容易让人亲近，是“天台上”的父亲。父亲自杀了，“我”和哥哥妹妹才逐渐接近父亲，了解父亲，在母亲的讲述里，在父亲的记录里。走近父亲，把父亲从“天台”上找回来，是您的一种理想或向往吗？

邵丽：这是一个好问题，也是一个很复杂的问题，同时更是我最近一直思考的问题。其实就中国而言，父权是传统文化的中心。但就问题的本质而言，父亲既是真实存在的，又是极具象征性的。因为他的权威过于程式化，实际上反而被虚置了。说起来父亲是权力的化身，或者是权力本身。但在一个家庭的实际生活中，真正组织和管理家庭的基本上都是母亲。所以，一方面是父亲无处不在，另外一方面，父亲永远都是缺失的。但父亲对子女的影响也是不能忽略不计的，如果说母亲决定你做人方式的话，父亲决定你的格局和视野；母亲决定你怎么走，父亲决定你能走多远。

非常悲哀的是，我们认识父亲往往都是从他死后开始的。我写这篇小说的目的，的确是想把父亲从“天台”上找回来。

问：《天台上的父亲》中的父亲和哥哥都有抑郁症。现代人的精神疾病越来越多，您写作之前是否对抑郁症有所了解，还是只作为一种叙述背景？

邵丽：毋庸讳言，一个高度发达的时代给人类带来各种方便，同时也带来焦虑和不安，我觉得每一个人，甚至我自己都有抑郁症，而且很多年了。但是对这个病症的了解还真说不上，我觉得这是一个最无厘头的病。

问：近几年，您的小说涉及家族、关乎父母亲的故事特别多，《天台上的父亲》《黄河故事》《风中的母亲》《金枝》，涵盖了长中短各种体裁。为什么您如此热衷于写父亲？

邵丽：写父亲主要是想写我的家族，把父亲的历史讲清楚了，我的家族历史也就梳理得差不多了。对于我的家族，我一直都有“触碰”的欲望，而且这种欲望随着对我的家族逐步深入了解，越来越强烈。我家族历史的重要节点，恰恰是在二十世纪三四十年代、六七十年代和八九十年代的衔接处。如您所知，三四十年代是一个犬牙交错、血雨腥风的时代；六七十年代是一个封闭的年代；而八九十年代，又是一个开放的年代！把我的家族、我的自红军长征就参加革命的祖父辈和他们的后代们，放在这个时间和历史框架内来打量，您就知道其中的分量了。祖辈和父辈在革命的洪流里载沉载浮，我们的家族被绑缚在政治运动的战车上几起几落，那种感受成为我生命中最难以忘却的记忆。写父亲，让我重新回到了家族之中，不仅仅是历史之中，也是情感之中、命运之中。我觉得我又重新活了一次，而且活得特别清醒和纯粹。

她只是一个用心写作、用力写作的作家。邵丽最大的希望就是成为一个让自己满意的作家

问：文学对您来说意味着什么？

邵丽： 文学过去对我来说只是一种爱好，现在几乎就是我的命。我二十出头时生下女儿，当时觉得抚育女儿就是我的使命。可女儿渐渐长大，我也慢慢明白，她有她的人生，我也有我的，任何人的人生都不能被他人取代。上面已经说过，生活中我是个十分笨拙的人，没有别的技能，也没有别的嗜好，跟人聊天都能翻车。自从大学毕业后，再也没有去过电影院。我有密集恐惧症，看见人多心里就发怵。我唯一的爱好和娱乐就是在家看书，写点东西。写作就是我对这个世界和人生的告白，也是我私人情感的外溢。除了这点事，我别无所求。

问： 我发现您对自己的创作非常自信，曾说过“我生命的长度就是我写作的长度”。您的自信来自什么？

邵丽： 我觉得我有话要说，有很多话要说。我没有“写作”的功利，只有“说”的需求。一息尚存，我都会坚持说下去。那未必是拿给别人看的，只是我想告慰自己，我来了，我说了，我尽力了。

问： 回顾几十年的文学创作，能否梳理一下自己的写作轨迹经历了怎样的变化？

邵丽： 我个人的经验，写作的过程是一个走向自己内心的过程。越开放，你对内心的张望越热切，因为你的参照系更博大、更深邃。开始是你找故事，后来是那些故事找你。它们拥挤在你周围窃窃私语，拼命挤进你的生活里，直到你跟它们融为一体。

问： 大家常说文如其人。您认同吗？您觉得自己是怎样的女人？又是怎样的作家？

邵丽： 文如其人，我觉得确实如此。我是一个非常简单的人，也用简单的方式待人。我的作品也带着我的简单和直接。至于说我是一个怎样的作家，我觉得自己是一个用心写作的作家，一个用力写作的作家。

隐隐笙歌处处随

潘向黎 1966年10月生于福建泉州。十二岁移居上海至今。作家，文学博士。现为上海市作家协会副主席。出版长篇小说《穿心莲》，小说集《白水青菜》《十年杯》《我爱小丸子》《轻触微温》《上海爱情浮世绘》等，专题随笔集《茶可道》《看诗不分明》《梅边消息：潘向黎读古诗》《古典的春水：潘向黎古诗词十二讲》，散文集《万念》《如一》《无用是本心》《茶生涯》等，共三十余种。曾获庄重文文学奖、郁达夫小说奖、钟山文学奖、人民文学奖、朱自清散文奖、花地文学榜散文金奖等文学奖项。小说五次入选中国小说学会主办的中国小说排行榜。部分作品被译成英、德、法、俄、日、韩、希腊等语种，出版英译小说集《缅桂花》及俄译随笔集《茶可道》。短篇小说《白水青菜》获第四届鲁迅文学奖。

采访手记

潘向黎的身上自有一种古典美。旗袍对于她是最适合的，袅袅婷婷，淡妆浓抹总相宜。可她同时是现代的，说话做事另一番活泼生动，走到哪里，哪里的氛围便热闹起来。

向黎风趣、机智，她的文章耐读，散文显示了扎实的诗词功底和开阔的时空视界，无论品茶论道还是读书识人，都流贯着思想的元气和性情的泉流。她的语言饱满明快，既直抒胸臆又高度凝练，对世界万物有通透的感悟，高妙机趣间富有充沛的思想力。而她的小说，被熟悉的朋友评价像是“看到了活蹦乱跳的鱼”。

《福建文人文化的女性脉络》（王宇等著）中如此提到潘向黎的文学创作：潘向黎是一个很特别的写作者，她拥有广泛的公众认知度却始终不在“史”中，即我们很难用一个统一的观点去概括她的创作，或将其归于某一个文学流派中，她的写作从来都在潮流之外，但又没有强大到可以成为潮流的反抗力量，因而其写作注定是被边缘出文学史的。另一个非常有趣的现象是，潘向黎是凭借小说创作开始进入文坛视野，并获得评论关注的，但在大众读者心中最有分量的仍是其散文创作。

作家毕飞宇说：“对向黎这样知道珍惜和一直讲究的人，空间却无比地宽阔。她用心，用功，她作品的味道是她自己熬出来的。”

2022 年，潘向黎出了两本新书，一本是品读古诗词的随笔集《古典的春水》，另一本是小说集《上海爱情浮世绘》。这是她结束了二十二年的媒体生涯之后，专事写作的成果。

简单朴素才是真正的生命的味道。她的《白水青菜》是写于十几年前的爱情故事，波澜不惊，轻淡却让人回味无穷。我觉得，向黎也像那碗用了无数珍料熬出的汤，“有一种清爽的妖娆，一如她的作品”（迟子建语）。

小说集《上海爱情浮世绘》，这是她阔别十二年之后，终于重回小说，所以我们就从这本书谈起。

《上海爱情浮世绘》讲述的全是发生在上海的爱情故事，这是潘向黎第一次以整部书的体量正面描写上海

问：《上海爱情浮世绘》中九个独立的短篇小说，各个不同的爱情故事共同演绎了上海这座大城的生动表情。你的主人公是否多数都有原型？

潘向黎：小说应该有足够的虚构能力。虚构更能贴近变幻光影下复杂的城市肌理和人的内心。《上海爱情浮世绘》的主人公大多数没有原型。

我有一个朋友，经常讲自己的感情故事给我听，暗暗希望能看到自己的感情故事出现在我的小说里，哪怕是一个影子，但是一直没有，连一个影子都没有。这个朋友终于忍不住抱怨了，我说：什么？你还希望我“出卖”你？

我一直觉得写小说的人，不在小说中“出卖”亲友是一种基本职业操守。不过因为这个朋友，我知道了每个人看法是不同的。

问：城市在你的小说创作中是主要的叙事空间，这是否意味着，在一定时期内你的创作方向是稳定的？

潘向黎：应该是。我从十二岁起，一直生活在上海，城市是我生活的基础，也是我心理的基础。把城市作为我小说的主要叙事空间，是一个不需要选择的选择。

我不认可那种认为写城市文学就是奢华猎奇、就是浮华时尚、就是小资情调的看法，我觉得我关注的是人心和世情。而且我走的是民间路线，不是写有权势的豪门、传奇式富人，我写的都是都市里靠本事吃饭的普通人，各行各业，本本分分，各有各的辛苦和烦恼，各有各的梦想和道路。

莫言在上海思南读书会上说过这样的话：好像一提到民间就是荒山老林和农村渔村，实际上“民间”的概念很宽泛，上海的高楼大厦里面照样有民间。利用民间资源就应该充分了解自己的生活圈子，了解自己身边的人、身边的事，写自己熟悉的生活。

这番话我深以为然。

问：书中的故事没有太激烈的情节冲突，内敛和含蓄是你的叙事风格？

潘向黎：我一直很少写激烈的情节冲突，表面上确实如此。但冲突是有的，在心理层面上，心理上人和人的冲突，人自己和自己的冲突——很多时候，城市的日常里，最经常发生的冲突其实都在心里，有时候就是自己和自己搏斗。没有冲突就不称其为小说了。

这本书可能显得更突出，就是一切都是“收”着的，情节、对话、动作、表情……最多就是一个人在深夜餐厅里号啕大哭，或者一个儿子对着父母摔了门，如此而已，确实都是“收”着的。这和上海这座城市的气质有关，矜持内敛、清淡隐忍，非常注意体统和体面，倾向于每个人保持比较大的心理气泡，心理过程漫长而精细，有时容易纠结，但表面上动作幅度比较小，有十分才流露三分，所以用内敛和含蓄的风格来写，我想是合适的。

我写小说确实一向偏含蓄，点到为止，总觉得点破了就不好玩了。有人觉得不过瘾，我觉得这是兴趣的问题，我不是不能放开，这是每个人的审美趣味，这是艺术性的工作，一个作家不敢坚持自己的趣味，还当什么作家。

如果说我缺乏点力度，我很难反驳，但这里面多少也包含了长期以来对城市文学的一种刻板印象。我想，有力量的文学作品撼动人，有美感的作品沁润人，都有价值的吧。

问：《荷花姜》荣获2021年人民文学短篇小说奖和第七届郁达夫短篇小说奖，小说对普通男女曲折幽深的情感经历表达得淋漓尽致，能否谈谈你对于爱情的理解和追求？都市生活里的爱情是否已成奢望？

潘向黎：谢谢夸奖。《荷花姜》确实对我有特殊的意义，在我停顿了十二年之后，写出来的第一个短篇，写的时候我不知道是哪儿来的状态，情绪很饱满，灵感的水位很稳定……毕竟写小说不是一件容易的事情，停了十二年，对一个写小说的人来说是“危险”的。

爱情是人生很重要的事情。毕竟一个人出生——何时出生、出生在哪里、以何人为父母……都不是自己可以选择的，死去也往往不是自己可以选择的，那么中间这一段旅程，其中可以选择最大的事情，其实就是你要爱谁，你要和谁在一起，要选择谁与你共度一生。爱是我们普通人的此生能够拥有的最大的自由。

爱情也是很难的一件事。在什么时代都不容易，从来没有人保证过爱情会是顺顺畅畅、轻松愉快的。爱情是特别复杂的一个问题，需要很多诚意，很多付出，很多心力，然后还需要一点儿好运气。但两颗心的靠近和融合，可以产生很大的能量，去克服很多困难，去充满希望地走过很多艰险，这是人世最大的奇迹。会爱，能够投入爱，是人区别于一棵树和一粒小石子的地方。

曾经有读者问我：“我有男朋友，各方面合适，我们相处得也不错，我怎么知道这是不是爱情？”我说：“真正在恋爱的人不会问这样的问题。”

她的作品始终有一种与生俱来的忧伤，因为爱情本身就是忧伤

问：中国作协书记处书记、评论家施战军把你的创作概括为“现代闺秀派创作”，你怎么看？

潘向黎：大概二十年前，施战军曾经在山东文艺出版社主编过一套丛书，“新活力作家文丛”，出了我的小说集《白水青菜》，那本书对我很重要，所以他是对我写小说影响很大的评论家和编辑之一。

关于“现代闺秀派创作”，我注意到施战军是这样说的——“现代闺秀派创作，‘五四时期’有淦女士（也就是冯沅君），还有凌叔华、林徽因等一类女作家。她们在中国新的小说文体学方面做出了卓越的贡献，她们的叙述是带着深厚的古典文学修养，带着对于外国文

学的了解，带着学问、带着学识来看新的社会现象，比如思想解放、情感开放等。”

仔细读这段表述，脑子里浮现的不是过去固有想象中的“苦守寒窑十八年”的那种古典闺秀，而是一种新的女性，新的精神风貌和写作风格，与时代同步，中西合璧的，不依附的，视野开阔的，不断生长的，所以这里面“现代”两个字很重要。战军的这个评价我觉得是一个慷慨的赞美。赞美得对不对？我不知道。要作者评价自己的作品，是个难题，而且没有必要，这事还是留给评论家和读者吧。

说一句题外话，我很喜欢林徽因，她真不简单，丰富又洗练，是一个值得仰慕的灵魂。我对那些编造她的感情故事的行为有点厌烦。就像很难想象有人不喜欢奥黛丽·赫本一样，很难想象有人不喜欢林徽因。

问：很喜欢你写的人物，作家们在你的笔下活色生香，洒脱自然，性情率真，我想只有向黎才能写得出来。你是在什么情况下写下和朋友们的交往？有没有命题作文，不想写硬写的时候？

潘向黎：对，很多人喜欢我的人物印象记。那些大部分是约稿，编辑们都了解作家之间的关系，所以一约一个准。也有被写的人自己来和我说的——哪家报刊要做我的一个小辑，印象记非你莫属。我回答：那是，必须是我来写。

那真是当仁不让。因为多年的了解和情分在，怎么可能硬写？如果觉得不是最合适的人选，就会不写。

问：你在小说里写，上海人是皮实的，上海的芯儿是韧劲的，所以上海这座城市沧桑兴衰，海纳百川，总和“颓废”二字没有关系，这也是你对上海人性格的理解吧？你的很多作品都在描写上海，是否有志于为现代都市立传？

潘向黎：是在《旧情》里面这样写的。基本上是对上海人性格的理解。

之所以说“基本上”，是因为也有一部分对小说推动的考量。那是《旧情》女主人公刚得知当年被分手的真相，独自在咖啡馆哭了一场之后的一段。这种事情她是瞒着母亲的，也不可能告诉别人，哭完怎么办？镜头转开一下，远景式地写一下上海，暗示情绪的舒缓，也作为进入下一段的一个必要桥梁。但同时，也暗含一层意思，就是上海这座城市对人无声无息有一种安慰和疗愈。有时候甚至能帮助振作。上海确实是这样，尤其对女性比较友善。

为现代都市立传，这个志向对我而言太大了，一点儿都没有想过。我这个人一向不能立志的，根据我的经验，不立志还好，偶然立一个志就一定不成，还会碰一鼻子灰。这一点，我和在贵州的朋友戴冰交流过，戴冰是小说家、诗人、摇滚乐手，他说他和我一模一样，不能立志，只能听自己的兴趣。我从年轻起就不是个有志青年，现在更不会“有志”。

《白水青菜》书写了当代人在道德选择和价值选择上的反思与抉择，获得第四届鲁迅文学奖，潘向黎说，最希望与其分享快乐的是父亲

问：小说集《白水青菜》收录了你二十余年写作最具代表性的十四篇小说，读来酣畅。特别喜欢《我爱小丸子》。你现在仍然喜欢小丸子吗？这篇小说写得洒脱率性，能谈谈这篇小说是怎么来的吗？写的时候，是不是也真的无拘无束？你和自己笔下的哪个人物最有共鸣？

潘向黎：那是很单纯的一个作品，轻松愉快，连眼泪都是甜蜜的。我自己也确实喜欢樱桃小丸子啊。写的时候也确实无拘无束，边吃瓜子边敲键盘，一天写出来，然后过了几天稍微润色了一下，就交稿了。

我自己和笔下的很多人物都是朋友。一定要说最喜欢哪一个，怕其他的人物会伤心，不说了。

问：《白水青菜》获得鲁迅文学奖。小说塑造了一个不依附于婚姻的女性，让人心生敬佩。其实现实生活中真有这样冷静又独立面对丈夫出轨的女性吗？能谈谈这篇小说的创作源起吗？

潘向黎：这样的女性生活中有，我毫不怀疑。虽然是我虚构的，但我是相信她的。当然有的是不得已而忍耐，有的是出于感情希望挽回，有的是理性地控制了情绪在寻求对策……情况各种各样。

当初我是想，人和人之间，理解很重要，婚姻里很多人互相是并不懂得的，很多付出都是不被看见的——那些在婚姻里享受了“福利”的人其实是忽略了很多对方的付出和心血的，于是有了那罐子男主人公天天喝但从来不知怎么来的“白水青菜汤”。

另外，我遇到过女性读者遇到类似情况来求助的，一般都是问：我是装不知道继续过，还是挑明了和他离婚？我当时回答不上来，后来一直在想，《白水青菜》可能是我想的一个结果，一个艺术化的建议。

问：在《白水青菜》中一段普通又不普通的外遇，在你的笔下如白水青菜，波澜不惊，又细腻生动，我想这大概也与作家的心态有关。你如何处理小说中处于爱情里的人物心理？

潘向黎：女主人公哭泣，失眠，吃不下饭，找人诉苦，偷看丈夫手机，跟踪丈夫，找介入的女孩子算账……这些才普通吧。我笔下这个女主人公，她肯定也哭泣、失眠、苦苦思索过，只不过我觉得那些太普通，就像被刀划破了手会疼一样，而每个人怎么面对那个疼，那就可以看出各自的个性了。小说结束的时候，女主人公没有和丈夫决裂，但是自己恢复了工作，我觉得这是一个成熟的决定。这也是一个有尊严、有头脑、有风度的女性。

其实并没有说他们和好了，后面他们会怎么样，还有很多变数，但这个女性靠自己站了起来。她曾经猝不及防地被击倒在地过，我只是把她的痛苦和狼狈藏了起来。她继续平和优雅，但分量不一样了。

问：这篇作品获得鲁奖，你是在什么情况下得知获奖消息的？

潘向黎：当时还没有微信，是收到短信通知的。因为知道获奖非常难，所以一时有点不敢相信。就是高兴，心里特别感激很多人，一路上提携我、鼓励我、关心我的那么多人——他们看到了渺小的我。我本来就很渺小，又任性，就更微不足道了。这样的一个写作者，居然被这样认可，想想不由得有眼泪涌上来。然后就是遗憾，因为我父亲在前一年去世了，我最想分享喜悦的人已经不在了。人生总是充满遗憾。这样一想，刚忍住的眼泪又涌上了眼眶。

她觉得自己的风格上如果有变化，也不是刻意而为的，是随年龄、经历而自然发生的

问：《穿心莲》是你的第一部长篇，在写作中有什么难度吗？如果有，你是如何破解瓶颈的？十年后再版，你如何评价这部十年前写就的长篇？

潘向黎：有。情节上、结构上都有难度。长篇小说和短篇小说完全是两回事。心理上似乎也有一种禁忌。“写长篇试试”的愿望和“我写不了长篇”的禁忌在反复角力，然后前者赢了。

评价自己的作品是一件几乎无法完成的任务。我对出版和肯定我这部长篇的人特别感激，因为它对我有特殊意义。十年后再看，我没有“悔其少作”，再版的时候改了一句话，就是结尾，本来是女主人公深蓝对着一树梨花说：“欢迎你回来。”十年后改成了：“要好好开。”没有“你”了，是所有人，所有花，都要好好开。我对编辑说：十年的成长，都在这句话里。

问：在对都市女性的不断书写中，你收获了什么？

潘向黎：通过书写不同的人物和命运，在作品里和生活中收获了一些朋友。内心更充实，选择更明晰。

问：爱情似乎越来越成为一种奢望。你在小说中反复书写的爱情，依然是温暖的、踏实的。在你的《旧情》中，写到了上海生活的独生子女。男主人公在小说接近尾声的时候才出场，而且改变了故事的调性。你希望在小说中传达一种怎样的理念？

潘向黎：首先是对年轻人的希望和祝福，希望他们找到自己的爱，珍惜自己追寻爱的机会，在影响人生的关键时刻更勇敢一点，有担当一点。也包含了一种信念：要相信。相信才有爱情。

问：写作三十年，如果请你评析自己的过往，可否分阶段谈谈各有何特点？

潘向黎：评论家潘凯雄对我写作有过一个划分，大概是三个十二年，第一个十二年主要写散文，第二个十二年主要写小说，第三个十二年又主要写散文（其实是古诗词鉴读的专题随笔），然后2020年回归小说。

特点我自己说不清，从主观上来说，一直都缺少计划，一直都很认真在写，风格上如果有变化，也不是刻意而为的，是随年龄、经历而自然发生的。散文各个阶段各有利弊，写小说的状态是现在更好。

问：你的很多小说，是以“我”为叙述主角，这样的叙事视角，给你带来什么？

潘向黎：过去可能是这样，可能与当时的风气有关。会不会是九十年代到世纪之交，人比较自我？这个不太确定。可能这样心理上会比较真切，表达会更舒畅吧。

但是这两年写《上海爱情浮世绘》，里面只有一个短篇出现了“我”，还不是主角。还有好几篇主角不但不是“我”，而且是男性。这么一说，我发现我变了，观察角度不是一个了。

潘向黎对于唐诗宋词的解读，语言精美、笔法轻盈，厚重而不失灵动

问：《看诗不分明》《茶可道》两本集子也很性情，感情真挚，清

雅美妙。无论是小说还是散文，你非常讲究审美。

潘向黎：谢谢你夸奖。那是两个专栏的结果，都是在《新民晚报》上开的专栏，获得了很多读者的肯定。本来专栏文章有很多种写法，文字上不必那么在意的，但因为我是谈诗、谈茶，所以觉得文字还是要讲究。这是我们的手艺，文字讲究一些，美一些，就是手艺好，这当然是要注重和费心思的。

问：你喜欢“雾露隐芙蓉，见莲不分明”的诗句，并用这“不分明”做了散文集《看诗不分明》的题目。《梅边消息》可否称为《看诗不分明》的“扩充版”？总之在这两本对诗词个性化解读的作品中，我们看到了真性情的潘向黎。关于诗词解读的书汗牛充栋，你在写作的时候，会有顾虑吗？

潘向黎：还好，我不是专业的研究者，就是一个古诗词的爱好者，我写自己的感受，一片真心就可以了，不负责提供真理，所以没有什么负担。结果很多人说挺好看的，古典专业人士也有认可的声音，我很高兴。

《梅边消息》不是《看诗不分明》的扩充版，写《看诗不分明》的时候，我三十多岁；写《梅边消息》，我四十多岁；到了最近一本《古典的春水》，我已经五十了。随着年龄的变化，阅历、心态和见识都会变化，所以和古诗词相遇发生的结果也不同。《看诗不分明》短小，轻松，黑白分明；《梅边消息》开始变宽了，自己的见解多了起来，从记“感”而写“悟”；《古典的春水》触碰了时间、生命意识、生死这样的大题目，比前两本有分量，相对的阅读也有一点儿门槛，是三本里最好的——有自己的发现，观点表达得更大胆了，文字上也更松弛。这三本是很不一样的，一本一个台阶。如果仅仅是扩充，我不会写后面两本的。

《古典的春水》我觉得达到我能做到的最好了，所以我以后可能不会再写这一类的书了。

问：调到上海作协之后，创作状态如何？

潘向黎：可以专事写作，我心里反复出现两个字：终于。对我而言，真是带来一种巨大的喜悦。能够沉浸于写作，状态好太多了：过去我灵感的泉水是间歇泉，有时候泉水咕嘟咕嘟地冒，有时候很久没动静，所以我以前的产量一直很低，写完一篇要等等水位，等泉水再恢复到一定水位，才能开始写新的一篇。而我这两年的状态好像不再是间歇泉，写完一篇后水位也不降下去，水位一直稳定在那里。

问：你希望成为怎样的作家？

潘向黎：写作时“东风日暖闻吹笙”，作品里“隐隐笙歌处处随”，希望自己成为这样的作家。

作家的精神修炼贯穿于整个写作生命

马晓丽　1954年出生，一级作家，中国作协会员，中国作协军事文学委员会委员。主要作品有长篇小说《楚河汉界》、长篇传记文学《共和国科学拓荒者传记系列——王大珩传》、长篇纪实散文《阅读父亲》、中短篇小说集《手臂上的蓝玫瑰》《催眠》。曾获第二届中国女性文学奖、《小说选刊》双年奖、曹雪芹华语文学大奖，并多次获全军一等奖及辽宁文学奖。长篇小说《楚河汉界》入围第六届茅盾文学奖。短篇小说《俄罗斯陆军腰带》获第六届鲁迅文学奖。

采访手记

在多数人的印象里，马晓丽端庄秀美，温婉和善，可是她的小说却粗犷豪迈，充满力量。《手臂上的蓝玫瑰》中收录的作品，风格各异，每一篇都堪称惊艳。喜欢马晓丽的文字，不论她的小说还是非虚构作品，都让人读得畅快过瘾，看了这一篇，盼着下一篇。

不料她却笑眯眯地说，自己“属惰性细胞载体，疏懒成性”。

“像养着一粒种子一样，时不时侍弄侍弄，直到它真的萌动发芽了，有了点模样了，才动手打理。”马晓丽这种不急不缓的创作状态实在难得，表面的嘻嘻哈哈，背后也许正藏着严谨认真的创作态度和对文学的虔诚与敬畏。有些作家成名之后会将自己的旧作拿出来应对大量约稿，马晓丽却习惯自我“枪毙”，她的电脑里一直雪藏着不少被自己毙掉的作品。

正因为此，她的作品都是经得起反复推敲的。比如我前些年读过她的中篇小说《云端》时还有些难以理解和质疑，近来再读，又体会出新的意境，她的写作对于军旅文学的突破何止于小说中女性的较量，而是发掘并呈现了隐藏的女性经验。而读她的散文，则更多地发现朴素真诚的文字下真实的马晓丽，她的温暖，她的幽默，她的灵动……当然，也有无尽的苍凉和冷峻。

马晓丽年轻时曾经在部队当过炊事班长。每次做煳饭，她都会带着全班站在饭堂前面给大家做检讨；而现在，马晓丽是美食家、生活家，她亲手制作的各种色香味俱佳的美食常常令朋友们惊艳不已。

马晓丽曾说：“那生长着无数细密的毛孔、蒸腾着热烘烘气息的鲜活的灵与肉是不可辜负的。你得敬畏，你得带着敬畏去理解笔下的人物。你得竭尽可能地用你全部的情感、全部的心智去贴近那些生命，感受那些生命……”我想象她就是这样，张开全部的触角拥抱她挚爱的军队和沸腾的生活。

马晓丽先后当过话务员、通信员、护士、干事……她最终在文学中找到了最好的自己

问：您是怎么走上文学创作的道路的？

马晓丽：我读书还算早，整日无所事事就开始翻我爸的书架。我爸的书架上主要有三种书：马列著作、鲁迅的书和古典文学著作。马列著作我读不了，古文难进入，只好读鲁迅。看完鲁迅没东西看了，就硬着头皮啃古文。我磕磕绊绊地把《左传》《战国策》《东周列国志》和四大名著等书都囫囵吞了一遍，直读到简体字繁体字没区别，横排版竖排版无障碍。

我是在入伍之后才开始大量阅读外国文学的。那时所有世界名著都被列为了禁书，爱书人只能通过地下流转的方式，偷偷地互通有无。最紧张的一次，我好不容易借到了一本《海狼》，但必须在第二天就交给下一个人。我带着书上夜班偷偷看，下夜班后立刻抱着馒头躲到上铺，钻进被窝里看。饿了就啃口馒头，整整一天除了上厕所就没下过床，抢着把五百多页的小说看完了。虽然那时我经常因为偷看禁书受批评，很是影响进步，但应该就是在这样的读书过程中，文学逐渐潜入了我的意识。其实从很早开始，我心里就隐隐地有一种感觉，觉得自己迟早会写点东西。只是我把文学看得太重，所以开始提笔创作很晚。

问：最初的写作如《夜》和《长大了》，被评论家称为是您创作的"少女期"？

马晓丽：那时的创作是很盲目的，没有想法，随意性强，碰到什么写什么。现在回想起来，我当时只是有一种写作的冲动，这种冲动里既有对文学的热爱，有表达的愿望，也有名利的追求。创作早期这种名利追求是有益的，助燃了我的创作热情。我那时就与跟我一起获奖的人一样，沉醉其中，觉得小说没那么难，我写第一篇就获得了成功嘛。当时在北京人民大会堂领奖，跟著名作家对话座谈，与文学泰

斗们同桌进餐，让我得意扬扬地晕了很长时间。其实那时我根本不知道文学为何物，根本不知道小说为何物。所以在此后的一段时间里，我飘飘然地写了一些不知所云质量不高的东西。

问：从新闻干事到专业创作，您当时的创作心态经历了怎样的变化?

马晓丽：从新闻干事到专业创作是我人生中的一次最重要的改变，这个改变不是形式上的，不是从一种写作转变为另一种写作，而是观念意识上的，是从一种生命状态转变为另一种生命状态。

刚开始从事专业创作时，新闻干事的思维和眼光一直制约着我，使我无法进入文学本身。加之当时在商品经济大潮的冲击下，社会变得越来越浮躁，各种诱惑纷至沓来，这种情况对我这样一个基本文学观念还没有形成的作家来说是很致命的。那时我完全没有自己的主见，谁找我写什么我就写什么。这个找我写电视剧，我就去写电视剧；那个找我写报告文学，我就去写报告文学。我好像永远都在按别人的意愿写作。我想摆脱这种状况，但找不到方向，不知道自己该怎么办。

回想起来，那时我的精神是不健全的，文学品格是不健全的。记得山东作家刘烨园曾写过一篇文章——《以大陆的名义》，是他读伊姆雷获诺贝尔文学奖感言的一些感想。文章大意是说，作家应该像伊姆雷那样，在精神上成为一个自给自足的大陆，应该不依赖于任何外在的力量，只遵从自己的内心而独立于世。我非常喜欢这篇文章，这里面有一种鼓舞我的力量，鼓舞我从长期的精神束缚中挣脱出来，让自己的精神变得强大起来，有能力抵御干扰，摆脱诱惑，进入真正的文学状态。

当然，作家的精神修炼是长期的，是贯穿于整个写作生命的过程的。不仅从新闻干事转到专业创作，其实时至今日我还在不断地从精神束缚中往外挣脱。挣脱，是这些年我在军事文学现场最常说的一个关键词。

马晓丽一般不会以弘扬定位，她更愿意从关切个体生命的角度出发，平视人物，发现常人身上的崇高

问：《手臂上的蓝玫瑰》收录了八个短篇小说，开篇《舵链》中，您塑造了两个英勇又无私的军人形象，一个是在惊涛骇浪中抢修舵链的矮个子兵，一个是在风浪中将自己绑在舵位上的艇长。这篇小说读来酣畅，尤其是语言，和您过去的作品相比有极大的反差。

马晓丽：我得说您的阅读感觉很准确，真就是从《舵链》开始，我的语言有了改变。之前我一直习惯书面语。写这个短篇之前，我已经对自己的语言产生了厌倦，特别渴望改变，渴望让自己的表达更自如、更自在。所以写《舵链》的时候，我就开始试着放松自己，不再约束口语，结果发现这样写作特别自由舒畅，有快感。后来写长篇小说《楚河汉界》时，我又给加入了一些方言的味道，感觉上灵动多了。《手臂上的蓝玫瑰》写的是个东北女人，她的语言基本就是比较生猛的东北话，小说发表后还有文章专门评论这篇小说的语言表达。

问：似乎军旅作家都有这样的特点：比较善于在战争和灾难中表现人物的精神气质。您的作品弘扬军人的正面价值和崇高精神，但是写得非常流畅自然，没有丝毫拔高之感。

马晓丽：不仅军旅作家喜欢把人放在战争和灾难中来表现，其实很多作家都乐于展现人在极端环境下的精神样貌。这可能是因为战争和灾难往往是生活的横断面，会把日常生活撕裂开来，以极致的方式把人逼到死角，使人性的不同面向凸显出来。而这正是最吸引写作者进入，去挖掘人性更多的可能性和深刻性的地方。

我觉得作品有没有拔高之感，可能与写作者的目光、价值判断和对个体生命的关切有关。军事文学历来推崇英雄主义，我不否定英雄主义，也赞成卡莱尔对于英雄主义是人的生命的要素，是我们这个世界中人类历史的灵魂的说法。但我们不能因此就过度提纯“英雄”的概念。英雄也是常人，只是在特定情境之下，会做出超于常人的高尚

举动。所以我一般不会以弘扬定位，我更愿意从关切个体生命的角度出发，平视人物，发现常人身上的崇高。更何况并非只有在战争和灾难中，只有流血牺牲才能更好地表现英雄主义。

问：最打动我的是您在小说中对于人物内心活动的描写和刻画。您是如何把握人物的心理活动的？

马晓丽：首先是敬畏吧。我曾经在一篇创作谈中表达过这样的意思：那生长着无数细密的毛孔、蒸腾着热烘烘气息的鲜活的灵与肉是不可辜负的。你得敬畏，你得带着敬畏去理解笔下的人物。你得竭尽可能地用你全部的情感、全部的心智去贴近那些生命，感受那些生命，与他们一起冷、一起热、一起忧伤、一起落泪、一起流血、一起愤怒，甚至一起生、一起死……写《楚河汉界》的时候，我就与小说中的那些人物在一起相处了整整两年，感觉那两年间真是挺熬心力，挺耗体力的。

《楚河汉界》是马晓丽最费心力的作品，也是最命运多舛的作品

问：文坛对《楚河汉界》评价很高，但是很遗憾，并没有像之前的几个中短篇有很好的命运，未能获得大奖。

马晓丽：《楚河汉界》是在评上全军最高奖后，被作为问题小说拿下来的。《楚河汉界》受挫之后，我个人的狭隘功利目的基本落空，这给了我很大的打击。我所说的个人狭隘功利目的就是获奖、出名、立功、晋级等既得利益。在那之前，我一直是很渴望得到这些既得利益的。幸运的是，我的目的没能达到。

我把这说成幸运，是因为正是由于《楚河汉界》的受挫，才逼着我开始对自己的创作进行反省，对军事文学创作中的问题进行思考，才使我在追问、反省和思考中从狭隘的功利写作中清醒了。它至少给我带来了两方面的好处：一是使我沉静下来，避免了因获奖而可能造成的错误的自我认定。否则我会以这篇小说作为自己的军事文学创作的标杆。以我现在的眼光，已经能够很清楚地意识到《楚河汉界》中带有许多我多年精神捆绑的烙印，带有我文学意识和文学思维的诸多局限了。二是使我对文学奖有了比较清醒的认识。在我看来，其实任何文学奖项都与文学本身无关，它既不是文学的目的，也不可能促进文学质量的提升。从某种程度上讲，任何我们看重的文学奖项，无论是茅盾文学奖、鲁迅文学奖，还是诺贝尔文学奖，其实都是一种社会游戏。你可以去参与，但切不可当真，不可把这些东西当成文学追逐的目标。如果真的把它当作文学的理想去追求，就必然会陷入到狭隘的功利写作中。其实挫折也是修炼，而且往往是更为有效的一种修炼。

问：周东进身上体现着现代军人的生存状态、精神处境以及所面临的挑战和围困，他的桌子上摆着一个跪式的兵马俑，他说这是“中国军人和中国军队的现状……但他永远在蓄势待发”。这些书写意味深长。

马晓丽：如果读者从中感受到了什么，也只是读者自己的领悟。也许我想说，从精神处境方面讲，我几乎一直都是跪着的，我的精神蜷缩着，从没有完全地舒展开过。我不想抱怨外力和环境，跪着是无奈，但也是自己的选择，谁让我不能成为一个自给自足的大陆，没有能力遵从自己的内心而独立于世呢?

问：《楚河汉界》对于把握现代军营生活，包括军人的生存状态和内心世界都非常细腻到位，正如评论家林为进所评论的：“符合了军旅文学的一个特点：一种浪漫、传奇、理想和激情的特质。”他称之为这就是“军旅文学灵魂性的作品”。您认为写作中这部作品最难把握的是什么?

马晓丽：从写第一个字开始到画最后一个句号为止，整个过程都很艰难。起初有人告诉我，长篇小说写出三万字以后就好了。我写了三万字后，发现并没有出现好的感觉。又有人告诉我，写到五万字以后就会一马平川了。好吧，我坚持写到了五万字，结果根本没有什么一马平川，还是坡，还得继续爬坡。我好像在整个写长篇的过程中一直在爬坡，好不容易爬过了一个坡，还没来得及喘口气呢，就发现前面又出现了一个更大的坡，就这样整整爬了两年。画上最后一个句号的当天，我的腰就不能动了。我很羡慕那些才思泉涌下笔千言的作家，可惜上天没有赋予我那样的才力和体力。

在写长篇的这两年间，我与自己笔下的那些人物整天生活在一起，为他们的命运所牵扯纠结，心力交瘁，寝食难安。我不知道自己是否有能力赋予他们灵魂性的东西，但正如我在扉页上写的那样——追随着一个个生命历程，我不得不一次又一次地看到鲜活是怎样在成长的过程中失去水分，一次又一次地看着个性是怎样在成熟的修剪中得到规范。但，理想从不曾泯灭，个性从不曾消亡，再艰难也还有人在坚守，在拼全力拒绝人的植物化蜕变。

问：您是否也属于“理想主义”？又如何看待笔下这批具有理想主义的军人？

马晓丽：我没那样的勇气，但我对带有理想主义色彩、注重精神追求的人一直怀有浓厚的兴趣。在世俗的社会环境中，理想主义者通常都会受挫，会失败，有精神追求的人也总是会被视为异类。但正因为有了这些人，暗夜中才有了燃灯者，才有了些微的光亮，才使如我这样怯懦的人，也有了对彼岸的向往和前行的勇气。

中篇小说《云端》被称“特立独行”，直面了一个严肃的话题，即该如何对待革命进程中文明的丢失

问：《云端》好评颇多，这个作品人物有原型吗？您的写作，设计情节或人物，是否理念在前？

马晓丽：《云端》是迄今为止我自己写得最好的一篇小说。作品当然是虚构的，但任何虚构都必然会有现实的投射。写这篇小说的起因是我婆婆。我婆婆是个1938年入伍的老八路，有一次，她看到有些老干部家属的不文明行为时，悻悻地对我说了一句：太没有知识了，还不如我看管的那些国民党小老婆呢！她的这句话引起了我极大的兴趣。通过交谈我发现，我婆婆对“国民党小老婆们”怀有非常复杂的感情。一方面她鄙薄她们，因为她们是敌人；而另一方面，她又暗暗地欣赏她们，欣赏她们言行举止中透出的文化气息。我想知道，是什么使我婆婆这样一个坚定的革命者，会时不时地超越阶级意识看待不同阵营的敌人。我婆婆不可能跟我探讨这些，她有一句没一句地说着，突然又冒出一句：我还从一个国民党小老婆裤裆里搜出了金条，被大会表扬了呢！我心头一震，在满脸自豪的婆婆后面，我看到了另一个女人，那个被婆婆称为“国民党小老婆”的女人。我突然很想知道，这样两个不同的女人之间究竟会发生些什么。我不知道这算不算是理念在前，但在开始下笔的时候，我并不知道她们的走向和结局。

在写这篇小说的时候，我的确想让叙述缓慢一些、绵密一些、小资一些。我觉得这样会更女人，觉得这应该是一篇很女人的小说。

问：《云端》中两个女人涉及私密的对话，我觉得似乎不大能够理解。那个年代，包括她们的特殊身份——总觉得不大真实。我想知道的是，您如何看待虚构的合理性？

马晓丽：我不知道您为什么不能理解女人之间的私密话题。也许您认为在那个年代不可能有那样的私密话题，但我不这样认为。我认为无论是在哪个年代，女人对私密话题的克制和释放都是一样的。就如同男人之间常在私下谈论女人一样，女人也会在适当的契机下谈论男人，包括谈论自己的身体感受。当然，契机很重要，即便她们的身份不同，但只要给了她们合适的契机，就会唤起她们探究身体和生命秘密的兴趣和热情。这是一种来自于生命本身的自然驱动力，是任何环境和外力都无法彻底遏制的。

说到虚构的合理性，我认为虚构通常都是建立在作家自觉的合理性上面的。当然，作家的自觉未必一定能与所有读者的他觉相吻合，在这里我的自觉与您的他觉显然就不吻合，这很正常。其实，您提出这个问题也是建立在您的虚构基础上的。您虚构了一个那个年代的现实，以您虚构的现实来衡量，认为在那个年代，这两个不同身份的女人之间进行私密对话是不真实的。那么问题是，您的虚构是否就具有合理性呢？

问：这反问来得很有力量——不论如何，《云端》对于军旅题材是一种突破和超越。是否影响大的作品，在写作中也是比较顺畅的？

马晓丽：这篇小说刚发表的时候影响并不大。《十月》起初准备发头题，但经审查后因为题材敏感拿下，最终发在了末题。发表后只有《中篇小说选刊》选了一下，别的选刊都没有选。是在后来，这篇小说被评论家打捞出来，不断地分析、讲述，这才引起了注意，有了好的反响。说来惭愧，我写东西从来都很费劲，从来都没有下笔千言一挥而就的时候。而且我是个很不自信的人，写完东西立刻丧失判断能力，常常是在得到别人的肯定之后，才对自己的作品有了点信心。

马晓丽觉得自己是一个终极意义上的悲观主义者。在她看来，所有人终其一生都生活在困境之中

问：在您的作品中，比如《手臂上的蓝玫瑰》《云端》《杀猪的女兵》等，伤痛感和绝望感特别触动我。是否可以理解为您对人生的一种基本认识？

马晓丽：我的确是一个终极意义上的悲观主义者。在我看来，所有人终其一生都生活在困境之中，无论是生存困境还是精神困境。而如鲁迅先生所言，“无数的远方，无数的人们，都与我有关”，所以大华、云端、洪潮们的困境都特别能触动我，令我伤感。也许，总想把这种伤感表达出来，说明我的悲观主义并不彻底，说明我对这个不堪的世界还抱有一丝希望。或者也可以说，我的悲观主义不是叔本华式的，而是更接近尼采式的。

问：无论是短篇《白楼》《覆水难收》，还是长篇《楚河汉界》，主人公都是在权力角逐中失败的理想主义军人，您为什么总是塑造这一类的人物？

马晓丽：大概是因为现实中太缺乏理想主义，太缺乏具有理想主义精神的人了吧。在当下这种趋利弃义的社会环境中，理想主义很不合时宜。具有理想主义色彩的人在人群中平时会显得很傻、很幼稚，到了关键时刻就可能会因为傻和幼稚的抉择触犯众怒而被抛弃。所以，真正的理想主义者通常都不会有好的结局的。我也常常希望笔下的理想主义人物获救、获胜，哪怕只有些许的获得，无奈总是不能，总是走着走着就无路可走了。这成了我心中的痛，成了一种无望的希望，所以才会忍不住总朝这个方向张望。从这个角度来说，我可能也算是有点理想主义色彩的，只是我不愿意承认，害怕承认了会露出自己的愚蠢相，会被人嘲笑。

对于女性内心的深刻体察，使她把握起女性题材来更加悠游自在、出神入化

问：您如何评价当下的军旅文学？

马晓丽：在谈论军事文学时，经常有一种很普遍的说法，说军事文学是“戴着镣铐跳舞”。这句话的意思是说，军事文学必然要受到很多的限制，军事文学也因此而难出上乘之作。

记得《楚河汉界》被取消评奖资格后，我觉得自己不小心触雷了，所以很沮丧。但也就是从那时起，我开始对军事文学和我自己的创作有了一些思考。有意思的是，我思考的初衷是因为自己感到了痛，感到了不公，想为自己的痛和不公找到一个外在缘由，以解脱平复自己的内心。结果，找来找去竟然找到了自己的身上。我发觉自己就像一个被捆绑惯了的人，虽然已经松绑了，但仍旧还是不自觉地保持着捆绑时的姿态。直到这时，我才真正地意识到，所谓镣铐，固然有许多是外力强加给我们的，但本质上，更是我们自身的局限让我们主动戴上的。从某种意义上讲，我们已经习惯了镣铐，习惯了对镣铐的精神依赖，习惯了镣铐带给我们的种种便利。这便利自然也包括每当谈到军事文学，每当探讨我们为什么写不出更好的军事文学作品时，我们都会理直气壮地立刻把镣铐拎出来，用这个最便当的理由来为自己开脱。

一个作家如果没有自我觉醒和顿悟，是不会摆脱精神束缚的。

问：那么您认为怎样才能摆脱精神束缚？

马晓丽：我不知道。我一直没停止也没想停止阅读思考和写作，或许就是在寻找摆脱的方法。但我一直没能完全摆脱精神束缚，没能进入更为理想的写作状态。究其原因，除去外部因素外，自身最重要的就是功利写作问题。我认为功利写作一直是我自己，也是我们军事文学面临的最大困境。

谈到"功利写作"，这个概念有时显得很模糊。从宏观上讲，无功利的写作是不存在的，任何写作都带有很明显的功利目的，无论你是从个体出发还是从人类出发，无论你是从物质需要出发还是从精神追求出发。问题是，我们应该追求什么样的功利写作，我们怎样才能不断地从狭隘的功利写作中超拔出来，进入更高一层的写作境界？这其实是我们在写作过程中始终需要面临的问题，也是一个写作者毕生都要面临的问题。

当下的世俗社会充满了对写作者的诱惑，总有各种各样由写作带来的既得利益在向我们招手，这里除了物质利益的诱惑之外，更有名目繁多的社会性文学倡导的诱惑和不一而足的文学奖项的诱惑。狭隘的功利写作给我们带来的最直接后果，就是遮蔽我们的目光，使我们丧失感受真实和表达真实的能力。

我希望自己能够不断地从目前的功利写作中超拔出来，进入更高层次的写作状态。我希望自己能够不断地提升自己的文学品格，进入相对纯粹的文学境界。

我希望写出命运感

朱辉　1963年生于江苏省兴化市。1985年毕业于河海大学。中国当代作家。现任江苏省作家协会副主席、《雨花》杂志主编。有《朱辉文集》（十卷）出版。代表作有长篇小说《我的表情》、中短篇小说《对方》《放生记》《事逢二月二十八日》《玉兰花瓣》等。短篇小说《七层宝塔》获第七届鲁迅文学奖。

采访手记

朱辉毕业于水利专业，却没有参与建设过一座水利工程。毕业后朱辉留校任河海大学教师，后任河海大学出版社副社长、副总编，2013年，朱辉投入文学最温暖的组织怀抱：江苏省作家协会。

此时，距离1987年开始发表作品，已过去近三十年。

在三十余年的业余创作中，朱辉发表了四部长篇、近百部中短篇。他的目光及笔触所及，很多皆是习熟并早已漠然了的俗人琐事：来自苏北小镇的同乡间的友谊与暗斗（《双凤灌耳》），一个小女人与情史互相编织的发达史（《游刃》），一个小城画家欲说还休的一段情事（《动静》），出版社编辑室主任和女编辑间的一份暧昧（《对方》），或者，只是校园里的一次意外风波（《狂风大作》《棕色药瓶》），一个退休教授临死前的短暂生活（《红口白牙》）……朱辉不动声色地叙述着这一切，他的叙述贴近对象的琐细与庸常，似乎并不在乎情节中隐含的冲突，更不刻意在哪些地方停下脚来；他只关心那些与人性、人的隐秘心理相关的细节，尤其留意的是，这些细节背后蕴藏的意义……

细致，耐心，平实，家常，这些皆为朱辉中短篇小说的主要特点。当然，近年来，有更多新的元素注入朱辉的创作，使他的风格更加丰富多样。他的作品把城市中人情的淡漠、势利、欲望等表现得极其充分。《大案》中出现的警察和记者，对"犯罪嫌疑人"周长根的态度，是俯视甚至是蔑视的，呈现的也是一种冷漠无情。但是在《红花地》中，从里到外都洋溢着温暖。

朱辉的温情掩藏在文字背后，他的作品里有着悲天悯人的情绪，这一点，中国作协副主席李敬泽早就注意到了。他认为，朱辉的小说即使处理暴烈的题材，即使他在讽刺和嘲弄，你也能感到他的根本态度的宽厚，他的语调贯彻着对人类弱点的包容，本能地避免愤世嫉俗的激烈和尖刻，避免思想的胶着晦涩，他的特殊之处在于用温和的理性处理一系列现代性主题。所以朱辉是有亲和力的，他不仅讲故事，而且我们的境遇、现代人的境遇在他的故事中能够得到同情和理解。

三十年的业余写作，朱辉觉得自己处于一种票友状态。再怎么用心，哪怕偶尔粉墨登场，人家也还是认为你是个票友

问：大学毕业后留校，又调至出版社，您如何评价几十年间那种业余写作的状态？

朱辉：调到大学出版社的原因还是因为文学，总觉得那里会跟文学近一点。其实不是这样的。理工科大学的出版社，主要还是出教材。我躲不开公式和符号。写作是业余的，也是用心的。但时间毕竟有限，我读得多，写得少。这种状态后来几乎成了一种积习，改也改不掉了。总之，几十年来，无论是业余创作还是后来的专业创作，我都写得少。

回头看来，三十年的业余写作，我处于一种票友状态。再怎么用心，哪怕你偶尔粉墨登场了，人家也还是认为你是个票友，因为你确实就是个票友。一个人一辈子最好专心做一件事。

问：2013年调至江苏省作协，从事专业写作是否激发起更多的创作欲？

朱辉：我对调进江苏作协前的票友状态，之所以觉得一言难尽，是因为我办理调动手续时兴致勃勃，觉得自己可以大写一场了。但其实，虽然有心理准备，但一下子从一个比较忙碌杂乱的状态进入一个单纯的状态，居然有一点儿失重的感觉。我很明白，从此我的工作就是写作了，但又发现，还是写不多。原先似乎积攒了无数的题材，只是没有时间，这时才发现，不是没有时间，是你没有想好，你永远都没有想好。我业余了那么多年，说缺乏生活积累显然不是事实，但如果以更高的标准要求你，你可能反而犹疑了。可是专业写作，你不是就应该要求更高吗？

结果是，我很努力，但跟此前一样，每年最多还就是四五个短篇。

曾经有人对我说，把很多事写得简单，字数少，是个本事；没什么事，也能写得很长很多，是更大的本事。这听起来很有道理，有迷惑性，但现在，我坚定地认为，能在纷繁复杂的生活中，挑出可写的素材，这才是有本事的第一步。我不太相信，一个写得很多的人能写得很好，尤其在前辈的书籍已经汗牛充栋的情况下。

问：如果请您谈谈自己不同时期的创作风格，您愿意怎么划分阶段？

朱辉：这个划分有点困难，但我愿意捋一下。以2000年为界吧，此前全部是中短篇，风格驳杂，不少篇什留有西方文学的影子，拎几个出来：《在劫难逃》，《青年文学》1990年第11期；《青花大瓶和我的手》，这是我的作品第一次被《小说选刊》《小说月报》和《新华文摘》同时转载；《变脸》，《作家》1997年第12期；《面孔轶事》，《作家》1999年第4期。

另外还有一条脉络。有一篇《暗红与枯白》，发表于《钟山》1996年第3期，在这一篇和其他一些短篇中，"我"在作品中的存在显而易见，它们笔法上是写实的，形成一条脉络，一直延续到《钟山》2017年第4期的《七层宝塔》。

2000年前后，我一连写了四个长篇。《我的表情》《牛角梳》《白驹》《天知道》，它们展示了我在长篇创作上的左冲右突，元气满满，我至今仍然很珍视。此后直到现在，又写了四五十个短篇，我心态更从容，在写作姿态上，找到了切入生活的角度，似乎做到了俯仰自如，《和辛夷在一起的星期三》似乎是一个起点，此后的《吞吐记》《郎情妾意》《吐字表演》《玉兰花瓣》等，都算这类。

2013年调到作协后，我的心态确实有变化。专业创作，哪怕三年后我又去做了《雨花》主编，也还是专业的文学行当。我必须明确自己的姿态，那就是专注，严格要求，不写便罢，写每个作品，都力争达到自己的能力极限。这种姿态一直延续，直到最近的长篇《万川归》。

短篇是严苛的文体，它容不下闲笔，它是考验作家才华的试金石

问：您在很多小说中把城市中人情的淡漠、势利等都表现得很充分，您对此持批判现实主义精神？

朱辉：且不管城市中的人情是否淡漠、势利，我之所以这样写，其实也正说明了我对淡漠和势利的厌憎和无奈，对情义的珍视。

只要资源是有限的，情义和礼让就一定是珍稀品。其实，我还觉得，即便资源有限，即便人心难免嫉妒，我们的社会最好还是松弛一点，彼此间礼貌一点。

问：写作三十多年，如果把作品连贯起来，能否体现城市的变化？换句话说，您小说中的城市是否在变化？

朱辉：现实中的城市一直在变化，小说写城市，理所当然也有变化。城市一直在变大，更复杂，更忙乱，人口组成和工作分工也纷杂了，出现了许多新行当。因此，抓住城市生活的真正内涵，其实更难了。但是无论写农村还是写城市，写大城市还是小城市，其实都是在写人，写人在不同场域和生存环境中的表演。人性其实没有多大变化，城市人和农村人都是人，只是挑动和刺激他们心灵的因素有所不同而已。我甚至认为，男人和女人都是人，他们的关切和兴奋点、畏惧点有差异，但还都是人的特性。过于强调性别，恐怕恰恰是写不好男人和女人的根由。

问：2018 年，短篇小说《七层宝塔》获得了第七届鲁迅文学奖，是在您的意料之中吗？

朱辉：不在我的预料之中。没有什么该当是你的。首先要好好写。

但这篇小说的出现却是有缘由的。何平先生第一个发现了我的小说中，《暗红与枯白》与《七层宝塔》之间隐含的脉络。《暗红与枯白》是 1996 年的作品，获得了第一届紫金山文学奖。再加上你前面提到的《绝对星等》，我写拆迁确实不是一次了。中国人安土重迁，土地是比天大的事。我的祖屋是一个镇上最中心的两层小楼，连家店，养活十一口人，二十世纪九十年代，被拆了，从此我在老家没有了一寸地皮。拆房子多次出现在我的小说里，不是我故意为之。我并没有耿耿于怀。何平拎出了这两个相距二十多年的小说，我一愣。

问：能否以《七层宝塔》为例，谈谈从构思到写作，您是如何完成一篇短篇的？

朱辉：触动常常是偶然的，2013 年，我调到作协专业创作，大概是 2016 年春节前，我参加了省作协的一次“深扎”活动，我们参观了新农村建设的样板房。楼房很漂亮，与城市其他房子并无区别，也有很大的市民广场。但是我注意到，广场上的居民有一些明显的特征，说白了就是农民的特征，穿着、谈吐、动作，他们还是农民。当时我心中一凛，觉得可以写个东西了。心里存下了这个念想，但是一直没法写。老屋被拆我经历过，乔迁新居的欢喜我当然也有过，但是小说不成型，缺个有爆发力的点。那段时间，我手上写着其他作品，也没有使劲地去寻找这个点——我常常是这样的，好几个素材在脑子里转，哪一个成熟了就先写它。小时候看人杀鸡，母鸡肚子里有许多小卵，大小不一，最大的连蛋壳都有了，只是还是软的，大人告诉我，要是不杀，明天这个蛋就会下出来。就是这个样子。我惦记着《七层宝塔》，连题目都有了，还是不行。某一天，头脑中冒出了一个句子：“村庄竖了起来。”也就是村庄变成了楼房。这句话出来后，立即就动笔了。写了大概半个月。

问：您如何看待短篇小说的写作？在您的文学创作中短篇小说占多大比重？

朱辉：到目前为止，我的短篇不到一百个，长篇五个，短篇的字数与长篇字数大致相等。

短篇与长篇的区别就在于字数。一切的差异都是篇幅所致。

短篇是严苛的文体，它容不下闲笔，它是考验作家才华的试金石。长篇相对宏阔，但较大的篇幅中你能提供什么，更考验着作家的思想力。每个人的才能、性情和气质都是不一样的，所谓“全面”，没有短板，基本不可能。能同时写好短篇和长篇的作家，有史以来极为罕见，马尔克斯肯定是一个。我觉得他是小说第一人，可以不加上“之一”。

我现在希望，我能写出优秀的长篇。

问：您觉得优秀的短篇小说应该具备哪些因素？

朱辉：优秀，或者说“好”，真的很难定义。语言，人物，情节，细节，意蕴，都应该好。这么说吧，如果一个短篇，能给一个合格阅读者迎面一刀，或者背后一闷棍，那就是好；如果能让阅读者心里像被羽毛撩拨一般，莫可名状，也是好的。最失败的是无聊、无趣、令人无感。

问：您的很多作品获得各种奖项，您如何看待获奖和写作的关系？

朱辉：获奖表示有一群人，以某个标准对你的作品予以了褒奖。这应该是一种激励。不过我不会为了某个奖去写作。

问：获得鲁奖对您的生活和写作带来怎样的影响？获奖后的创作状态发生什么变化了吗？

朱辉：获得鲁奖确实给我带来了一些变化。恰巧，我是在从事专业创作期间写出这个作品的，这让我确认了专心致志的重要性。我希望延续这种心无旁骛。

朱辉的写作很少在情感上陷溺其中。但写《万川归》时很多次觉到了心痛，一个片段，往往好几天难以自拔

问：您的创作线索多来自哪里？《万川归》的写作缘起是什么？

朱辉：亲眼目睹的，亲身经历的，听来的，看见的，甚至一段音乐，一个笑话，一个梦，都可能是一个作品的缘起。我的感觉是，一个作家，生活直接给他提供素材的机缘，一辈子不会超过个位数。主要是想象。不但故事、情节靠编，细节也是编的。编的比真实发生的更真实、传神、精妙。

《万川归》是我的第五部长篇。此前的四部，《我的表情》《牛角梳》《白驹》《天知道》，都是2000年前后写的，像发了神经病，一口气写了四个。差不多二十年后，我才动念写《万川归》。

二十年，经历了太多的事，不少感慨，似乎有无数的话要说。许多人，映着二十年的时光，一直在我眼前晃动，逐渐清晰。老实说，作家应该有一双异于常人的眼睛，我看见了他们晃动的身影下，太阳和月亮的阴影，我看到了他们的心，或者说是他们的心跳与我自己的心脏产生了共振。这种共振渐渐有了节奏，有了旋律，也有曲调，也有情。我进入了状态。

问：曾在河海大学学习水利专业的经历，对于小说创作也提供了有益的帮助吧？我想《万川归》和您的经历密切相关，在把握题材方面，是否游刃有余？

朱辉：水利专业的学习经历，对我所有的创作都产生了影响。《万川归》里，归霞和丁恩川就是水利专业出身。对这个行当我有基本的了解，不至于放炮或穿帮。可是在写作过程中，我还是要请教我的同学，他们在这个行业工作了大半辈子，他们才是行家。

我曾为没有读中文系遗憾，有些缺憾至今仍在，但除了文学，有一个其他的专业也挺好。它冷不丁或者随时在支持你。《七层宝塔》，如果没有学习水利的经历，有关国土规划的理念我可能就不会有。在小说里也就几句，但这几句关涉到土地和河流。李敬泽曾在一次会议上蹦出一个词：空转现实主义。那次会议我不在场，是会后别人转述的。我吃了一惊。他总是能语出惊人。对这个词当然有多重诠释，但我想，一个长篇，里面的人物、故事，最好能够落实，倒不是我有写出百科全书式小说的野心，而是，人物、情感、思虑和慨叹，必须有所附丽。这个时候，在几个人物中设置一两个水利行业的人，就是顺理成章的了。

这不是一本关于水利行业的小说，有好多人物，有教授，有律师，有保姆，有失业打短工的，涉及的行业除了水利、政法，还有房地产和出版业。我在大学和出版社工作多年，知道不少所谓秘辛，这些都不是问题。

问：小说讲述二十世纪六十年代出生的人三十年的生活历程，小说中的几个人物分别来自黄河流域、长江流域和淮河流域，还有一个人生活在京杭大运河边上。而这几条大江大河最终都流向大海，“万川归”，小说的寓意大气磅礴。在驾驭这部长篇的结构和表达主题方面，您有怎样的寄托？

朱辉：你看出来了。我在小说开篇就描绘了从飞机上俯瞰的景象，几条大河在国土上流淌，最终归于大海。我读大学的时候，学校还不叫“河海大学”，是“华东水利学院”，其实学生不只来自华东，全国都有。“流域”和“水系”是水利最基本的概念，我把几个人物的出发地安置在几个主要流域，是自然而然的。

百川归海。在中国，大江大河向东流淌，是因为国土西高东低，这是规律，是高程问题、空间问题。时间上，光阴一去不再，人由小变老，也无可违逆。几个人物三十年的成长，必然跟随着国家和社会的大潮，在潮涨潮落中发展。

中年以后，我对“命运”两个字越来越感兴趣。国家的命运，群体的命运，职业的命运，个人的命运。我希望写出命运感来。

中年以后，朱辉对“命运”两个字越来越感兴趣。国家的命运，群体的命运，职业的命运，个人的命运

问：小说提到电影《庐山恋》风靡全国，女主角张瑜换了四十三套衣服——这些细节是真实的吧？阅读小说的过程中，感觉流淌着一种怀旧的情绪，同时也记录了时代变迁中资本的扩张、社会发展中出现的种种问题和弊端。

朱辉：《庐山恋》1980年开始上映，里面的张瑜，确实换了四十三套衣服。这在刚从“蓝蚂蚁”着装社会走出的中国，是石破天惊的。1981年，我在上大学，每天爬到清凉山上背单词。差不多每个同学都是这样。电影中的这个场景跟清凉山十分相似，只不过你即便大声说出这句英语，也不见得有姑娘来应和你。四十年过去，现在网上有人在呼吁，取消高考英语，中学生不学英语，我真是不知道说什么才好。

怀旧是一种老年病。时间很快，略微年长的，怕是都会有点怀旧，轻重不同而已。事实上，当时还有个电影影响更大，那就是《少林寺》，简直看疯了。那时大学生谈恋爱还很含蓄，绝不会出现在女生宿舍楼下，摆个心形蜡烛阵这样的壮举来。顶多是悄悄递情书，请看电影。男女生都很羞涩，女生接受邀请并不容易，因为一起看过电影基本就是定情了，但即便她不愿意就此定情，但去看《少林寺》，诱惑又实在是很大。《万川归》中，《庐山恋》我写到了，《少林寺》没有写。原因有两个：篇幅所限；《庐山恋》承载的文化因素更适合我这本书。

这就说到写这个长篇最难处理的问题了——时间。时间跨度三十多年，篇幅我限定在三十万字以内，你不能什么都写，只能选择这个题材不可忽略的部分。不得不有所舍弃，而又不能显得漏洞百出，处处疏漏，这个只能依靠结构。长篇小说的首要问题就是结构，结构是形式感，是建筑物的构架，但同时，结构也是工具，作者依照结构的需要，挑选适当的建筑材料。结构能帮助作者对材料做出取舍。

这三十多年，很漫长，也很丰富繁杂，但并不是什么都能写。我悟出了结构对筛选材料的意义，我捋出了时间线、大事记，为了结构我想了一年多——摒弃所有杂务，连短篇都只写了一个。突然有一天，脑子亮了。我兴奋地看见了还一字未落的长篇的雏形。

长篇的结构有很多种，比我们看到过的各种建筑物还要丰富诡异。我希望能有点新意，最好是别人从来没有这么干过。这非常难，简直是狂妄。我努力了。

问：您对于笔下的主人公，持有怎样的态度？万风和、归霞、璟然都是有病的，是身体的病，也是时代的病？

朱辉：上帝不提供完满、完美。没有什么万事如意。疾病或欠缺就是人生。据我所知，人到中年，体检报告上毫无问题的人大抵是不存在的。几十年的打拼、奋斗，当然也包括消耗性地享受，几乎每个人或多或少都有病痛。万风和、归霞、璟然身体都有病，丁恩川、周雨田等人也有暗疾，即便像个天选之子的李弘毅，他身体极其健康，但也遭遇了无妄之灾——车祸。但我本意上，并不想揪着具体疾病不放，我真正关注的是过程，是趋势，是过程中的悲欣交集和趋势的庄严沉着。

问：写了这么多年，您觉得自己的写作在哪方面变化最大？

朱辉：心态更好了。对文学、对人生的理解更稳定，可能也更深了些。表现在写作上，对自己的要求更高。

问：中国的所谓城市题材，一向不如农村题材成就大，您怎么看？我认为《万川归》达到了新的高度。不知您本人有怎样的写作目标？

朱辉：中国有漫长的农业农村史，中国的城市还处于发育当中，许多城市其实还是个大农村。城市题材的作品也许是没有写农村的作品成就大，但这是暂时的。情况很快会发生变化，甚至逆转。不得不承认，农村题材的作品，有时会天然地让人高看一眼，获得更多的关注和褒奖，但对写作的人来说，不要考虑这个比较好。写作是性情的事，与做人一样，太精了其实是笨。做你自己就好，适合写什么就写什么。写好才是王道。

谢谢你对《万川归》宽厚地肯定。所谓“新高度”，首先应该是我自己的新高度。我自己的认知是：这部长篇，达到了我目前的最高水平。写的时候，我深知话不可说破，情不可越界，总之我尽力了。

问：您希望成为怎样的作家？对自己未来的创作有怎样的期许？

朱辉：我曾经说过，一个小说家，如果能写出五个优异的短篇，或一个优秀的长篇，那他作为一个作家就不枉此生。

写每个作品，无论长短，都应该不遗余力。我希望能写得更好。

中篇小说奖

好看小说是有生命力的

林希 1935年生于天津，原名侯鸿萼、侯红鹅。主要作品有诗集《无名河》《海的诱惑》《柳哨》《高高的白杨树》等，出版《桃儿杏儿》、《北洋遗怨》、《爱的荒原》、《爱恨仇》、“天津百年”之第一部《买办之家》等，2020年出版《林希自选集》十二册。中篇小说《“小的儿”》获第一届鲁迅文学奖。

采访手记

民国初年的天津卫在他的笔下缓缓展开，充斥着江湖味、烟火味、洋场味……英雄豪杰、志士仁人、夫子圣人、前朝遗老……林希在他的小说世界里，尽情渲染描绘着天津卫的民情风俗和活色生香的百姓日常，生旦净末丑轮番登场，纷乱的世相从历史暮霭中逐一显现。他的表现手法是传统的，讲究起承转合，讲究奇转收场，他以练达又平和的语调，诚实地讲述他所了解的天津卫，生动流畅，悬念四伏，又余音袅袅，回味无穷。浓郁的天津卫风味，透着家学渊源。

林希是从学习写诗开始文学写作的，少年时代学习写作的诗歌习作就被前辈作家看到了其中闪现的才华。福祸相依，也正因被"看重"，在特殊的年代林希受到政治牵连，还没有开始文学创作就被剥夺了写作的权利，经历二十五年的生活磨砺之后，才于八十年代重新回归文学，这时，他已经四十五岁。

你听我的心音还是那样的激烈急促 / 你听我的歌音并没有衰老喑哑 / 我必会有一个迟到的春天 / 生命的高度等待我重新飞跨 / 啊！让我用一颗少年的心回答你 / 万里征程却又从今日出发

明朗热情的诗句虽留有岁月的痕迹，仍充满了时代的青春气息。林希的诗歌作品被推向了社会，得到了前辈诗人和广大读者的首肯，并获国家级文学奖项。但是林希敏锐地察觉到诗坛的新思潮中，自己或许力不从心，于是知勇而退另辟蹊径转向小说。他清晰地知道自己的"历史下脚料"无可替代，这些材料在他的匠心独运中成就了卓然的艺术成果，丰富了当代文学的人物长廊。

"有点家学的老底，又知道点家里的老事，说实话，又怀恋家里的老气氛，把那些老事、老人、老情、老例儿写出来，为含辛的人述怨，为饮恨的人伸张。如是，也算是尽到了我作为一个破落子弟的本分了。”林希曾乐观地说，自己的文学写作，开始得很早，中止得也很早，重新起步得很晚，终结得也可能更晚。

林希用诗开始了新的艺术生命，《无名河》曾获中国作协（1979—1980）全国中青年优秀诗歌奖。即使今天重读，依然能感受到冰河初融时的诗潮和诗人的激情

问：您从1979年开始发表诗歌，早年的诗歌是怎样的特点？

林希：关于诗歌艺术，我没有做过系统深刻的理论探求，作为一个诗人，一个受到过传统文学熏陶的诗人，我觉得诗歌作品还是要发乎于情，止乎于礼，这个礼，不是儒家学说的礼，用现代的概念，这个礼，就是人民大众的情感世界和价值标准。无论诗歌创作有多少流派，一旦诗歌作品流露出虚伪和做作，或者诗歌作品闭锁在自我的小世界里，从此疏离开人民大众的情感世界，这些作品也就失去了艺术价值和生命力。

随之，中国诗坛出现了前所未有的新思潮，追赶新思潮，我力不从心，坚守自己的艺术观念，也许会被淘汰。面对中国诗歌艺术新的美学思潮，我虽然不承认自己是一个失败者，至少我没有能力参与新的艺术实践，知勇而退也好，知难而退也好，我在思考开始一次新的探求。

问：从写诗转向小说，是否经历了一些摸索或探索？

林希：新时期小说创作的繁荣刺激了我不安分的性格，于是，我悄悄地开始小说写作。开始学习小说写作，十分艰难，摆在面前的事实，就是你写什么。新时期文学的小说写作，是从讴歌改革开放开始的，改革开放的前沿阵地，是工厂，是农村。我虽然在工厂、农村劳动了二十五年，但是我在工厂、农村时的身份特殊，工人和农民不肯接近我，他们不会和我说知心话，我对他们的生存状态和精神世界不熟悉，我不具有写作工厂、农村生活的情感资源和创作冲动。离开工厂和农村广阔的生活领域，我又能去表现什么呢？可喜的是，新时期文学创作的领域越来越广阔，一些作品的主人公已经不再是工人、农民和战士，每一个心怀善良、奋斗向上的人，文学都有权利去展现他们美丽的精神世界，最最重要的是，作家有权利充分开发自己的生活积累，表现一切光明健康的人物和生活领域。

我出生于一个旧式家庭，很早开始接受传统教育，和我共同生活过的人们，远不能以简单的政治概念去区分美丑善恶，表现中国传统的生活理念，表现不同文化背景的人们美好的心灵世界，未必不能开拓一个新的文学创作空间。

如此，我把自己的创作视野，投注到我熟悉的生活空间，我想重现那个远去时代人们的生存状态，由此也可以帮助读者正视我们民族的历史和现状。

“小说是写给读者看的，首先，你要让读者能够把你的小说读完，由此才能够判定这篇小说的文学价值”

问：大约在二十世纪八十年代中后期，您写作了几部以旧时天津社会生活为背景的小说，其中《寒士》很受读者的喜爱。

林希：这篇小说的主人公是一个开小书店的小文化人，珍爱中国文化，他们虽然不做学问，但他们是大学问家离不开的助手，以现在的眼光看，他们就是版本学家、目录学家，他们珍爱中国文化古籍，他们有修复古籍旧书、搜寻古籍旧书的高超本领。这些人为搜寻古籍，整理失散的古籍珍本，历经千辛万苦，甚至冒着生命危险。我从读书时候就爱逛旧书摊，当时天祥市场二楼的旧书摊是我的精神家园，许多书商看我年幼、爱读书，还能读古书，就和我拉家常，说起他们的种种经历。

有了这样的生活积累，我就先写了一篇《寒士》，主人公酷爱中国古籍，惜书如命。他看上去是一个穷困潦倒的孔乙己，但他内心充满着对于中国古籍的酷爱，当他遇到爱书、寻书的读书人之后，他不辞劳苦完满他们的希求。就是这样一个带有传奇色彩的故事，就是这样一个小人物，他们悲凉的人生虽然未必可歌可泣，但他们美好的心灵却令人感动。

这部小说发表后得到了许多朋友的赞赏。大家认为我可以沿着这个领域继续开掘，也就是在写作这篇小说的同时，又有一个构思涌上了我的心头，这就是我的第二篇小说《茶贤》。这篇小说的主人公是一位茶博士，茶，是中国文化的精髓，他爱茶，他最高的人生追求，就是用茶香滋润平平凡凡的普通人。

这篇小说之后，我又写出了一系列以天津旧时社会人生为背景的小说，据发表这些小说的编辑朋友告诉我，这些小说集聚了一个固定的读者群，这类小说给新时期文学读者奉献了新鲜的阅读愉悦。

问：您的创作伴随着改革开放四十年。但是我看您的小说，似乎并没有那么紧跟潮流。您对“文学是时代的记录员”之类的观点怎么看？您创作小说所秉持的文学理念是什么？

林希：由于写作了一系列清末民初以天津市井社会为背景的小说，文学界开始注意到我的小说创作，随之更有一种倾向，将我归纳到津味小说的范畴。对此，我曾经表示过自己的看法，旧时代天津有广阔的文化消费市场，天津的武侠小说和社会言情小说，在当时的中国市井社会拥有庞大的读者群，这类小说产量高、速度快、读者多、市场好，写作这类小说可以养家活命，出版和销售这类读物也是一种生财之道。可惜这些出版物难登大雅之堂，由于这类小说最先都是在报上连载，人们称这类读物叫报人小说。

今天，一些以天津市井社会生活为背景的小说作品和旧时代天津的报人小说有本质的区别。识别一部文学作品，我一直认为有三个最根本的标准：第一，一部小说要有完整的故事和有血有肉的艺术形象；第二，文学作品的根本价值在于它的生活批判功能；第三，小说的艺术含量还要看它的文学语言。以这三个标准回首旧时代的社会小说，文学界和读者不承认它们的文学价值是有道理的，新时期津味小说正是在这三个根本的价值标准上得到了读者的首肯，新时期以天津市井社会生活为背景的小说作品，它们的艺术品位和文学价值将经得起历史的筛选和时间的考验。

至于说通俗小说，其实一切的小说都是通俗的，所谓“纯文学”可能是一个伪命题，很难表述它的理论界定，纯文学的纯度更不可能有一个量化标准，小说是写给读者看的。你的读者的文学欣赏观念，就是你小说的文学纯度。二十世纪八十年代，我在《北京文学》杂志上发表了一篇文章，题目叫《小说要好看》，我要表述的观念非常简单，小说是写给读者看的，首先，你要让读者能够把你的小说读完，由此才能够判定这篇小说的文学价值。

这篇文章发表后引起了讨论，许多人，包括几位台湾作家，都反对我的看法，这也无关紧要，我写好看的小说，大家尽可以把小说写得不好看，甚至很不好看，其实，很不好看的小说有人看了，也就成了好看小说，这其中的辩证关系，是十分微妙的。

可喜的是，许多文学刊物编辑觉得我说得有道理。至今许多刊物都以“好看小说”为看点，吸引读者。小说的好看不是迎合低级趣味，曾经红极一时的地摊读物，很快就被读者所抛弃，由好看，非常好看，沦落到没人看，这和“小说要好看”的命题没有一毛钱的关系。

我的一些小说好看不好看，仁者见仁，智者见智，聊以自慰的是，这些小说许多发表在三四十年前，到了今天，读者还没有忘记，还有出版社愿意出版这些小说，这些小说出版后，也还有人买，据说市场状况还不错，可见“好看小说”是有生命力的。

回忆首届鲁迅文学奖：游戏过后，依然面壁读书，潜心写作

问：中篇小说《“小的儿”》获第一届鲁迅文学奖。《“小的儿”》获奖，您知道当时的评奖情况吗？

林希：1995 年，作协征集鲁迅文学奖参评作品，天津朋友建议

我申报作品，我对朋友们说，我不申报。我自知我的这些小说没有竞争能力，就此作罢。过了一些时间，接到中国青年出版社编辑电话，《“小的儿”》已由他们上报鲁迅文学奖评选组织，而且初选通过。

接到电话，我自然很高兴，鲁迅文学奖具有权威性，对于作家来说，获得鲁迅文学奖，是莫大的荣誉，通过初评证明这篇小说还有竞争力，那就静观事态发展吧。

鲁迅文学奖的评选成员，许多是我的朋友，而且绝对是好朋友，一段时间几位朋友不和我联系，我已经感到事情微妙，此时我才明白朋友为避嫌，在评奖时间不向我透露消息，既然如此，我就更不能打听鲁迅文学奖评选内幕了。

绝对可以证明，无论后来鲁迅文学奖的评选如何受人诟病，第一届鲁迅文学奖的评选绝对没有暗箱行为，直到评选结果公布，获奖作品的作者，得不到一点儿消息，我获奖的消息，是评委会一位领导当天晚上打电话告诉我的，这位评选领导是我的老朋友，电话中他开玩笑地对我说，全票通过，差一票，我也不敢给你打电话，怕你猜测一定是我投的反对票。这就是作家间真正的友谊，此时我还得知其他作品的获奖情况，连夜打电话给几位获奖作家，他们听了大吃一惊，连连说，还有这事?

问：获得鲁迅文学奖是一种什么感觉?

林希：参与了一场游戏。参与了一场老鹰捉小鸡的游戏，你跑东跑西累得气喘吁吁，终于抓住老母鸡身后的小尾巴，小尾巴在你手里挣扎一阵，你把小尾巴放了，大家哈哈一笑，完了，没事了，没落下欺侮小孩儿的恶名，就很不错了。

千万别把这场游戏当真，人们背地会说，换一茬壮小伙子，找处豁亮地方，玩点真格的，你也捉一把试试。

于是，游戏过后，依然面壁读书，潜心写作。再想游戏时捉小鸡的得意形状，大概就是心理失衡了。

问：《“小的儿”》塑造人物形象特别成功，母亲的正直善良、委曲求全、识大体顾大局，宋燕芳的直爽刚烈又处世圆滑，还有这个大家庭的复杂的矛盾纠葛和恩怨情仇。这篇小说是在什么情况下创作的？

林希：《“小的儿”》游离了英雄写作的主流大潮，小说主人公不再是时代先锋，也不再是先知先觉的社会栋梁，更不是受苦受难的底层民众。也说不清楚是什么力量，这个故事激发了我的写作冲动，写作当时，估计不可能有刊物肯发表，但无论有没有刊物发表，我一定要把它写出来。

写成之后，正好一位朋友向我索稿，没有别的小说，只好寄出这篇小说抵债了。出乎意料的是，发表后，刚刚创刊不久的报纸《作家文摘》开始连载这篇小说，为这篇小说做了宣传，这篇小说也给《作家文摘》开拓了销路。作家朋友们打电话给我，说这篇小说给大家带来了新的阅读愉悦。

问：您写这篇小说，写自己熟悉的时代和生活背景，是特别轻松的吧？

林希：关于这篇小说的写作，后来，我写了一篇文章，题目叫《愧则有余，悔又无益》，诚如《红楼梦》那块补天无用的顽石感触的那样：“今风尘碌碌，一事无成，忽念及当日所有之女子：——细考较去，觉其行止见识皆出我之上。我堂堂须眉诚不若彼裙钗。”

我生于一个败落的旧式大家庭，在这个大家族里的“堂堂须眉”没有信仰，没有追求，即使是几个风光无限的成功者，最多也就是俄罗斯作家笔下那些多余的人，譬如普希金的《叶甫盖尼·奥涅金》，所谓的男一号奥涅金，只是一个“多余”的人，而普希金以全部诗篇歌颂、赞美的弱者，却是那位被奥涅金深深伤害的女子，行止见识皆出于堂堂须眉之上的达吉雅娜。

小说《“小的儿”》中设置了两位女性形象，我摆脱了传统的正面形象和反面形象的写作樊篱，同样开掘两个处于相对位置人物美丽的情感世界。母亲的一方，一位中国传统女性的崇高形象，她直到最后也没有明白，何以以自己的学识、品德，竟然无法护卫一个家庭的幸福，而破坏了这个家庭平静生活的宋艳芳，在全家人的心中绝对是罪大恶极的反面形象，其实在宋艳芳的内心，她更是想以自己的一切挽救这个败落的家庭，并且献身于这个家庭。只是一切的徒劳都注定地失败了，她们都为那个行将崩溃的时代殉葬了。

英雄写作的小说，可能很难再有昔日的辉煌了，小说的悲剧品格，也可能会有新的开拓。

大半生时间，林希坚持每年读一遍三部小说：《阿Q正传》《复活》和《红楼梦》

问：集中读您的小说，感觉是一场精神的盛宴。因为刚重读了《金粉世家》，再读您的作品，某些情形就有似曾相识之感。您写小说，受谁的影响比较多？

林希：谢谢您对我小说的赞赏，说到盛宴，当之有愧。但是在这个范畴内，也许我和您的理解还有一些距离。

说到《金粉世家》，我读过，但不喜欢。在国家命运转变、民族危亡的历史关键时期，那样一些逃避现实、粉饰生活的小说是作家逃避现实的心理状态，与此相类的一些小说，虽然也暴露了负面的生活景象，但是暴露并不是生活批判，生活批判的社会功能，是让人们在苦难中看到希望、看到光明、获得力量。有一种小说炫耀荣华富贵，表现的是自己对于纸醉金迷生活的沉迷，还有一些小说暴露社会的黑暗面，对社会生活中的丑恶和罪行展现得淋漓尽致，都是对于文学价值的扭曲。

您问我在写作上受谁的影响比较多，我们这一代文学青年，是读着以鲁迅先生为旗帜的现实主义作家们的作品成长起来的，我们又深受俄罗斯人道主义作家们的精神滋养。瞿秋白先生曾经说过，如果把我送到月球去，只允许我带五本书，其中有三本文学作品，我只带

《阿Q正传》《复活》和《红楼梦》。我们的文学追求正是从这三部小说开始的，这三部小说启蒙了我们的人生追求和艺术梦想，无论现在一些年轻狂人如何诋毁这些作品，这三部小说的历史地位、文学价值和艺术魅力是谁也无法超越的。

我已经八十八岁了，大半生时间我坚持每年读一遍这三部小说。正是这三部小说，滋育了我的人生追求和文学理念。

是的，我们这一代人的文学欣赏理念，受到了新的挑战，我还写过一篇文章，题目叫《作家要有“四不怕”》，一不怕明星抢饭碗，二不怕港台风，三不怕潮起潮落，四不怕坐冷板凳。现在明星抢饭碗的风潮已经过去，港台风的大风大浪也已经偃旗息鼓，文学上的潮起潮落，一些人已经精疲力竭。倒是一些不追风，有文学定力，安于坐冷板凳的老实作者，还在一篇篇地推出新作品。

一位朋友说，从林希开始写小说，三十几年时间，文学上各种流派潮起潮落不下几十起，庆幸的是林大爷没有被任何一阵风摇动。是的，我写我的小说，管你这个派那个派做什么？其实国外许多文学流派，被介绍到中国来的时候，早已成了历史，与其跟在人家后面“创新”，远不如自己踏踏实实写几篇好小说。

演艺界有一句名言，老老实实做人，规规矩矩做艺。这是艺术家必须恪守的人生规约，我虽然不是艺人，但艺人们的价值观念，是令人敬重的，做艺，为文，一定要有必须遵从、必须恪守的生活理念。

问： 十二卷《林希自选集》出版，对您来说意味着什么？为什么您的作品生命力如此之强？回头看时，您对自己的创作满意吗？有什么遗憾吗？

林希： 天津人民出版社为我编辑出版《林希自选集》，真应该感谢出版社和读者对我的厚爱，我自己从来不敢编辑、出版什么文集全集，以我这样的通俗小说写手，在当今高手林立的文学界，是没有资格做什么文集全集的，聊以自慰，许多出版社的编辑都是我小说的读者，他们说我的小说好看，前些年出版的小说集早已经绝版，做一些努力，将读者还想看的小说做成自选集，无妨测试一下读书市场。

可喜可贺，第一批自选集五册，出版后市场状况不错，很快就出现了断货，出版社又开始运作下一批选题，小说出版后还有销路。

俄罗斯一位作家，好像是屠格涅夫说过，一部作品先要有十年的测试期，然后才有三十年的存活期，三十年之后，大概就挤进他们几位老爷子的天下了。

我们不敢奢想。如果把一部小说比作一张照片，人们随手翻翻，就能重新享受一次昔日的美好时光，这张照片就有了生命，人的一生不是每一张照片都值得珍存的，一些照片引起不快活的往日记忆，即使留着，也把它压到箱子底儿上了，照几张好照片留给自己，留给众人，不是一件很惬意的事情吗？

问：您现在还写东西吗？

林希：人老了，力不从心了。我最大的遗憾是，年轻时立下的宏伟规划，长篇小说《天津百年》，只能停留在《买办之家》第一部上，随后的第二部《家家明月》和第三部《没落人家》虽然完成了初稿，也在刊物上发表过，但是由于种种原因没有能够出版，有朋友劝我把《天津百年》完成，我觉得百年天津历史也是共有资源，每一个人都有它的天津百年史，我的《天津百年》没有完成，一定会有更多人尝试写作他们的天津百年，天津百年这个大主题具有极大的诱惑力，我相信会有更有才华的作家完成这项创作使命。

林希想写一部天津百年社会动荡全景小说的雄心，却因没有“卖点”屡遭退稿

问：您说“种种原因没有能够出版”是何原因？

林希：前期一些小说的好开端，激发我想写一部天津百年社会动荡全景小说的雄心。《天津百年》第一部《买办之家》，从 1900 年义和团动乱开始，写到清帝退位，作为铺垫，向前引申到甲午海战。

余姓人家四兄弟各自选择的人生道路，展现了最早觉醒的一代读书人和形形色色社会人群的生存状态，组成了近代天津百年社会生活的大画卷，应该说长篇小说《买办之家》故事还算严谨，人物形象也还鲜活，小说出版后，文学选刊做了介绍，单行本很快出了第二版，更有影视投资人买走了改编权。

《买办之家》开始的好势头，增强了我续写《天津百年》的勇气，三年之后，我完成了《天津百年》第二部《家家明月》的写作，小说最先发表在云南大型文学刊物《大家》杂志上，天津的《今晚报》整理后连载了两个月，交出版社出版，客客气气退回来，原因只有一句话：没有卖点。

此时，文学作品已经改由“卖点”决定命运了。

放下第二部，我开始写第三部《没落人家》，历经两年，第三部完成，浙江文学杂志《江南》先发表，《天津日报》连载了两个月，有了第二部的无趣，我把第二部、第三部整理成一部作品，交给了一家出版社，回答我的，仍然是“对不起”。

至此，我才发现“无可奈何花落去”了。

问：您目前的生活状态是怎样的？

林希：我寄居异乡，已经将近二十年了，儿子一家在美国定居工作，独生子女一代，说是常回家看看，只是谈何容易，没有办法，老了，生活需要人照顾，我住在四楼，没有电梯，我的腿有病，好几次都是惊动邻居把我从楼下抬上去的。最后只能投奔儿子这里。

说到现在的情况，非常简单，两个字：没劲。

随儿子寄居异乡，生活上我是一个适应性很强的人，居住饮食我都容易适应，最大的困惑就是到了外面没有书，作家离开自己的书房，不如一个美国城市随处可见的流浪汉，很多时候真恨不能一步飞回中国，跳进自己的书房，从书架上抽出一本书来，找到要看的地方。到底故土难离，每天最重要的生活内容，就是浏览国内的报纸，搜寻国内的出版物、书籍、杂志。离开自己苦心经营的小书房和四壁、地上堆得满满的书，到了这里一本书没有，真是失魂落魄呀。幸好有了网络，这才得到一点儿补偿。无论你需要什么书，网上都可以找到，一次，我要找一条古籍资料，搜寻多少天没有找到，最后从加拿大一处图书馆找到了，互联网时代给人创造了新的生活方式，让人类拥有了一切。

有了互联网的资源共享，我的占有欲也是恶性膨胀，无论是自己在国内珍存的书籍，还是舍不得买又买不到的珍贵古籍，我都在网上搜寻到了，搜寻到这些书立即下载。这些年，我下载的书包罗万象，莫说是从事文学创作，就是办一所大学图书馆，也绰绰有余了，你说还有比这更惬意的事情吗？

人生凄凉，但我注入了温情

叶广芩 1948 年出生于北京，满族。国家一级作家，中国作协全委会名誉委员，西安市文史研究馆馆员。曾任陕西省作家协会副主席。享受国务院特殊津贴。主要作品有：长篇小说《采桑子》《全家福》《青木川》《状元媒》等；长篇纪实《没有日记的罗敷河》《琢玉记》《老县城》等；儿童文学作品《耗子大爷起晚了》《花猫三丫上房了》《土狗老黑闯祸了》；中短篇小说集多部；电影、话剧、电视剧等多部。作品曾入选“中国好书”，获老舍文学奖、少数民族文学骏马奖、柳青文学奖、萧红文学奖、中国女性文学奖、全国环境文学奖、全国优秀儿童文学奖等奖项。中篇小说《梦也何曾到谢桥》获第二届鲁迅文学奖。

采访手记

叶广芩属鼠，网名“鼠老大”。

她很少上网，之所以欣然接受女儿取的这个“昵称”，是因为有一拨忠实的铁杆“粉丝”，自发成立“叶广芩《豆汁记》群”，她愿意加入其中和大家一起讨论作品，交流感受。“鼠老大”称王称霸没多久，就发现女儿网名叫“猫”。

叶广芩乐呵呵地说着，幸福的感觉从两颊深深的酒窝里流淌出来，眼睛里满是温和的笑意。那年，我们一起参加《十月》文学奖的活动，没见她着富有标志性的旗袍，而是穿一件深黄色毛衣配黑色裙子，庄重大方。

她说，人越活越简单。活到现在，就活成老大妈了，去早市买菜，去市场淘一件大线衣，挺满足。文章应该像生活一样简单。

刚开始写作时，叶广芩看到别人的小说中用了大量虚幻的词汇，说半天都没进入主体，心里很羡慕，进而产生了自我怀疑。“我怎么就不会？我可能当不了小说家。”现在呢？“怎么想就怎么说吧！”叶广芩的语言变得越来越平实朴素，淡泊如水。她说，年轻的时候，把文学看得充满了象征和意义，其实文学就像按摩师，人们忙碌一天，晚上躺在被窝里，在昏黄的灯光下慢慢地读着，融入进去，放下焦躁的心，这是人生非常美好的事情，也是她写作的目的。

叶广芩的作品基本分为三类：一类写陕西秦岭生态环保，如果说作家应该有社会责任担当，她认为自己的社会担当就是对秦岭的保护和关注；一类是日本题材，叶广芩在日本生活多年，研究过日本的残留孤儿，对于日本题材，她主张站在人类、人性的高度反思战争和生活，而不是简单地说一些仇恨的话，彼此都应该这样；再一个是家族题材。但是年过古稀，她又写起了儿童文学，先后出版了《耗子大爷起晚了》《花猫三丫上房了》《土狗老黑闯祸了》《熊猫小四》，她的作品具有独特的气质：天真烂漫，充满童真却能让读者感受到感伤。她推出的儿童文学作品都触及自己的童年生活，兼具纪实性和故事性。

“讲述这些故事的时候，我的心里充满了自信，充满了快乐，说不准在哪个字的背后，小四儿会探出半张脸，告诉我说：‘你的猫又上房啦！’……我知道，我终究会把这些藏在文字背后的精彩一个一个呼唤出来，让今天的孩子认识它们，感受它们。”叶广芩说。

叶广芩有很多头衔，可是她最珍惜的，是周至县老县城村的乡亲们给她授予的“荣誉村民”称号

问：您四十八岁才开始正式写小说，起步算不得早。

叶广芩：最初的写作动机很简单，就是证明给人看。那时我还在医院当护士，没有机会写作，也没有这个意识。有一个病号，躺在病床上看杂志，看得涕泪交流。我拿来一看，说：我也能写。我就是想证明自己也能写，没有其他的想法。遗憾的是病人没等我写完就去世了，我也就此打住。

问：写作给您带来什么？后来您去了报社，当年的记者经历对自己的创作有帮助吗？

叶广芩：就凭这篇小说，我进了报社，又进了文联，写出了《梦也何曾到谢桥》《全家福》。但是我又有些不甘心，总是想：这些等你成了老太太走不动的时候还能写，趁还能跑得动，应该多去接触些基层的东西。佛坪县是国家自然保护区，有大熊猫保护基地，一些研究大熊猫的学者，都是大学毕业后来到深山老林，一待就是几十年。没有沉下来的心境，没有对事业的热爱是做不来的，我想写写他们。我给组织部和宣传部打个报告，2000 年到了周至县挂职，成了周至县委副书记。

二十世纪八十年代我在报社工作跑的是林业口，跑遍了秦岭的犄角旮旯，开阔了写作视角。到处去基层了解，后来才有了去周至县的挂职。我结交了很多基层朋友，到现在还和那些朋友有联系。和大城市喧嚣的环境相比，深山老林里总有清新和真实的东西传递来，我很珍惜。

问：去了周至县，感觉如何？

叶广芩：老县城今天还存留着九户人家，它是道光年在深山老林里建的县城，现在都成了遗址。

刚到基层的时候，我还感觉良好，觉得自己是个文化人。待一段时间后，就张不开嘴了，因为你不知来者为谁。有时候遇见一个老农民，聊着聊着，发现他还在研究甲骨文；再碰到一个老农民，是研究哲学的，两个山村老者用古体诗唱和——民间真是藏龙卧虎啊！

关中农村礼节很重，村民们见了我，总是停住，恭敬地叫一声"书记"。一开始的时候我以为他们找自己有事，后来才知道，这是礼貌。再往后我见了他们，认识的不认识的都主动打招呼。我和老乡们在一块混，在地里戴着草帽挥汗如雨地帮着收麦子，收工的时候，心安理得地去老乡家里吃一顿饭；跟着保护区巡护员一块巡山……到现在为止，上到保护区鲁班寨最高峰的女同志就我。

问：挂职期间，您的创作题材由家族小说转向生态小说，开始更多地关注生态和动物保护，创作出《老县城》《老虎大福》《黑鱼千岁》《青木川》等作品。您也成了老县城的一张名片，成了周至猕猴桃的形象代言人。

叶广芩：农民的感情是不掺假的，获得第二届鲁迅文学奖时，村里的文化人集合起来在竹林里给我开作品研讨会。我第一次参加农民开的研讨会，这边开会，那边妇女擀扁扁面，在竹林里说着文学吃着面，热火朝天的。拥有这些人生的经历，我觉得是自己的福气，作品不作品在其次，难得的是这种理解和沟通。这是一种养分，挂职下去是体验生活，对作家是太好的施肥培土。

问：有一种观点认为：陕西不缺写农村题材的作家，有贾平凹，有陈忠实，叶广芩能写得过他们吗？

叶广芩：他们是农村这块土地浸泡出来的，是背靠。我是用城里人的眼光看，是面对，从语言到角度都是不一样的，对自己来说也是一种挑战。比如《青木川》的叙事语言跳出陕西的范畴，用城里的语言讲述乡村故事，也是一种尝试。

和乡亲们接触时间长了以后，你会觉得，老百姓的智慧远远超过你，无论是生活，还是对世界的一些看法，他有他的角度，不能说谁的水平高，只是角度不同。我从他们那里学到了宽厚、善良和细致，不再是以前大而化之的，纯粹的城里人的眼光看农村。

问：挂职的经历给您带来什么？

叶广芩：使我自己的写作有了灵动性。《采桑子》是挂职前和其间写的，《状元媒》是挂职后写的，人生境界不一样，视野不一样，第二部比第一部对人生的感悟更透彻，达到了一种通达的境界。创作话剧《全家福》时，我在楼观台住了很长时间，这是一部非常“入世”的戏，从1949年一直写到改革开放，楼观台是老子讲《道德经》的地方，回顾当时写作的经历，我仍然觉得很微妙。

问：听说您的作品也给老县城带来一些变化？

叶广芩：过去安静的老县城变得热闹起来了。我再到老县城，看到这偏僻的小山村盖了很多奇怪的建筑，外面来的人对这块地方并不珍惜，拍戏想用什么景就用什么景。很多老乡们穿上了戏服，我见了都不认识了。他们告诉我说，拍一个角色一天能挣多少钱。赚钱是令人高兴的事，保护与开发，这是一把双刃剑，当地百姓没义务用贫穷为你保护这片净土。这是个令人为难的问题。

我还和植物学家党高弟合作了一本《秦岭无闲草》，科学全面地介绍秦岭植物奇葩和相关人文风情，讲述植物药用及养生知识，通过秦岭之草感悟人生，剖析人性。《秦岭无闲草》首发仪式在三官庙举行的时候没请领导，没叫媒体，只叫了几位朋友，但是当天仍有近百名来自北京、上海、湖北、深圳等地的“叶迷”自发赶来，跟我一起徒步穿越凉风垭到三官庙八公里的原始森林。

在《状元媒》里，钟鸣鼎食的皇族世家在时代风雨中的兴衰沉浮一幕幕展现。她把家庭成员和亲戚朋友的故事演绎得活色生香，以至于多数人忽略了她“戏外”的悲凉

问：全书都用传统京剧曲目命名，这不只是一种形式上的讲究吧？是否还隐含着人生若戏，戏里人生？

叶广芩：有人说叶广芩“黔驴技穷”，写不出新东西了，拿戏曲重新演绎。可能说这些话的读者没看作品。我喜欢京戏，是有意识地拿京戏做题目，原来还有《红灯记》，后来考虑到版权的问题，放弃了。还是拿老戏做章节，赋予老戏新的精神、新的诠释和我对生活的理解。

问：之前《采桑子》有很强的自传性，《状元媒》也是采用小格格“我”的视角，二者有什么区别？

叶广芩：《采桑子》是关起门来写北京，《状元媒》从南营房的穷杂之地走出大门，写到朝阳门、天津、陕西农村、华阴农场、黄河滩，是走出宅门的北京文学，写了各式各样的老北京，写作的手法更纯熟。《采桑子》中说话还有些涩，《状元媒》的写作除了到嘴边的话，没有掉书袋。

问：《状元媒》中写了很多人的悲惨结局，写到父母的死却很节制，只用了“无枝可栖”一笔带过。末世满人贵族生活艺术的悲剧，通过五姐夫完占泰的人生际遇表现得淋漓尽致。还有七舅爷、陈锡元、青雨等闲云野鹤的人物，结局都很悲惨，为什么？

叶广芩：书里死的人多了，再写父母的死就太重复。如果我写得详细了，读者会觉得有点絮叨，好像我在叙说苦难博得同情。

人生是悲凉的，我常常感到孤寂，即便是在热闹的人众之中，内心的孤单也是无可替代，即便幸福，离开这世界的时候也是默默的、凄凉的，一个人踏上漫漫的奔赴他界之路。

问：听说“粉丝”们还给您的创作出主意？

叶广芩：有一年中秋节晚上，我和“粉丝”们在颐和园景福阁赏月，他们提出不能辜负了老祖先留下的这些美轮美奂的建筑，建议我写一些亭台楼阁的系列短篇，甚至给我开出了单子：亭台楼阁轩榭堂馆……挨着个儿来。于是就有了《后罩楼》，就有了《唱晚亭》，后头还有一系列建筑物在等着。所谓的亭台楼阁不过是个容器，是形状各异的瓶子，里头装的是酱油还是醋全由我安排，但我深信，它们应该都是轻松好看的小说。

问：您的创作中有没有什么遗憾？

叶广芩：我看别人在文章中议论得高深空灵，心想我怎么就不会呢？我大概不是写小说的料。后来我知道这样也挺好——决不空泛地议论。尽管显得我没本事，显得我像老大妈——生活应该回归真实，回归大众，作品也是，回归最原始的生活状况。作为作家，不能脚沾不到实地。

我最大的缺憾就是，不会像有些人有深刻的议论，我的议论都是形象化、具体化、细节化的，对现代文学理论及整个结构的驾驭还是有所欠缺。

她力图将传统文化的精彩和对现实文化的关怀纳入传统家庭的背景，总想借着文字，将老辈的信念传达给今人，使它们形成一种反差而又共生互补

问：您对自己的认识很清晰。那么您在创作上对自己有什么样的要求？

叶广芩：写作哪儿难我知道。写作得准备资料、素材充实，有感动我的东西，否则的话写不出打动人的作品。《状元媒》中最真实的感情是回到北京的感情，最后一章没有太多情节。人生是凄凉的，但我注入了温情，尽量让这个过程更精彩。

问：很多人提到您，总是难免避开身份——满族镶黄旗的“格格”，可是您似乎很反感别人称您是“格格作家”，而且实际上，不论您的为人还是作品，都很平民。这种平民的感觉，是从哪里来？

叶广芩：从南营房来啊！我还记得小时候回姥姥家，在戏棚子里看评戏，看到一半跑回家搬起茶壶对着嘴喝一通，再跑去看戏——这种生活对于孩子来说印象太深了，平民化的东西深入骨髓。我时常怀念北京，那些个困苦、简陋、热闹、温情，让人留恋，也让人一言难以道清。写平民，我有一种自信。这种自信，是会调侃自己，敢于拿自己开涮。这是有力的表现。

问：您的很多作品题目，取自纳兰性德的词作？

叶广芩：纳兰性德是叶赫那拉家族的骄傲，梁启超称赞他的《采桑子·谁翻乐府凄凉曲》为“时代的哀音”，“眼界大而感慨深”。我把这首词的词牌、词句作为书名及章节名，一方面是想借其凄婉深沉的寓意，弥补书中的浮浅，另一方面也有纪念先人的意思。我曾去北京老王府，在纳兰手植的夜合花下，抚摸着夜合花的枝干，仿佛嗅到了族人的气息，这是北京才有的气息。

北京有我的根。长期生活在北京的亲戚，一直泡在这个大缸里面，北京变化，他们也跟着变化。现在北京的语言，已经不是二十世纪五六十年代的语言了。我的那些一直生活在北京的兄弟姐妹们，对这些变化也熟视无睹。我回去的时候，经常听到他们嘴里冒出一些我很生疏的词汇。而我对北京的理解和语言习惯，还停留在二十世纪五六十年代，因此也可能更地道。

少年时代叶广芩常常看《少年文艺》，她想，这样的故事我也能写，写出来比它还好看！此一动念，居然在六十年之后才梦想成真

问：尽管您也在其他作品中零星写过自己童年的生活，这次集中处理童年记忆，写作心态也和过去不同吧？

叶广芩：把童年的记忆中属于成人世界的都去掉了。我在写作中尽量不回忆。《去年天气旧亭台》里也写了童年，但是有成人的视角。《耗子大爷起晚了》的写作，是一种简单的写作，写起来行云流水，很愉悦。其实我想，这种状态和我的生活状况有关，人们说老小孩老小孩，越老越小，人老了，就活开了，熟透了，像圆一样，又回来了，是另一种回归。路走过了，对于童年的生活能跳出来看，能理解、包容一些事情。但是你不能站在那个高度去写。要进入童年，又要跳出童年，很难拿捏。

问：那您最后是如何“拿捏”的？

叶广芩：我老想回到纯真的年代，和孩子一样的心情。这种感觉很奇妙，回想起小孩子时期的事情，再加上作家成熟经验的融入，应该能写出好的儿童文学作品。不是刻意去写，是自然而然、水到渠成的写作。这种独特的角度和生活方式，也是历史和家庭给我的记忆。作家的经历，不管什么经历，都是难得的体验和财富。我童年在颐和园的日子，这么多年没有动，今天这么细致地翻出来，可能和经历、和时代给予作家精神上的支持有关。这些事儿我能说，还能说好，就是讲好中国故事。

我记得小时候常常跑到德和园台阶上，台阶有七十公分宽，几十米长，越走越高，走着走着下不来了，就站在断崖处等游客抱我下来。游客都是非常善良的，看见就问：“你是不是下不来了？”再把我抱下来——我其实可以调头再走回去，但我不走，因为太寂寞了，需要别人的关注。人和人之间的这种和谐关系，人们的善良、包容，还有浓郁的生活气息，在今天有些缺失，需要靠作家、靠作品慢慢找补回来——园子是威严的、有深沉感的，我写了街坊邻里之间的烟火气，这是颐和园缺少的；北京的大气，人和人之间调侃的和谐、幽默，也是老北京今天需要回归的、难得的、珍贵的、远去的氛围。

问：写的时候，您大致期待想要写一部怎样的作品？

叶广芩：关键是表露作者的真性情，不拿捏，不矜持，不端着，想写一部给大人孩子都能看的作品。对我来说是一种尝试，少年儿童文学有一个少儿的读者群体，是“半大猫”，似长大没长大，似懂不懂，但是铸造他们的理念很重要，很多孩子禁不起孤独，受不了挫折，遇到一点儿困难就想跳楼自杀，都是因为开始入世的时候，缺少教育，这个教育包括善良、规矩甚至死亡，为什么我要加入卖酒的老李死亡的内容——实际上他并没有死，我是让孩子们知道什么是死亡，怎么面对死亡，这对他们以后的人生会有帮助。

问：“我”的叙述视角很容易有代入感，也写得很真实，比如往养乌龟的水里撒辣椒面等细节，靠虚构是无法完成的。但是也不能完全理解为“非虚构”吧？对于虚和实，写作中做了怎样的处理？

叶广芩：我真是逮了一个王八，老三想炖了，拿了根绳拴在桌腿上。作品中有点影子，但也不完全真实。王八最后还是被炖了，打开后肚子里有一串王八蛋，大小三十多个，最小的像米粒，全让我吃了。吃撑了，坐那儿发呆。但是写的时候我把王八放生了——艺术和事实还是有差距。

问：这应该也是一部为耗子“平反”的作品，在这部作品里，耗子是灵性的、生动的，被赋予了新的使命。既是丫丫的伙伴，也是人们供奉的神灵。不只是耗子，在这部作品中，万物有灵，不由得让人对自然万物产生一种敬畏之情。这种敬畏，和您之前创作的一些作品，包括《秦岭有生灵》等，其实一脉相承，是这样吗？

叶广芩：敬畏一切。包括颐和园里的一草一木，爱它们了，它们也会爱你。比如说拿了照相机对着草对着花，它们的精神立马就不一样了，尤其是花，你用大镜头捕捉的时候，你逮不住它的神态，有人关注，它会特别高兴，它的生命价值得到了体现。

她沉浸在童年的回忆里，颐和园里的楼台亭榭、雕梁画栋在记忆里通通成了背景，这些美丽的背景衬托着鲜活的人物，栩栩如生，呼之欲出

问：丫丫的形象特别生动、活泼、率真、善良、仗义，还有点无法无天的霸气，当然更多的是寂寞和孤独。在写作的时候，您只是充分调动记忆吗，还是又做了哪些补充工作？

叶广芩：我查了很多颐和园的资料，真实资料必须和我的记忆融合，不能生搬硬套，更多的是一些个人经验积累，我听到的看到的都是不登大雅之堂的东西，不能直接写。写了后心里也很忐忑：能不能过书里“老三”后人一关，他们能不能明白小说和现实的关系，当然一旦弄清楚文学作品是艺术的时候，他们能够理解；一是颐和园管理部门会不会有想法，过去工作人员的家人能在颐和园里住，现在不允许了，还能不能这么写。历史的差距太大了，那天我带小记者们去颐和园的食堂，一进院子，一是感觉院子小了，一是管理员非常陌生，更感到人和人的沟通需要孩子般的纯真。

问：写街坊邻居之间的温情也特别让人感动。其实这部作品是在不动声色地写了老北京的礼数和规矩。我想您在写这部作品的时候，也应该有所寄托的吧？

叶广芩：现在人和人之间缺少包容和信任。彼此有一层夹膜，各自被包起来。每个人生下来都很寂寞，一直到死。包括夫妻，彼此有各自的世界，各自内心永远不能融合。怎么处理自己的寂寞感，很多人没有学会，一个人待着就该生事了，产生一种戾气。本来可以自己消解的东西发泄到社会上，发泄到邻里之间甚至同事之间，这就是缺少对寂寞和独处的理解。现在的孩子也是寂寞的，沉迷在游戏中，不和别人接触，只对自己的小天地感兴趣，怎么理解、化解寂寞，怎么和社会融入，这一点需要学习锻炼。

问：儿童文学的创作对您来说，有怎样特殊的意义？

叶广芩：就像唱了一台大戏，又唱了一个小花旦。

问：现在很多作家都加入到儿童文学创作的队伍，对这种现象您怎么看？

叶广芩：挺好。儿童文学相对于其他门类来说有点薄弱。我担任陕西省作协儿童委员会副主任，多少关注了一下儿童文学创作，感觉一些作品过于概念化。宫崎骏的动画片就没有说教，《龙猫》里小梅走失的时候，两岁的小孩子都能看哭，我觉得这是对亲情的感受力。我们的文学作品能不能不靠说教达到这种程度？当然很多国产的动画片也陪伴着一代代孩子在成长，但是更多的儿童文学作品或多或少带有理念性、教条式的东西，总想告诉人们什么是好的，什么是坏的，完全站在大人的角度，没有从人性上感动读者，缺少更深刻的感染力。

颐和园曾经的街坊四邻，让叶广芩初识人生。这里的精致大气、温情善良奠定了她的人生基调，也让她受用终生

问：对于家族题材，您写得足够多，也非常成熟，但是评论界也有一种看法，认为没有太多突破。您怎么看？

叶广芩：对我来说，突破就要从大院里走出来，走向胡同，走向百姓的生活。我在《去年天气旧亭台》这本书中做了这样的突围。这种突围对我来说有难度。我对今天的北京了解并不充分，北漂是怎么生活的，北京是怎么建设的，我融不进来。虽然我在北京有房子，也办了暂住证，但是融入今天的北京生活还要努力。这是我的欠缺。

问：您曾经谈到对于长篇的结构还没有完全把握，现在呢？

叶广芩：每个作家都有自己的弱点，我的弱点就是结构。就像书法，我知道问题在哪里，练熟了，下次写的时候又卡住了。程式化的东西对作家来说，会潜移默化左右自己的创作，和初学画画没有框框的人是不一样的。程式的东西太娴熟了。我提醒自己写儿童文学不要落入成人的程式化里。写着写着议论上了，或者写着写着来几个穿插穿越，写儿童文学不能这样。我下载了很多宫崎骏的动画，买了相关图书，学习它的构图色彩，不光是文字的美，还有图画的美，几种美合在一起，雅俗共赏，老少皆宜，这是高明的儿童文学作品。

表现“世俗”是我的宿命

葛水平 1966年生于山西沁水县十里乡。中国当代作家、画家、学者。现任山西省文联主席、山西女作家协会主席、山西大学文学院教授。已出版作品集五十余种。代表作有《喊山》《甩鞭》《裸地》《河水带走两岸》《和平》等。中篇小说《喊山》获第四届鲁迅文学奖。

采访手记

作家陈世旭早就发现，葛水平偏好民俗和史志，“一身装束满是乡村元素，就像个活动的民俗博物馆”。的确，葛水平会写作，小说、散文、诗歌都有涉猎；水平会画画，主要以戏曲人物和驴为对象，有意趣，有生活；水平还会唱戏，会摄影，会裁剪服装，然而最重要的是，水平会生活。

她喜欢待在山上或草地上，长久地完全放空自我，看落日，看流云，在荒草上晒太阳。写乡下的物事，她也是自在的、真实的甚至放纵的。不论诗歌、散文还是小说，葛水平的文字沾着故乡的泥土和气息，仿佛那些植被正是自己文字的养分。如果把诗歌比作台阶，那么散文便是土路，它们将葛水平送往远方，而小说让她重返故乡。因此葛水平是诗意而有韵致的，她的文字洋溢着浓郁的地域文化特色和乡土风情，那不是浮在生活表层描绘山水风情，不是站在远处眺望历史和现实，而是融入山凹的风和石、花和草。

当然不只是诗和远方。葛水平写作抗日时期的乡村故事由来已久，她笔下的乡土抗战小说《狗狗狗》《黑雪球》《道格拉斯 /China》关注的是抗战时期太行山偏远乡村山野乡民的悲惨遭遇和抗争，2024 年出版的小说《和平》仍是抗战主题。

写故事的人在成长，她的故事也在生长。很久之前，葛水平就在创作自述里说：“时间悄然流逝，倏忽间，窑洞成了村庄的遗容。它的故去的人和事都远去了，远去在消失的时间中。”她的时间观在《和平》里仍有着强烈的暗示。在小说里，战争装填了时间，时间模糊得不能再模糊，鲜明得不能再鲜明，时间装填了人的一生，来者如斯，前不见古人，后不见来者，变化的永远是人间。

冯骥才评价葛水平说：“只有她这支富于灵气又执着的笔，才能在生活的暗流里，触及这些历史的灵魂，乡土的韵致，鲜活的性情，人性朴素的美以及转瞬即逝的诗意。”

童年生活令葛水平念念不忘，一种遥远的、切近的、涌动的记忆，没有任何东西可以超过她对故乡人事的热爱

问：我一直很好奇您的经历，是怎么从戏曲转向文学的？也可就此梳理一下自己的创作过程。

葛水平：七十年代，文化复苏。这时候我十二岁了，父亲说：你去学唱戏吧，说不好能唱成一个大把式。中国家长的意愿永远都是孩子们的方向。我在当时学戏中是最小的学生，主角让年龄和个子大一点的同学演了，我一直跑龙套，当丫鬟。世人对没有文化的演员贬称“戏子”，对我是一种挫伤。十六岁开始写诗歌，二十多岁自费出版第一本诗歌集子《美人鱼与海》。我的诗歌都是一些成长中狂妄自大和无法排解的孤独。为了生计我写过各种文体，甚至学过打快板。九十年代早期开始写报告文学和散文，末期开始写小说。我的写作一直停留在乡村，这也是出生并成长在乡村人的优先选择。尤喜夏秋时分夜晚降临时村庄饭场，人的影子是靠声音来传递的，所有空间向我展开的，正是我理解的这个世界的雏形。尤其是，农家院子里的苇席上，大人和小孩都坐在上面，月明在头顶照着，在一天疲劳中即将进入梦乡时分，饭场是对劳动生活的一种补充、一种调剂，有时则是一种较真、一种抬杠。似乎乡土写作一直是我永不改变的风格。

问：处女作是在哪里发表的？能否谈谈您早期的文学创作？

葛水平：八十年代我跟随上党梆子剧团去长春电影制片厂拍一部戏剧片《斩花堂》，我写拍摄花絮。一本叫《大众电影》的杂志有时一期会选发我几篇文章，这大概算是印成铅字的处女作。第一首诗歌也是这个时期在《山西青年报》上发表的，这是激励我继续写作的肯定。

问：您是自《甩鞭》才被更多的读者熟知的吧？感觉从一开始，您的作品故事性就很强。

葛水平：故乡年节，穷人家买不起鞭炮，穷人也是人，也要听响儿。一堆篝火，一个甩鞭人，是白云苍狗的世界不变场景下的热闹，那热闹也是生活温热的光焰。一个男人指节粗壮的铁黑色的大手，一杆长鞭在月亮即将退去的黎明前甩得激扬；一个女人去想那长眉浓烈似墨，大嘴吼出威震山川的期待，爱的背后铺垫着的是生活的锅灶，我的故乡对天地之爱居然如此大气。爱到老，依然会扯着皱褶重叠的脖颈仰望那一声撕裂的鞭声，爱和坚守都与山河有关。面对这样的乡村，我有一种祭献的冲动。乡下人天性有一股“犟”气和“韧”性，与人理论，得理不饶人，常吃亏，常得理不饶人，这样，山里的人一生又弥漫了悲壮气氛。我的小说中的人物，不自觉地融入了乡人的脾气、性格、爱憎。生活是一条大河，始终奔腾不息地流淌着，我只是一个在今天这个突变时代上船的人，从这个意义上说，是故乡的人事成就了我的今天。

《裸地》依旧关注农民和土地、人们生存的艰难，以家族的兴衰展示解放前太行山区的沧桑巨变

问：能否具体谈谈长篇处女作《裸地》？

葛水平：在没有动笔之前，我有无奈，或我有寂寞。走过村庄，看到时光的走失竟然可以这般没有风吹草动，那些曾经的繁华呢？布满青瓦的屋顶，青石砌好的官道，它们是一座村庄的经脉，曲折起伏，枝节横生着故事，难道它只能是记忆了吗？我曾经以一个作家的身份在一个县里挂职。第一次下乡，见一山东逃难上太行山的老人，他说：我爷爷挑着担子上太行山，一头是我奶奶，一头是锅碗家什，出门时是大清国，走到邯郸成了民国。一个掰扯不开甚至胡搅蛮缠的想法闯入了我的脑海：写那些生命和土地的是非，写他们在物事面前丝毫不敢清浊不分的秉性，写他们喝了面糊不涮嘴的样子，写他们铺陈在万物之上的张扬。我想了很久，什么叫生活？中国农民与土地目不斜视的狂欢才叫生活。

问：《裸地》是一部很独特的小说，主人公盖运昌一生就是为了延续香火。能谈谈您在小说创作中的一些构想吗？

葛水平：尽一个世俗人的眼光来写作。“世俗”必须是我命中注定！我想写一个男人，写他误入人间的无奈，他永远都清楚日头翻越不过四季的山冈，却要用生之力博那山之高不过脚面的希望。一个漫长的冬天被温暖的日头驮走了，曾经的收放自如、张弛有度、刚柔兼备、情理并重，那份深刻为基础激情和深沉为内蕴的率性，却落得做作的自炫和浅薄的张狂。一生努力是为了后人，自以为掐算掌控得最好，其实，数数可虚幻眼前的物事，当土地裸露的时候，人的日子在希望落空中过去了。

问：在《裸地》的阅读中可以发现，戏曲对您的影响很深。您在戏曲方面的造诣的确在作家中是首屈一指的。能否分别谈谈戏曲、写作、绘画在您生命中分别意味着什么？

葛水平：戏曲是童年所学技能，启蒙却是炕墙画。小时候出山到外村去看大户人家的炕墙画，常见的有历史典故“桃园结义”“三顾茅庐”“苏武牧羊”等。也有戏曲故事“莺莺听琴”“貂蝉拜月”。各种“选段”的集锦式“会串”在炕墙上，一路看过来，比较历史典故我更喜欢戏曲故事，“小红低唱我吹箫”的幽幽怨怨似乎更适合生殖的热炕。写作启蒙来自舞台，戏曲让我知道了历史是不可改造的，唯一敢改造历史的是戏。绘画只是把日子闲下来的一种可能。

《活水》是对故乡的一篇祭文。葛水平在写作时是因事而发，由事生情，她只考虑笔下的人物，“他们是我生命向已有的过去延伸的努力”

问：《活水》写了几代人的生活，到了小满这一代，对乡村已经是鄙夷和不屑了。而从乡村到城市的进程中，也有不断流失的民间的传统文化。但是从您的角度完成乡村到城市转化的叙事，令人耳目一新。

葛水平：二十多年前我的小爷葛起富从山神凹进城来，背了一蛇皮袋子鸡粪，他要我在阳台上种几花盆朝天辣椒。那一袋子鸡粪随小爷进得屋子里来时，臭也挤进来了。我想我还要不要在阳台上养朝天椒？小爷进门第一句话说：蒲沟河细了，细得河道里长出了狗尿苔。吓我一跳。几辈人指望着喝蒲沟河的水活命，水却断了。小爷说，还好，凹里没人住了，我能活几年？就怕断了的河，把人脉断了。《活水》写的是我的故乡，现在村庄因为人脉断了，已经成为荒沟，这部长篇是给我故乡的祭文。

问：在《活水》中，既有乡村记忆，又有社会转型期乡村变化的历史进程。您愿意如何概括书写中的观察和思考？

葛水平：山神凹只有一种颜色，如同不能被外地人读作山神凹那样，山神凹只能是山神凹。一切已经淹没在含混的暮霭中，是属于黑白电影时代，是一个无法返回的时代。是更近的历史，消失在了更近的现实中。

问：申秀芝找到宋栓好的窑上“骂窑”一节，写得活色生香，好像很少有小说对“骂”写得如此生动。这也是乡村中独有的特色吧？

葛水平：能入了文字的人物，都有自己的锋芒。活人不生事叫活人吗？生事的人，对生存环境的了解和参悟是令人敬畏的。善是守，恶是进。但是，我们该明白，他们的日子不是这样永远的恬静，庄稼不出青苗的时候，他们会为了一渠水引到自家田头而大打出手，也会因为谁家的牲口吃了庄稼因小生出大事。人不可能舍却作为背景的生存而活着，谁都会为了保护自己活着的简单口粮而争斗。哲人说过，人生而自由，却无往不在枷锁之中。普通人的乡村，更是如同可乐里加冰。

问：乡村的爱情如此荡气回肠。李夏花的命运让人心疼，但是她有申寒露的爱情足以幸福。韩谷雨对申秀芝说的一句：“爱情就是把一个人放在心尖尖上疼。”——又朴实又动人。您觉得自己笔下的乡村爱情有什么样的特点？

葛水平：爱了就爱，很少用一颗富于想象的头脑去构建爱情。生命的豁达，对于写作者来讲自始至终都是站在这样一个高度。乡村爱情，经历苦难后各自内心的安宁与永恒的确证，生命与生活的通透，比起苦难来，乡村爱情就像乡村民歌一样来得更直白形象。民歌的世事洞明其实是经验的结果。好的民歌阔爽大气，直白坦荡，偏又情致缠绵，余韵不歇。当一个人爱了恨了，来了又走了，掺杂着不舍、难过时，你会感觉就连无数细小明亮的尘埃也一起合谋来堵你胸怀。这时候的乡下人就很直白地说：妹是哥的心尖尖肉。

对于山西人深层次的解读，乡土题材是山西写作者的优势，山西前辈作家中没有一位不是建立在此基础上

问：“懂风情的人才是这世上杀伤力最大的武器。”这句话很是贴切。小说中的女人，无论是翠红、张老师、李夏花还是小满，都是“懂风情的”女人。您所理解的风情是怎样的？

葛水平：花香气，草鲜味，土地的腥膻。深情款款地去寂寞。

问：小说中很多细节，充满乡村或者民间生活的气息，比如韩谷雨的唱、李晚堂的哭丧等。还有乐器、戏曲的镶入，比如申丙校给猪拉二胡，您如何看待音乐在小说中的作用？

葛水平：音乐作为一种艺术，也能够在人的内心形成震撼，有时候甚至能起到一种用言语所不能表达的效果。小说创作中音乐的出现却能让我们的感官全面活动起来，它可以推进情节，体现人物的情感，让人在阅读时得到充分的享受。我的祖辈在土地上埋下种子，然后浇水、锄草，然后等待秋天，没有诗意，只有喜悦般的生动。所以，乡人的生活幸福指数并不是从拥有的钱财和学识来判断的，而是看这个人是否会调剂生活，调剂生活带来的点滴快乐，拥有把快乐放大、把痛苦缩小的能力才是乡村的高人。

问：为什么在小说中安排了那么多憨人？大嘎、金环、树旺的媳妇、韩瑞凤、申芒种……也有很多经典名著中都有傻子的形象，这种叙述方式或视角，给小说带来什么？

葛水平：有许多侧面衬托，就是通过对其他人物、事件的叙述和描写，来衬托主要人物。通过次要人物的活动来衬托主人公的活动和形象，从而达到塑造人物形象的效果。也就是说，次要人物可以将原本单调的故事情节衬托得活灵活现，凸现人物品质，表达思想感情，使主要人物更加鲜明清晰。物化世界和我们依赖的“力”和无限自然相比依然微不足道，造化神奇，故乡奇人怪事的出现比我作品更丰富，因而，我只是想写一个“麻雀虽小，五脏俱全”的山神凹。

问：您的小说，厚重、大气，这在女作家当中十分可贵。在驾驭这种宏大题材方面，您显示出过人的力量和胆识。不知是否缘自地域和您的性格特征？

葛水平：对于山西人深层次的解读，乡土题材是山西写作者的优势，山西前辈作家中没有一位不是建立在此基础上。因此说一方水土养育一方人，一个地域的文化和自然环境、社会经济和文化传统，对当地人的性格有较大的影响。不同地域的自然环境和文化以及社会经济的发展，一定影响着不同地域的人。

葛水平凭借自己的“田野调查”，用散文的形式建构了一座农业时代沁河流域的乡村文化博物馆

问：2011 年，您沿沁河行走，历时一年多，深刻体验了沁河流域的历史、文化、生态及乡村的风土民情，写出散文集《河水带走两岸》。这一年多的行走，有怎样的收获？

葛水平：我只想趁着年富力强走走我的“母亲河”。对于人事，糅合汉民族的创世神话，都与河有关系。农业的起源，黄河及黄河支流冲击的山谷平原是最早的农业区。神话的诞生与河流文化密不可分，这些自然形态离人类最近，跟伙伴一样可以供人类交流和役使。说一个民族有容纳百川的气力与胸襟，有赖于人类因为河流诞生出的创世神话。在母亲河孕育下，我们经历了伏羲女娲大禹治水三皇五帝周秦汉唐以后到现在，我们感激母亲河给了我们如此强悍的生命，让我们的激情与想象持续这么久远。上天让我们活在河岸上，珍爱上天的赐予就是珍爱我们的生命。河流与人的关系，最终盘踞不散的只有一个字：“爱”。

问：您小说中的沁水、太行山区，让我觉着无比亲切。您如何看待脚下这方土地？

葛水平：太行山实在是太古老了，老到山上的石头挂不住泥土，风化成麻石，最薄瘠的地方不长树，连草也不长。村庄挂在山上千姿百态，当空的风霜雨雪走过，农民请它们留下来，给他们的生活添加福气，有时候添加来的不是福也许是祸，但是，他们已经融入了这种生活记忆。他们也有他们的理想和虚荣，他们的理想中含有焦虑的目光，他们的虚荣常常是挂在脸上的，靠天吃饭，靠地打粮食。靠天靠地还不是他们心中的最好，最好是政策好。然而有一些人因为无知和良善，像掷出骰子一样抛出了自己的命运，为的是想活好或者活得更好！当然，没有比无知更易于制造残酷的生存了！当你看到山里人切实的生存状态，你就会知道他们中间为什么会有那么多人要放弃赖以生存、视为生命的土地，远离曾经日夜厮守的村庄和熟悉的农业，宁愿一切荒芜也要豁出去！土地真是一片好土地呀。

葛水平的作品带着农耕文明所赋予的特点，是内在于村俗的，是家园的，自省的而不是观察的

问：《喊山》获鲁迅文学奖中篇小说奖，这篇小说，您是在什么情况下创作出来的？

葛水平：一生中的不同阶段，生活都会送来各种各样的讯息，有些缘分蹲踞在某一个时间段，我开始写作。那是2004年，我和胡学文在北京，穿越长安街，去某小区看望《人民文学》杂志社宁小龄老师。那一刻的黄昏至今难忘，那个时候，对于时间，对于围绕自己的大千世界究竟是怀着一种怎样的认知呢？那天，我们仨一起谈了很久，关于文学，关于写作，关于方向。一直到满月生辉时分，我答应回去马上写一个中篇，之后满怀信心离开。除了地域身份外，我的作品必然带着农耕这一劳动方式所赋予的特点，是内在于村俗的，是家园的，自省的而不是观察的，不是“深入生活”，是在生活中。我由故乡的这些人事写了中篇小说《喊山》，发表在2004年第11期的《人民文学》上，2006年这个中篇由《人民文学》杂志社推荐并获得第四届鲁迅文学奖。

问：听说您得知获奖消息的时候正在山里拍电影？

葛水平：当时在太行山里拍我同名小说改编的《地气》电影，那时不像现在这样网络发达，进山后一天手机没有信号。晚上回到住地，宁小龄老师的短信来了，说：“一天电话打不进，你获鲁迅文学奖了。”我回头和我丈夫说获奖的事，他说：“不可能，你才写了几篇小说。”结果我也不敢多话，就冷场了。后来知道是真的，那高兴劲也过去了。

问：您去领奖了吗？有无获奖感言？还记得当年的领奖情况吗？

葛水平：去领奖了。现在想来一切都模糊了，只记得坐着乌篷船在河道里假装从水路来领奖。

问：今天您怎么看待自己当年的作品？《喊山》在您的创作中有何独特的意义？

葛水平：我还是喜欢这部作品，它的独特性犹如当年获得人民文学奖的颁奖词：以“声音”为主题，在民间生活的丰厚质地上展现人心中艰巨的大义和宽阔的悲悯。

面对战争中横冲直撞的恐惧和无辜生命死亡的慌悚，葛水平为过去的岁月中无名亡者流泪跪拜

问：《和平》的创作契机是什么？涉及日本、东北、山西等地的历史背景，甚至引用 1937 年 12 月的《东京日日新闻》、山西地图手绘本等，从宏观的史实到细微的日常生活包括山西的特色小吃在小说中也有体现——驾驭这部长篇，是否做了非常充分的准备？

葛水平：战争把一切温暖的事物变得黑暗和悲伤。如果说现实社会中一个人的死亡是一个悲剧，那么战争中三千五百万人死亡只是一个数字。长达十四年的抗日战争，九千五百多万贫民流离失所。庞大数字的震撼力永远建立在“一”的基础上，《和平》也是在一个中国人与一个日本人的基础上讲故事。

所有的文学作品都有原型，起因是我婆婆家族的故事感染了我。婆婆的父亲是一名东北邮政工作者，九一八事变之后，奉天沦陷，但有骨气的奉天邮务管理局始终坚持中华邮政，拒绝与日本奉天邮局合作，因邮务长的意大利身份，日本人也奈何不得，直至 1932 年伪满洲国已经被日本人扶持“壮大”，南京国民政府无奈将奉天邮务管理局全部职员撤入山海关内。婆婆的父亲留下大量的日记，每一本日记封皮上都绣着“和平”二字，可惜后来日记被烧掉了。我在断断续续听婆婆讲这些故事时诱发我想为过去的岁月写一部小说的想法，于是又开始查阅日军战犯战争结束后写下的战争回忆录。八年抗战是从 1937 年 7 月 7 日七七事变全面抗战开始算到 1945 年日本投降，其实抗战不只这么短，真正要算应从 1931 年 9 月 18 日九一八事变开始算起，至 1945 年结束。日本人对中国的窥探从日本明治维新前后就派特务进入中国手绘中国地图，为占领前做准备。当我了解越多时，越觉得应该写这样一部作品，我的敬畏是一种面对战争中横冲直撞的恐惧和无辜生命死亡的慌悚，也是为过去的岁月中无名亡者流泪的跪拜。

问：小说从不同的层面刻画了中国普通百姓的众生相，抗战时期人们的劳顿困苦和他们坚韧的生命力，谈谈您在创作中的心态和感受。

葛水平：更多的是不堪回首。这是时代感，不是时间，时间是时代的反义词，时代也是历史的反义词。我在那场战争中看到了许多普通人，他们不是不关心任何事，是因为他们惊惧，比起活下去的能力限度，他们感受战争到来的能力限度更为有限。贫穷的日子每天都在损耗，就像春雪一样难以储存，活下去只有一个来源，那就是迎接，就像迎接明天的到来一样。为活着投入热情，这是人性的本能。其实，好战的一定是政客，一介贫民管不了许多。人生行为如黄河水奔泻千里，决之东则东，决之西则西，劫难随着岁月而来，活着都很艰难的人要他们怎么觉醒？人间众生相，我写他们时从人物出发，写作者的情感的限度，事实就是爱的能力的限度，我爱笔下所有出现的人物，因为他们出现在战争年代。

问：钟表在小说中有何寓意？从一开始张子民到钟表铺，又辗转去山西，绿萍生下第五个孩子时，张子民想起奉天路关屯钟表店满屋子的嘀嗒声，子女是他过日子的欣喜，也是时间中未来的希望。这部小说，引发人思考的东西太多了。

葛水平：战争装填了时间，时间模糊得不能再模糊，鲜明得不能再鲜明，时间装填了人的一生，来者如斯，前不见古人，后不见来者，变化的永远是人间。钟表寓意着时间作为第四度空间、时间每秒多少格、时间永远均匀，有多少人消失了，他们来过，不知道什么是好日子。时间像从一个久遗的日子中走出来的影子一样，模糊但却巨大。人的一生唯一能代表时间的是钟表，在钟表的时速里，人类是毫无理性的。

问：小说中渗透了一种神秘气息，从瞎子的捏骨到车秋平请来神婆看病，民间文化的神秘在小说中起到怎样的作用？

葛水平：民间文化如穿针引线，只是想让民间有趣的现象有助于读者感受那个时代的面容和表情。陈年往事和前尘旧梦犹如流动不居而又澄澈明净的河流，是小说人物的生命历程和心路之旅，也是战争中卑微人的天光云影。在民间，这类随处可见的神秘细节，犹如故事枝干上摇曳的琐碎而繁复的花花叶叶，对此有兴趣而又知之甚少的阅读者，希望他们能够因这些历史的细微表情和时代的真切面容，在遥远的空间和遥远的时间阻隔下知道那时的人世间。

问：小说中塑造了绿萍、翠红等女人，包括去芮城日本军营找儿子的女人，每一个都令人过目不忘，中国女性的隐忍、善良、坚强，作为母亲的伟大，让我看了落泪。您是如何看待战争中的女性的？又是如何刻画这些女性群像？

葛水平：精神分析学告诉我们，女性与生俱来缺乏阳物，生理原因的困惑，让危机四伏成了徘徊不去的阴影。战争中女性永远担忧“无中生有”的事物迎面而来，危机四伏，女性的身体自然充当了战争的牺牲品，并且成为集体指认的合理行为。这种共识已经深植于战争士兵的潜意识，并且消减了事件本身的羞耻感。日本女性自愿奉献自己的身体，并成为许多女性的梦想，战争结束后她们伤痕累累的身体无处安放。中国女性在男权秩序的社会里，受制于传统礼教的束缚，对一个家族的未来承担了不为人知的苦难。假如一个人没有忍耐和顽强的意志，生活会变成什么样子呢？中国女性承担了这样的义务。

写作源于我对这个世界的好奇

艾伟 1966年生于浙江上虞。现为浙江省作家协会主席。著有长篇《风和日丽》《爱人同志》《爱人有罪》《越野赛跑》《盛夏》《南方》，小说集《乡村电影》《水上的声音》《小姐们》《战俘》《整个宇宙在和我说话》等多种，另有《艾伟作品集》五卷。多部作品译成英、意、德、日、俄等文字出版。中篇小说《过往》获第八届鲁迅文学奖。

采访手记

在春晖中学就读的第一天，十六岁的少年艾伟参观校史陈列馆，丰子恺、叶圣陶、朱自清、夏丏尊……看到语文课本上的作者竟曾在本校任过教，春晖中学图书馆馆名居然是叶圣陶题写，他感到艺术是美好的，有着永恒的品质。

文学的种子或许在那会儿就萌生了对春的向往。

艾伟至今记得，自己在高中时读的第一本外国文学是《牛虻》，亚瑟和琼玛，亚瑟和神父，爱与恨，软弱与强硬，苛求与宽宥的矛盾交织之中时刻有一种紧张的对峙。在这种戏剧关系中，人变得更为丰富与高贵。当他后来着手写作，文学性和可读性的兼顾成为特点之一。

大学尽管报的是建筑学，但二十世纪八十年代自由开放的状态使艾伟在各种新思潮的冲击中获得丰富的精神滋养。弗洛伊德、荣格、存在主义……尤其是马尔克斯的《百年孤独》，他感到震惊，他充满好奇，他对所有的细节和繁复的文本以及复杂的句式心领神会。他任凭活力充沛、滔滔不绝，时而绚丽时而阴沉的天才裹挟着，不知道他会把自己带到何方。读完小说，艾伟的目光投向窗外，感到世界似乎变得丰富而深邃。

这本书激发了他写作的热情。他想，原来小说还可以是如此自由，如此天马行空。

回头看时，艾伟已经写了近三十年。有关爱与恨、罪与罚、生与死的探讨贯穿了艾伟的创作生涯，面对丰润而芜杂的经验世界，他始终致力于对人类心灵幽微处的勘测，不断对小说技艺进行大胆探索。他觉得，作家有责任去找寻属于我们的内心语言，有责任去探寻一个最基本的问题，即身为今天的中国人，我们生命的支柱究竟是什么，中国人的心灵世界究竟有着怎样的密码，我们如何有效地、有信服力地打开精神世界并找到中国人的“灵魂”。

“当一个人在写作状态时，他就像一个发光体，他能发现他不曾想过的事物。”写作的艾伟常常会有“神来之笔”。他觉得，写作对自己而言是平淡生活里的奇迹，而他，通过写作获得一种精神上的满足。

从《爱人同志》开始，艾伟对于精神领域的探寻更感兴趣。这部长篇写作带给他另外的经验

问：早期的中篇《家园》和长篇《越野赛跑》，小说是奔放的，到了后来，越来越缓慢、内敛，更重视向人物内部开掘。这样的转变，缘自什么？

艾伟：《越野赛跑》和《家园》所写更多的是某些不存在或可能存在的事物，用得更多的是从我们的现实和历史飞升起来的方法，一种带有寓言性的写作，后来我发现这种寓言性的写作在带给写作者自由的同时，也有短板，比如对人的复杂性、人的温度关注是不够的。我前面也说了，我的写作源于对世界的好奇，当然也包括对人的好奇，《越野赛跑》式的写作不能再满足我，我开始转向了人物内部的开掘，于是写了《爱人同志》。《爱人同志》表面上看起来是现实主义正典的方法，但我觉得这本书存在不“现实”的成分，即对人的精神领域的探寻。这是我感兴趣的。这部长篇就写了两个人，两个人的故事我写了整整二十万字，我觉得这还是相当有难度的写作。这种写作带给我另外的经验，在表达人性的幽微和复杂的同时，小说依旧可以对时代有寓言性的表达。我认识到小说的深度和宽度的辩证法。

问：《过往》和《镜中》，都是源于听到朋友的故事，你的小说素材一般来源于什么？从简单的故事拓展演绎成跌宕起伏、一波三折的长篇，最需要解决的难题是什么？

艾伟：我的小说其实在现实中大多有一个原型，比如《小满》这篇小说就是多年前听来的一个代孕女孩因为和孩子产生情感而发疯的故事。当然，小说世界表面上模拟人类生活，实际上和人类生活不完全一样，我们人间生活是没有逻辑的，就像米兰·昆德拉所说的，我们的人生是一次性草图，我们很难让时间回归，从头来过，昆德拉还说只有发生过一次的事就永远没有发生过。但小说世界是一个自成逻辑的自洽的世界，构成一个平行于人间生活的小世界，它让发生过的事情有了形式，于是小说像是某种人间生活或历史的纪念物，使我们的生活有了“永劫轮回”的可能。

在我的经验里，长篇小说最重要的当然是思想能力，你必须把一次性的草图变成一座宫殿，这需要思想能力，其次长篇小说需要一个结构，有了结构，什么故事就会自动进入，或自动摒弃。当然在这两大要素之外，在具体的写作过程中，直觉和本能非常重要。同时对长篇小说来说，作者的洞察力和知识也是不可或缺的。所有这一切共同构成一个作者写出什么样的故事。

他将时代的流变对于精神世界的影响一点一滴地熔铸于文字。某种意义上，艾伟的作品是微观，同时也是宏观的

问：2002 年出版《爱人同志》，当时是怎样的创作背景？张小影与刘亚军相爱并结婚，这一带有传奇色彩的婚姻，有原型吗？

艾伟：我的故事都有原型。这个故事大的框架都真实发生过，一个女学生爱上了一位残疾英雄，甚至小说里的那位女记者在现实生活中都存在。这个故事就是从那位女记者那儿听来的。女记者在多年后去看望了从前采访过的这个被称为“英雄 + 圣女”的故事，结果当然是令人失望的。那年是 2000 年，我听到了这个故事，这引发我关于八十年代初南方那场战争的绵长回忆。那时候我们中学里经常请战争英雄来作英雄事迹的报告。我感到在这二十年里，时代车轮滚滚而去，他们已被抛在人们看不见的地方。同时我感到这两个人物正好在这个迅捷变化时代的接点上，其中有太多历史文化以及世道人心的信息。他们曾经是一座纪念牌，只不过在迅捷变化的时代轰然倒塌了。

于是我写下了这部小说，我要做的就是揭示时代的流变如何一点一滴影响以及渗透到他们的精神世界里。某种意义上这既是一部微观的小说，同时也是一部宏观的小说。

问：很喜欢你的细节描写。比如写刘亚军上床如何移动双腿，“他的双手擎在轮椅的把手上，随着他的施力，他的屁股终于挤上了床……”而妻子张小影的反应和矛盾心理又如此真实。

艾伟：不管我们关于小说的观念有多么大的变化，但总的来说，小说是叙事艺术，还是需要有一定的故事构成。人们喜欢听故事，故事的方法有很多种，新闻也讲故事，只是新闻的故事因为其现实性，不管怎么讲，大家都信，就像生活本身一样，不需要有逻辑，新闻只要呈现事实即可。但小说不同，小说真正的力量在于事实之外的细节部分。其实故事无所谓真实，只要细节真实了，符合人物的行为逻辑，故事就会成立。故事和读者之间是有契约的，这个契约往往设置在故事的开头。比如卡夫卡的《变形记》，小说一开头，就说格里高里一天早上醒来变成了甲虫。这是和读者的一个契约，即作者宣布他讲的是一个超现实的故事，读者是允许我们这么讲故事的。但接下来，你必须向读者提供细节，否则读者就不会相信你。

社会为物欲的时代，人的本性被物质的诱惑掩盖起来，艾伟所做的工作便是揭开掩饰物还原本性

问：《爱人有罪》描写了欲望中寻求救赎的两个灵魂，《南方》中也有罗忆苦的罪与罚、堕落与救赎的书写。在《爱人有罪》中，你探究的是中国人究竟有没有“罪”感及如何去解决“罪”的问题，这似乎是你的小说主题之一？

艾伟：不知道为什么，我本人其实不太喜欢用“救赎”这个词，我感到这个词太重大了。另外一方面，这个词某种程度上也会削弱小说本身所具有的更多内涵。对于中国人来说，日常生活生猛、鲜活、热烈，充满尘世的欢闹。如果在日常生活的层面，国人看起来似乎不太有内省的习惯，看不出精神性的一面。但我相信这只是表面，因为人或多或少有面对自我的时刻，在夜深人静时想想人生的意义，反思自己的行为。因为我们是人类大家庭的一员，文化让我们的生活方式有自己的独特样貌，但人之为人的基本品质（用文学的话来说是人性），我相信人类是共同的，各民族没有太大的不同。如果中国人真的没有“罪”感，为何我们读西方文学作品中相关主题时会感同身受？因此，我相信我们是有“罪”感的，那么接下来我要问的是，我们中国人是如何解决这个问题的。我们一直是个世俗国家，历朝历代过着世俗生活，我们有时候不完全是靠宗教解决这个问题。在《爱人有罪》里，我更多用的是心理学方法。到了《南方》开始依凭我们传统中的一些精神资源。这一直是我思考的问题，即作为中国人，我们真正的内心语言究竟是一种怎样的状态，我们如何安顿自我与这个世界的关系。

问：无论是《爱人同志》还是《爱人有罪》，都是爱情传奇，而且时间跨度都很长，呈现了主人公的精神成长与变化，在把握人物性格走向和变化上，是顺其自然的吗，还是在创作之初就设置好了人物发展？

艾伟：《爱人》系列，我本来想写三部，还有一部是《爱人再见》。当时除了反思人在我们这个时代的处境外，另一个想法是探寻两性的隐秘关系，所以，这两部小说基本上就是一个男人和一个女人的故事，是两个人的舞蹈。在小说里，当人与人构成了关系，这个关系在两个具体的人之间，在两个不同性格的人之间，自然会产生张力，而这张力就是一种势，这种势会带来所谓的“顺其自然”的效果，作为作者要做的是洞察这些关系有何种可能的发展。

当然这里面肯定有写作者的创造以及他对人的看法。托尔斯泰在写安娜和沃伦斯基的关系时，其实也存在同样的问题，从安娜的角度看，她经历和沃伦斯基的相识相爱，并带来强烈的幸福感，然后幸福的生活总是短暂的，安娜开始猜忌沃伦斯基，开始自我怀疑，直至最后卧轨自杀。我相信安娜的这个结局是设置好的，但在展开这一关系时，作家一定也会有很多顺其自然的发现，因为造成安娜这个结局的不光是两个人的关系，还有种种社会性因素，比如安娜的爱被认为不检点而被上流社会所排斥，这同样对安娜的心理造成影响。所以，我们在写人时，不是单一逻辑的，得考虑人物所处的种种关系以及由此产生的“力”，这个“力”会带来你所说的“顺其自然”。

“母亲”这个词自带光环。仁慈、奉献、宽容和爱……艾伟在《过往》里却塑造了一位“不靠谱”的母亲

问：《南方》从三个不同视角讲述了你、我、他三个平行又交织的故事。《镜中》全书分为四个部分讲述四个主要人物，在小说结构和形式探索上，你总有自己的追求。

艾伟：结构之于小说就像建筑的根基和柱子。结构本身就是思想，是创造之物，就如上帝造人时对着泥土吹的那口仙气。《南方》有三重人称：你、我、他。你前面讲到我小说的寓言性问题，这三重人称确实有寓言性，“他”代表善，“你”代表忏悔，“我”可能更多代表着欲望和某种程度的恶，我当时构想是把三重人称当成一个人的三个面向。当然在小说中他们是完全不同的三个人物，只是侧重不同。就我的写作而言，在结构未定之前，会有无数个开头，经常推翻重来，直到有一天，找到一个合适的结构，找到结构后，那么我知道完成这部小说应该没有问题了。

问：《南方》中，罗忆苦以死来完成了赎罪，你如何看待亡魂叙事？在文学界亡魂叙事并不鲜见，如何才能写出独特性？

艾伟：《南方》本来有个题目叫《第七日》，在我快完成《南方》写作时，余华出版了他的《第七天》，我只好改名。余华的《第七天》完全是亡魂叙事，而《南方》有三条线索，其中的罗忆苦是以亡魂叙事来完成的。关于罗忆苦这部分，她说的第一句话是："我一天之前就死了。"我之所以告诉读者这一点，是因为在中国人心中，我们对死者容易原谅，对她生前的作为会变得宽容，所以当读者读到欲望蓬勃的罗忆苦种种不那么"道德"的事件时，读者对她的接受度会相对高一些。

另外，因为是亡魂，她在七天里游弋在尘世的上空，有一种对自己的一生反思在里面，所以她的叙事调子里充满了愧疚、悔恨、某种迟来的"良心发现"以及对自己的行为进行毫不留情的批判，这会使这个人物显得更为可爱一些，也让我们对她充满同情，毕竟她虽做了一些坏事，也是可怜之人。

问：《过往》写到子女与父母、兄弟姐妹之间情感的复杂，很让人心动。母亲是自私的，她的精力几乎全用于戏剧，算不上称职的母亲；可是另一方面，她的身上也有伟大的母爱，一看到陌生人手里拿着儿子秋生的照片，顿生警觉。母亲的形象是真实的、丰满的，能否谈谈你在塑造人物上的经验？有评论认为"艾伟在其小说中提供了开掘内心的方法论"，如果有方法，你愿意分享一下吗？

艾伟：写作的时候没有想过方法论，是凭直觉写。关于长篇小说写作就大的方法论而言，首先是关于问题的思考，人生问题也好，社会问题也罢，这里面有一个判断标准，就是这些问题是否有足够的精神重量，因为长篇小说的精神重量是一个重要的指标，在我这儿，长篇小说不单单是字数问题，更重要的是精神含量问题。然后如前所说，思考结构问题。至于具体的写作，就算是对人物内心的开掘，更多的是凭直觉。对小说来说，人物相当重要，其实读者读完一部小说可能记不住小说的故事，但会记住人物，我们可能记不住《红楼梦》的故事，但我们都记得《红楼梦》中的人物。所以小说家若能贡献一个人物无比重要。

写完《风和日丽》后我有一个创作谈，那篇文章开头就写了作家和人物的关系，作家在写作的过程中，时刻和人物相伴，和人物对话，让那些虚构的人物成为自己的朋友，作家时刻思考着人物如何行动、如何面对艰难选择。在这个过程中，作家会对人物变得无比熟悉。我想起巴尔扎克临死前出现在他脑子里的不是在世的人物，而是他虚构的人物，巴尔扎克把他小说里的人物都埋在了拉雪兹神父公墓，所以，他的遗愿是把自己也葬在拉雪兹神父公墓，与虚构的人物为伴。

《镜中》试图探究，我们生命的支柱究竟是什么，中国人的心灵世界究竟有着怎样的密码，我们如何有效地、有信服力地打开中国人的精神世界并找到中国人的“灵魂”

问：总体上看，你的叙述方式呈现出多重探索性，出现了大量复调风格。无论是《重案调查》《南方》还是新书《镜中》，复调的叙事结构是你在创作中常用的，为何如此迷恋这一形式？

艾伟：我小说中复调的产生大约是由于不同视角造成的。我觉得这也是人生真相，我们每一个人不可能知道生活中的一切，即便对同一件事也很难完全掌握全貌。小说是需要一定技术的叙事艺术，特别经过了现代主义小说对技术的探索后，我们对讲故事的方法比古典小说时期要丰富得多，而技术问题从来就是观念问题，也是作家承认自己“无知”的问题，因为作家们相信小说这一文本比作家本人要聪明得多。

问：小说《镜中》讲述建筑设计师庄润生在遭遇人生重大变故后，重新思索生命意义并寻求自身救赎的故事。不仅主人公的职业与建筑有关，儿女的姓名一铭一贝也很容易让人联想到建筑师贝聿铭，尤其是小说的四个部分互相呼应，在叙事上也具有对称之美，小说融入了你的建筑美学和对人生的思考。

艾伟：我在本书的《后记》中提到了促使我写这本书的事件。当然我现在写的故事已完全是另外一个故事，但思考的根本问题是一样的，即当我们的人生出现重大变故时，如何处理同这个世界的关系，如何处理自我，以及安顿我们的内心。因此这本书最终的着眼点是人如何学会放下，学会慈悲，学会爱和宽恕，所以这也是一本关于自我解脱之书。

关于处理人类与世界的关系，我觉得没有比建筑更本质、更直接的“艺术”了。人类根据自己对天地、对宇宙、对彼岸的想象而筑造自己的栖居之所、崇拜之所，因为建筑是每一个民族及其文化的外衣，并且是最深邃的精神的外衣。我一直关注建筑艺术。当我写这本书时，我把建筑当成了此岸与彼岸的某种呼应和联系，而我这部小说某种程度上一直有一束从彼岸投来的光存在。由此这本小说是有依凭的，我有可能通过这种方式打开中国人的内心语言。

在这本书里，我更多地回到东方式的思考方式，我试图在东方文化之下观察人自我解脱的可能性。我觉得这很重要。作家写作需要精神依凭。

问：麦家评价“读《镜中》，犹如走在光影变幻的建筑中，悬念丛生，欲罢不能”。以自己擅长的建筑学结构小说，是否有不一样的体会，格外自如?

艾伟：这本书的题记中，我写下一句话：“对称有着无与伦比的美。”建筑是对称的艺术，没有哪种艺术像建筑这样讲究对称。因此建筑和镜像天生有关系。事实上，我在书的四个部分中确实设置了一些对称的镜像关系，包括自我与他人、历史与现实，等等。但对读者来说，这些作者设置的镜像关系不重要，重要的是他们读到能够唤起他们的生命感觉的情感，并因此有所启发即可以。

如果这篇小说让人感到自如的话，我觉得可能同酒有关。我这么说熟悉我的朋友一定会笑话我，因为我几乎滴酒不沾，但写这小说时，我会喝一点，然后我觉得状态特别放松，句子从脑子里出现时有被擦亮了的感觉。当然这也极有可能是错觉。

当然所谓的放松并不是说我写作时没有情感起伏，事实上我在写到庄润生在大金塔跪下来时，我几乎流下了眼泪。

艾伟以深厚的建筑美学功底，将对人生的思考融入小说中卓绝的建筑构思之中；小说的四个部分结构精巧，互相呼应，在叙事上具有建筑学意义上的对称之美

问：《过往》中的母亲颠覆了“母亲”的形象,《镜中》主人公易蓉的母亲，和《过往》中的母亲职业相近，母亲和子女的关系有点类似。《过往》中母亲哼出成名作《奔月》的曲调,《乐师》中的吕红梅看的戏名叫《秋月》,《镜中》女主人公易蓉和情人甘世平幽会时唱的《牡丹亭·幽媾》，戏剧在你的小说中起到怎样的作用?

艾伟：小说虽是虚构之物，但同个人生命经验是分不开的。我奶奶 1949 年前在上海唱过戏，我小时候听她唱过戏，她唱《梁祝哀史》，我不识字，把《梁祝哀史》叫成“两只爱司”，以为是扑克牌的两只 A。我也目睹了八十年代戏剧热。后来我结识了一些戏剧界的朋友，对戏剧界的生态了解得比较深入。于是自然而然会进入小说。舞台真的会塑造人，虽然每一位演员都个性迥异，但还是能找到共同点的，从她们所处的那个小世界里几乎可以感受到尘世的一切，她们既有彻底的俗的一面，又有超凡飞扬的一面，好演员需要放开，需要爆发力，这需要具备强有力的个性，而个性扁平很难成为一个好演员。谈到人的个性或行为，我觉得主要有两方面构成：一是禀赋，二是所接受的观念。人与人的观念不会完全相同，这其中的弹性还是相当大的。

《镜中》有一个东方精神在，所以我选择了最不现实的昆曲，这个剧种几乎就像一个士大夫梦幻，它不是世俗的，而是直接显现中国人精神性的剧种，就像建筑与生俱来有精神性，天然与一个民族的文化、观念、权力、信仰等密切相关。

问：你之前的小说,《过往》的故事发生在“永城”，所谓“永城”谐音通“甬城”（宁波简称），这次《镜中》是你第一次写杭州，地域的变化对小说有何影响？

艾伟：我在宁波生活了二十多年，很自然会以宁波作为小说世界的想象地。我以前的故事大多发生在命名为“永城”的那座城市，但偶尔也会写到“省城”，比如《敦煌》和《乐师》里都有杭州的场景，《敦煌》有一个情节还发生在西湖。《镜中》是我第一次想象杭州，这同我定居杭州有关。小说世界总是和作者的个人经验有千丝万缕的联系。在《镜中》这个几乎是全球化的中国故事中，我选择杭州作为中国的代表，因为我觉得杭州之于中国，相当于《红楼梦》之于中国文学。

问：《镜中》结尾庄润生和杂志编辑的对话《非如此不可》，在某种程度上是否也可以理解为你对建筑、对小说的认知？

艾伟：《非如此不可》对这部小说而言我个人觉得还是相当重要的，这个附录让庄润生这个人物有更为坚实的基础。当然里面关于建筑的那些话，也可以适用于小说创作。因为艺术总是相通的，事实上中国新时期以来，无论是文学、美术还是建筑，各艺术门类所走过的路，几乎有着相似的路径，其实背后都有一个所有的社会总体“思潮”在起作用。

问：写了这么多年，你现在的写作是否还会遇到困境或瓶颈？如何解决？

艾伟：这是经常有的事情。我 2014 年写完《南方》后，实际上有三年时间没写任何东西。我不想重复自己。我想有所改变。无论《敦煌》《过往》还是新长篇《镜中》都是改变的结果。对于一个有经验的小说作者，写一个故事是容易的，但写一个有新意味的故事是艰难的，这需要作家在主题上（哪怕是作者一直在写的主题）要有新发现，或新的发展，在结构上要有新的创造。小说是一个不允许重复的艺术，别的艺术比如绘画和书法重复是合法的，但小说哪怕一个比喻，作家一辈子只能用一次。

在具体的写作中，每部作品都会遇到困难时刻。今天写作的障碍、困境可能更多，但我一直都明白，任何艺术都是戴着镣铐跳舞。人们通常认为镣铐是不好的，我的看法是相反的，其实艺术从来没有真正的自由可言，任何艺术都有其基本规则需要遵循，也可能有其他因素影响其不自由，但正是这种不自由让艺术出现张力，而艺术家或作家总是可以在不自由中找到一个通往自由的道路。

我和我过去的经历和解了

王松　1956年生于天津，原籍北京市。天津师范大学数学系毕业，中国作协全委会委员，天津市作协专业作家，文学创作一级，享受国务院特殊津贴。曾在国内各大文学期刊发表过《红汞》《红风筝》《红梅花儿开》《双驴记》《哭麦》等大量中短篇小说。发表和出版长篇小说《烟火》《暖夏》《寻爱记》《爷的荣誉》《燃烧的月亮》《流淌在刀尖的月光》等及个人作品集数十部。曾在国内获多个文学奖项，部分小说改编成影视作品，并译介到海外。中篇小说《红骆驼》获第八届鲁迅文学奖。

采访手记

将拓扑学原理运用到写作中，大概是天津作家王松的独门绝技。

当然不止这些。在女儿眼中，王松小时候一定是“科学小怪人”：喜欢的刊物是《飞碟》《探索》《奥秘》，甚至自己动手做气象预报装置；自己组装半导体收音机，帮物理老师做电桥的教具；在农村插队时无师自通地修理露天放映机……他对接触的一切事情感兴趣，音乐、相声、导演，大学时担任小提琴手，还是西乐队的队长。

所有这些都不敌他对文学的热爱。小学一年级刚认字他就开始读小说，即使当导演的那些年，自我介绍的时候，他也会先来一句：“我是作家。”

王松曾自我评价是一个“生长期比较长、成熟期比较晚”的作家。他的文学创作真正成熟阶段是进入二十一世纪以后，有两个标志：一是从小说的叙事学角度，二是人生观发生变化，真正属于自己的性格特质的东西成熟了。2000年以后，创作才渐入佳境，尤其近来，更进入非常自如的状态。

近年来王松完成的两部长篇《烟火》和《暖夏》，被评论家认为“正在进入一个新的境界”。《烟火》从1840年的天津写起，到新中国成立，时间的跨度是一百余年。天津的民俗、风俗、市井文化、各色小人物，在历史风云翻卷的背景下，如一幅长长的图卷徐徐展开。《暖夏》虽以当下农村的脱贫攻坚为主要表现内容，但作品超越了脱贫攻坚的范围，将宏大主题融注于乡村生活的日常叙事，以民俗曲艺的笔法腔调讲述乡间乡民的人生故事，使得作品生活底蕴深厚，为新时代的“乡村书写”提供了新的范式。

从过去尖锐阴冷的后知青小说到寻找到合适的调性，王松经历了什么？为什么会有如此大的反差和变化？

八十年代突然涌来的西方文学思潮、哲学思潮中，王松用写作表达自己对生活、对生命的思考和困惑

问：您是数学系毕业后开始文学创作的吗?

王松：插队的时候，我在农村每天做两件事：一是读小说，一是做数学题，像猜谜一样，当消遣。考上天津师大数学系后才发现学数学是很痛苦的事，每天就待在图书馆看小说。

1982年大学毕业，我才开始想写点东西，那时候写作没想过要发表，也没想过以后当作家，就是写着玩。改革开放刚开始，我对突然涌来的西方的文学思潮、哲学思潮感到困惑，感觉自己怀疑一切，连我喜欢多年的天文学概念也开始怀疑。1985年在《中外文学》发表的《数学系的大学生们》《地球迪斯科》等，实际就是写那个时候对生活、对生命的思考和困惑。1990年以前，我自己感觉写了不少，但没有什么像样的作品，不知道怎么能够写出好作品来。

问：那您觉得什么是像样的作品?

王松：好小说应该有一种腔调，我还没找到自己喜欢的腔调。比如讲一个故事，是用粤剧、豫剧还是河北梆子?用广东粤剧来唱杨三姐肯定不对。每个作家都有属于自己的腔调，每一个故事也都有适合于它的腔调。一个作家走向成熟、写出好小说的前提就是找到属于自己的腔调。我有这个意识，但一直找不到，很苦恼。我那时候喜欢影视，就去当导演，做了六年。

问：这六年完全放弃了小说吗?

王松：也没有放弃。我知道早晚还是要回来写小说。每拍一个戏，开机之前要开新闻发布会，我向媒体介绍自己时首先说“我是作家，是写小说的”。所有的文艺节目，包括小品、相声、歌曲都是我自己写本子，既是导演又是编剧，玩得挺开心。

后来越干越觉得，导演受限制太多，想实现自己的理想不那么容易。比如表演，你想要的东西演员未必能演出来。我又是追求完美的人，有时候一个镜头能拍几十条。导演是上帝，是制造一个想象出来的世界，如果不能实现，就没有创作激情了。我越来越怀念写小说的时光。

问：重回小说创作顺利吗？找到属于自己的腔调了吗？

王松：1998 年我开始写小说，东撞西撞，自己感觉比过去像点样，但没有长进。这年年底，我突然中风，住进医院第二天就坐上轮椅了，完全偏瘫，开始重新复习人的功课，翻身、坐、站、学走路。养病一年多，2000 年重新开始写东西时，我突然觉得找到自己的腔调了。从《阳光如烟》开始，陆续写了《红贡》《红风筝》《红莓花儿开》（评论界称为“三红”），我找到了自己的视角和叙事方式，感觉开始成熟起来了。2006 年，我开始进入后知青写作。

问：如何理解“后知青”写作？

王松：这是评论界定义的。我 1975 年插队，是年龄比较小的知青。和前辈作家写知青题材的作品不一样，我的知青生活，想起来都是痛苦的回忆，和当地村民关系也不好。我写了一大批知青题材的中篇小说。我觉得中篇的长度、体裁对我来说都很合适，故事能伸展开，人物的双边关系建立，可以构成非常饱满、完整的故事。最多的时候，一年可以写十六到十八个中篇。

有人说王松写的小说多。王松反驳：不写干吗呢？一年写一个就能保证写得好吗？十年磨一个长篇就一定好吗？

问：写得多是因为状态好？有没有可能模式化？评论家黄桂元在《暖夏》研讨会上说“管王松叫涌动的写作机器，你只要给他时间，他的作品就源源不断”，他爆出的数字令人吃惊，您写了三百五十多部中篇。

王松：我觉得有就写。对我来说写作是生命的博客。我有时候翻自己的作品记录，会发现我在哪个时期思考什么问题。比如2000年后写“三红”，都是写小学、初中包括插队以前的故事，这段时间的故事无穷无尽，不可能模式化。写作时我几乎是和当年认识的人一起生活，栩栩如生。我的小说辨识度比较强，用影视的语言表达，用主观镜头讲述，你会感觉王松在讲述，但不参与故事。

我是鲁院首届高研班的学生，毕业时要求每个人总结自己，我的总结是“写小说、听音乐、听相声”。除了开会活动，其他时间就写作。有人说我写的小说多，不写干吗呢？一年写一个就能保证写得好吗？十年磨一个长篇就好吗？《烟火》写得很松弛，一天写七八千字，有很多神来之笔。所以我不认为写得快就不是好小说。你只要找到好的腔调，小说中的人物想说，你让他说就行了，像灵魂附体，根本不用设计他说什么。

问：《烟火》开篇的人物介绍就有五十多人，整部小说涉及的人和事不止这些。小说刻画出很多似曾相识，实则陌生的人物。比如晚清秀才尚先生，从他搬来胡同讲起到生命结束，他的经历承载了什么？

王松：如果用镜子作比，不同的作家从各自镜子里映照出来的人物都不一样。我的这面镜子带有天津相声的色彩。相声是夸张的艺术，我的人物身上都有相声作品的人物色彩，稍带夸张变形。

写长篇的关键问题是，你只要把人物的双边关系建立起来，多边关系就有基础了，而多边关系的成功建立是故事精彩的根本。多边关系是否别致取决于双边关系是否独特，双边关系取决于人物的性格。尚先生是天津市井的一个魂，像幽灵一样，飘在天津的街巷里、市井中。天津的老人有独特的文化，叫混会儿文化，或者锅伙文化，锅伙的头儿叫寨主，有非常严格的规矩。尚先生身上有老混会儿的特点，混会儿是很斯文的，连官府见了都很客气。

问：小说在叙事策略上是怎么考虑的？上次采访您曾经提过自己

在小说中采用拓扑学的叙事策略，现在还在用吗？

王松：不是有意识地用，而是下意识地用莫比乌丝环拓扑学原理。

裁一纸条，1.5 厘米宽，15—20 厘米长，对接后放一只蚂蚁上去，无论放到外侧还是内侧，它都只会沿着同一个侧面爬行，不会跑到外面。小说家也和蚂蚁一样，如果把外面想象成叙事空间，把里面想象成另一个叙事空间，里面的事外面的人不知道。但是把纸条旋拧一百八十度再对接起来，蚂蚁就可以顺利地从里到外、从外到里。九连环就是运用拓扑学的原理。小说空间也是可以像九连环一样相互缠绕彼此套在一起的。相同的故事，讲得乏味或精彩，是叙事策略的问题。

如果仔细看，莫比乌丝环原理在《暖夏》中用得少一些，在《烟火》中用得多一些。比如尚先生，别的人物可以到他的叙事空间，老瘪的叙事空间也可以让别的人物进来，有点像传统的复调。作为叙述者，我是精心设计的，这是我的叙事策略，拓扑学的相环相套使故事更加引人入胜。

问：很少有人用数学的思维方法写小说。

王松：当年我学数学后悔了大半辈子，四年像蹲大狱，毕业时才释放。现在我明白，大学不是学知识，学的是思维方式。

他的作品中渗透着浓郁的天津文化，尤其是天津特有的曲艺文化

问：写了这么多，您觉得对天津文化了解了吗？

王松：我年轻的时候不知天高地厚，以为对天津很了解。有人说天津文化是租界文化，有的说是码头文化、殖民文化、工业文化——这些都不能代表天津。天津文化博大精深，不是想象得那么简单。我只不过寻找到属于我自己的腔调来讲述想写的故事。以后真正写天津的文化小说，可能还需要更深入的研究。

问：中国作协副主席李敬泽说，王松的创作进入了一个新的阶段

或者说新的境界。您觉得呢？

王松：敬泽这么说，我特别高兴。我自己也有这种感觉，这两部作品的创作状态都比较轻松，一是找到了适合的腔调和语言，二是我发现拓扑学、莫比乌丝环已经变成我叙事的方式，变成一种下意识的行为。

我曾经到当年插队的农村挂职三年，以为会有很大收获，回来却不知道写什么。2019 年的 12 月，我参加文学博鳌论坛，李敬泽在论坛上多次讲《创业史》，对我启示很大。中学时我就看过《创业史》，回来第一件事就是把《创业史》重看了一遍，看完非常吃惊。后来我又认真地看了两遍，柳青的叙述语言在今天看也非常经典。

我回想挂职时候的采访，觉得现在的中国农村和柳青时代有相近的地方。《创业史》是写中国农村的合作化道路，从小农经济走向集体经济；今天的农民又在走合作化道路。中国乡村七十多年的发展，从纵向看，是螺旋式回到原点。写《暖夏》时，我把人物故事连同人物的双边关系、周边关系都建立起来了，就是没找到腔调。

问：后来是怎么找到“腔调”的？

王松：特别幸运。在创作期间我和战军聊了很多次。他的身份是《人民文学》主编，也是评论家，思考问题的方式，一方面是站在编辑的角度，一方面也有评论家的角度。他给我的两次提醒都很关键。我准备去赣南采写报告文学《映山红，又映山红》的时候，他提醒我把脱贫攻坚和挂职结合起来写一部小说；再一个是他建议我把天津传统文化借鉴到小说创作中。我立刻就找到了感觉，原来《暖夏》和人物故事像是茶叶，仅此而已；我把天津文化拿到小说中，味道、颜色都变了，这茶就泡开了。

作为小说家和作为报告文学家接触生活是不一样的，我以双重身份在赣南走访，特别注重扶贫的一些细节问题，希望从大事件的缝隙里打捞人性的细节。

问：您如何看待细节在作品中的意义？

王松：细节是小说的生命。小说写得可信不可信，就用细节说话。

我写小说很规范，从一两千字的小说开始，然后是中篇、长篇。我对人物、对细节的刻画就是从那个时候训练出来的。一部好的小说必须要有让自己得意的细节。

“走进红色岁月”之后，王松进入了一种迥然不同于以往的创作状态，他怀着敬畏之心，饱含深情地书写

问：您的长篇小说《红》书写赣南地区艰苦卓绝的革命历史和红色岁月中沉默的普通民众的故事，独具匠心的写作与故事的构架难能可贵。听说是连续几次前往江西赣南地区采访，这是一部怎样的作品？为什么选择把目光集中在普通人身上？

王松：从2010年春夏之交开始，我连续五次下江西，在不到五个月的时间里，几乎走遍了赣南地区每一个县的每一个角落。在赣南这段时间，我感觉到，我也在为自己开启一座写作资源富矿的大门。我写了红色岁月中一群极普通的人以及在他们身上所发生的极普通的故事。

一是不写如日中天的人物，不写伟人；二是不写脍炙人口的事件。现在的阅读和文艺作品走入一种误区，历史似乎变成伟人的历史，说起哪段历史，都是伟人的故事，已经形成了一个模式化的语境。

正像毛泽东说的那样，只有人民才是创造历史的动力。我要把红色历史写成人民的历史，所以我的视点放在普通人身上。确定了这样的视角，我接触的都是普通民众，都是普通红军的后代。他们所谈的内容，都是历史教科书和历史文献上看不到的鲜为人知的故事，都是鲜活的资料。

问：在这些鲜为人知的事情中，有没有颠覆我们印象中的历史教科书的内容？

王松：颠覆倒没有，但是更逼近人性本身。比如说，我的一个章节是写红军长征以后，惩处叛徒的过程，这是在教科书上少见的。以往我们都是想当然地认为，所有英雄人物都是一心跟着红军走的，实际上革命阵营中是有叛徒的，而且在当时惩治叛徒是非常紧迫的工作，发生了很多惊心动魄的事情。

问：几个月的时间里，您以瑞金为中心几乎走遍了赣南地区的每一个县，是写作以来最辛苦的一次经历吗？

王松：可以说是最辛苦的一次。我以往的写作，都是以自己的生活经历和体验作为写作资源，在书房就可以写。我的经历印在脑子里，而且这经历所处的文化是我熟悉的母文化。可是赣南文化对我来说是完全陌生的，有很大的挑战，如果对地域没有充分了解是写不出来的。赣南的山路非常难走，很多几乎是垂直的，去红石寨是爬着上山的，去了五次赣南，我走烂了三双鞋。

问：您的很多作品都写作很快？

王松：我的创作习惯是这样，一般来说，我写得好的小说，肯定是写得特别快；如果小说写慢了，肯定是有问题。我觉得写得快是一种状态，进入喷发的状态，想慢都慢不下来。我从来都不认为，十年磨一剑，磨出来的就是好剑。

又回到这个问题的本质，我写得并不快。我是职业作家，平均起来，一天也就写两千字。

《红》《映山红，又映山红》《暖夏》等很多作品都是王松深入生活后完成的，他和当年插队的自己和解了

问：能具体谈谈《暖夏》吗？重回插队的地方挂职，和过去写知青小说时的状态有何不同？

王松：挂职三年也是不愉快的经历。插队的时候，实际我们面临的是城乡隔膜的问题。我写的知青小说温暖很少，笔下的农民正面形

象也很少。但是写《暖夏》饱含感情。我和当年插队的我和解了，站到新的层次和高度看这段生活。也许将来有一天我还写知青生活，肯定会是一种新的高度，和《双驴记》不一样了。

问：《双驴记》令人深刻地感受到特殊年代中的暴力和冷酷。过去您的小说，无论是农民还是知青或者动物，之间的关系都是冰冷的。为什么会有如此客观冷静甚至尖锐的笔触？

王松：“文革”发生的时候，我父母都关在“牛棚”，我的童年时代和少年时代总是被人歧视，无论在哪个环境都被排斥在外，养成了内向、不爱接触人的性格，注定了我的作品也是这样的风格。

我曾经对那段经历耿耿于怀。写“三红”时是以一个普通人的情感和思考方式把经历写出来，我今天也不会那么写了。毕竟现在境界不一样了，思考问题的方式、高度、深度、角度和过去不一样了，我觉得很多事情都是可以原谅和理解的。《暖夏》之后，我等于把两个时代的生活凿通了。

问：“凿通”后的写作应该进入了新的层次吧？

王松：我重新用小说人的情感方式和思考方式来看待那段经历。有意思的是，《暖夏》写到最后我舍不得写了。我和张少山、二泉包括张二迷糊成了朋友，我特别喜欢田大凤，脑子里有这个女孩子的形象，说话特别冲，机灵、聪明又朴实，这些人在我脑子里特别活，只要没写完，他们就和我生活在一起，写完就要分开——我和他们难舍难分。这种情感，和写《双驴记》时候的情感怎么能一样呢？

问：从某种意义上，写作是一种拯救？

王松：可以这么说。小说就是情感的宣泄，我把内心深处最隐秘的东西都写出来，否则总是横亘着。2019 年我写了《烟火》，2020 年写了《暖夏》，这两部长篇都是二十多万字，中间还写了一个中篇《春景》。按规范的写法可能会写得长，我借鉴拓扑学的叙事方式，巧妙地压缩空间，剪裁拼接缩短了篇幅。

问：您的知青题材影响很大，总是通过日常反映知青生活，开创了一种新的观点，但是您的作品中对于人性恶的深刻揭露，让人读到了特殊年代中人与人之间或人与动物之间的暴力和冷酷。您为什么会这么写？为什么不多一些温暖和宽厚？是有意对那段时期进行批判和否定吗，还是仅仅为了表现知青的绝望？

王松：这是很切中要害的一个问题。有评论家说我写的知青小说是“恶之花”。我说，这是我对生活的一种看法，在我开始对生活有记忆的时候，我所受到的是不公正的待遇，感受到的温暖是很少的，这些决定了我对生活的看法。“文革”中我父母被关在“牛棚”里，我是在受歧视的环境中长大，有一种极度的自卑，也使我永远站在生活之外，对任何事都变成旁观者，看到各种人面对各种事的不同表现，使我本能地对生活有一种绝望。

问：是否也是个体的原因？

王松：不同的作家，认识是不一样的，这里有个体的差异。有的作家看待问题很达观、很宽容，我很羡慕，也很尊敬他们。我相信，偏执也是一种作家性格。

我所说的是思考问题的方式和观察问题的角度。用弗洛伊德的观点，童年时有这样的情结，受到这样的伤害，决定了我对问题的思考。我最典型的代表作品是《红汞》，《双驴记》也是这样，每当写起这样的小说，我就有一种快意，有一种淋漓尽致的酣畅的感觉。

“只要生命存在，我的思考、情感不停就能写。我热爱写作，写作对我来说是快乐的事情”

问：您曾经大病过两次，但是都未能影响写作。

王松：一次是中风，一次是 2012 年我参加公安部和中国作协组织的走边防活动，途中发烧，住进医院后一天下了三次病危通知。我的病床靠窗，每天我看着窗外的行人，内心特别平静，觉得这个世界和我没有任何关系。可是我从 ICU 出来之后，第一件事就是告诉女儿，赶紧回家给我拿电脑，一边输液，一边打字，写完《流淌在刀尖的月光》最后一章。

问：写作已经成为您的生活方式。

王松：王蒙是我的榜样。我特别佩服他，八十七岁了还在创作，还充满激情地说："所有的日子都来吧，让我编织你们！"这是真正的作家。

就像电影人，不拍电影凭什么叫电影人？小说人不写小说凭什么叫小说人？也许有一天会江郎才尽，但是只要生命存在，我的思考、情感不停就能写。我热爱写作，写作对我来说是快乐的事情。如果不写，那不是跟自己过不去吗？每天一起床，打开电脑，这段时间和自己生活在一起的人物从屏幕里出来和我对话，或者有时候他们扭头就走，我就跟着他们走。写累了，听听音乐，看看相声。天津在规定的时间有三个电视台同时播相声，这在全国是独一无二的。这种写小说的日子太好了。如果不写小说，我到这个年龄早疯掉了——这么多话没人说。

王松以《红骆驼》向那些为国家核工业默默奉献出自己一切的科学工作者们致敬

问：能否介绍一下《红骆驼》是怎样的作品？有什么创作背景？

王松：2019 年初夏，我到一个影视培训班去讲课。在课后的社会实践活动中，我应邀到西北地区的某核工业基地去采风。那一次，我接触到了很多真实的人和事，也触发了创作《红骆驼》这部中篇小说的灵感。我至今想起来，当时激荡的心情还清楚记得。在回天津的飞机上，这个故事中的人和事，就已在头脑中形成了。而到书房沉淀了一段时间，我就动笔了。

我用内敛的、克制的文字，写这样一部小说、这样一个故事。我想让更多的人知道他们的经历。此外，我更深的感触是，一个作家，必须要深入生活，生活是我们创作的源泉，同时也永远是我们的老师。

问：这是一篇向核工业建设事业中无名英雄致敬的充满正大之气的感人之作。但是您的写作没有口号式的呐喊，而是将宏大叙事、历史印记融入鲜活的当下。为什么叫“红骆驼”？

王松：我们国家有大批科研工作者，曾默默地在荒芜的戈壁滩奉献一生。他们都是名牌大学的高才生，因为祖国的需要，从二十世纪五十年代起一批批来到这里，一待就是一辈子。最初这里真是天当被、地为床，他们吃都吃不饱，还要自己去打猎。“骆驼”正是寓意那些默默奉献的无名英雄，我觉得这些科研工作者就像跋涉在荒漠中的骆驼一样，忍受寂寞和恶劣的生存环境，步履不停，只为那心中的绿洲。红色象征着生命的热烈、蓬勃，我很喜欢这种蓬勃的状态。

我是学数学出身，和一般文科出身的作家视角不同，《红骆驼》是我所有中篇小说里最倾注感情的一部，这次的创作体验是前所未有的。

问：小说获得第八届鲁迅文学奖中篇小说奖，被评价为：文本纯熟中正，情感引而不发，仿佛一座随时都有可能喷发的活火山。您有什么要表达的吗？

王松：这个奖不是颁给我的，而是颁给我们国家核工业基地那些默默奉献的科研工作者的，我只是把他们的经历用文学的方式表述了出来，真正打动评委、打动读者的，其实是这些无名英雄的故事，是他们在了解了理想背后的残酷与艰辛之后，仍然初心不改、无怨无悔、不惜牺牲“小我”成就“大我”的奉献精神。

散文杂文奖

诗外文章别样醇

王充闾 1935年出生于辽宁盘山。辽宁省作协名誉主席，中华诗词学会顾问，南开大学中文系客座教授。中国作协第五、六届主席团委员。在内地与台湾、香港以及国外三十余家出版社出版散文随笔、诗词、学术著作七十余部；有《充闾文集》二十卷。作品被译成英文、阿拉伯文。散文集《春宽梦窄》获第一届鲁迅文学奖散文奖。

采访手记

作为一个具有传统文化修养的作家，王充闾的创作以历史文化散文见长，将历史与传统引向现代，引向人性深处，以现代意识进行文化与人性的双重观照。他在对中国传统文化的广博学识和深切体悟中，释放出中国当代文学独特的审美意韵。

让我意外的是，王充闾竟然是写小说出身。初中的时候他就自编故事，并被改编为小话剧在校园演出，这鼓舞了他写作的热情。后来考进师范学院，经常萦回脑际的变成如何登上三尺讲台，做一个合格的语文教师。毕业后任教中学不到半年，王充闾被下放农村，当时正赶上“大跃进”，火热的现实生活，又使他燃起了创作欲望，一时激情四溢，利用两个晚上写出一篇小说《搬家》，投给了《辽宁日报》文艺副刊，居然很快就刊发出来。后来又陆续发表过《沸腾的春夜》等作品。

王充闾却称“自知不是封侯骨”，另觅了新途。不过，小说有如初恋情人，虽然已经挥手作别，却还旧情难忘，几十年来总还是愿意阅读短篇小说。每读时人小说佳作，往往见猎心喜。直到六十岁那年，还曾构想演绎清末一双才侣之苦恋悲歌，尽写其“求不得”“爱别离”的怅憾幽怀；并且按照情节发展进程和男女主人公的身份，拟作了相互赠答的七绝数十首。但因各种原因，孕育中的小说还是“胎死腹中”。而那些在心中隐隐作痛的情感，只能借助散文表达。

《诗外文章——文学、历史、哲学的对话》，系统解读了自先秦至近代的中国哲理诗，这些优美的文化散文与被解读的诗歌交相辉映，既紧密关联又自成一体，让读者阅读本书的过程成为一次游走于哲思与美文之间的奇妙之旅。

著名评论家古耜认为，王充闾从精读元典、洞悉上游、夯实基础入手，展现一种溯源而上、由源及流的意识与能力。他的作品贯穿和浸透了作家特有的历史意识、文化情怀、人格理想、审美趣味、价值判断，无形中完成了有关中国传统文化的别一种描述与解读，凸显了作家历史和文化回望的个体风范，其文心所寄，很值得认真揣摩和仔细回味。

已故出版家沈昌文曾说，“王充闾的功底真好，举杯一唐诗，落杯一宋词。如今，这样的文人已经不多见了”

问：从小说转向古诗词与散文的创作，为什么？

王充闾：我觉察到自己不具备应有的条件，比如，个性沉稳，比较拘谨、内向；喜欢独居索处，思维方式偏于理性思辨，缺乏澎湃、激越的才情和足够的想象力，便赶紧从小说抽身转向。往哪里转？中国是散文大国，散文的历史源远流长；而我自小就大量研习、熟读古文，脑子里记下的也多是散文典籍，酷爱《庄子》《史记》和苏东坡的文章。写作散文，即便谈不上驾轻就熟，起码有一定的优势，因而从扬长避短出发，就“卖身投靠”到散文门下了。

那么，诗词呢？可说是情有独钟，爱到深处。数十载研习、创作不辍，而且在散文创作中亦博征繁引，以至被论者认为“内在地以诗词话语为思维素材和思维符号”。但是，在痴迷的同时，我又不无几分警觉。众所周知，旧体诗与新诗，文言文与白话文，在遣词造句、表述方式以至体例、程式上，都存在着明显的差异。两千余年的文学实践表明，写作古体散文与写作旧体诗词是恰合榫卯，相得益彰的；而我的主业是经营现代散文，若是沉酣于“束缚人们的思想”的古诗词而不能自拔，甚或不自觉地成为一种“话语方式”，那就必将有碍于思路的拓展、笔墨的荡开、文势的挥洒。同样重要的，还有一个时间、精力、关注重点问题——当然要以散文为主，只能“余事作诗人”（韩愈诗）了。为此，我曾戏谑地改窜《庄子》中一个警句：“诗词，作手之蘧庐（旅舍）也，止可以一宿，而不可久处。”我的一部诗词集，就名为《蘧庐吟草》。但此论一出，即遭到几位诗友的驳诘：

“君不见鲁迅、瞿秋白、郁达夫乎？其旧体诗均出色当行，何以现代散文亦绝妙无俦也？”我一时语塞，有顷，才回应一句：“彼者文章圣手、天纵英才，吾辈常人岂能比并！”

当然，清醒也罢，警觉也罢，话是那么说，实际做起来往往还是从兴趣出发，凭感情用事。南宋诗人杨万里“自责”诗云：“荒耽诗句枉劳心，忏悔莺花罢苦吟。也不欠渠陶谢债，夜来梦里又相寻。”我于诗词也是如此。旧时月色，已经刻骨镂心；不经意间，又回到了故家门巷。

问：中国文坛的很多一线作家，尽管作品不乏经典，但因为历史的原因，很多人在古典文化修养上是很欠缺的。八年的私塾经历带给您怎样的滋养？

王充闾：以唯物辩证的观点来分析，受社会、时代的局限性影响，私塾弊端不少；但也有其值得借鉴的一面。比如，所授课业内容，基本上都是传统文化的精华，姑无论“四书五经”、《左传》、《庄子》、《楚辞》、《史记》、《古文观止》、《唐诗三百首》等诗文经典，即便是那些童蒙读物，如“三百千千”、《弟子规》、《幼学琼林》、《增广贤文》等，也都有一定的价值。特别是，在蒙养教育阶段，十分注重德育，注重人格、人品与道德自觉，强调从蒙童开始就养成良好的道德品质和生活习惯，大至立志、做人、为国尽忠、齐家行孝，小至行为礼节，连着衣、言语、行路、视听等都有些具体规定，成为我国教育的独特传统。加之，通过“童子功”的强化训练，大量的国学经典和诗文典籍牢固地记在脑子里，成为日后做学问、搞创作的宝贵财富。

新世纪前后，王充闾写作篇幅长、分量重的历史文化散文，一发而不可收

问：您如何评价自己的历史文化散文系列？

王充闾：我的历史文化散文写作大致有几个特点：一是成系列，

如帝王系列、文人系列、女性系列、爱情系列、友情系列、哲思系列，等等；二是说古不忘观照社会现实；三是往往与讲学、讲座结合；四是就选材说，专爱啃“硬骨头”——我一向认为，一些有价值的具有永恒魅力的精神产品，解读中往往都具有无限的可能性。艺术的魅力正在于用艺术手段燃起人们探索未知领域的欲求。为此，我喜欢研索那类富有争议的人物，人生道路曲折、复杂，生命历程充满了戏剧性、偶然性，以及谜一般的代码与能指，难于索解的悖论，甚至蕴含着某种精神密码的人物。所写的《成功的失败者——张学良传》《用破一生心》(曾国藩)、《断念》(歌德)、《解脱》(列夫·托尔斯泰)、《守护着灵魂上路》(瞿秋白)等文化散文，都体现了这一点。

2009年在北大讲学时，一位学者建议：现在传统文化与国学研究受到重视，但是，面临着一项重大挑战，就是这方面人才“青黄不接”，建议我从自身优势出发，把主要精力投向传统文化的研究与创作方面。旁观者清，善言可鉴。特别是近年来习总书记多次强调，优秀传统文化是中华民族的精神命脉，是涵养社会主义核心价值观的重要源泉，也是我们在世界文化激荡中站稳脚跟的坚实根基，为了有效地继承和发展优秀传统文化，需要认真做好创造性转化和创新性发展的工作。这样，就坚定了我在这方面做出努力的决心与信心。

问：您的历史文化散文，诗、史、思高度契合，挖掘历史，同时又以理性的眼光审视历史，又能结合现实，因而总能带给我们更多的启示。

王充闾：我从创作实践中体会到，散文中如能恰当地融进作家的人生感悟，投射进史家穿透力很强的冷隽眼光，实现对意味世界的深入探究，对现实生活的独特理解，寻求一种面向社会人生的意蕴深度，往往能把读者带进悠悠不尽的历史时空里，从较深层面上增强对现实风物和自然景观的鉴赏力与审美感，使其思维的张力延伸到文本之外，也会使单调的丛残史迹平添无限的情趣。创作这类散文，形象地说，作家是一只脚站在往事如烟的历史埃尘上，另一只脚又牢牢地立足于现在而与历史交谈。在这种对话中，过去不再是一去不复返的僵死材料，而是活生生的现在，它通过作家的叙述，重新恢复了生机。其旨归在于从对过去的追忆、阐释中揭示出它对现在的影响和历史的内在意义。

我喜欢游历，习惯于凭借自己的游踪，对一些名城胜迹作历史性的考察与观照，对社会人生作哲学性的反思和叩问。这里凭借两个方面的优势——比较丰厚的历史文化知识、诗文积淀；较好的理论根底与思辨能力。这样，就会饱蘸历史的浓墨，在现实风景线的长长的画布上去着意点染与挥洒，使作品获得比较博大的历史意蕴和延展活力，让自己的灵魂在历史文化中撞击，从而产生深沉的人文批判，留下足够的思考空间。

创作中，我把飞扬的思绪、开启的心智，连同思索与领悟、迷茫与困惑，以艺术形式表现出来；在艰苦的劳作中寻求着思想的重量，同时将深心里的情境展开，以探求与读者交流、沟通的心灵渠道，在尘嚣十丈、物欲横流之中，保留一块思索的净土，营造诗史哲的艺术之宫。这方面的代表作，是《沧桑无语》与后来的《逍遥游——庄子传》。

问：黑格尔说，中国“历史作家”的层出不穷、继续不断，实在是任何民族都比不上的。在浩如烟海的中国历史文化中挖掘写作的资源，对您来说，是一种怎样的感受？

王充闾：我对历史的沉迷，难以言表。我曾写过两首《读史》七绝：“千年史影费寻思，碧海长天任骋驰。绿浪红尘浑不觉，书丛埋首日斜时。”“伏尽炎消夜气清，百虫声里梦难成。书城未下心如沸，鏖战经旬不解兵。”我常常在散步中构思历史散文，伴着风声林籁，月色星光，展开点点、丝丝、片片、层层的遐思联想，上下古今，云山万里，绵邈无穷。有人会问：这是不是太累、太苦了？不。凡事着迷、成癖以后，就到了“非此不乐”的程度，不仅不觉苦累，有时甚至甘愿为此作出牺牲。柳永词中的“衣带渐宽终不悔，为伊消得人憔悴”，正是这种境界。看过《聊斋·娇娜》的，当会记得这样一个情节：美女娇娜给孔生割除胸间痈疽，“紫血流溢，沾染床席，（孔）生贪近娇姿，不惟不觉其苦，且恐速竣割事，偎傍不久”。

就其本质来说，创作同读书一样，也是一种精神享受。创作的艰辛，体现为一种长期熔铸性情、积贮感受，一朝绽放、四座皆春的甜美。作家面对作品，宛如母亲面对婴儿，那可爱的“宁馨儿”，总会带来一种温馨感、成就感、自豪感。像著名美学家宗白华先生《美学散步》中所说的：“涌现了一个独特的宇宙，崭新的意象，为人类增加了丰富的想象，替世界开辟了新境。”正是在这一特定的条件下，我们才说：“越是艰苦，越是快乐。”

读史书，需要原原本本，悉心研索；我对“二十四史”的前四史（《史记》《汉书》《后汉书》《三国志》）是下过苦功研索的，开始时也感到有些枯燥，好在逐渐摸索出一些窍门。这里以读《后汉书》为例：

其一，“找熟人，抓线索”。书中人物已经死去一千八九百年了，哪里会有熟人？有。凭着知识积累，历史上许多人早已耳熟能详。小时候看京剧，《上天台》（又名《打金砖》）中许多人物，像光武帝以及姚期、马武、邓禹、岑彭、陈俊、吴汉等一干将领，他们的形象、言行一直刻印在脑子里。尽管历史上并无“二十八宿上天台”之事，但这些功臣名将在《后汉书》里都有传，读起来甚感亲切。同样，《三字经》里有“香九龄，能温席，孝于亲，所当执”，我在读《文苑列传》时，发现了黄香的传记，眼睛立刻一亮。记得童年背诵《幼学故事琼林》，至少有四十人的典故都出自《后汉书》，像“马融设绛帐，前授生徒，后列女乐”，“胶漆相投，陈重之与雷义”，“孟尝廉洁，克俾合浦还珠”，“蔡女（文姬）咏吟，曾传笳谱”，等等。由于有了这么多“熟人”，史书入眼，就变得活灵活现，分外醒目了。

其二，作由此及彼的联想，实现多光聚焦。前面说到黄香，由他联系到其子黄琼；又由黄琼联系到李固——他在致黄琼信中有“‘峣峣者易缺，皎皎者易污’。阳春之曲，和者必寡；盛名之下，其实难副”之警语，是毛泽东主席在“文革”之初推荐过的。

其三，同前几次读史比较，这次在读书方法上有所改进。当年业师曾经教诲：读书应该参阅多种典籍，博取诸说，撷采众长，借他山之石以攻玉。早年读《汉书》时，限于条件，主要是参照《资治通鉴》；这次不同了，手头有大量古籍可供翻检，其中尤以清人赵翼的《廿二史劄记》，使我获益最多——不仅纠正了一些书中的史实错误，而且增长了许多见识。当然，有的方面也可商榷，说明赵翼高明中也有纰漏，所谓“百密一疏”。

文学创作，说到底是一种生命的叩问、灵魂的对接，因此，需要深入发掘深刻的心灵体验与生命体验

问：有专家认为您的散文内容丰富，与《庄子》《史记》《左传》等中国典籍有谱系关系。这些中国古代典籍是华夏文化的元话语。既可作为历史著作来读，也可作为文学著作来读。在写的时候，您心里有怎样的目标？

王充闾：您的“谱系”一词用得真好。私塾八载，朝夕苦读，口诵心惟，确实与《庄子》《史记》、东坡散文结下了血肉联系，经常处于“魂萦梦绕”以至“呼之欲出”的状态。早在童年时期，我就接触了《庄子》，但真正读出它的奇文胜义，则是在中年以后。摊开《庄子》这部具有世界性意义的文化元典，宛如置身一座光华四射的幽邈迷宫，玄妙的哲理，雄辩的逻辑，超凡的意境，奇姿壮采的语言，令人颠倒迷离，眼花缭乱，意荡神摇，流连忘返。

至于我喜欢苏东坡，是因为无论是才情、气质，都使我为之倾倒，尤其喜欢他的散文。他说，“吾文如万斛泉源，不择地而出，行于所当行，止于所不可不止”。又说：“我一生之至乐，在执笔为文之时，心中错综复杂之情思，我笔皆可畅达之。我自谓人生之乐未有过于此者也。”真是大才槃槃，令人高山仰止。苏东坡的立身行事，亦可圈可点。他胸怀磊落，旷怀达观，超然游于物外，大有过人之处。古人作文讲究气势，有“韩（愈）潮苏（轼）海”之喻，我写文章常把韩文、苏文奉为圭臬。

问：您认为怎样的散文才是好散文？

王充闾：我心目中的好散文，应该具备审美的本质，情感的灌注，智慧的沉潜，意蕴的渗透，有识，有情，有文采，有意境，具备诗性的话语方式和深刻的心灵体验、生命体验，体现主体性、个性化这些散文文体特征；既是一种精神的创造，又是一种文化的积累。

文学在充分表现社会、人生的同时，应该重视对于人的自身的发掘，本着对人的命运、人类处境和人性升华、生存价值的深度关怀，力求从更深层次上把握具体的人生形态，揭橥心理结构的复杂性。实际上，每个人都是一个丰富而独特的自我存在。文学创作，说到底是一种生命的叩问、灵魂的对接，因此，需要深入发掘深刻的心灵体验与生命体验。表现在写作中，或者采用平实、自然的语体风格，抒写自己达观智慧的人生经验，使人感受到厨川白村式的冬天炉边闲话、夏日豆棚啜茗的艺术氛围；或以匠心独运的功力，展示已经隐入历史帷幕后面的世事沧桑，以崭新的视角予以解读；或以理性视角、平常心理和世俗语言表达终极性、彼岸性的话题；或经由冥思苦想，艺术的炼化和哲学的参悟，使智性与灵性交融互渗。

一头联结着固有文化传统，一头进入到新文化体系之中，传统文化中的厚重精神资源支撑现代化文化事业的发展

问：《国粹：人文传承书》让读者有机会集中领略了您关于“国粹”的哲理思考和文学表达。能否简单概括一下您所理解的“国粹”？

王充闾：依我理解，国粹主要是指我国固有文化中的精华，也就是华夏民族传统文化中最具代表性和最富独特内涵、受到各个时代的人们重视的优秀文化遗产。与理解直接相关的，是“文学表达”问题。通常的做法，既然书名“国粹”，那就应该从国粹的一般范畴入手，去展布知识格局，亦即从定义出发，梳理头绪，条分缕析，做系统阐释、逻辑演绎。如果这样，那么，写出的就不是文学作品，而成了学术著作；而我所从事的是文学创作，这样在“表达”的时候，就不能从概念出发，而必须就着具体素材来作文章，就是说，“国粹”在我心中，应该是具象的，我必须“立象以尽意”，运用文学笔法，钩沉蕴含国粹文化的诸般命题，以事为经，以情为纬，独辟蹊径地写出中国传统的人文情怀、文化观念、价值选择、心灵空间，统摄诸多国粹文化范畴的精神脉络；通过一篇篇美文，纵谈那些华夏文明、传统文化的元话语，生动形象地讲述中国所特有的“科举”“和亲”“隐士”“诗词”等文化根脉与生命符号。

问：中国古典诗词的衍生著作不胜枚举，读《诗外文章》仍有新的感受，又能与当下结合，语言清新，字字入心。

王充闾：《诗外文章》选诗范围，远溯先秦，近及近代，不再限于绝句，也选了一些五律七律，兼及古风、乐府，对应每首诗歌都写了一篇阐发性的散文，长的几千字，短的八九百字；似诗话不是诗话，无以名之，说是“诗外文章”，意在“借树开花”——依托哲理诗的古树，绽放审美益智的新花，创辟一方崭新的天地。

发挥诗文同体的优势，散文从诗歌那里领受到智慧之光，较之一般文化随笔，在知识性判断之上，平添了哲思理趣，渗透进人生感悟，蕴含着警策的醒世恒言；而历代诗人的寓意于象，化哲思为引发兴会的形象符号，则表现为一种恰到好处的点拨，从而唤起诗性的精神觉醒；至于形象、意象、联想与比兴、移情、藻饰、用典的应用，则有助于创造特殊的审美意境，拓展情趣盎然的艺术空间。

问：类似的写作，您认为还有难度吗？

王充闾：如果说难，主要是悬鹄甚高，有“取法乎上”的愿想。我所拟定的标准是，力求实现思、诗、史的结合，以史事为依托，从诗性中寻觅激情的源流，在哲学层面上获取升华的阶梯。使文学的青春笑靥给冷峻、庄严的历史老人带来生机与美感、活力与激情；而阅尽沧桑的史眼，又使得文学倩女获取晨钟暮鼓般的启示，在美学价值之上平添一种巨大的心灵撞击力。这样一来，就难以轻松了。

我经常萦结于心的，是尽最大努力增强文章的可读性。我的取径是：采用散文形式、文学手法，交代事实原委，尽量设置一些张力场、信息源、冲击波，使其间不时地跃动着鲜活的形象、生动的趣事、引人遐思的叩问。为了增加情趣，吸引读者，解读中广泛联想，征引故实，取譬设喻，使抽象与具象结合，尽力避免纯政论式的沉滞与呆板，坚持从明确的思想认识和清晰的逻辑关系出发，选用清通畅达的性情化、个性化语言，以增强作品的表现力。在这里，说理表现为一种恰到好处的点醒，有时是抒情、叙事的必要调剂。立论采取开放、兼容态度，有时展列不同观点，供读者择善而从。

每一句都是从心上撕下的真

素素　1955年生于辽南瓦房店。原辽宁省作家协会副主席、大连市作家协会主席。1994年，《佛眼》获全国散文大赛一等奖。1996年，获第四届辽宁省优秀青年作家奖。2002年，散文集《独语东北》获中国首届冰心散文奖、辽宁文学奖辽河散文奖。散文集《张望天上那朵玫瑰》获第三届中国女性文学奖。已出版《北方女孩》《女人书简》《素素心羽》《相知天涯近》《与你私语》《佛眼》《欧洲细节》等十多部散文集。2004年，散文集《独语东北》获第三届鲁迅文学奖。

采访手记

2022年，我在大连第一次见到素素。来的路上带了素素的作品，以为至少有大致的了解。见了才知，我所谓的了解可能只是十九岁的“村姑”，今天的素素，和当年的她阔别已久。

生命从一开始，就在与所有我们经历过的事物告别。作家的成长是有过程的，完成一段过程，就是一次告别。几十年来，素素就这样不断地告别自己。

素素关于家乡的文字是美的。她说：“这些文字使我的心底结结实实葱葱茏茏地生长着一根中国式的老家情结。在这些文字里，我向所有的人描述我的出生，我的长大……隐隐约约地总有一个小村姑，把两手插在裤兜里，在那个贫穷质朴的村庄里面走来走去。那就是我。”

她和她的散文一直都是坦诚相向的，从不掩饰“我是谁”“我从哪里来”。当她终于走进城市深处，便转向和自己同样性别和身份的知识女性，开始自由、庄重而真诚地表达她们的困惑和自觉。和九十年代盛极一时的“小女人散文”不同，素素的女性系列散文是一种带着痛感的大气从容。

中学时代，素素就喜欢历史，甚至高考填报志愿都是南开大学世界史。她的散文后来转向地域文化，也是因为心里那团小火苗一直燃烧。这一情结让她很快就告别女性母题，背起行装一个人向大东北走去。

《独语东北》的成功不是偶然。它融入了素素对这片土地全部的挚爱和思考。读东北，走东北，写东北，她在历史细节中浸润日久，使她后期的散文作品兼具女性的细腻绵密和严谨冷静的历史判断。素素说：“我知道我不是它的过客，却总有一种距离让我生疏。我知道我走不近它，然而我却想让我的一生与它厮守。”

对于文学道路上的引路人，素素始终怀着感恩之心。真正影响她的是萧红的《呼兰河传》，她开始蠢蠢欲动地想当作家

问：文学的道路上，对您影响比较大的有哪些人？

素素：文学启蒙，应该是我的中学班主任，在作文上给我吃小灶只是一方面，还有就是借书给我看，比如王力的《古代汉语》，范文澜的《中国通史》，浩然的《艳阳天》和《金光大道》。前面两套书，让我喜欢上了古文和历史，后面两本书，让我毕业回乡之后想写农民。

因为读过《艳阳天》和《金光大道》，浩然是我此生认识的第一位作家。1972 年 12 月高中毕业，我回乡当了妇女队长，1973 年 7 月，我便给浩然写信，怕人家不理，在信封背面画了几缕柳枝，一只小燕子嘴里衔着信向远方飞去，还在旁边抄了当时流行的四句话：信从手中飞，不知何日归，请您见信后，速速把音回。后来感觉不对，这好像是情书，太不礼貌了，可是也追不回来了。我想，完了，浩然肯定不会搭理我。令我感动的是，浩然不但给我回信，还寄来他在北京郊区农村作者座谈会上的油印讲话稿。记得那个牛皮纸大信封上，印着一排红字：北京西长安街七号北京市文联缄。他在空格处写上了手写签名。他的名字在当时家喻户晓。

一周之后，我就被调到公社政工组当报道员。可以说，是浩然的一封回信，改变了我这个村姑的命运。我也因为他的激励，写出了那篇处女作。与浩然通信持续了十多年，八十年代还在《鸭绿江》开过作家与作者通信专栏。也正是这个原因，不论别人如何评价浩然，文学史如何定义浩然，我对他永远心怀敬意和感激。当然，这是早期受到的关爱，后来获得的帮助就是四面八方了。

问：写《北方女孩》，您离开了乡村；写《女人书简》，您离开了女人。一路写作，一路告别，如果要总结，回顾自己的文学道路，写作的几十年间经历了怎样的变化？

素素：1996 年春天，辽宁作协给我评上个"青年作家奖"，让我在颁奖仪式上发言，因为我正在大东北行走，不能去现场，就写了一篇文字稿发过去，题目叫《自己与自己告别》。我认为，生命从一开始，就是在与所有我们经历过的事物告别。一个作家的成长是有过程的，区别只是每个过程延宕的时间长短而已。完成一个过程，就是一次告别，有告别，意味着有长进。写作最怕的就是没有长进。

我的长进，主要是对创作母题有三次修改。最早是写乡村，因为我出生在乡村，写乡村便成了定数。我的乡村在我的文字里是美的，在我的灵魂里却是不忍卒睹的。于是我发现，我亲近的是精神意义的家园，拒绝的是萝卜白菜的老家。写它的时候，爱恨纠结，悲喜交加。之后是写女性，我写的知识女性大多出生于五十年代，而且是悲剧和痛苦的一群。这悲剧，这痛苦，皆拜文化所赐。正是文化，让这个年代的知识女性陷入了无法突围的困惑。再之后是写地域文化，我知道许多作家去了西部，包括许多东北作家也往西部走去，再去就成为后来者，所以我选择了东北。写完了东北，又写大连。直到现在，我仍沉醉于地域文化写作而不能自拔，也不想自拔。的确，写作与人生，都需要不断地突围，不断地告别，不断地寻找。回头看自己，一路的足迹很清晰。

“小女人散文”兴起的时代，素素的书写对象是“50后”知识女性，她关注她们的内心挣扎，也包括自己

问：九十年代，“小女人散文”兴起。您如何看待那一时期的散文现象？

素素：批评界曾给“小女人散文”一个圈定：作者是出生在六七十年代的都市职业女性，标志是1995年引起文坛的关注的两个事件，即花城出版社推出的一部散文合集《夕阳下的小女人》，上海人民出版社推出的“都市女性随笔丛书”。这些书我都没读过，据说那些女作家们所写的内容多是悠闲、时尚的都市生活。法国年鉴派有个观点，历史是总体的。站在这个立场来看这个文学现象，不论小女人散文还是大女人散文，都是历史的一部分，也应该是文学史的一部分。也许再过几十年，小女人散文会像我们现在对待上海三十年代月历牌上的女人一样，对那个年代充满怀旧的温情。

问：有评论认为您也是小女人散文的代表作家——您怎么看？

素素：的确，有人曾把我列入小女人散文，其实我与小女人散文不沾边，代表作家更算不上。事实上，九十年代女性散文有两个阵容，一个是“50后”，一个是“60后”。记得，我最早是看到北大佘树森教授撰文说，散文界有一支“五十年代女作家群”，后又读到秦晋《新散文现象和散文新观念》一文，称这批五十年代出生的女作家是“散文新军”。在两位评论家点到的名单里，有苏叶、唐敏、韩小蕙、斯妤、叶梦、王英琦、周佩红、张立勤等，我也忝列其中。

我其实挺喜欢“小女人散文”，可惜我比她们早生了十年，心里积蓄的苦比甜多，即使喝着咖啡，也无法消费那份悠闲。我一直认为，我的那些文字是严肃的、有痛感的，而非批评家所说的小感觉、小情调、小女人。但也正是这场文学批评提醒了我，为了切割这种印象，我决定向纠缠了我很久的知识女性挥手再见，打起背包走向大东北。

素素投入了全部的生命体验和情感，用女性的笔去书写雄性的东北

问：《独语东北》分为三幕：东北土著史、东北风俗史、东北山川史。这样的分类决定了您笔下的东北调性是大气的。

素素：出发之前，我在家里读了半年东北，一边读，一边分了三大块，每一块都列出要写的题目。对题目的考量，一是它在东北史和中国史两个维度上的历史意义，二是它在地域和文化两个维度上的可识别性，总之，看它是不是很东北，是不是能代表东北。东北可以写的东西有很多，有些东西很生动，很有意思，但是东北太大了，它们的分量太小了，太琐碎了，只好忍痛割爱。

问： 对于很多历史人物，您通过寻找有了自己的认知和理解，比如几乎能串起金史的完颜阿骨打、完颜兀术、完颜亮。是否也有很多颠覆性的发现？这种发现意味着什么？

素素： 读东北的时候，我首先就要了解东北的土著。历史上的东北，有东胡、肃慎、秽貊三大族系，并且曾有五次入主中原，鲜卑人建立了北魏，契丹人建立了辽，女真人建立了金，蒙古人建立了元，满洲人建立了清。北魏孝文帝，辽太祖耶律阿保机，金太祖完颜阿骨打，元世祖忽必烈，清太祖努尔哈赤，个个都是雄才大略，而他们一个共同特点，就是一次次将地方政权上升为中央政权，将地域文化上升为国家文化。正是这种冒险精神，让他们激演出一幕幕活剧。然而在此之前，他们在我的印象里就是一支支把中原打得稀巴烂的马队，就是一个个你方唱罢我登场的游牧民族。

当我认真研读边疆民族演变史、东北与中原的关系史，便感觉所有的一切早就宿命般预设在这里，所有的故事都是注定要发生的。尽管朱元璋和孙中山要驱逐鞑虏，但你不得不承认，在漫长的中国古代史上，鞑虏扮演了相当重要的角色，他们本身就是中国历史的主创者。只不过岳飞和金兀术是各自民族的英雄，而他们都可以被当作历史的主人公来写。另外，民国时代也有一次“入主中原”，东北王张作霖曾在北洋政府当了三个月的大元帅，之后还有张学良在东北易帜，所以在《独语东北》里，有一篇专门写了张氏父子。总之，当我摆正了这个关系，那一场场风云际会，都成了历史正剧。

问： 写完《独语东北》，您说“当我有了更多的阅历，我可能再为它写一部书，厚厚的一部书”。后来这个计划落实了吗？

素素： 这其实是在表达我对东北的感恩之心。因为东北不可能一次写完，十次也写不完。另外，我也的确一直在写东北呀，只不过我写的是东北的局部，比如大连，比如旅顺口。

问：可否以《独语东北》为例，谈谈您散文创作的经验？

素素：谈几点个人心得吧。首先，我认为对题材价值的认定很重要，东北显然是个重大题材，而且以前没有人像我这么来写，因为我把这本书当作一项工程，为它制订了一个独立的、成体系的写作计划，而不是把几年或几十年攒的零文散篇汇积成册。其次，既是一项工程，既然题材重大，就得做好各种准备，比如大量的阅读和田野调查，让纸上的现场与空间的现场对接，然后找到写作的入口或缝隙。另外，不论在现场感受，还是在纸上写作，我始终提醒自己不要忘了带着女性身份去写，这是我给自己作的一种“文设”，因为我不确定能不能写好。作了这样的文设，我便可以任意加入文学的感性，女人的柔性。至于历史的理性，即使我的笔力无法抵达，也不觉得太丢人。

有人说素素是“文化民工”，她喜欢这个称呼。因为对她而言，这是一种责任

问：您读东北，写东北，走东北，您所理解的东北人的精神本质是什么？

素素：东北是地理概念，也是方位概念。一方水土养一方人，东北的水土，自然就养出了具有辨识度的东北人。细分一下，东北人主要有两种：一是土著，二是移民。林语堂说，北方人是强盗，南方人是商人。所谓强盗，指的是历史上的北方游牧者，他们是土著，曾经一次次打马南下，入主中原，不断修改王朝正朔。这个人群的文化内核就是冒险性和侵略性，有一种野生感。近代以后，便是闯关东大潮，先后有两千多万齐鲁燕赵移民涌入东北。移民者大多是求生存的灾民和乞食者，文化背囊很空荡，精神上是流浪的、漂泊的、没有根基的。闯关东，说明他们是外来者，与满蒙土著存在一种天然的紧张关系。这支外来移民的生存之道有许多种，其中之一就是做土匪，所以东北曾经盛产一种打家劫舍的土匪文化，所以东北自古就没有士大夫文化，也没有淑女文化，只有比谁拳头大的草莽文化，在东北人的气质里，就有一种掩饰不住的粗野和暴烈。此外，东北是冻土地带，这片世上稀有的黑土地过于肥沃，插根筷子能发芽，又冬天过于漫长，东北人习惯揣着手猫冬，因而养成了一种农民式的乐观和滑稽，“老婆孩子热炕头”式的知足和懒惰。之后，东北即使近代工业基础雄厚，即使发展壮大成“共和国长子”，但是因为东北人习惯于在工厂车间过守纪律有秩序的集体化生活，在个体经济和商业时代就成了不知所措的落伍者，东北和东北人就成了被群嘲的对象。要说东北人的精神本质，我想用八个字概括：简单粗豪，固步自大。这几乎是东北人的死穴。

问：您如何看待地域文化对作家的影响？您觉得东北对您来说意味着什么？

素素：东北既是一方水土，当然就有一方作家。东北文化具有边缘性、在野性、民俗性，东北不论哪个时代的作家，其创作都或多或少带着这个基因、这种质地。二十世纪三十年代，有一个因为流亡而聚起来的“东北作家群”，如萧红、萧军、端木蕻良、舒群、骆宾基、罗烽、白朗等，他们即使流落到关内，到上海，到香港，到西安，到陕北，字里行间仍然有白山黑水大豆高粱的气味，用东北话说，就是顶着一头高粱花子。关于这个群体的写作，现代文学史已有精准评价，在此不赘。

对于我个人，也是如此。我知道东北有多贫瘠，但是，就像没文化本身就是一种文化，再贫瘠的土壤也是一种土壤。东北至少给了我在别处找不到的归属感，因为越是去别处，越知道我是谁，我从哪里来。东北很奇葩，它是中国城市化比例最高的地方，却是文化最浅陋、最粗糙的地方。原因是每一次改朝换代，这里都会变成一片焦土、一片荒芜，看不到几处历史遗迹，也看不到几篇史籍文字。东北盛产瞎话，也就是民间传说。要写真实有据的东北，得去中原正史的只言片语里去找蛛丝马迹，东北的文化土层实在是太薄了。正因为如此，我在写东北的时候，更多的是捕捉意象，大而化之。正因为如此，我一直在尽可能地打捞，尽可能地给出一点具象，因而在地域文化写作里陷了这么久。有人说我是“文化民工”，我喜欢这个称呼，对我而言，这是一种责任。

对素素而言，写五千年的旅顺口，既是一次文字的历险，也是一次生命的考验，可她还是把自己逼上了危途

问：苏联作家斯捷潘诺夫曾以小说的方式写了 1904 年的《旅顺口》，您写的是五千年的旅顺口，是散文，如何构思很见匠心。

素素：日俄战争在旅顺口打了一年，这个时间长度足够斯捷潘诺夫写一部长篇小说。甲午战争在旅顺口只打了一天，北洋军港建了十几年，可是日本人从早上六点开炮，到晚上五点旅顺口就陷落了，这个时间长度只能写一篇散文。所以，我决定把时长拉到五千年前，从老铁山第一个古村落写起，写一本散文长卷。其实，旅顺口有许多东西可写，它在辽东半岛最南端，它的地理，决定了它的命运。在漫长的古代，旅顺口始终保持着一座天然古港的素仪，在外敌入侵的近代，它又是列强觊觎之地。于是，我以时间为经，以空间为纬，给旅顺口划为四个部分，也是四种功能：古港、重镇、要塞、基地。这样一切分，五千年也不算长，所有的往事，历历可数，排列成行，各自成章。就像当年写《独语东北》那样，我把旅顺口也当作一个大工程，罗织素材，梳理路径，只是叙述逻辑不同。当然，这只是我的个人经验。

问：您说写旅顺口，让自己“由此知道了，什么叫不能承受之重”？

素素：说到近代旅顺口，许多中国人会有一种生理上的不适或疼痛。我也一样，为了写近代旅顺口，我要从鸦片战争开始阅读。在我看来，真正让中国威风扫地、颜面丢尽的不是鸦片战争，而是甲午战争。清政府知道，中日之间早晚必有一战，便提前在旅顺口大兴土木，花上千万两白银，重金打造了一座北洋重镇，斥巨资购买了一支北洋舰队。1894年一场战争，形似大清铁岸的旅顺口，却如纸糊的牌，一捅即破。比《南京条约》更耻辱的《马关条约》，不但把中国的家底败了个精光，也把清政府的腐朽和衰弱昭然于天下。写旅顺口，手有时会抖得敲不了键盘，我由此知道了，什么叫不能承受之重。冰心晚年想给甲午年殒命的福建子弟们写点文字，纸上只字未写，却已泪下千行。当年邀秦牧先生来大连，他在电话里马上问我，可不可以去旅顺口。中国知识分子对甲午战争尤其敏感，也正是甲午之殇，让他们开始寻找救国之路，于是发生了戊戌变法、辛亥革命、五四运动、中共建党等。我认为，甲午战争是发生过的历史，也是并没有结束的历史。

问：在写《旅顺口往事》的过程中，您经历了母亲去世、自己大病等很多切肤之痛。

素素：这本书写了四年，母亲病重的时候，我一边坐在床边看着吊针，一边读李鸿章与守旅诸将之间的往来电文。后来我自己得了急性胆囊坏死，不得不作了切除手术。对我而言，这本书不一样的意义在于，《独语东北》写的是面，一片广阔的地域；《旅顺口往事》写的是点，挖了一口深井。而且，旅顺口就在我身边，在我生活的地方，我是本土作家，我理应把它写好。其实，当年向大东北走去的时候，我就一步一回头地看辽东半岛，我就决定写完了东北再写写大连和旅顺口。当我真的这么做了，便有一种如释重负的完成感。

在《大连传》中，素素以文字的方式，表达对这座城市的敬意

问：如果说《旅顺口往事》是“无技巧”的，那么《大连传》的写作，作为城市传记的一种，是否要讲究一些技巧？

素素：两本书都是地方史传。签了《大连传》，我其实有点后悔，因为旅顺口是大连很重要的一部分，甚至就近代城市而言，先有旅顺

口，后有大连。旅顺口是著名的不冻港，所以才有了俄国租借旅大。在大连开埠建市的是俄国人，而不是中国人。我想写得诗情画意，但是事实俱在的历史不准许我风花雪月。所以，在技巧上没有给我太自由的腾挪空间。我也只能以史为主，以文为辅，通过文让史轻软一些，亲切一些。

问：一个作家在历史细节中浸润太久，一定会生出史学情结。如何在《大连传》中写得既有史的厚重，又有散文的轻灵，您是否下了很大的功夫?

素素：我在前面说过，对历史的喜欢始于中学时代，老师借给我看范文澜的《中国通史》，我连唐诗宋词都是从那里知道的，1977年高考我报的志愿是南开大学世界史，我狂妄地觉得中国历史知道得差不多了，应该学学世界历史。其实，历史和军事都很男性，我有点不自知。但是，我的散文后来转向地域文化，的确就因为那个小火苗一直没灭，让我有近二十年时间，一直沉浸在史与地的氛围里。写《大连传》，我时时注意提醒自己，不要被史料或史实绑架，要用自己的眼光和认知去思考，用自己的语言去表达去呈现，别写成干巴巴的大事记。

问：生于此，长于此，有了多年写作经验和积累，《大连传》的创作对您来说是否已完全没有难度?如果有难度，那么是什么?

素素：出版社要求写城市传，但给大连城市立传有三个难点。一是古代的难点，大连历史上没有母城，可以入传的内容又少而疏。二是近代的难点，大连1899年建市，先是俄国殖民地，后来是日本殖民地，殖民者是城市主体，可以写的故事很密集，但不能给外国人立传呀。城市却是殖民地时代外国人所建。三是大连历史有许多敏感话题，比如古代大连曾有二百六十四年被高句丽割据政权管辖，与中原对应的是南北朝和隋唐，大连直到现在山岭上还遗存许多高句丽山城，从汉代打卫氏朝鲜，到隋唐打高句丽，大连一直在征讨道上。怎么写，有个分寸问题。另外，在《旅顺口往事》里，曾写到日本在旅顺口屠城，我说屠杀是有史以来一直在发生的悲剧，也是人类共同的悲剧，有人就说我太轻描淡写，没有写出民族仇恨，没有写出爱国主义。以上，都是写《大连传》的难度，主要是历史观问题。我认为写历史不能狭隘，需要有世界观、人类观，需要有大境界、大悲悯。不管怎么说，写《大连传》，我仍会保持这个姿态。

问：从《独语东北》《旅顺口往事》到《大连传》，您的散文越来越具有大气磅礴的史的气象，怎样才能将写作个性与文化大散文融为一体，您有怎样的经验？

素素：我不是历史学者，但我喜欢在历史中寻求文学资源，历史也的确给文学提供了无数支持。以散文方式写出来的历史，就不再是论文里的历史，而是文学化的历史。如果说我的散文有一点儿大气和磅礴，也是历史本身给予的能量。不过，我也常常感到无奈和无助。我发现江南作家写的历史文化散文——比如《南华录》，里面有太多的历史细节，有太多的生活场景，有太多的名人轶事，因为人家历代都有详尽的记载留下来，可供披阅，可以代入，甚至可以还原，真是让我又羡又嫉。回头看东北，不只地理是荒凉的，文化也是荒凉的，即使有那么一点点，也是语焉不详的。因为空白太多，我也只有用“大气磅礴”来掩覆，这其实是很令我尴尬的。

问：散文创作写到最后，往往是作家的学养和积累取胜。您所理解的好的散文是什么？

素素：的确，所谓学养，就是用已有的现成的经典和经验滋养自己。

中国是散文大国，大就大在文章浩如繁星，而文章在古代指的就是散文。散文又是中国最古老的文体之一，古就古在它的源远流长，可以上溯到三千年前的甲骨卜辞。古代文章大家，大多是学富五车的文人士大夫，写的又多是神游八极或济世致用之文，他们建立的散文传统和标格，无疑是后来者学习的典范和榜样。近代以降，人文主义，自由精神，后现代思潮，乃至现在的全球化视域、网络时代，给散文创作带来了新的生机。一部散文史，就是一部精神成长史。我对散文之所以有一种不离不弃式的着迷，主要是因为文体的自由感，表达的自由度，它是思想者最舒适的坐骑。也许是年龄关系，也许是审美疲劳，现在的我更喜欢思想者随笔，一看谁在那里抖机灵，雕章凿句，就会浑身起鸡皮。我认为，好散文就是能产生精神积累的散文，能提供思想资源的散文。

期待最好的作品在未来

周晓枫　1969 年 6 月生于北京。北京老舍文学院专业作家，北京市作家协会副主席。出版有散文集《巨鲸歌唱》《有如候鸟》《幻兽之吻》等，获鲁迅文学奖、人民文学奖、十月文学奖、钟山文学奖、花地文学奖、华语文学传媒大奖等奖项。出版有童话《小翅膀》《星鱼》《你的好心看起来像个坏主意》等，获全国优秀儿童文学奖、中国好书、桂冠童书等奖项。散文集《巨鲸歌唱》获第六届鲁迅文学奖。

采访手记

和周晓枫什么时候熟的，我已经想不起来了。我和《十月》杂志近距离的接触，从晓枫开始总归没错。

从闯入我的印象，她就是风趣的、机警的、丰富的……所以晓枫写出《你的身体是个仙境》我不奇怪，写出她的“海陆空”三军散文集（《巨鲸歌唱》《有如候鸟》《幻兽之吻》）也不奇怪。她的语言富有活力和灵性，思维也是活跃甚至活泼，同时她也肯耐得下心沉入生活，写《你的好心看起来像个坏主意》时，她住在长隆，每天跟随背着药箱的兽医不知疲倦地奔波；写《星鱼》，她坐了四个半小时运输扇贝的船，到一处海岛住了一个星期。甚至在她眼里，那些流浪猫也是可爱而富于尊严的。

晓枫热爱生活，喜欢电影，喜欢旅行，喜欢美食，她的穿着总是大胆时尚，能驾驭各种风格的服装和题材，多么艳俗的大红大绿在她身上也很妥帖，就像我们看惯的万物，在她笔下总能流淌出别出心裁的新意与锐气。她的笔触是细微的、敏锐的，她的呈现却是广阔的、厚重的；她的表现是热情的、喋喋不休的，她的内心却是羞怯的、恐惧的。在被问及“你觉得自己像什么动物”时，周晓枫曾说：“我身上可能有孔雀的虚荣、大象的沉稳、猫咪的灵巧，我也希望能有长颈鹿的高远、鱼的安静以及变色龙的自我保护。”对了，还要补充一点，猫的好奇。

认识周晓枫也近二十年了，回忆起来，全是琐碎的片断，那些片断摇曳着，却清晰地拼接出一个伶牙俐齿丰姿绰约常常口吐莲花文采绚烂的晓枫。离开编辑职业后，周晓枫一心一意当起了职业作家，不但写作提速，风格上也大有突破，第一部童话就拿了全国奖，此后渐入佳境。她说，好的童话经得起时间的稀释，依然能够保持并释放它的能量。它像一颗缓释胶囊：年少的时候读，以为它是一种解释、一种方向；在成长之后再读，就发现它有丰富解读的可能性。

“一个写作者应该心无旁骛，全力以赴。哪怕有一天，我们得不到奖励，我们至少得知，抛物线的顶点在哪儿。奖励应该使我们变得更勇敢，而不是更温顺，否则依旧是一种精神上的收买、贿赂和腐蚀。”周晓枫说，这是写作者始终应该捍卫的自省与独立。虽然我们无法做到纯粹，就像绝对意义的圆只存在于物理世界，而非现实，但我们要倾心倾力，去维护手中的笔，让它减少颤抖。

童话为周晓枫打开另一片广阔的天地。第一本童话《小翅膀》，献给怕黑的和曾经怕黑的童年

问：怎么起意写儿童文学？在中少社工作的经历，对写作有影响吗？

周晓枫：创作儿童文学这件事，完全不在我的计划之内，我自己也觉得意外。我曾当过一届儿童文学奖评委，细读作品的时候，有些我觉得非常出色，有些我觉得不怎么样——当时我说了一句半是气话、半是玩笑的话：“就这水平，我也能写。”这只是情绪化的表达，我没当真。后来《人民文学》发《儿童文学》专号，需要一篇童话，我就这样写了《小翅膀》。

我曾以为在中少社工作的经历是一种时间上的浪费，但我现在觉得，那真是太幸运了。这段经历，不仅让我创作了童话，更重要的，是让我保持了某种天真的品性。帕乌斯托夫斯基在《金蔷薇》中说：“诗意地理解生活，理解我们周围的一切，是我们从童年时代得到的最可贵的礼物。要是一个人在成年之后的漫长岁月中，没有丢失这件礼物，那么他就是个作家。”

问：《小翅膀》的写作是什么状态？毕竟不同于散文创作。写作的时候会考虑读者因素吗？

周晓枫：《人民文学》向我约稿的时候，已临近“儿童文学”专号的发稿日期，此前我写过《小翅膀》的开头，然后放下了，自己都快忘了。交稿在即，只好重新捡起《小翅膀》，我只有一个隐约创意，并无完整构思，我在倒计时的紧张压力中边写边想。

我年轻时觉得缓慢是品质的保障，后来我的认识有所改变——作品好坏有时跟写作速度没什么关系，就像孩子的智商不取决于是意外怀孕还是备孕多年。作为我的首个童话，《小翅膀》写得很快；我现在怀疑，如果写得没有那么快，自我怀疑和自我否定的习惯，也许会影响它的品质。

写童话当然会考虑读者，我会根据孩子的认知能力和阅读兴趣，来调整自己的思维方式和语言习惯，但同时我不低估读者的智力。

问：你的童话写得好看，可读性强，故事有趣，其中有些作品有知识，有信息——故事中所涉及的知识，都经过核实吗？在表达的时候会注意哪些问题？

周晓枫：得到你这样的评价我太高兴了。文学作品对儿童有教育功能，知识吸收和审美提升都是重要的；但童话不能无趣，它的意义不能以牺牲意思来抵达。故事生动，人物和情节具有感染力，对童话来说是非常重要的。作家相当于文字大厨，争取把自己的菜做得色香味俱全，让人爱吃，并在享用美食的过程中获取营养；不能变成保健品供应商，直接塞过来一把维生素药片了事。

文字应该活泼，但写作态度应该严谨，尤其是给孩子的作品。我尽量核实内容，尽量不犯常识和知识的错误。写《星鱼》的时候，我在海洋世界体验过一段生活，也阅读相关书籍。我比较注意，很怕在科普类的基础知识方面出现硬伤。出版社后来专门请海洋专家审读书稿，没挑出什么毛病，算是对我的一个肯定吧。

问：故事既有丰富的想象力，也不失教育功能。比如蜗牛的壳摔碎怎么办，我居然从没想过这个问题，算是知识盲点，看完大开眼界。

周晓枫：我平常偏爱读科普书。纳博科夫说：“我认为一件艺术品中存在着两种东西的融合：诗的激情和纯科学的精确。”优秀的科普书籍，把速度、重量、体积、形状这些看起来枯燥的东西，进行写实基础上的诗意处理，真是妙趣横生。我尤其喜欢关于生物的科普读物，让我对这个世界充满好奇、渴望、热爱与敬畏。世界之大，无奇不有，美、神秘与令人恐惧的力量，就蕴藏其间。我的读书笔记只是偶尔为之，不全面，但零星收集的碎片素材，对创作的帮助也非常大。

问：《阿灯和咔嚓》写得真暖，每个故事都能独立成章，又是完整丰满的一部作品。

周晓枫：《小翅膀》主人公是给孩子送噩梦的小精灵，听起来吓人，其实是个温暖而明亮的故事。孩子会遇到困境，他们可能怕虫子、怕高、怕孤独等，令他们害怕的各种事情可能以变形的方式进入梦境。这个叫小翅膀的精灵，用自己的善意和智慧，帮助孩子们面对各种困境，他自己也获得了成长。感谢图书编辑在这本童话的封底这样概括：献给所有怕黑和曾经怕黑的童年。

《阿灯和咔嚓》也是我在《小翅膀》中最喜欢的故事，但它并非缓慢酝酿的，而是我在散步时得到的突然灵感。《小翅膀》交稿期限临近时，我以每天最少一千五百字，最多三千字的速度写作，其实写完一章，我根本不知道下一章节要说什么。只顾眼前。写完“小帕的暑假计划”这章，在公园散步有了《阿灯和咔嚓》的构思，我觉得自己也被瞬间照亮了。

她希望自己的儿童文学作品不回避阴影，不降低难度，不限制阅读的年龄段

问：越来越多纯文学作家涉足儿童文学领域，对你来说，是必然的吗？

周晓枫：是的，看到了很多作家的尝试与转型。假设几年前我被问到这个问题，我绝不相信自己有一天会涉及儿童文学。这是写作的美妙之处，我们能够期待，但并不总能预见——如果脚步没有把你带上某条路径，你不会在拐角遇到角叉巍峨的雄鹿或憨态可掬的幼熊。我曾做过八年儿童文学编辑，这份工作我当时并不喜欢，但它给我今天的童话乃至一生的写作带来非常重要的影响。正因为有了这八年，我“偶然”开始的童话，就包含着某种秘密的“必然”。

我觉得越来越多的纯文学作家涉足儿童文学领域，无论是对作家还是儿童文学都是好的。作家可以探索自己的变数与极限，儿童文学里可以增加丰富而复杂、新鲜而陌生的表达。

问：后来你又陆续完成了《星鱼》《你的好心看起来像个坏主意》等作品，儿童文学在你的创作中有怎样独特的意义？

周晓枫：《星鱼》从一个传说讲起——如果星星从天空跃向地球，若能准确跃入大海，就会变成最大的鱼。天上有这样一对孪生的星星兄弟，弟弟决心完成自己的梦想，冒险前往远方；哥哥本应留守星空，却临时决定追随而来。兄弟俩在空中短暂相遇后，就在大气层强烈的冲击波中失散了。从此，变成大鱼的弟弟踏上征程，在茫茫大海中寻找自己的亲人。这是一个关于梦想、自由、亲情、成长、友谊和责任的故事。《你的好心看起来像个坏主意》是个喜剧，是我从未尝试过的风格。耗了很长时间，终于完成的那天，我如释重负。朋友评价说，这个童话不像一个人写的，像三个人写的。我好像有些认同这个评价。

儿童文学对我的独特意义，我自己还没总结出来，因为刚刚开始，可供总结的标本还是太少。

问：你如何评价自己的儿童文学作品？你追求怎样的风格？

周晓枫：我希望自己的儿童文学作品，不回避阴影，不降低难度，不限制阅读的年龄段。其实，以更大的时空坐标作为参照，每个成人，也是孩子。我希望自己的童话情节生动，有独特的想象力和语言上的感染力，希望孩子喜欢，大人阅读也有乐趣。我希望这些童话具有缓释胶囊般持续散发的效力与功用。

这三个童话出书之前，《小翅膀》和《星鱼》先发在《人民文学》杂志上，《你的好心看起来像个坏主意》先发在《十月》杂志上，这对我也是一种鼓励。如果童话风格能做到老少咸宜最好，但这太难了，我要慢慢学习。

几十年的写作中，她总想尝试新的题材、新的手法，在不断的怀疑中探索

问：你从什么时候开始文学创作？

周晓枫：我没有明确的时间节点。高中要写周记，我那时候就尝试写点不太一样的作业。后来陆陆续续地写，从来没有彻底中断过。

问：文学上的熏陶和素养来自什么？

周晓枫：大学虽然读中文系，但我没好好利用时间，后来忙碌加上怠惰，使我的文学基础相对薄弱。好在做了二十多年的文学编辑，工作让我保持对中国当代作家的持续阅读。其实，我所谓的文学素养主要来自对翻译文学的阅读。

问：你的处女作发表在哪里？文学之路走得顺利吗？

周晓枫：我是山东大学中文系毕业的，最早是在校期间，开始在《齐鲁晚报》上发表习作；毕业不久，先后在《北京文学》《中国作家》《大家》《十月》等杂志发表散文。应该说，我是那种特别顺利的。这种幸运，让我较少花费精力在人际方面周旋，更专注于创作本身。

问：散文创作多年，你对散文的理解和认识发生过变化吗？

周晓枫：散文对我来说，就像是一场始终在热恋期的婚姻；我从未厌倦，并且充满更多的期待与渴望。我对散文的理解是缓慢的，缓慢到，以至于我不知道自己到底是变了还是始终没变。

比如现在的散文可以短小精悍，也可以长篇巨制，字数累积带来最重要的变化不是篇幅，而是结构——当初，我并未怀有清晰的预判。别说是文章了，就连一个字，数量的变化都带来形音义的不同延展：三个石是磊，三个水是淼，三个金是鑫……哪个不是质变啊！

比如我们常常把“虚构”混淆为“编造”，其实这是属于不同领域的两个概念；丧失语境的断章取义，使“虚构”这个词，在极端意义上被误解、诟病、指责和批驳……这个蒙上尘垢的词，被填塞许多腐质的馅料，似乎散发着令人反感的气味。但我直到今年，才似有所悟，在《文艺报》上发表了文章，强调“散文虚构的目的，正是，为了靠近真实”。

问：你最看重散文写作的什么？

周晓枫：我目前认为是诚恳。

问：多年来大家认为散文的品质就是真善美，你的理解呢？你认为散文可以虚构？

周晓枫：我认为是“真”，包括着真善美和它们的倒影。不是泛泛抒情意义地甚至是煽情意义地去表达“真善美”，因为那太容易裹挟虚伪。文学的真，艺术的真，不等同生活的真。文学的“真”不是生活上的时间、地点、人物的如实交代，而是对世界运转规律的探讨，是对人心和事物内核的探讨。这时的“真”，指的是艺术上的客观性。

散文的虚构，是容易被误解和贬损的概念，它被视为导致胡编乱造的万恶之源。其实散文的虚构，要受到前提和结果的限制。真，对于散文写作来说，是至高的善，是不能被移动的。

这并非诡辩，我认为，散文虚构的目的，恰恰是为了靠近和抵达真实。当伤者早已“好了伤疤忘了疼”，虚构是对“痛感”的真实复原。我们都能理解运用化名，这不仅是对作者或人物的保护，更重要的是，不必受到现实的阻力摩擦而直抵内核。其实，化名也是一种必要的虚构手段，它对“真实”这一主旨来说，不仅无碍，反而有益。

真，包含着真实、真诚、真相、真理等，这是散文的基础和远方；即使虚构，也不能扭曲和篡改这样的原则。

周晓枫的散文以正在进行时的状态，总是给人突然的意外和陡峭的反转，复杂纯真又辽阔深邃

问：语言的华丽和汹涌的表达方式让人惊叹你的才华，也是大家谈论较多的，你的看法呢？

周晓枫：我有华丽的时候，但不完全是，我根据作品内容做出风格调整。《鸟群》里描写孔雀的时候，就应该是华丽的；《离歌》里追寻人物的命运，我的笔可能是粗粝的、泥沙俱下的。

我年少偏爱浓墨重彩，现在更注重语风与内容的结合。斑斓修辞如果像自然生长的羽毛，即使被拔除时血肉模糊，也未必是好的；如果像刺青，即使熨帖得仿佛和皮肤生长在一起，也未必是好的……好的表达，应该是内容和形式难以被剥离和拆解，就像我们难以把氢和氧从水中分开。

我不认为自己有所谓的才华，因为我在写作里很少获得安全感。有一次跟麦小麦聊起来，我觉得“没写过的都叫不会”。所以，我偶尔回望自己过去的作品会觉得恍惚，但这无助于缓解我写作时面对陌生和未知的恐慌。

问：感觉散文和小说的界限越来越混淆。做过多年的文学编辑，你怎么看？

周晓枫：小说能够无中生有，散文只能以小见大。我只是在散文中比较注重结构，注重时态、节奏和场景，以增加叙事的悬念和阅读上的吸引力。这些并非是被小说垄断的专属特权，有些散文写作者不太习惯使用这些技巧。

评论家张莉认为，与其说我受小说影响，还不如说我受电影影响很大。我想了想，她说得对。我很喜欢看电影，业余也做过一段电影策划。电影的画面感，悬念的设计，情节的反转，镜头的推拉，这些都给我的创作带来潜在而重要的影响。

的确，散文是一种我们最早学习而又应用广泛的基础文体；但我们常常忽略，散文的幅员辽阔，潜能巨大，我们远未走到它的边界。

问：一些作品中，有个别“暴力”或不甚雅的表达，比如理想和安全套联系起来……有些显得过于直白的表达，也是你的特色？

周晓枫：我觉得表达跟内容密切相关，该柔情似水就柔情似水，该手起刀落就手起刀落。不要蓄意地好勇斗狠，以喧众取宠；也不必因心慈而导致手软，作家的面对与承担，应该有更大的勇气和力量。

多年前，冯牧文学奖对我的评语是：“周晓枫的散文冰清玉洁。”表面上是褒义词，其实暗藏机锋，指出了我的文字洁癖以及相关的脆弱性。溪水清澈，而江河汹涌——它们可以裹挟泥沙甚至藏污纳垢，依然日夜奔流，前往远方。

散文之水，可以形成宁静的池塘，也可以形成咆哮的海洋。我不希望自己有太多的预设，太多的拘泥。

问：可否重点谈谈《巨鲸歌唱》？是在什么情况下知道获得鲁奖的消息？

周晓枫：这次中信新出的《巨鲸歌唱》是精装版，除了装帧的变化，整书文字也进行了修订。特别值得一提的是，青年艺术家李川的插图，想象奇诡，让这本书更具视效。

《巨鲸歌唱》里的《盛年》《素描簿》《夏至》《齿痕》等篇目，都获过一些奖项。我个人偏爱《弄蛇人的笛声》和《月亮上的环形山》，虽然它们不受关注。不过，作者未必是自己作品最好的解释者。就像孩子长了以后，虽然父母陪伴，但主要的知识普及和教育工作是由老师而不是父母完成的。所以，一切交由读者的判断吧。

2014年8月我是在温哥华得知获奖。很奇怪，我最高兴的瞬间是得知入围前十。由于计算错了时差，我以为最终投票的时刻，结果已经出来。这种糊涂算是我的运气吧，让我并未承受传说中的煎熬。我也着急，不算厉害和难受，因为我当时刚调到北京作协当专业作家，担心立即写不出什么作品，可以拿“荣誉”抵挡一阵“沉寂”。

奖励应该使我们变得更勇敢，而不是更温顺，否则依旧是一种精神上的收买、贿赂和腐蚀

问：如何看待鲁奖？好像在此之前你还参加过鲁奖评选？你获得各种文学奖项，如何评价文学奖之于作家的意义？

周晓枫：此前我参评过两届，都落选了。获奖之后我没有太多情绪起伏，绝非出于从容、淡泊和高尚，其实是源自既往教训。可能是怕重蹈覆辙，是为了避免情绪落差而自我保护的减震手段。得奖对我来说，不至于像妖精吃到唐僧肉一样，陷入心满意足后的空虚。我也没什么好得意，在前辈和高人面前，我是小巫见大巫。写作二三十年来，我从未因奖项找谁求情，感谢那些评委，能让我保持始自年少的某种任性，并且一直没有丧失好运。

其实我心里有个隐忧，我看到有些作家在获得鲁奖之后，作品的质量和数量反而下降，我特别怕沦入这样的命运。

一个写作者应该心无旁骛，全力以赴。哪怕有一天，我们得不到奖励，我们至少得知，抛物线的顶点在哪儿。奖励应该使我们变得更勇敢，而不是更温顺，否则依旧是一种精神上的收买、贿赂和腐蚀。这是写作者始终应该捍卫的自省与独立。虽然我们无法做到纯粹，就像绝对意义的圆只存在于物理世界，而非现实，但我们要倾心倾力，去维护手中的笔，让它减少颤抖。

问：获奖作品是你最好的作品吗？你愿意总结一下获奖经验吗？

周晓枫：和所有写作者一样，我希望最好的作品永远是下一个。

我没有什么获奖经验，我一直属于听天由命型。也不是说我多清高，我假设去为奖项奔波，肯定会奔波一单，搞砸一单，煮熟的鸭子都会飞了。所以我只好原地待命，哪怕红着眼睛，掉着口水。我认为最笨的办法，才是最为有效的经验——努力写好作品。

终于如愿成为专业作家。但是写的过程依然充满折磨和挣扎，她希望一直保持尝试的愿望和勇气

问：2013 年你离开编辑行业，是什么机缘？

周晓枫：我不是一个好编辑，记性很差，有时会把作者交代的事忘得一干二净；而且不管我怎么努力，校对中也不容易看出错别字，别人通校一遍的，我得看三遍，也做不到卷面清爽。我缺乏编辑的耐心和勤恳，也不喜欢坐班。为了掩盖这些，我显出特别热爱劳动的积极样子；但熬了二十多年，感觉气力用尽。

成为专业作家是我一生的梦想，当这样的机会来临，我怎么能放弃呢？作为一个逃兵，我对编辑满怀敬意和尊重。我希望自己不要成为脾气比本事大的作家，希望自己不要成为编辑的麻烦和负担。

问：离开的这几年生活状态和写作状态发生了怎样的变化？

周晓枫：我太感恩了，终于梦想成真，成为了专业作家。这几年写作速度提高了，风格和文体都有了一些变化。但我应该更加珍惜这种幸运，我还不够努力，希望能够调整状态，继续进步。

问：回顾多年的写作，你觉得写作上最大的变化和突破是什么？

周晓枫：写了童话，完成了从非虚构到虚构的文体跨越。

问：你还有写作上的难题要解决吗？目前对你形成困扰的问题有哪些？

周晓枫：我从未摆脱困境，感觉一直在沼泽里挣扎。

一是缺乏经历，比普通人的日子过得平庸，成为一个写作者就意味着体会无米之炊。虽然曼德尔施塔姆说过："日常生活"是一种对事物的夜盲症。但我还是感觉自己对生活有点交浅言深。

二是阅读不够，没有建立应有的知识结构和谱系。有些作家得心应手，游刃有余，我没有这样的本事，特别羡慕。

三是风格上的调整。我的文字，属于色彩强烈、辨识度较高的。如何增加新的题材和表达手段，如何维护修辞的快感又不使之形成干扰，如何不被惯性所豢养而失去探索的勇气……但我知道，写作的问题只能依靠写作的过程来解决，仅靠愁眉苦脸的思索，事倍功半。

问：你觉得哪些事情影响了自己的写作风格？

周晓枫：性格、经历和阅读，都影响了我的写作风格。

问：你希望自己成为怎样的作家？

周晓枫：我希望能够一直写下去，并且持续成长。我希望能够尽量靠近那个方向：独特、天真、诚恳、清醒而无畏。

用时代精神和现代意识激活文化与传统

穆涛　1963年生于河北廊坊，现居西安。《美文》杂志常务副主编。西北大学教授，博士研究生导师。中国散文学会副会长，陕西省文艺评论家协会副主席，中国作家协会散文专委会委员。享受国务院特殊津贴专家，获全国五一劳动奖章。著有《先前的风气》《中国人的大局观》《中国历史的体温》《明日在往事中》《俯仰由他》《肉眼看文坛》《散文观察》等多部作品。散文集《先前的风气》获第六届鲁迅文学奖。

采访手记

五年前，西安市给穆涛颁发了一个极大的荣誉，叫“西安之星”。穆涛从市委领导手里接过证书，貌似平静地走回座位，但晚上回到家里却掉了眼泪。他觉得，这是西安给他落下了精神户口，他融入这个城市了。

“如果我是一棵苗，是西安这块厚土让我破土的；如果我是一棵树，是这块厚土让我长起来的。谢谢贾平凹，谢谢《美文》，谢谢西安！”

穆涛的感谢是真诚的、发自肺腑的。三十年前，他因约稿认识了贾平凹，把贾平凹给《上海文学》的小说，硬生生“打劫”到了河北的《长城》，却由此被发现了作为好编辑的潜质，为日后在《美文》走马上任埋下了伏笔。

“大散文写作”是《美文》的编辑宗旨。穆涛是个聪明人，和平凹主编聊过几次，便摸到了对“大散文”的认识的底线。平凹主编明确告诉他：你去读读司马迁吧。他不但用心读了《史记》和《汉书》，还读了陆贾的《新语》、贾谊的《新书》、刘向的《新序》、董仲舒的《春秋繁露》，汉代的史学和文学著作，兼容着阅读，逐渐有了自己的发现和体会。在《先前的风气》中，穆涛以清醒的现代意识和踏实的笔力，考察传统典籍，反思当今生活，实现了散文创作的大境界。

《先前的风气》获得第六届鲁迅文学奖。穆涛把《美文》的“大散文”理念推而广之，同时也把自己写成了著名的散文家。近两年出版的《中国人的大局观》《中国历史的体温》与《先前的风气》基本路数相似，截取了中国大历史中的一些段落或细节，作为镜子，既照正面，也关照背面。

每次相逢，总见他一副不疾不徐的样子，说话做事温和儒雅中透着宽厚真诚，黑框眼镜后藏着一双笑眯眯的眼睛，实则他又是睿智且富有锐见的。有评论认为，“谦谦君子”与“称物平施”是穆涛其人其文给人的基本印象，但他还有金圣叹的“情”和“侠”的一面，有“棉针泥刺法”“笔墨外，便有利刃直戳进来”。读他的文章，若体味不出这一点，便是错会了他。

去西安约稿，“打劫”拿走了贾平凹的《佛关》。编发贾平凹的小说给穆涛带来了人生的改变

问：1993 年去《美文》，是怎样的一种机缘？

穆涛：1991 年时，我在河北的《长城》杂志做小说编辑。主编交给我一个任务，让我去约贾平凹的稿子，最好是小说，散文也行。而且说得很严重，约到有奖励。原因是 1982 年贾平凹在《长城》发表过一个小说《二月杏》，刊发后受到不少批评，之后再没给《长城》写过东西。去西安之前，我做了些功课，把两三年间贾平凹发表的小说找来读了，还读了一些评论他的文章，把观点也梳理了一下。到西安后，一位朋友带我去的他家里，他挺客气，还说对《长城》有感情，批评的事与杂志无关。但不提给稿子，说以后写。我知道这是托辞，便把读过的小说逐一说了我的看法。他听得特认真。但直到我们告辞，也不明确表态。

第二天晚上，我独自又去了他家里，开门见是我，还是那种客气。我说，昨天忘了说几个评论文章的观点，今天来补上。我把几个观点陈述了一下，也说明了我的看法，有同意的，也有不同意的。他一下子聊兴大开，谈了很多他的想法。聊的过程中，我看见墙角有个棋盘，就问：“您也下围棋？”他说：“偶尔玩玩。”他建议下一盘，我说好呀。我本来是想输给他的，趁着他赢，我抓紧要文章。下过十几手之后，我就发现要输的话，太难了。后来是他主动推开棋盘，“咱还是聊写作的事吧”。接下来就融洽了，他铺开宣纸，给我画了两幅画，还写了一幅书法。我拿着字和画，说：“其实我就想要您的小说。”他笑着去里边的屋子，取出一个大信封，说：“你读读这个，咱先说好呀，这个小说是给别人的，我想听听你的意见。”我接过来一看，地址是《上海文学》，收信人是金宇澄。记得当天晚上西安下着小雪，我是一路走回我的住处的，四五里的路程，心情那个爽朗。

这是个中篇小说，名字叫《佛关》，当天晚上我就看了大半，写得真是好，充沛淋漓的。第二天一早，我先去复印，当时复印还贵，一张一块多。再到邮局，把原件挂号寄回《长城》，忙完这些，回宾馆再看小说。一个下午看完了，晚上我拿复印件再到他家里，他翻看着厚厚的复印件，看我在稿子边上写的读后记，说：“复印挺贵呢。”我说：“您的手稿我早上寄回《长城》了，打电话跟主编也汇报了，他说发头条。”他听过就笑，说：“你是个好编辑，我们西安市文联正筹备办一本散文杂志，创刊时你来吧。”

《佛关》刊登在《长城》1992 年第 2 期。1992 年 9 月《美文》创刊，1993 年 3 月，我到《美文》报到。后来见到金宇澄兄，为《佛关》这个小说向他致歉，他笑着说：“平凹跟我说过了，说被你打劫拿走的。”

穆涛读书有一个笨习惯，说是做笔记，其实就是抄书。他的这种“活页文选”累积了三个纸箱子

问：《中国人的大局观》是您几十年读书思考的积累，从先贤圣哲和文学典籍中梳理中华文化的发展脉络，以历史掌故和先贤名文启迪当下，用时代精神和现代意识激活文化和传统，这部作品的创作契机是什么？

穆涛：我不是作家，是编辑，我下功夫读了一点儿汉代和汉代之前的书。不是为了写作，是编辑《美文》杂志的需要。

1998 年 4 月我担任《美文》副主编，主持常务工作，平凹主编倡导“大散文”写作，我要配合他思考散文写作如何蹈大方，并且在《美文》具体编刊中呈现出来。“大散文”不是指文章的长短，而是指审美的格局和气象。在跟平凹主编的沟通中，知道了他对汉代情有独钟，他也建议我多读一些汉代的文章。

这之前我个人比较喜欢韩愈，我们读古代文学史，知道韩愈在唐代推动“古文运动”，所谓“古文”就是指西汉和西汉之前的文章。由韩愈到“古文运动”，就这样也对应到了西汉，个人读书趣味和工作需要联系在了一起。我读韩愈，最初是受《古文观止》的启发，清代人编辑的这部供科举考试用的文选，合计二百二十二篇文章，收录韩愈二十四篇之多，占了全书十分之一。

我从汉代的陆贾、贾谊、晁错、董仲舒开始读起，继而又系统读了《史记》《汉书》《淮南子》《礼记》，渐渐沉浸其中。汉代的文学观是大方大器的，“文章尔雅，训辞泽厚”是基础，但清醒的认识力是前提，“究天人之际，通古今之变，成一家之言”。比如贾谊的文章，《吊屈原赋》《鵩鸟赋》不过文法讲究而已，但《过秦论》《论积贮疏》《论铸币疏》等文章，因其洞察社会趋势与走向，看破世道焦点所在，被《史记》和《汉书》收录。文学作品被史家采信，才是真正的大手笔。

问：这部书历史知识丰厚，您是用做学问的功夫去写作。

穆涛：我不是刻意准备去写这本书的。河北廊坊有一句土话，挺形象，“搂草打兔子”，本来是去拔草的，顺手打了一只兔子。

我读书有一个笨习惯，说是做笔记，其实就是抄书。这也是逼出来的，尤其是史书，没有时间专门研读，工作中杂事多，有空了就抄几段，事情忙了就放下。我个人的经验是，抄书好，抄一遍等于读三遍。我的抄书卡也简单，把 A4 白纸一分为二，一个章节或一个文章抄得了，就装订成册，中间有了想法和感触，随手写在纸卡上，一并装订。我的这种“活页文选”累积了三个纸箱子，有一年暖气管渗水，其中一个箱子腐败了一半，心疼死了。亡羊补牢，后来买了一个大樟木箱子，全部囊括其中，不仅防潮，还防蛀虫。

作家写历史人物或历史事件，要留心一个重要问题。中国的史书体例很特别，有纪（本纪）、传（世家、列传）、表（年表）、志。写一个人物，仅仅读他的传是不够的，可能在皇帝纪中也有记述，文武工商不同人物，可能在志、列传，甚至年表中都有相应的记载。写一个人物，只读他的个人传，可能真的会挂一漏万。

他的笔墨深入到中国传统文化的根部，考察古往今来历史迁延变化的轨迹，细数深藏其中的治国方略和人生智慧

问：您读了大量的史书，能否谈谈历史阅读与文学写作之间的关联？

穆涛：我说两个人吧，看看他们的见识以及文章的亮点。一位是陆贾，一位是董仲舒。

陆贾的了不起之处，是他的文章让刘邦长出了文心，使这位粗疏皇帝认识到了文化在治国理政中的巨大功用，进而把文治和武功做了分野。刘邦个人没有文化，但他给西汉一朝埋下了尊重文化的种子。中国历史中有不少皇帝，个人有文化，也写诗写文章，但在他的朝代里，整个国家没有文化感，甚至践踏文化。

今天大学里的古代文学史，不讲陆贾，董仲舒也讲得很少，这是有很大欠缺的。流行一句顺口溜，“汉赋，唐诗，宋词，明清小说”。汉代的赋，以哄皇帝开心为内容的作品多，基本丢掉了屈原赋的天问意识。

问：写作《中国人的大局观》和《中国历史的体温》两部书时，是怎样的状态，历史细节与历史人物活灵活现，散文写作是否也需要丰沛的想象？

穆涛：历史是活的，是有生命的。

历史不是老掉了的牙，不是物化了的树根，也不是失去活力的根雕，摆在展览厅里由我们说三道四。树根成为根雕之后，就不再是树根了。读史书，像穿越回到了旧时光里，也像来到一条大河的水源地，一切都是陌生而新鲜的，我只是把我看见的记述下来，是见到的，不是想象出来的。

历史从来都是一面映照时代沧桑巨变的镜子，穆涛写作的“文眼”恰恰不在历史而在当下，现实关怀和测照未来始终是他文章的灵魂所在

问：学者鲍鹏山先生评价您的作品，“不纠结于一般人特别关注的历史中海量的人事是非”，而是关注“更大的问题”，“是基于对历史的信念”，您怎么理解这句话？

穆涛：这是在鼓励我，也是在提示我。

其实大的东西，往往藏在具体的事物之中。我们思考大的东西，落在实处好，一味地往高处看，往热闹处走，可能会虚化，甚至会异化。

我写过一个文章，《黄帝给我们带来的》，是命题作文，“黄帝文化研究会”给布置的作业。我在梳理上古时代的传说和史料时，发现了部落首脑和早期君主的一个共同特点，是我们中国人所独有的，并且区别于西方“丛林政治”的特征。部落首脑们要么自己是天文学者，要么特别重视天文天象的研究和应用，这构成了中国原始政治的基础特色。

还有一点特别重要，我们的祖先在对天象的持续观测研究中，形成了中国人的原始宗教观，就是对天地的顶礼膜拜，天长地久、天大地大、听天由命、苍天有眼、昊天罔极、奉天承运、谢天谢地，这些成语中，昭示着先民们敬畏天地的拳拳初心。敬畏大自然，用今天的话表述，就是“生态意识”吧。

问：《中国历史的体温》是一部有温度、有性情的作品，打通了历史传统、时代现实和未来发展的链条，也有很多辩证的思考，体现了“中国人的大局观”，对于中国历史文化的研究过程，也是不断解惑悟道的过程吧？您是怎样去“参悟”的？

穆涛：我不是参悟，是瞎琢磨。

老祖宗传下来一句话，“经史合参”，这是讲思考问题方法的。经是常道，是恒久不变的东西，是不动产。史是变数，是世道里的玄机，是无常鬼。经与史掺和着看，视角就立体了。今天的作家，外国的文学名著看得多，这是开眼界的好事。但要留心两个细节：邻居家的大树，是在人家土地里长起来的。看明白一棵树，只看树冠是不够的，还得弄清楚树根下面的东西。如果把这棵树移植过来，要转换制式。文学不是数学、物理、化学这样的自然学科，是社会学。一方水土养一方人，中国的世道人心是中国人的，用邻居家的脑子和情感方式，过自己的日子，就是把自己的人弄丢了。

国之大者，要找到大的方向，要用自己的腿脚走路，学习和模仿是好事，但得记着自己姓什么。也要去掉妄自尊大和膨胀心，清醒地认识到不变，找到底线，可以使我们负责任地面向未来以应对万变。

问：《中国历史的体温》中有一篇《念旧的水准》，提出“读书治史不是念旧，旨在维新”，这是在特别强调什么？

穆涛：有一句老话，“不知来，视诸往”，是董仲舒《春秋繁露》中的，回头看，是为了向前走。

写历史题材的文章，今天称为“历史散文”，这个命名应该推敲的。文学写作如同盖房子，用新砖瓦还是老石料，是建筑者的趣味，但都是为了现实的居住和应用。一个人穿了汉代的衣服，不是想回到汉代，也回不去。历史题材的写作，是给自己盖房子，不要弄成仿古建筑，去掉装模作样为宜。

反省历史，以陈维新的写作，是中国文学的一个基本传统。

念旧的文章，以省思为基本，再写出新认识才蹈大方。念旧是走私，都有各自的隐蔽通道。念旧容不得假，走私的人，怀里揣的，腰上绑的，内裤里夹带的，都是真货。今天流行“戏说历史”，即使是作为娱乐，也是需要警惕的。还有一点特别重要，以史料进入文章，要过滤掉旧气。如同用老材料盖房子，屋子里洋溢着一股霉味，客人坐不住，自己也没法在其中过日子。

问：《长安城散步》是一组短文章，隽永精致，耐人寻味。在《关于朴素》中，您说“朴素不是修养，是骨头里的东西，是气质”。这种气质，需要刻意维护吗？

穆涛：穷日子里的苦，不是朴素，是简陋，是生活中的无奈。富人低调做事，也不是朴素，是修养，是潜于心底的一种奢华。

朴素真真切切，却是高大上的。《淮南子·原道训》和《庄子·天道》两篇经典文献里，对其内涵有比较相近的表述，“所谓天者，纯粹朴素，质直皓白，未始有与杂糅者也”；“静而圣，动而王，无为也而尊，朴素而天下莫能与之争美”。这是从大的层面讲的，朴素是天生丽质，地主之仪，不是人工可以维护的，“无为也而尊”。我说朴素是骨头里的气质，是从具体处看的。朴素不分高低尊卑，常人身体里都有，但贱骨头、软骨头里没有。

一个人朴素与否，无关紧要。但一个社会如果失了朴素，问题就多了。

穆涛的文章里融入对历史、更对当下具体问题的思考。他反思今天的散文写作尽管繁荣，但缺失着旧文学里的立言意识，也欠缺着新文学剖析时代精神的能力

问：您对中国古代文化的认知既透辟，同时也不沉迷于过去，而是对历史不断进行批判和审视，并与当下紧密契合，这使您的作品具有现实意义，您如何看待散文与时代的关系？

穆涛：古代的“散文”概念，指的是文体门类，与韵文相对应，含着书、说、表、铭、赠序，以及记、传等。我们今天的散文，单指文学的一种，是从西方借鉴过来的，同时还有随笔、杂文、小品文等名目，同一种文学体裁，这样的细化分别，是伤大方之质的。

在古代，“文学”的概念也与今天不同，基本是由文成学的内涵。汉代设置有文学职官，称“文学掌故”。初设在中央朝廷，是太史令的属官。之后各郡及诸侯国也对应设置。“文学掌故”的遴选要经过

“察举制”的考试，先由各县推荐读书出众的才俊，郡太守审核，政审标准有四条，“敬长上，顺乡里，肃政教，出入不悖（无犯罪记录）”。之后集中到京城的太学学习，一年后经过严格的“五经”考试，“通一艺（经），补文学掌故缺”。获得“文学掌故”的资质，相当于今天的大学学历，职级不高，但晋升空间大。

古人讲“三不朽”，立德、立功、立言，立言的意思是“言得其要，理足可传”。古代人写文章，是当大事干的，文章千古事，言立而文明。

文学写作，认识力是第一位的。无论散文，还是小说，跟人怎么活着是一个道理，一个人目光长远，看问题透彻，就会得到尊重。文学写作有点像跳高比赛，跨过了两米六的高度，就是破纪录的冠军。用什么姿势都可以，俯卧式、直跨式、剪式什么的，腿脚笨一点也不伤成绩。如果横杆只是一米，再不断翻新姿势花样，别人不会当成跳高，还以为是练体操呢。

散文与时代的关系，就是文学与时代的关系。

“在《先前的风气》中，历史的省思、世相的洞察与思想者话语风度熔于一炉，行文疏密相间，雅俗同赏，无论长文或短章，都交织着散文、随笔和杂感的笔力与韵味，有鲜明的文体意识。”

问：《先前的风气》获第六届鲁迅文学奖，获奖后，对您的创作和工作有影响吗？

穆涛：挺有影响的。《先前的风气》是2012年出版的，2014年获的鲁奖，运气不错，同年还获得了“中国好书”。

获奖后，有报社的记者让我说感言，我只说了一句话：“平凹主编让我做编辑，还主持常务工作，我却得了创作的奖。让我当裁缝，我却织布去了。”这话听着有点假，但真是这么想的，觉着是不务正业。这之前，我还写一些文章在报刊上发表，之后就不写了。一直到2022年，这一年我五十九岁，有了退休心理，就整理了一批读史札记，约五十万字吧，其中多篇是两三万字的长文章，发表在《江南》《大家》《作家》《人民文学》《芙蓉》《山花》《芒种》《雨花》《北京文学》等杂志上，还被《新华文摘》《思南文学选刊》《散文海外版》转载，有朋友说我这是“井喷”。其实是收拾老房子，把多年积攒下来的东西，选一些耿耿于怀的擦了擦灰尘，让其发出本来的光亮。接下来，再把这些文章依内容的时间大序和写作思路走向，分别编辑，这样，又有了《中国人的大局观》和《中国历史的体温》两本书。

这三本书，可以说是在一个基本路数上，截取中国大历史中的一些段落或细节，作为镜子，既照正面，也观照背面。

问：您的文章重趣味，善用典，节制，内敛，往往小中见大，在绵里藏针。比如《先前的风气》，内容涉及经史春秋、历法农事、道德觉悟、帝皇将相、旧砖新墙、文情书画、饮食男女，除了少数篇幅，大多仅为寥寥数百字或千余字，却语尽而意不尽。这样的风格，是逐渐形成的吗？

穆涛：《先前的风气》中的文章，基本是《美文》杂志每期扉页上的导读语，只有一页纸的地方，字数有限制，想多写也不行。

这个栏目，以前是平凹主编写。由他写，读者爱看。他写得好，编辑部琐碎的稀松平常事，也写得神采飞扬。有一天他把我叫到办公室，说这一段事情多，让我替他写几期。我说这是主编的活，我干不了。他问我：“知道做副主编最重要的是什么吗？”我说：“听主编的话。”他说：“回答正确，写吧。”从 1999 年开始，就这么写下来了。平凹主编写的叫“读稿人语”，我写的叫“稿边笔记”。

扉页上的这些话，写起来挺费劲的。要体现编者的用意，又不能太具体。平凹主编倡行“大散文”的写作观念，大散文是什么？散文写作应该大在什么地方？这些东西是不能喊口号的。我从中国古代文章的多样写法入手，再参照史料，一粒芝麻、一颗苞谷地收拾，尽可能去掉书袋气。假装内行的理论腔，读者是厌烦的。有一次研讨会上，一位评论家说我举贾平凹的大旗，我当场反对，平凹主编那天也在场的。旗子是什么？节庆日挂出来，平常日子卷起来。以这样的意识从事文学工作是不妥当的。

2011 年吧，陕西师范大学出版总社的刘东风社长找到我，建议把这些文字归拢一下，结集出版，并一起商量了书名，于是就有了《先前的风气》这本书。

问：整体来看，您愿意如何总结您从事创作以来写作风格发生的变化？

穆涛：读汉代的史学著作过程中，我对《汉书》和班固越来越偏重，写了几十万字的阅读札记，总题目叫《汉代告诫我们的》，也陆续发表了一些。作家出版社让我写《班固传》，也答应了。但我先写出的是一本《班固生平年表，以及东汉前期社会背景态势》，从班固一岁，写到六十一岁去世，班固的生平材料，和六十一年的社会大事记。我们中国人讲六十年一轮回，这里边确实是藏着太多的东西。这个年表有十三万字，我觉着，写《班固传》，这个功课不用心做好不行。

《汉书》这本史学著作，在史学界地位很高。东汉之后的著史方法，基本上遵循《汉书》的体例，一个朝代一本。《史记》是通史，从黄帝到汉武帝期间。《汉书》因习《史记》，但有自己的创新和发扬，其《地理志》和《艺文志》开启了后代几个重要学科。唐代的刘知几重视《汉书》，清代的全祖望简直是着迷，写过一本《汉书地理志稽疑》，从《地理志》中读出百余处疏误，其实这里边有不少是年代变迁造成的。我读完全祖望这本书，实实在在感触到了清代学人考据派的硬功夫。

非我莫属是我写作的动力

宁肯 1959年生于北京，北京市作家协会副主席，中国作家协会全委会委员，北京第二外国语学院客座教授。主要作品有《宁肯文集》（八卷），包括长篇小说《天·藏》《蒙面之城》《三个三重奏》《环形山》、散文集《北京：城与年》《说吧，西藏》《我的二十世纪》、非虚构《中关村笔记》《宁肯访谈录》，以及长篇小说《沉默之门》、中短篇小说集《城与年》、微随笔集《思想的烟斗》。曾获老舍文学奖、首届施耐庵文学奖、第四届林斤澜短篇小说奖、孙犁散文奖。散文集《北京：城与年》获第七届鲁迅文学奖。

采访手记

他像是人群中的蒙面人。神秘，冷漠，孤傲，清高……他只用深沉的眼睛漠然旁观人世的热闹。

——看上去这些文字与我们印象中的宁肯毫不相干，却是我二十年前读宁肯的《蒙面之城》随手记下的片言。

宁肯带给多数人的感觉完全是另外一番模样：热情、豁达、宽容、善待一切，聊起来滔滔不绝，时不时的朗声大笑极富感染力。他的语言很有动感，总是以诗人的独特表达带给我们新鲜的异质感受，于是抽象变得具体了，比如他会用“如雨如瀑”描写阳光；比如他用“面孔生涩”形容马格，说北京是“灰扑扑的城市”——总之不按常规出牌，但原始而有活力。他的小说结构也是开阔的、外向的，时间感和空间感交织，上手便是史诗的模样。

他一向对自己看得清晰准确。立志要成为作家，大学毕业就义无反顾地去了西藏，他要体验生活，要经历丰富，要充分地阅读写作：“高更去了塔希提岛，我也想走出去，走向远方，走向自然，在当时是艺术界的潮流”；明确爱生活胜过爱写作，就不急不缓，同作品一起耐心成长。就像他在西藏时长久地痴迷于石头房子在阳光下富含云母的光亮，沉迷于大自然的天空和连绵不断的山脉。

“我在西藏的阅读是一种真正的前所未有的阅读，一种没有时间概念、如入无人之境、与现实无关、完全是宁静的梦幻的阅读……我喜欢冬天的漫长，雪，沉静，潜在的生长，阳光直落树林的底部，喜欢树林的灰白，明净，这时的树林就像哲人晚年的随笔，路径清晰，铅华已尽，只透露大地的山路和天空的远景。”这是《天·藏》中王摩诘的生活，也是当年宁肯在西藏的真实写照。

西藏给了他一切。当然，从《蒙面之城》到《天·藏》及后来的诸多作品，经历了长期的酝酿，其间，他曾多次放弃去西藏的机会，生怕当年珍藏在心里的感觉被破坏。他告诉我说，要靠着珍藏的记忆写作。

散文的底蕴和诗歌的品性在他的文字中四溢，怎么说呢，宁肯的作品里，有诗和远方，有哲思和意韵悠长，还有不可言传的神秘气息。

有一次宁肯在接受采访时说，如果我真能为文学提供什么，不是我的小说，而是散文。果然，写了多年的诗和小说，他的散文《北京：城与年》于2018年获得鲁迅文学奖散文杂文奖。这时，距他在《萌芽》发表诗歌处女作《积雪之梦》已经过去三十六年。

《蒙面之城》中有很多偶然因素和戏剧化场景。从一开始，宁肯的小说就展示着充分表达自由的欲望

问：关于《蒙面之城》的创作，听说您是在堵车的间隙里，在“嘈杂的音响和交通噪声中听到一缕高远的清音若隐若现”。是这种“不同的声音”引发你的写作？

宁肯：我在嘈杂中听到的就是《阿姐鼓》。这声音以一种突如其来的方式“引爆”了我，几乎造成了我人生的重大选择。我从西藏回来之后，一直从事广告业，与市场和企业打交道，马格这个人物，这时其实也一直伴随着我一起经历很多事情，越到后来，这个人物形象在我脑海中也越来越成熟，但是一直没时间静下心去写。《阿姐鼓》使我感到一种迷失，完全是个人的迷失。去过西藏的人都有一种情结。许多年过去了，遥远的我在呼唤。它对我的冲击很大，我想我应该回到写作上来，既然音乐上已经出现了如此表现天籁的东西，我们在文学作品上也应该有所表现。

我想补充的是，如果再早一些时候，我也不可能写《蒙面之城》。只有到了1998年，我从公司抽身之后，接近四十岁了，那种平静的感觉，那种沧海桑田的感觉，才最终可能使我“完成灵魂的声音”。

问：题记“我们何时能生出父亲？”让人产生思考。马格似乎漫不经心但却坚定地行走。他的行走没有方向，甚至似乎只是在履行生命。这样的寻找，代表了什么？自由？叛逆？现代人的迷惘和追寻？

宁肯：实际上马格既不寻找，也不反叛，也没有通常所说的迷惘。你看不到他愤世嫉俗，他也没攻击任何人。他映照了一些人，但没有攻击他们，批判他们。事实上他更多的是无视或随遇而安。他就是一种人格、自由、自信、自然。任何一种反叛都无可避免地带有偏狭与对象的影子，最终却无法达到真正的超越。西藏给了马格一种终极的东西，虽然我不明确知道这东西是什么，但肯定是一种类似山脉或骨骼的东西，大地水流一样的东西，村庄和马一样的东西。

《天·藏》并不具备引人入胜的故事性。然而因为它的诗性，又使得阅读的过程充满着一连串新鲜有趣的发现和体验

问：《天·藏》获首届施耐庵文学奖，评委们对于您在叙事方面的探索上给予了充分肯定。

宁肯：写作《天·藏》我遇到两大问题，一是内容，二是形式，二者是相关的。内容之一是如何表达宗教，我特别费踌躇。传统对宗教的表现，要么是钻到故纸堆里，要么是隔靴搔痒，有的则是调侃。直到我遇见《和尚与哲学家》，一下子找到了出口。

宗教本身是形而上的，用哲学观照宗教是特别好的角度。第二个问题就是形式。采取探索创新的形式其实是被逼无奈。我要表达的很重要一部分是对西藏的感觉，西藏的大自然给我的震撼，草原、音乐、宗教、寺庙……这些不是能够用小说表达出来的。另外《天·藏》有三部分内容，一是王摩诘的个人化感觉，一是父子俩哲学和宗教的对话，一是王摩诘和维格的情感关系。这三部分也是无法用传统小说的方式表达的。

问：《蒙面之城》《沉默之门》《环形女人》……我觉得您一直很注意叙事的方式。《天·藏》是一部开放式结构的小说，有三条叙事线索。这三部分怎么结合成一部小说？

宁肯：传统小说看到的都是前台，我在小说里“发明”了后台。当我需要两部分切换时，我挪用了注释，注释克服了我在表达上的困难。此外我用了三种叙述方式，一种是自述，一种是描述，一种是转述。形式探索是由内容表现决定的。

问：您有一个很巧妙的比喻，把写作比喻成熬中药。

宁肯：我写小说很慢，我始终认为好小说不是写出来的，是改出来的。我大量的工作是对语言的修改，核心问题就是做到准确，让人读得贴切、舒服、直观，阅读中有不断被擦亮眼睛的感觉。这很难，很熬人，这样的写作就像熬中药。

问：您觉得《天·藏》达到了怎样的效果？

宁肯：把宗教的思辨以可读的方式传达出来了，既有高端的知识，也有低端的知识。我为此读了《从结构到解构》，了解整个当代法国的哲学史思想史。关于时间的长短问题，从古希腊的“人不能两次踏入一条河流”、芝诺的飞矢不动，到法国哲学家德里达的时间的“延异”，再到佛教中关于时间的漂亮阐述，一劫、一弹指、一刹那……看这些书让我着迷，在表达的时候也能信手拈来。我有意识地在全球化的背景，包括西藏文化、中国本土文化的多元文化背景下考察中国知识分子的命运。

问：有评论认为，《天·藏》其实是写的宁肯自己。

宁肯：真正核心的内容是在多种文化的背景下，描写当代知识分子的创伤记忆、困境与探求，以及追求摆脱困境的方式。

问：您觉得知识分子面临着什么样的困境？

宁肯：有历史性的，也有现实性的困境。历史上的问题没有解决，悬置了，导致心灵的创伤难以愈合，精神的层面下降，人们不关注心灵。知识分子的主体技术化了、经院化了，知识和精神脱节，和心灵脱节。

人性的剖面反映着生活的真实和经验的真实，这些才是宁肯在悬念中真正想表达的

问：《三个三重奏》形状就很吸引人，设置一个没有病但是喜欢坐在轮椅上的“我”，这样一种视角有何用意?

宁肯：小说中任何一个细节都是有用意的，契诃夫说如果小说前面提到墙上的一把枪，那么在后面就要有所交代。一个细节是这样，一个特定的人，特别是叙述人，就更是这样。但我要说明的是，首先某种设置应来自对现实的感受，知识与真理无疑有着严格的逻辑链条，知识分子以这个链条为生，但在现实中，在我们这里，链条常常是断的，逻辑上过不去，比如有些事你应该站出来说话却不能，这种断裂感解构了内在的残疾感，这时候你虽然不是残疾人，谁又能说你坐的椅子不是轮椅?其次，这当然是一种反讽的视角，因为小说叙述的人物大多是罪犯，传统的叙述者大多是居高临下的审判者，这种二元的东西我认为已不符合现代小说精神，或者说不符合昆德拉所说的“复杂小说”。对罪犯审判（叙述）的同时，也是对自身的审判，自我解构，“我”与罪犯同时指向一个“大他者”，进而反思我们更深层的东西，这是我想要表达的，也是这个视角用意。

问：很多人都注意到您作品的结构，比如《天·藏》中采用独特的注释方式，《环形山》也采取了复调叙述，《三个三重奏》里三条相互交叉的结构，这样的写作，是形式上创新，但是无疑也会增加一点儿阅读的障碍。

宁肯：复调也好，独特的注释也好，无疑归结起来是一个形式问题，形式问题归结起来又是一个如何看待小说的问题，再进一步就是如何看待生活的问题，这里有一个严格的逻辑链条：形式，认识，生活。生活无疑是源头，也是小说最终和针对。当然，有相当的小说不针对生活，而是针对故事、娱乐，这样的小说完全不必要强调认识（如何小说）与形式，相反形式越是一成不变越好。这是显而易见的两个小说逻辑链条，毫无疑问，我属于前者，因此谈及形式或结构，就首先要从生活谈起。

《三个三重奏》为什么用三个故事三种结构概括生活以及背后的权力问题？“三”是一个复杂数字，可与生活的混乱相对应，但“三”之间的联系性在哪儿？这是作家必须给出的，因此这种结构在我看来是必需的。至于阅读障碍，每个逻辑链条的小说都有自己的读者，故事娱乐链条的读者当然读我的小说会不习惯，有障碍，但在另一链条上，我的读者又甘之如饴，我为这部分读者写作。

问：《三个三重奏》这样一部关注现实的作品，在写作中会遇到怎样的难度？

宁肯：最开始的困难是如何将这样一个公共题材、通俗题材写成一部纯文学的作品，这方面我做了充分的思考和准备，众所周知，贪腐题材通常是官场小说的领地，纯文学很少涉及，原因是显而易见的，容易类型化，如何打破这种规定是一大难点，这方面我花了大力气，批评家们也几乎一致认为我从根本上扭转了这类题材的写法，使这一题材成为纯文学的写作。其他困难都是具体的局部的，是一般写任何作品都会遇到的，不值一提。

问：《三个三重奏》建构了两种空间，您如何看待空间与时间在自己创作中的重要性？

宁肯：通常小说是时间的艺术，即按照一定时间顺序展开故事，空间也是随着时间展开而展开。然而现代小说更强调空间，通过空间的转换、调度、拆解，打破时间线性结构，进而构成生活的立体结构。立体比线性更能真实地表现生活，因而也更真实。而线性则常常扭曲或简化了生活，进而也奴役了小说。空间是生活，时间是故事，在我看来时间是为空间服务的，而不是相反，空间是为时间服务的。因此，我的小说特别强调空间，一方面是空间的完整性，一方面是时间的破碎性，从而打破传统上时间对小说的奴役。

在西藏的漂泊对宁肯产生了决定性的影响，他的内心变得乐观、透彻、自由、广阔

问：诗歌对您的影响，从语言中可以显示出来。比如《天·藏》中诗性的语言。但是在《三个三重奏》中，语言的表现似乎被悬念重重的故事掩盖了。这里有两个问题，在"三重奏"中是如何处理语言的？您的小说悬念都非常强，是否特别在意如何设置情节？

宁肯：《天·藏》与《三个三重奏》空间环境不同，西藏本身是诗性的，只有通过诗性语言才能表达西藏，很难想象用一种世俗的完全故事化的语言叙述西藏，那样会排挤掉西藏的特点。《三个三重奏》不是这样，它是司空见惯的城市，是缺少诗意的日常的公共的生活场景，这时候用一种诗性语言表现反而不真实。要求一种中性的语言，不动声色的语言，但同时又是准确的语言。如果说这种准确语言即使有某种诗性，也并非来自城市本身，而是来自准确的表达。准确会产生诗意，但和通常我们认为的诗意不大一样。至于你说的悬念，悬念无疑是小说基本的东西，可以说没有悬念就没有小说。但如何理解悬念、处理悬念有很大不同。我的小说猛看悬念很强，但处理的方式是拆解的，甚至一开始就告诉读者结局，而结局是如何到来的，又产生悬念，这就便于我层层拆解，在拆解中，结局已不重要，因为已知道了，倒是拆解过程中的许多人性的剖面反映着生活的真实、经验的真实，这些才是我在悬念中真正想表达的。

问：能谈谈小说中的思辨意识吗？

宁肯：我想可能来自从一开始阅读我就偏好语言，哪句话说得好，说得智慧，哪个段落写得好，我会在书上画下来，停留一会儿，慢慢体会妙处。好句子、好段落大多有思辨的特征、发现的特征、警人的特征。比如我读萨特的《答加缪书》，开头萨特就对加缪说：使我们相同的多，使我们分歧的少，但这少仍嫌太多。我喜欢这样辩证的句子、这样的思辨。并不是为思辨而思辨，而是因为思辨往往基于真实，即通过思辨向真实掘进了一步。迷恋真实的人一定迷恋思辨，真实往往是隐蔽的，但在思辨中会令人惊讶地呈现出来。真理越辨越明，真实也一样。

在《中关村笔记》中，宁肯彻底忘掉了小说，成了一个记录者、沉思者

问：《中关村笔记》是您的一次转型之作，获得很多好评，对您来说也有很多挑战吧？

宁肯：中关村在北京是一个神奇的存在。中科院在这里，许多大学在这里，中国的硅谷在这里，中关村集中了高科技产业集群，完全不同于传统的北京。我想，如果在自己未来书写的北京里，没有中关村，将会是很大的损失。中关村本身就是一个地标性的地方，而且是改革开放四十年的缩影。

和时代贴得比较近的作品，创作起来并不容易。如何能够出新，找到一种新的理解、新的角度，自己的功力能不能达到对热点话题有更深入的感受，这是我思考最多的问题。2015 年开始，我频繁走进中关村，穿行于中关村的高楼大厦，对中关村众多先进人物进行了多次深入采访，希望能记录下时代的真实、改革的真实，为先进人物群体立言，为历史存证。

问：您曾经说，自己在写作中“彻底忘掉了小说，成了一个记录者、沉思者”？

宁肯：我进入了一个全新的世界，并找回了文学之外的感觉。

这部笔记我愿是一次对太史公的致敬，一个小小的微不足道的致敬。站在历史的角度去看笔下的人物，使我获得了从容大气的采访视角。而对于每天生活在日常之中的科学家、企业家而言，突然切入进历史性的话题，也让他们的历史意识被一点点唤醒。当然，我会再次回到小说上来，也希望再有一种不一样的回来，那是另一回事。

问：《中关村笔记》比较难处理的部分是哪些？

宁肯：开篇的冯康是很重要的人物，他是数学家，特别是讲到数学的深奥理论，我觉得还是相当吃力的，一方面不能写得太专业，否则读者看不懂。另一方面你又不能出错，这其实挺难的。小说创作就不是这样，小说是相当自由的。所以在写《中关村笔记》的时候，我有时候会有一种感觉——我不是我了，我怎么闯到这里面来了？有点分裂，好像从一个星球到了另外一个星球。时间长了以后真的会脱离开以前的样子，这种感觉对作家来说，也许会有不适应、失重、陌生的感觉，但有时候跳出自己熟悉的圈子也挺好。

但是在这样一种陌生化写作之中，我仍然保持了自己顽强的文学化创作。比如说选取人，以人为聚焦，以人带史。其次，写人也不是全面地写，抓住这个人最大的亮点，同时也是这个时代最大的特点，把它集中聚焦，这是我这本书中塑造人物的特点。

《北京：城与年》扎根于北京话的叙述文字灵动大气，准确传神，既恣肆汪洋又细腻深情

问：《北京：城与年》的写作契机是什么？

宁肯：写《北京：城与年》是为写小说《城与年》作准备，前者是记忆，或者确切地说是对小时记忆的清理。年纪一大，因为好多事都忘了，我需要用散文方式回忆起早年的生活，有了这个基础才可能进行小说创作。契机之二是前面说的散文对我意味着存在的方式，早期记忆不写下来存在便不完整，为了完整我也该将成长这段经历补上。

问： 您从小在北京胡同长大，有着多年的写作经验，回忆北京半个多世纪变迁对您来说应该是手到擒来吧？

宁肯： 并不是手到擒来，创作上非常有难度。首先一开始我不是靠记忆写作的作家，靠的完全是虚构。许多作家的写作都起自童年青少年的记忆，我不是，有点违反写作规律。这是有原因的，主要是我的成长队段是高度政治化、单一化的二十世纪六七十年代，我觉得我没什么个人生活，甚至没有童年，没有太多的个人记忆，都是集体记忆，个人生活贫乏、贫瘠，和那时代所有人都差不多，因此写作上一直没关注早年生活，觉得没什么可写。

五十岁之后对过去的认识有所不同，因为北京都拆得差不多了，曾经住过的胡同、院子，整条街都没了，勾起了我的怀旧之情。于是在微博上开始一小段一小段清理早年的记忆。为什么用微博？就是回忆难度太大，觉得没太多值得回忆，而微博文字少，就像考古的探铲、小刷子，发现多少是多少。结果一发掘不得了，竟然发掘出很多东西，最终把所有的记忆考古碎片拼起来，形成了《北京：城与年》。以考古的方式写作，其难度可想而知。

问： 您在是什么情况下得知自己获得鲁迅文学奖的？又是怎么庆祝的？您获得很多文学奖，参加鲁奖的颁奖典礼，有什么印象深刻的事情吗？

答： 网上，朋友圈得到的消息，如今信息飞快。没什么庆祝，只是当时觉得有点意外，因为当时很多人预测《中关村笔记》可能得奖，没想到写七十年代这样一个特殊年代的散文集获了奖，不知道有种什么样神秘的力量。

问： 获得鲁奖对您有怎样的影响？获得鲁奖之后的创作，和获奖之前相比有什么影响吗？

答： 没什么影响，主要就是少了一些打扰。鲁迅文学奖是双刃剑，一方面奖掖了一批优秀作家和优秀作品，推动了中国文学的创作，是作品经典化的重要的一环。另一方面鲁奖也对没获奖的优秀作家和优秀作品形成了压制，因鲁奖阵容越来越强大，影响越来越深，这就形成了一种绝对的价值标准，如果你这辈子得不了鲁奖，在一般人看来你就不是一个优秀作家，你就不成功。因此每过几年评选的时候都会对作家形成一种干扰，哪怕你就算是一个价值观很坚定的人从不考虑什么奖不奖的也会感到干扰。因为别人会为你打抱不平，说你该获奖而没获奖，说你被严重低估，看起来是为你说话，实际居高临下，你成了一个被同情的对象，这很荒谬，但还让你说不出道不出什么。获了奖免除了种种干扰，至于对作品有什么影响，我觉得毫无影响，你是什么样的作家，宿命里还是。

问：早在八十年代中期，您就曾写下《天湖》《藏歌》《西藏的色彩》等散文，后来写作停止多年，九十年代末重新开始写作也是从散文开始。相对于诗歌、小说，散文创作对您来说意味着什么？

宁肯：散文对我意味着存在的方式，我存在于散文中。

散文写作意味着无论我的过去还是现在都很完整，生命的即时与过往由文字记录下来，仿佛一场漫长的存在与虚无的对话。确切说，散文就是用来对抗虚无的。对一个作家来说，这种由文字构成的真实的日常的存在非常重要，作家作为一个“人”是其最重要的写作对象、想象对象、研究对象，应将自己等同于世界来看。或者换一种说法：用世界观照自己，用自己观照世界。你对自己达到的深度就是对世界达到的深度，你作品达到的深度就是对自己达到的深度。

问：您是一位对于创作特别自信的作家。能谈谈您的自信源于什么？

宁肯：当然了，自信，这毫无疑问，没有一定程度的自信，写作很难进行下去，相信每个写作者都认为自己是写作的材料才写作，过了练习阶段你还能坚持写，一定是有了自信。但真正的自信是什么呢？我想主要是一种独特性，你发现你所写的是别人写不出的，是文学里还没有的，你能提供这个世界上还不存在的东西，我想这大概就是自信之源吧！

诗歌奖

希望白发苍苍时仍继续成长

沈苇　1965年生，浙江湖州人，毕业于浙江师范大学中文系，曾居新疆三十年，现居杭州，浙江传媒学院教授。中国作协诗歌委员会委员，中国诗歌学会常务理事。著有诗文集《沈苇诗选》《新疆词典》《正午的诗神》《书斋与旷野》《诗江南》《论诗》等近三十部。获华语文学传媒大奖年度诗人、十月文学奖、刘丽安诗歌奖等。作品被译成十多种文字。诗集《在瞬间逗留》获第一届鲁迅文学奖。

采访手记

大学毕业后，诗人沈苇义无反顾远行新疆。三十年间，他倾注了自己全部的爱写新疆，诗歌、散文、旅行手册、文化研究……2006年初访沈苇时，他曾表达，想写出一个“立体的新疆”。

新疆不是一个单纯的地理概念，它对于沈苇来说是一种精神向度，是一部启示录，是他的写作源泉。

他赞同里尔克所说“只有在第二故乡才能检验灵魂的强度和载力”，远行新疆，是青春期行为，也是因为边疆无法抵抗的诱惑力。在沈苇心中，新疆是一个“美的自治区”，是“一部以天山为书脊打开的经典”，南疆和北疆是它辽阔的页码。

关于新疆，地理学家的说法是，凡是地球上具备的地貌，新疆都具备；历史学家的说法是，新疆是世界上唯一的四大文明融会的地方，即华夏文明、印度文明、波斯－阿拉伯文明、希腊－罗马文明。有人认为新疆荒凉，但沈苇觉得新疆很灿烂。如果荒凉，也是有历史感的荒凉，是丰盛的荒凉。新疆不是一个单纯的地理概念，它对于沈苇来说是一种精神向度，是一部启示录，是他的写作源泉。

三十年后，沈苇又到故乡，生活在杭州，供职于高校。“现在我老了，头白了／我回来了——又回到故乡——／流水中突然静止的摇篮”，这首写于1999年的诗作，仿佛预言了今天沈苇的回归。

如果说当初离开，是为了蒸发掉一个“水乡人”身上多余的水分，如今沈苇的归来，则是为了保持自己身上最后的水源和水分，不让自己蒸发到干旱、干涸。

游子归来，重新发现江南。这几年，沈苇创作了《诗江南》和《论诗》两部诗集，前者是“返回根子的诗”，后者体现了理论的自觉。他的写作也从“新疆时期”进入了“江南时期”……

大学时期对沈苇影响最大的是艾略特和波德莱尔，他们帮助他摆脱了青春期深陷的浪漫主义“泥淖”和感伤主义“迷途”

问：您是从什么时候开始写诗的？

沈苇：1983 年至 1987 年，我在浙江师范大学中文系求学，大学四年，主要在写小说，到大三大四，读到艾略特《荒原》、波德莱尔《恶之花》等作品，大开眼界，对诗歌的兴趣日增，开始尝试写诗，对诗歌的理解也完全不同了，以前只知吟哦徐志摩、戴望舒等，外国诗歌也只读普希金、雪莱、拜伦等人的作品。读了加西亚·马尔克斯的《百年孤独》，小说观念也大变，几乎是颠覆性的。大学毕业后，去了新疆，就彻底转向了诗歌，只写过两三篇小说，当然还写了几部散文集。所以，我对自己三十多年写作生涯的自我评介是：一个持续的诗人，一个未完成的小说家，一个额外的散文作家。

问：能否谈谈您早年的诗歌训练？早期走上诗歌创作之路，对您影响最大的诗人诗作有哪些？

沈苇：大学时期影响最大的还是艾略特和波德莱尔，他们帮助我摆脱青春期深陷的浪漫主义“泥淖”和感伤主义“迷途”。波德莱尔是第一个“象征派”，他的《恶之花》《巴黎的忧郁》标志着现代主义诗歌运动的发端；波德莱尔对“恶”和“丑”的洞察可谓惊世骇俗，有一种绝对的人道主义在里面，他的“病态”与歌德的“健康”有着同样的高度。艾略特的《荒原》为我打开了一个新世界，记得当时是乃生向我推荐的，他现在已不写诗了，《荒原》对我是振聋发聩的，然而消化它需要很长的时间，还有艾略特晚期的《四个四重奏》，一首登峰造极的“时间之歌”，你再读读他《空心人》的结尾：“世界就是这样结束的：/ 不是砰然一响，而是呜咽一声。”这完全是一个“现代的声音”了；艾略特的“去个人化”对我影响至今，地域性写作我也是主张“去地域化”的。后来还有里尔克——大学毕业一年后，1988 年秋天，我带了不多的几本书，坐三天四夜的绿皮火车远行新疆，随身带的有一本德国诗人霍尔特胡森写的《里尔克》，三联书店出的小三十二开本，这本传记精彩极了，我在里面读到里尔克的一句话："只有在第二故乡才能检验自己灵魂的强度和载力。"眼前豁然一亮，从此就爱上里尔克，这句话对我的新疆三十年，一直是莫大的激励，可谓终生受用。

他用三十年时间"在异乡建设故乡"，试图成为"他乡的本土主义者"，也用三十年做了一个长梦

问：为什么选择新疆？

沈苇：一种青春期背井离乡的冲动，然后付诸行动，带有很大的盲目性。现在的年轻人大多喜欢大城市，那时的青年特别是文学青年，对边疆充满无限的想象、神往和热爱。二十世纪八十年代把我们这些喜欢往边疆跑的文学青年称为"盲流"——"盲目流动的人"。我到新疆时，杨子、北野、朱又可等"文学盲流"已比我提前一步到了，后来他们却比我早一步离开了新疆。再者，也是更重要的一点，作为一个江南人——我出生的村庄在运河边，老家湖州是典型的江南水乡——我身上与生俱来的水分太多了，要去新疆沙漠把自己身上多余的水分蒸发掉一些……

问：《新疆词典》《新疆诗章》……您写了很多关于新疆的作品，您在新疆的创作状态是怎样的？

沈苇：新疆时期出版的二十多部诗集、散文集、文化研究著作等，大多与新疆有关。诗歌写作是持续的，没有中断过。阅读也发生了变化，关注点从西方现代主义诗歌转向对新疆多民族文学、地方文化的浓厚兴趣和深入研读，史诗、方志、野史、民歌等，推而广之也大量阅读中亚西亚文学。而且渐渐地，将"阅读"与"漫游"结合起来了。1999 年出版的读诗随笔集《正午的诗神》是对西方文学的"拿来主义"（2018 年修订后由广西师范大学出版社再版），而 2001 年应中国青年出版社之约撰写新疆第一部自助旅行手册《新疆盛宴》，则是对新疆大地的大面积漫游和“系统阅读”。半年多时间，我走遍天山南北，行程两万多公里，记了二十多个本子，拍了一百五十多个胶卷，“行万里路”之大不亚于“读万卷书”。此后，陆续写了几部散文集，如《新疆词典》《植物传奇》《喀什噶尔》等，还写了国内第一部“诗歌县志”《鄯善　鄯善》。散文随笔集中，《新疆词典》最有代表性（2005年百花文艺出版社初版，2014年上海文艺出版社增订版），111个词条，10种左右的文体，可以对应新疆的丰盛多元。

问：诗集《新疆诗章》、散文集《新疆词典》和自助旅行手册《新疆盛宴》被誉为跨文体“新疆三部曲”。新疆对您的生活和创作有怎样的影响？

沈苇：这种影响是决定性的，对我个人而言，将是恒久而深远的。“诗和远方”这句话，现在太流行了，凡是太流行的东西，文学都要反对。如今听到这句话，我会起鸡皮疙瘩。但一个人与“远方”的相遇，会化为自己的内心图景，绵延不绝，它就在心里，再也不会丢失。正如故乡、语言、死亡是我们随身携带的，现在我回到了南方，却感到自己还随身携带着一个“远方”，常为那片土地牵肠挂肚。三十年像梦一样过去了，我曾用三十年时间“在异乡建设故乡”，试图成为“他乡的本土主义者”，也用三十年做了一个长梦，人生如梦，西域似幻，它已经内化了，化作我灵魂的一部分了。

忆鲁奖，谢冕先生是中国诗歌界的“福音”，一位宽厚包容、睿智而有情趣的长者

问：《在瞬间逗留》曾入选中华文学基金会“21世纪文学之星丛书”。这套丛书发现了不少好作家，当时推荐您入选的是谁还有印象吗？

沈苇：是新疆作协选送、推荐的，杨匡满先生为诗集写了后记，

给予诸多肯定和鼓励，他现在也到南方生活了，我们常有联系。我们一直有“不悔少作”之说，但今天去看这部诗集，还有许多不成熟的地方，想到作品中存在的这样那样的“漏洞”，就十分汗颜。因为是自己的第一部书嘛，1995 年年底出版后，记得在北京搞了一个首发式，返疆火车上还是十分激动，三天三夜长途从头至尾读了四五遍，但现在，我已没有勇气再去翻看这部诗集了。

问：这部诗集在 1998 年获首届鲁迅文学奖全国优秀诗歌奖。对于当时参评鲁奖的情况，您知道多少？后来有评委对您提起过评奖内幕吗？

沈苇：当时一个评委也不认识，稀里糊涂就得到了获奖通知。周涛先生也获奖了，同一届的散文奖，他没去北京领奖，他的奖牌和两千元奖金是我替他领回来的。后来听说了一个故事，是谢冕先生的一位学生告诉我的，他说先生在投票前朗读了我的《一个地区》，说凭这首短诗，就应该给沈苇评奖。谢冕先生是首届鲁奖的评委会主任，他朗读的《一个地区》只有四行：“中亚的太阳。玫瑰。火 / 眺望北冰洋，那片白色的蓝 / 那人傍依着梦：一个深不可测的地区 / 鸟，一只，两只，三只，飞过午后的睡眠”（写于 1990 年）。

几年后，大概是 2001 年、2002 年吧，我在乌鲁木齐第一次见到谢冕先生，问起投票情况和他朗读诗歌的事情，他笑着说，是有这回事儿，并当场背诵了这首诗。后来，见到先生的机会就多了起来，他参加 2009 年在南疆举办的“新诗写新疆”活动后，曾写过一篇奇文《一碗羊杂碎欠了我三代人》，《光明日报》发的，其中写到第一次读《一个地区》给他的“震撼”“绚丽”和“神秘感”。2017 年我担任新疆作协常务副主席，还在兼任《西部》文学杂志主编，邀请他参加在天山天池举办的“新诗百年 天山论剑”活动，他与吉狄马加首轮出场“论剑”，耄耋之年的他精神饱满、谈锋甚健。谢冕先生是中国诗歌界的“福音”，一位宽厚包容、睿智而有情趣的长者。

问：谁给您颁奖，获奖感言您是怎么表达的？

沈苇：没有授奖词和获奖感言，在人民大会堂一个小厅颁奖，隆重，但简朴。谁给颁的奖，已记不太清楚了，好像是当时的文化部长孙家正。第一届有七位诗人获奖，最年长的是李瑛先生，我是最年轻的之一。总之，一群人呼啦啦上了台，领了一块木制奖牌和信封里不厚的一沓钱，然后就呼啦啦下台了。

问：获得鲁奖，对您的写作和生活带来怎样的影响？

沈苇：获鲁奖，在当时不算一个什么重要新闻，平平静静，不像现在，有了社会性的高度关注。我的生活一如既往，在报社当记者。2000 年我从新疆政协的《亚洲中心时报》调到新疆作协，成为专业作家，应该与获鲁奖有关。但主要是我的挚友韩子勇兄的慷慨相助，他当时在自治区党委宣传部文艺处工作，熟悉新疆各民族作家的创作情况，是他向主管领导力荐了我。韩兄后来去了北京，是国家艺术基金的创立者之一，后任中国艺术研究院院长，是一位思想活跃、视野宏阔的文化学者、文学批评家，他的专著《西部：偏远省份的文学写作》获第二届鲁奖评论奖，但凡研究西部文学的，这本书是绕不过去的。他的诗歌和绘画同样出色。

问：可否以此为例，分享一下您的写作经验？

沈苇：主要想对青年写作爱好者说几句：不要闷头去写，而要抬头看世界，深知山外有山，楼外有楼。要首先给自己建一个文学（诗歌）参照系，从古今中外自己热爱的经典诗人、作家中来选择，来建设这个参照系。同时要祛除小情调、小哲理、自恋主义、过度感伤主义等“鸡汤”和“毒素”。

好的诗歌是敞开的，是“理想读者”可以参与进来一起创造的诗

问：您所理解的好诗，应该具备怎样的品质？

沈苇：好的诗歌要有穿透力，有一种直入人心的力量。读到一首好诗，即使不是醍醐灌顶，也要给人一个深刻的“激灵”(——我说的不是那种单向度脑筋急转弯之后的“抖机灵”)，它包含了独特的感受力和理解力，更重要的是一种生命启悟；它同时向内、向外——向内时，能够激发起阅读者的“自我启蒙”，向外时，意味着对他人、对世界有了更深沉的理解和洞察；修辞但不修辞过度，技术但不技术至上，因为一切源自你的一颗心——诗歌最终的成功是心灵的成功，而“成功”一词，我的理解不是“成就功名”，而是“成就功德”；好的诗歌是敞开的，是“理想读者”可以参与进来一起创造的诗。

问：诗人是感性的，但同时您从未放弃过诗学理论的探索，初到西域即提出“混血写作”“综合抒情”，您如何看待理论之于诗人的重要性?

沈苇：理论是一种自觉。将诗学内置于我们的诗歌，类似于布鲁诺·拉图尔所说的“文学内置生态学”，理论与原创，是可以并驾齐驱、并行不悖的。诗人仅为一个“写者”是不够的，他身上必须再诞生一个批评家——一种对自我的考察、审视，锻造并形成一个相互砥砺、磨合的“共同体”。

沈苇说，新疆是“翅”，江南则是“根”。他写的是归来者的诗，寻找自己生命之源、文化之根的诗

问：在新疆生活工作了三十年，2018年年底重返江南，是什么契机?

沈苇：三十年前，一个水乡人感到自己身上的水分太多了，要去新疆沙漠蒸发掉一些，三十年后，这个水乡人感到蒸发得差不多了，再蒸发下去就有变成“木乃伊”的可能，于是百感交集地回来了。返乡前一年，我父母发生了车祸，虽没有危及性命，但成为我决定回来的关键因素。古人说“父母在，不远游”，我二十三岁离开他们，也是一种不孝。趁他们还健在，多一些时间陪伴他们，做做饭，说说话，一起在村里种菜……也是人生的一种补偿。

问：《诗江南》是您重返江南后为自己第一故乡创作的首部诗集，分为“故园记”“诗这里”“漫江南”三辑。这时，距离您写杭州的第一首诗《在西湖鲁迅雕像前》（1986年）已经过去三十六年。再写江南，是怎样的心情？

沈苇：我希望通过《诗江南》的创作，写出一种返回根子和根性的诗。新疆时期，我也没有彻底放弃江南题材的写作，譬如诗歌中的《故土》《庄家村》《清明节》《为植物亲戚而作》等作品，散文里的《江南六镇》《水晶宫与破房子》等，都有较广泛的传播度。生活在西部，对故土难以“断舍离”，但写作是断断续续的，作品数量不大，不成规模。重返江南后，得以静下心来，全神贯注地去拓展这一主题。新疆是我的“翅”，江南则是我的“根”。我写的是归来者的诗，寻找自己生命之源、文化之根的诗——“返回根子”就是“返回源头”。《诗江南》有地域性，或者说一种鲜明的“江南性”，但通过“去地域化”的努力和自觉，去抵达诗的普适性。我在诗集自序中说：“曾经，我逃离一滴水的跟随，却被一粒沙占有。三十年足够漫长，却转瞬即逝。而现在，我要做的是，用一粒沙去发现一滴水，用一片沙漠去发现一条运命之河，用海市蜃楼去拥抱江南的山山水水……或许，我还可以用一双沙漠木乃伊的魔幻之眼，去重新发现江南……”

问：南浔、塘栖、西塘、乌镇、周庄……《诗江南》中收录很多写江南小镇的诗，和之前写新疆之大形成了鲜明的对比。这种创作的差异，对诗人来说应该是特别珍贵的吧？

沈苇：诗歌本身就是“大”与“小”的混合体，一味求“大”，容易大而无当；一味求“小”，也是一种拘泥。在地域和象征上，新疆是“大”，江南是“小”。你提到的几个江南小镇都很有特点，譬如南浔的中西合璧，乌镇的主题公园式，西塘曾经的原生态，相互之间大同小异，但这个“小异”还不小。小镇虽小，但五脏俱全。我大概在新疆的“大”中待久了，现在对“小”的事物越发有兴趣了：小镇、小村、小路、小河、小鸟、小树、小草……江南充盈着“小”，所有具体、细微、值得珍视的“小”，构成了江南之“大”，构成了广义的“大江南”。诗是“大”与“小”缔结的同盟，它打破个人与他者、世界的边界，悲欣交集，雌雄同体，主客冥合……对我个人来说，诗还是“远”与“近”的混合体，如何做到真正的“南北交融”，是我一直在期待并追求的，有咫尺天涯，还有天涯咫尺，人还有南人北相、北人南相呢。鲁迅说“北人的优点是厚重，南人的优点是机灵”(《北人与南人》)，梁启超在《中国地理大势论》中说“长城饮马，河梁携手，北人之气概也；江南草长，洞庭始波，南人之情怀也”，两人都在地理和文化上论述了一种大势。倘能将鲁迅所说的“厚重”和“机灵”、梁启超所说的“气概”和“情怀”有效结合起来，化为己有，化为自己的个性与风格，无疑，对于我们今天的写作，对于整个中国当代文学，都将是一种重要的提升和超越。

问：能否谈谈《论诗》？为什么采取以诗论诗的形式？

沈苇：《论诗》已写了三百余首，都是四行至十行的短诗，第一部将由长江文艺出版社出版。“以文论诗”，在中国传统中历史悠久，刘勰的《文心雕龙》、钟嵘的《诗品》是开创之作、经典之作，而“以诗论诗”这个新体制，则为杜甫首创，这里指的是他的《戏为六绝句》，还有《解闷十二首》也属此例。唐末司空图的《二十四诗品》是比较系统化的“以诗论诗”，但今天我们主要将它归于古典文学理论。宋苏轼、陆游、杨万里，金元王若虚、元好问，明方孝孺、王士祯，清袁枚、洪亮吉、龚自珍等，都写过论诗绝句。其中元好问的《论诗三十首》，体量最大，质量最高。杜甫和元好问，无疑是“以诗论诗”的高手、高峰。在西方，英国浪漫主义诗歌有一个“以诗论诗”的显著现象，布莱克、华兹华斯、柯尔律治等，都写过这方面的作品；现代主义之后，从波德莱尔、瓦雷里、里尔克到奥登、博尔赫斯、希尼、斯奈德等，都有过这方面的代表性作品。波德莱尔的十四行诗《感应》(又译《应和》《通感》)直接“以诗论诗”，认为诗人是自然与人类之间的中介(惠特曼说是“和事佬”)，各种感觉在宇宙中交融、统一，“香味、颜色和声音在交相呼应”，从而可以汲取“普遍的一致的迷醉”。

问：《论诗》已经写了三百多首，为什么会有这么喷薄的诗情?

沈苇：白话文运动之后，我们古典的“以诗论诗”传统没有很好地承继下来并加以光大，这令人有些遗憾。现代文学中，出现过零星一些篇什。到了当代，也未见有关此类的专著。前些年袁行霈先生写过《论诗绝句一百首》，评述历代诗歌和诗人，仍采用七绝形式，主要以今天视角向古典传统致敬。陈先发的两卷本《黑池坝笔记》十分出色，主要是断片式的随笔体，有不少诗歌体，也就是说在“以文论诗”中加入了“以诗论诗”。“以诗论诗”可以涉及诗歌写作和诗学问题的许多方面，也关乎诗人的身世、境遇、性情等，在今天，可视为一种“元诗歌”。这些短制，已持续写了两年多，与《诗江南》是“双生”，互为镜鉴与激励，它们大多写于杭州钱塘大学城和湖州庄家村，有的写于外出旅途，甚或航班、会议间隙和疾驰的高铁、汽车上。写作过程是愉快的，诗句常常突如其来，好像在主动寻访一位写者、召唤者，但我不能简单地将它们看作“灵感”的眷顾与莅临。我一直认为，诗歌从来不是分行的论文和论述，“以诗论诗”也不能变成象牙塔里的沉思默想。即便以诗歌样式去论诗，除了思想性，还要有必要的可读性。与此同时，情感、张力、感性、具象、细节、语感、口吻等，都是一首诗(哪怕只有短短几行)不可或缺的要素。我的“以诗论诗”，更接近“诗之思”与“思之诗”的混合体，一种瞬息化凝固下来的个人“正念”。

问：您的诗学主张是什么?

沈苇：我不赞同思想的定势和固化，所谓“主张”，也主要是对自我的提醒与警策，况且每个年龄段对诗的理解也有所不同。——诗，是语言的行动，是布罗茨基说的“道德保险柜”，我认为还是人类美善之心和求真之心的保险柜；诗，是对虚无的反抗，是诗人终于在虚无中抓住的那么一点光；关于诗是“言之寺”的说法，也同样精彩、精辟——你把汉字的“诗”拆开，一边是“言”，一边是“寺”，这样，诗就是语言的寺庙了，写诗的人呢，则是语言寺庙里的和尚和尼姑，一群人在里面修行，有的人变成了假行僧、花和尚、疯和尚，有的人勤奋、悟性高、修得好，最后修成了正果。诗与人是不可截然分开的，从时间眼光和品质要求来看，写诗的这群人，大约如此——诗人也是“寺人”。

问：2018年年底您回到故乡，在浙江传媒学院任教并成立沈苇工作室。能否谈谈这几年的生活状态？

沈苇：浙江传媒学院是一所年轻而有活力的高校，对文艺创作也十分重视。学校给了我一个安定的工作环境。读与写，是我热爱的生活方式。我平时给学生上课，讲丝绸之路，讲诗歌。这几年，我也走了长三角特别是浙江的很多地方，重新认识这片我“出发”与“回归”的土地。

用诗歌触摸刀尖上的锋芒

刘立云 1954年生，江西吉安井冈山人。1972年12月参军。1982年毕业于江西大学哲学系。出版诗集《红色沼泽》《黑罂粟》《沿火焰上升》《向天堂的蝴蝶》《烤蓝》《大地上万物皆有信使》《金盔》，长篇纪实小说《瞳人》，长篇纪实文学《莫斯科落日》等二十余部。曾获《萌芽》《诗刊》《人民文学》《十月》优秀作品奖、闻一多诗歌奖、全军文学新作品特殊贡献奖。诗集《烤蓝》获第五届鲁迅文学奖。

采访手记

据说军人所用的一切武器，无论是枪管还是炮管，在制造过程中，都必须经过烤蓝这一道工序。这正应和着军人成长的历程。军人的一生，其实就像他们的武器被烈火烤蓝那样，始终被烈火烤着。

军旅诗人刘立云想说出来的，就是那种蓝，不断地挑战难度，不断地打碎和扬弃，不断地作茧自缚和浴火重生。2010年10月，刘立云的诗集《烤蓝》获第五届鲁迅文学奖诗歌奖。评委会认为，刘立云的作品格调积极向上，水准很高，既有对部队生活通透的理解，也有对历史独具诗性意义的捕捉和探究。《烤蓝》把人民军队这个整体和诗人个人的形象十分巧妙而自然地融合在一起，表达出对军队的热爱之情和身为一名军人的自豪。

多年来，刘立云以"在场"的审美视角，对战争、和平、历史以及军旅人生进行一种本质性的"亲历"思考，以独特的语言和深刻思想，对战争中的人性及和平年代军人的本质进行深入思考，发出铿锵有力的声音。此后，他陆续出版了《金盔》《大地上万物皆有信使》等诗集，前者是刘立云1984年至2019年创作的军旅诗集，后者收录短诗八十首和三首描写战争的长诗（《黄土岭》《金山岭》《上甘岭》），既面向了时间本体和历史命题，也展示了诗人的胸襟和气象。

评论界对刘立云的诗歌予以高度评价，认为他的诗歌中充分展现了四种品质：第一种是岑参赞叹的"强欲登高去，无人送酒来。遥怜故园菊，应傍战场开"；第二种是王翰吟哦的"醉卧沙场君莫笑，古来征战几人回"的悲壮；第三种是卢纶向往的"月黑雁飞高，单于夜遁逃。欲将轻骑逐，大雪满弓刀"；第四种是李白沉醉的"长安一片月，万户捣衣声"。

一个人可以不是诗人，但不能缺少一种诗意的情怀，诗人林莽认为，中国诗歌有两扇翅膀，一是我们几千年来的中国古典文学这扇翅膀，二是近百年来我们不断向先进文化和先进艺术学习的另一扇翅膀。刘立云最突出的是军旅诗歌，有其个性和独到之处，他的诗歌中体现了这两扇翅膀比翼齐飞。

从一开始，他的诗歌就关注国家、民族和人类的命运

问：您曾受到熊召政、刘益善、叶文福诗歌的影响，写了一首叫《井冈山呵，我为你呼喊》的政治抒情诗？

刘立云：提到熊召政、刘益善和叶文福三个湖北籍诗人，必须提到他们分别写的三首诗《举起森林一般的手，制止！》《我忆念的山村》和《将军，不应该这样做》。三首都是热血喷涌之作，对当时社会上开始蔓延的腐败和老百姓依然生活在贫困中表示极大的愤慨。我写《井冈山呵，我为你呼喊》，是对经历“文革”的井冈山革命老区依然满目疮痍感到痛心，血气方刚地站出来为它呼唤和呐喊。我那时正穿着军装在江西大学读书，我所热爱的诗歌写作正进入蠢蠢欲动和跃跃欲试阶段，在那样的形势下写那样的诗，是自然而然的。

问：很多作家都是自诗歌起步，写着写着就转行了，或终止了，为什么您对诗歌的热爱仍这么持久专一？

刘立云：我热爱诗歌的持久专一，与我长期担任《解放军文艺》诗歌编辑密切相关。当我还是个蹒跚学步、苦苦追求的部队诗歌业余作者时，我就把李瑛、雷抒雁和程步涛这三个部队诗人引为翘楚，对他们敬仰有加。忽然有一天，我也成了《解放军文艺》的诗歌编辑，你说我会感到多么神圣，多么的战战兢兢，如临深渊，如履薄冰？因为《解放军文艺》诗歌编辑的这把椅子，正是李瑛、雷抒雁和程步涛坐过的。后来担任解放军文艺社社长的程步涛，不仅是我的前任，还是他发现的我，举荐的我，让我到编辑部任编辑帮助工作。我坐上《解放军文艺》诗歌编辑这把椅子时，上面还带有他的体温。我这样说，你肯定就能明白，我是多么地尊重这把椅子，敬仰这把椅子，热爱这个我比任何一个前辈都坐得久长的位置。诚实地说，坐在这个位置上我是敬业的，我知道要坐稳这个位置，既要有慧眼识珠和化腐朽为神奇的编辑能力，还必须认准军旅诗的走向，引领部队诗歌创作勠力前行。所以，我在工作上从来不敢马虎；自身的阅读和写作也不敢松懈。至于自身的写作，那是一个漫长的修炼过程。当我也成为一个说得过去的军旅诗人时，随着市场化的到来，军旅诗人和其他军旅作家一样，有的改写散文了，有的专攻歌词，有的当了官，有的转业回了地方，也有的自动退出竞争，整个军旅诗歌队伍渐渐出现“门前冷落鞍马稀”的状况。而我是《解放军文艺》诗歌编辑，单独守着军事文学重镇的一条战壕，我感到自己退无可退，只好咬牙坚持下来。

问：您的诗歌末尾都标注了具体时间，由此可以发现您的创作是多么勤奋，多么努力。能谈谈您的创作习惯——无时无刻吗？

刘立云：在诗歌创作上我不算勤奋，也绝对不高产。在作品后面注明写作时间和地点，是为日后编选诗集留下记忆，便于取舍。我的创作习惯跟许多人一样，属于随情所至，感觉好的时候集中写一批。写完后休眠一段时间，就像一口井被掏干了，等待它再次盈满。这段时间主要用来阅读，通常读我偏爱的那些外国大师的作品，比如史蒂文斯、博尔赫斯、塞弗尔特、沃尔科特等。迎接下一个创作高潮的到来。河北教育出版社出版的那本由陈东飙翻译的《博尔赫斯诗选》，我是长年放在书包里随身带着的书，一有机会就拿出来读几首，我把这种阅读方式称为润物无声，希望自己在不知不觉潜移默化中与我热爱的那些不朽之作融会贯通。有一个不好的习惯是，自从用电脑写作后，我毫无道理地喜爱诗句排列的建筑美，句子越写越长，越写越被意境、语词和节奏反控制。我知道这样不好，我力争以后能写得简单、简朴和简约一些，不受任何羁绊。

一首诗仅仅呈现远远不够，还必须有思想，有诗人对现实生活的立场和态度，对生命的抚慰和关怀

问：我非常喜欢《望着这些新兵》等一系列军旅题材的诗歌，真实、生动、对新兵的爱护和期望溢于言表。诗歌的创作灵感对于您来说触手可及？

刘立云：《望着这些新兵》写于2009年，它是以我们这支军队进入现代化进程为背景，强调此时站在士兵面前的指挥员变了，最重要的是时代变了，他带出的兵，不允许是一群绵羊，而必须是适应现代战争的一群虎狼。他的带兵方法不免有些凶狠、暴躁，不惜让自己变成被士兵憎恨的人，目的在于把士兵的野性也即战斗力逼出来。我们这支军队确实走过了这样的历程：二十世纪八十年代，我们改革了军官的培养方式，不再从大多数来自农村的那些吃苦耐劳的士兵中提拔了，改为在高考中选拔有知识、有抱负的青年学生，通过军校培训，毕业后派去部队基层任职。这样的机制改变了军队的知识构成，但从军校毕业的大学生与从农村入伍的士兵，明显存在情感和价值观的冲突。我一个仅读到初中的弟弟就是在这个年代当兵，我去新兵连看他，他扭过脸抹眼泪。我问他为什么哭，他说排长太凶了，训练时骂人，动作做错时，用脚踢他们，揪他们的耳朵。这件事让我牢牢地记住了，十几年耿耿于怀。我写这首诗，就想揭示我们这支军队在这些年真实发生的蜕变。这是我们必须要走的路，必须付出的代价。虽然，多少有点残酷。

问：您的诗歌题材多样，关于《火器营》，我想是表达了一名军人在和平时代的警醒。这种反思来自什么？

刘立云：我2006年买了第一辆车，那是美国别克品牌中的凯越。4S店在海淀区闵庄路。我从鸟巢水立方附近我住着的南沙滩4号院开车沿北四环去4S店，在路牌上突然看到了“火器营”三个字。从南沙滩开车去我工作的解放军出版社，走西线必须路过北太平庄、小西天、太平湖、积水潭、新街口，目的地在平安里。看到这些地名，想到这些地名的由来，还有它们的过去和现在，任何人都可能浮想联翩，何况我是一个军人，一个军旅诗人。看到与军事和战争相关的语词，特别是北京的这种具有深厚历史渊源的街名和地名，免不了心里一动，产生写诗的冲动。我的许多诗，都是这样被现实事物撞上枪口的。我要做的，是反复掂量，看它能不能写成一首诗，够不够写成一首诗；其次，是如何把它写成诗，还有把它写成诗后是不是一首有新意的诗，有分量的诗。有的话，先三两句把感受记下来，在以后的慢慢思考中，完成对一首诗的价值判断和艺术审美。《火器营》就是这样写出来的。

问：《六月的鼹鼠》《教儿子做一只蚂蚁》等叙事诗读后也特别有共鸣。是不是对您来说诗歌俯拾皆是？

刘立云：不，对我来说，创作不是没有难度，而是不断碰到难度，遇到挑战。诗歌题材于我也不是俯拾皆是，而是需要披沙拣金，有一个遭遇、挑选、吸取或淘汰的过程。我认为，诗人的一生，就应该不断地挑战难度，不断地打碎和扬弃，不断地作茧自缚和浴火重生。

回头说《六月的鼹鼠》《教儿子做一只蚂蚁》这种叙事诗。二十世纪八十年代，我与部队当年最年轻、最有才华的青年诗人简宁和蔡椿芳去云南前线举办“战壕诗会”，曾大量写过这类诗。因为我们当时的创作原则是，客观地看待这场战争，忠实地记录这场战争。应该说，这类诗特别依赖事件的鲜活性、独特性和时效性，写出来具有鲜明的质感和冲击力。但是，相近的故事或生活片断别人写过了，你再写，就没有多大意思了。上世纪我们在南方的山岳丛林打的那场局部战争，是我们这支军队在经历了几十年和平生活之后，突然在一个特殊地域与一个熟悉的对手展开生死较量，发生了多少惊心动魄的故事，有多少发人深思的细节啊！新世纪以来，一些诗人朋友把目光投向民间，再现社会底层的草根生活，赢得了许多读者的赞赏，被称为“草根写作”。我也曾为这种接地气的写作叫好。但同时也小心翼翼地提出了我的忧虑。我觉得一首诗仅仅呈现是不够的，还必须有思想，有诗人对现实生活的立场和态度、对生命的抚慰和关怀。这应该就是你说的难度吧？如果哪个诗人认为诗歌俯拾皆是，写作没有难度，一定在哪个环节出了问题。

作为军旅诗人，刘立云的诗歌既有智慧的思辨，又有铿锵的力量。这使他在众声喧哗中保有自己独特的声音，也使他的诗歌具有旺盛而持久的生命力

问：《上甘岭》发表于2017年的《中国诗歌》，后获得闻一多诗歌奖，可否谈谈这首长诗的创作？很少有诗人能够以长诗的形式书写一场战争。

刘立云：《上甘岭》发表于2017年，是2017年上半年写的。由美国人1952年10月14日在朝鲜发起的这次战役，本来是一场他们准备投入两个营的速战速决的战斗，旨在把阵地向前推进一千多公尺。但他们低估了志愿军依据坑道誓死坚守的决心和战斗力，把一次小规模的战斗打成一场战役。这场战争给我们的启示是，无论在什么时候打一场多么现代的战争，我们都不能忽视人的现代化。说得更直白一些，在我军走向现代化的进程中，首先必须实现人的现代化。我在《中国诗歌》同期发表的创作谈中说："在上甘岭，中国人民志愿军同样付出了惨重的代价。但从某种意义上说，这种代价是不可避免的。因为，这是一支纯粹从田野里走来的军队。这支军队的士兵是农民，将军也是农民，只不过他们的将军是比士兵早几年或十几年投身战争的农民。"

我写这首《上甘岭》并非心血来潮，而是希望以诗歌为触须和媒介，对那场惊心动魄的战争，对中美两军唯一的一次战场大对决，还有对当下的国际政治、未来的战争格局，作出自己的判断，发出自己的声音。你可以说我天真、幼稚、不自量力。但我认为，一个诗人的心脏理应更大一些，理应有一定的纵深感；跳起来，也应该更强劲。

面对当下这个瞬息万变的大时代，如果我们的诗歌甘于沉默，或者只满足于抒发内心的孤傲和小情调，可能难逃苍白的命运。

问：您如何评价“战争三部曲”(《黄土岭》《金山岭》《上甘岭》)在自己创作中的特殊意义?

刘立云：三首长诗是在二十二年中，因为不同的缘由写出来的，当时绝没有当成“三部曲”来写。巧的是每个战地都有一个“岭”字，如今放在一起，勉强说得上是三部曲。它们在我创作中的意义是，分别写了古代、抗日战争和抗美援朝三个不同时期的战争，但保家卫国的主题是一脉相承的。有一点必须指出来，长诗应该有深邃的思想，讲究哲学底蕴和精巧结构，不是篇幅拉得长一些就是长诗。像艾略特的《荒原》《四个四重奏》、帕斯的《太阳石》、聂鲁达的《马楚比楚山峰》、埃利蒂斯的《英雄挽歌》，才是标准的长诗。我这三首诗功夫下在战争本身，虽然在技艺上做了一些尝试和探索，但还不是严格意义上的长诗。起码在文本上，我不能信口开河。

揭示生活和生命的本质，触及人类的灵魂，语言和节奏优美、和谐，能给人以深刻启迪和抚慰的作品，才称得上好诗

问：您的《大地上万物皆有信使》作为“中国好诗”第五季出版，您认为“好诗”的标准有哪些?

刘立云：由彭名榜和贺俊明先生共同编撰和投资出版的“中国好诗”丛书，是一个雄心勃勃的诗歌出版工程，已经卓有成效。他们做了一件功德无量的事，基本上把当下的好诗人和好诗一网打尽。我的《大地上万物皆有信使》被纳入该丛书的第五季，是我的荣幸。但我不敢说自己写的都是好诗，清醒的诗人都不敢这样说，除非不要脸的诗歌狂人。虽然诗人们有自己的主张和追求，但好诗还是应该有大致的标准。在我看来，揭示生活和生命的本质，触及人类的灵魂，语言和节奏优美、和谐，能给人以深刻启迪和抚慰的作品，就是好诗。

问：《金盔》是您三十五年军旅诗选。写了这么多年，回望自己的创作之路，一定很满意吧？长诗和短诗，都创作自如，您更愿意写哪一种？

刘立云：《金盔》是我工作了三十三年的部队出版社在经历最严军改，军事文学出版陷入绝对低潮时，山西的北岳文艺出版社主动邀我出版的一部诗集。因为这种事情多年没有发生过，我对这家经济实力并不雄厚的地方出版社充满敬意和感激。地方出版社主动邀我出版的一部诗集，说明我的军旅诗得到了一定范围，而且是超出军队读者圈的承认；出版一本军旅诗自选集，是包括我在内的许多军旅诗人梦寐以求的事；三是这本自选诗不仅体现了我几十年的殷殷付出，同时也能看到我几十年对军旅诗的成长和进步作出的努力，贡献的智慧。从这个意义上说，不问长短，我自己的诗自己都喜欢。

问：在《比钢铁更坚硬的》的诗行中，您以美国士兵观察的视角，写下对中国士兵的由衷赞美："他们比钢铁更坚硬的意志 / 他们面黄肌瘦的身体里 / 隐藏的彪悍和决绝，他们随时迸发的英勇 / 渐至他们能消化沙子和稻草的胃 / 他们的骨密度和骨头中磷和钙 / 的含量；他们的喜怒哀乐 / 他们的世界观、价值观，还有人生观"，得出"是的，比钢铁更坚硬的，是一种精神"的结论。这种排山倒海般的情感和文字，也只有军旅诗人才能具备。

刘立云：军旅生活是一种职业生活，一种特殊的人生经历，也是一种历练，一种精神象征。我的诗歌语言，就是希望以热血为底色，以钢铁为骨骼，以壮士一往无前的气概为节奏，以为国家和民族慷慨献身为灵魂，将军人与时代气息共振的内心世界艺术地呈现出来，体现我们这支军队所特有的粗糙美、奔涌美、残酷美和倔强美。

问：在《父亲是只坛子》《母亲在病床》等诗歌中，我看到了您的另一种风格。这些诗歌看得我热泪盈眶！您的诗歌，无论是写军人，还是写亲人，都饱含深情，击中读者的内心。

刘立云：这类亲情诗我写得不多，是因为害怕触动心里的隐痛。像我这样一个农民子弟，自己走得越远，每当回首往事，心里便越空，越有一种说出来别人会认为矫情的东西。因为过去的那个人还在过去的往事中，你往前走了，过去的环境和包括你的亲人在内的社会还停留在那里，而命运这个东西不断提醒你现实有多么冷酷，多么让人不堪。这容易让你的诗与你这个人总是处在精神分裂状态，不怎么让人愉快。这样的东西我以后还会写，不过接下来怎么写，是我必须考虑和在乎的。有一点似乎不可避免，就是人们常说的“欲戴王冠，必承其重”。

《烤蓝》是刘立云集合三十八年军事生涯的经历和经验写成的。他把这部诗集当作一项巨大工程来做，试图用自己的诗歌去触摸刀尖上的锋芒

问：《烤蓝》是一部关注军旅人生勇毅品格的作品，您以多年来“在场”的审美视角，用独特的语言，以诗意承载思想，把“烤蓝”过程，喻为风雨人生坚韧的品格锻造过程，参悟军人本色，特别是对战争中的人性、和平年代军人的本质回归和整体人类命运的思考灌注其中，对战争、和平、历史以及军旅人生进行一种深入的思考，让军旅诗在一种价值取向的观照下有了一个独特的精神品格。

刘立云：《烤蓝》的自序，题目就叫《那种蓝我必须说出来》，有点决绝和义无反顾的意思。《烤蓝》这部诗集的创作，几乎是全力以赴，不分昼夜。那是一次等待已久并蓄谋已久的行动。原因是，经过长期的积累和对军旅诗的深层思考，我对我们这支曾经的农民军队走向现代化的痛苦进程，有了许多个人经验和认知需要表达。这些东西集中到一点，就是揭示现代军人应该如何生存、战斗和死亡。有许多东西过去深藏不露，我试图通过这部诗集，一一给予澄清和破译。

问：您如何评价鲁奖给自己带来的改变？

刘立云：这个奖对我来说最大的改变，是认识了更多的优秀作家和诗人，之后有了更多与他们交流的机会。其次是，中国作协很快安排了我和李琦出国访问，扩大了我们的视野。这是2012年，我们被派去以色列参加“尼桑”国际诗歌节。这个诗歌节是以色列海法大学的一个阿拉伯教授发起的，参加者为以色列本土和分布在世界各地的犹太诗人，和中东各国的阿拉伯诗人，旨在弥合两个民族之间的矛盾。你看诗歌和诗人自觉担负起了多么沉重的责任！可惜阿拉伯与以色列人至今战火未熄，你说在血腥的战争面前，诗歌的声音多么微弱！我是第一次参加国际诗歌活动，看到了中国诗歌和中国诗人正与世界深入融合。

问：像《烤蓝》这样书写当代士兵真实生活和朴实情感的优秀诗歌，当代确实太少了，您愿意谈谈对当代诗歌的看法吗?

刘立云：军旅诗与整个诗坛虽说遵循着同样的创作规律，但它以其鲜明的战争背景和英勇献身的主题而独树一帜。特别是它独自享有的崇尚英雄的普世价值，使其他领域和题材的创作难以与它并驾齐驱。从这一点上说，用军旅诗来要求其他领域和题材的诗歌创作，或者反其道而行之，都不是科学的态度。说到对当代诗歌的看法，我觉得无论数量和质量，都达到了盛世年代的空前繁荣。跟任何国家比，任何朝代比，都毫不逊色。但新诗毕竟是外来物种，经过学者们的大量翻译和介绍，在中国获得广泛传播和普及，促使中国新诗发育和发展迅速，大有后来居上的势头。但是，当我们在过去几十年中走完别人用上百年走过的路，包括新诗在内的西方文化对我们的影响也在减弱。换句话说，同中国的现代化走到今天，必须以中国创造代替中国制造一样，中国诗歌也到了独辟蹊径的时候。因为我们自己走过的路，面临的时代，是崭新的，别人没有也不可能给我们提供破译的密码。唯有树立文化自信，积极破解中国政治和经济急剧发展的奥秘，中国新诗才有可能克服当下的同质化和碎片化，找到完全适合我们自己的道路，创作出有中国气派同时有世界水准的作品来。

花开的声音像消失的秘密

胡弦 1966年生，江苏铜山人。著名诗人、散文家，中国诗歌学会副会长，江苏作协副主席，《扬子江诗刊》主编。著有诗集《沙漏》《定风波》、散文集《永远无法返乡的人》《风的嘴唇》等。有英语、西班牙语诗集出版。曾获诗刊社“新世纪十佳青年诗人”称号、《诗刊》《星星》《作品》《钟山》等杂志年度诗歌奖、闻一多诗歌奖、徐志摩诗歌奖、腾讯书院文学奖、花地文学榜年度诗歌奖金奖、柔刚诗歌奖、十月文学奖等。诗集《沙漏》获第七届鲁迅文学奖。

采访手记

胡弦给我的印象，宽厚，温和，甚至有些腼腆，书生气十足。但是看他的诗歌，语言精准有力，很容易令人产生共鸣，不得不折服于诗人的才华与哲思。

胡弦说，诗歌的价值，在于诗人给日常生活打下个人烙印的能力，即诗人在自己所处语境中对生活本质的语言捕捉能力。日常的事物出现在诗中时必须同时沉浸在崭新的语言体验中，才能摆脱平庸和无感。对于生活，诗人必须是个亲密的知情者。

“我们在通常生活当中遇到很多东西，遇到一个木头和一块石头裂开的缝，胡弦发现了裂隙当中的诗意……诗人的创作性是我们所不及的。”北京大学中文系教授谢冕对胡弦诗歌予以高度评价。

如果仅仅是故事的呈现、简单地对日常经验描摹或模拟，诗歌不可能达到一定的高度。而胡弦的诗歌除了对日常经验的捕捉、对细节的把握，在诗歌的精神高度和诗歌技艺上，都达到了相当的水平。因而鲁奖评委会的授奖辞说：“胡弦的《沙漏》具有疼痛和悲悯的气质。他善于在词与句的联系中发现精妙的诗意，深邃的经验融入和对现实、历史、时间的复杂省思，使文本富于理趣，触摸到世界的深处。”五年过去了，胡弦佳作不断，《胡弦诗选》《定风波》《葱茏》《水调歌头》……在诗里，他似乎成功地克服了某种限制，呈现出了新的变化。

胡弦，一个秉持怀疑和挑战精神的诗人，一个勇于打破惯性的写作者。在诗评家霍俊明眼里，胡弦是一个慢跑者和“低音区”的诗人，声调不高却具有持续穿透的阵痛感与精神膂力。胡弦既是宽怀、木讷的，也是冷静、焦灼、尖锐、机敏的，正如一根带锯齿的草，在测量着风力和风速，也在验证和刺痛着踩踏其上的脚掌。比如他近年来一直在尝试的“小长诗”的写作（《蝴蝶》《沉香》《劈柴》《葱茏》《冬天的阅读》等）。流行的说法是每一片树叶的正面和反面都已经被诗人和植物学家反复掂量和抒写过了，胡弦如何找到

“另外的知觉”和“另外意义的肺活量”呢？

在小镇偶遇诗人，让胡弦也成了一个小镇诗人，并站在小镇面对世界

问：能谈谈您的经历吗？在乡村当小学老师，当了多少年？那时候的状态是怎样的？在那里就开始诗歌写作了吗？

胡弦：我的简历如下：1966年出生在苏北平原上的一个小村子，名杜楼村，在黄河故道上，几十户人家。我在村子里度过童年。后来到镇上读初中，然后读中师。1986年分配到一所小学教书，后来调到另一个镇子教中学，再后改行做报社记者、编辑、县文化馆创作员，最后，调到《扬子江诗刊》工作至今。我在中学教书时，镇上的电影院有个诗人，他有次来学校里玩，带着他的诗给我看，我忽然感觉这样的诗自己也是能写的，就写了几首给他看。只是不久后他离开镇子到山东去了，我便再没有一个可以谈诗的朋友。

在报社时，我跑新闻，做广告，写新闻稿之余写点随笔。我虽是六十年代生人，但八十年代的文学浪潮对我没什么影响，诗歌则几乎是空白。在中师时，我对诗不感兴趣，很少读，倒是会到图书馆借阅小说。九十年代我偶有诗发表，但当时写得最多的，是适合报纸副刊用的小随笔。

差不多到了九十年代末期，我心中才有了“诗坛”这个概念，并认识到自己最爱的是诗，而不是其他，因为唯有写出一首诗，对我的消耗和我能从中得到的快感最强烈，于是我开始搜集诗歌来读。因为自己对写诗用力比较晚，所以在很长的时间段内我一直有个错觉：许多大名鼎鼎的诗人，要比我的年龄大得多。实际上，他们是我的同龄人。2007年左右，写完一个蔬菜题材的系列随笔后，我把为报纸副刊写稿停掉了，将更多的时间用于诗歌，大概从那时起，我才算个真正意义上的诗人吧。前几年我曾在一个感言里说：“一个人写诗，可能

既非在深刻思考，也非对语言的警觉与感知，而是一种爱恋。爱，使他在质朴的叙述中，能不断抽出新的知觉，从而给所爱之物以别样的观照，也使我们遭到剥夺的人生还原为一个令人诧异的心灵映像。”这个，是我那个时段爱上诗歌的感受。

问：乡村诗歌在您的写作中占较大比重，如何评价自己的乡村诗歌的独特价值？

胡弦：乡村诗歌在我早期的写作中占很大比重。大概有十多年，我写了许多乡村题材的诗，现在则很少写，主要是对乡村不那么熟悉了。我不太信赖那种到乡村采风一两天就能写出几百行诗歌的行为，因为一瞥之所见，往往是对深入了解和整体真实的片面，恰恰可能是不真实的。乡村生活的日常，依赖的是它背后一个看不见但正在运行的庞大的体系。而一首诗的诞生，对这个庞大的系统又像一种悖反——它只从中带出一些看上去若有若无的影子，使体系之重若隐若现，以此取得自己的姿态。

作为一个已数十年居于城市的诗人，书写乡村，已是一件值得警惕的事，比如游客般的欣赏趣味。在这种趣味下，勾勒出的画面常会萦绕着非现实的气氛，即便是对痛苦的指认，也会带有一种令人厌恶的意犹未尽的欲望。从书写心态来讲，大概来源于不用再承担什么，因而导致过于轻松、轻佻或故作沉重，从而使乡村景观变成了一种表面感觉，无法触及其真正的结构。再如乡愁的副作用，那种隔着距离和年月的不自觉的戏剧化成分。当我讲述的时候，有时会突然大吃一惊：我讲述中的抒情性是从哪里来的？

是的，我写了许多乡村诗，我庆幸的是，乡村话语，其意义和箴言般的力量，并未因我的反复述及而减损。故乡，也没有变成我主观叙述的牺牲品。

随笔与诗歌，故土与风景，既是他的人生足迹，也是他书写的主题

问：有评论把您归为“后现代”，也会拿您和美国后现代代表诗人罗伯特·勃莱作比对。

胡弦：我熟悉罗伯特·勃莱的诗歌，也熟悉他诗歌中的深层意象。但是如果仅仅拿后现代诗歌对比，可能会失之偏颇。影响是种混杂的累积，即便仅仅是美国后现代诗人对我的影响，与罗伯特·勃莱相比，W.S. 默温和阿什贝利，我也许更喜欢一些。

问：九十年代开始写作，当时的文学状况远不如八十年代景气热闹，文学刊物的生存都是问题。在这种情况下，您写作的动力是什么？

胡弦：诗歌写作是件美妙的事，伴随着痛苦和难言的欢乐，和外界没有太大关系。即便文学刊物不存在了，诗歌写作也会依然在。

问：无论是随笔还是诗歌，对乡村故土、古迹遗迹的书写是您的重要主题之一。从什么时候开始注重走出书斋？

胡弦：曾有一个阶段，我在书斋多，现在行走多了。到了某地，对当地的风景、风俗有所了解，仿佛触到了陌生的梦境，难免会有自己的感触，而因此想去写一首诗的欲望，则是诗人在自己的身份、职能下本该有的承诺。我想去某个地方走走，肯定是觉得，那里有吸引我、让我激动的东西，而在随后可能到来的写作中，我寻找的，也许是“第二个自我”。

问：您比较讲究继承传统，同时也会“反其道以行”重建规范。在这方面，您有何独特的体会？

胡弦：新诗从与“古”的断裂中发轫，但随着时间的推移，“汲古”则会成为自然而然的事情。新诗需要从各方面吸收营养，具体到个人创作，却可以有偏好、偏废。我个人目前这个阶段，从题材到句法的出入传统，是我想靠近一种“新的语言”。若说有什么独特体验，

有时我会觉得，写作中的我，恍惚中身上会有某个人的影子，他记得自己是谁，他重新面对这世界并写下另一首诗。

问：从书斋到行走，是您有意为之？

胡弦：有时是。当然现在的书斋和以前不同，有互联网的存在，即便居于斗室，生活也是向世界敞开的，遥远的地方也能凭借技术手段里的光与影取得恍如能身临其境的感受。但是对文字、图片、视频的借助，和实地考察还是不同。我写关于运河的诗时，看了许多这方面的文化纪录片，但是不到实地去看，感觉总像隔了点什么。有些地方的河道已湮灭了，但只有在现场才能感觉到，眼前的看不见，比图片或记载里的看见更重要。

《沙漏》具有疼痛和悲悯的气质。他善于在词与句的联系中发现精妙的诗意，深邃的经验融入了对现实、历史、时间的复杂省思

问：2018 年，您的《沙漏》获第七届鲁迅文学奖诗歌奖。能否谈谈《沙漏》的创作契机？

胡弦：《沙漏》中的每首诗都有其创作契机，但整本书却没有，因为它大体是我 2011—2015 年间创作的合集。其中还有少部分写得更早一些。写诗就像攒零钱，攒够了，就挑选部分出来结个集子。《沙漏》收录我的短诗和小长诗共百余首，成书时分成“葱茏”“寻墨记”“春风斩”三辑，其中“葱茏”多写生活中熟悉的小事物，“寻墨记”偏重文化和历史感受，“春风斩”则为游记，是对草木山河的观照。

沙漏是古人的计时器具，给人的是时间感。我一直希望我的诗能经受时间的考验，能裂变出出乎我自己想象的诗意，以有限去触碰无限，《沙漏》部分地满足了我的这种渴求。如果诗神有各种化身，它在这本集子里是左手、花园、雪、树、镜子、绳结、蝴蝶，也是琥珀里的昆虫、讲古的人、旅者……借助诗歌，我明了我在做什么，以及文字承接异象的方式。更重要的是，比起以前的作品，它改变了我注视这个世界时那种注视的品质，加深了我诗歌的沉默属性。

问：您自己怎么评价《沙漏》？是您最好的诗作吗？获得鲁奖，您觉得意外吗？

胡弦：我不知道怎么评价《沙漏》，我在写作上想得更多的是怎样面对要写的下一首。《沙漏》是个阶段性成果，“最好的诗作”肯定不是。在我已出版的几本诗集中，去年的《定风波》，我相对更喜欢一点。对于一个写作还在继续的人来讲，他的作品不适合用“最”字。我一直有个感觉，仿佛现在的写作，是练习，是在为将来的某个写作做准备，虽然我也拿不准那个写作是否存在，但你总是希望写出超出目前熟练范畴的新的东西。另外，获得鲁奖是高兴的，但并不十分意外。

问：关于鲁奖评选的情况，您知道多少？可否以《沙漏》为例，谈谈您的创作经验？

胡弦：我对鲁奖评选的情况知道得很少。谈创作经验，即便以《沙漏》为例，这个题目仍然有点大，不知从何说起。我从熟练和生涩这个角度来谈谈我对写作状态的认识。《沙漏》相对于我早一点的诗集《阵雨》来说，一个明显不同的感觉是，我对语言的把握更熟练了。但后来我体会到，熟练其实是个需要警惕的假象，它可能意味着你会写出很多复制品，从而使自己的写作不知不觉变旧，因此，我常常在得心应手中突然不知所措，而且，唯有进入语言那生涩的感受时，我才能感觉到自己的写作重新开始生动起来。我把这叫作写作者的食欲——你已消化掉了一些东西，然后，你的意识开始向“另外”伸展，蔓延。是的，圆熟的技艺会反噬——它会重新考量你面对事物时那种尽在掌握的感受。

诗歌的语言经验是一种不断得到强化和巩固的意识，好手艺就是这样诞生的。但拥有这个意识不是目的，目的是，借助这意识去触碰我们心底深藏的无意识，让意识与无意识突然打破界限，建立新的联系，由此带来从未有过的崭新体验。此一活动，就其边界和终点来说，永不存在。就其变化而言，则类似真空妙有，或者说，需要生涩感的恒久长存，因为，一首尚未被写出的诗总是更重要。

实际上，在那不被留意的地方，一直隐藏着新的开始。恍如站在很远的未来反顾，考量，我才能看见当下，看见自己的立足点和“状态”。

问：此前您获得花地文学榜年度诗人奖、《星星》年度诗人奖、十月文学奖等，您如何看待这些荣誉？尤其鲁奖，给您带来了什么？

胡弦：我获过一些奖。获得鲁奖，给我带来了一些好处，奖金、荣誉，等等。评奖，属于评价体系中的一种，我很高兴自己的作品得到这种认可。我在写作开始不久的阶段，特别希望能获奖，但那个时段几乎没获过什么奖。后来，获奖的心淡了，奖却渐渐多起来。这个带有点宿命感，或曰魔咒，我此生的很多事都是这样，刻意去追求的往往不可得，所得却常常是意外。不过，诗好不好，不由是否获奖决定。我喜欢的几位大诗人，像博尔赫斯、佩索阿、里索斯、阿米亥等，就不曾获过诺奖，但他们在我心中的地位，远远超过许多获过诺奖的人。说到底，唯有作品可以使令名长存。

诗歌语言是一种追求极致的艺术，因此，人的内心也时时会有打破平衡的冲动

问：你一般怎么开始一首诗的创作？灵感对于诗的写作重要吗？

胡弦：大致有两种情况。一种是在毫无征兆的情况下，某个句子突然来到脑海里，一首诗就此开始，接下来的过程，类似对灵感那不可预测的骚动的承接。另一种是有准备的创作，这种创作如同一次有既定目的地的旅行，路途上充满随即性的奇遇，这样的诗，是在狭窄的规定性中向无限性敞开，而如果没有“奇遇”，则不会有诗。

问：评论家耿占春认为，“胡弦的诗歌日益显现了他在一种话语方式与一种事物场所之间进行修辞转换的能力，无所依托的祛魅的自然事物在纯粹的感性经验中生成意义的能力”，认为您的写作愈来愈显现出一个成熟诗人的魅力。不知您对此评价如何看待？您会留意评论家们对诗歌作品的解读吗？他们的评价，会影响您的创作吗？

胡弦：您这里说到了“影响”一词。我记得有次聂鲁达向洛尔迦朗诵自己的诗，洛尔迦就说：不要朗诵了，你会影响我的。所以，写诗，是个主观、个人化的事，独持偏见（徐悲鸿语）也很重要，而在特定的时间和状态中，封闭、摒弃接受影响也许效果更佳。我偶尔读些诗歌批评文章，但评论对我写作的影响，一直以来都不是很大。

问：您认为成为一名好的诗人，应该有哪些修养？

胡弦：诗人首先是人，从社会角度看，一个公民所应具备的修养，诗人也同样应该具有。但考察古今中外的诗人你会发现，许多卓有成就的大家，并不是品学兼优或德高望重之人。诗人，在生活也可能是不起眼或怪异的存在，甚至，艺术修养也未必多好，但他对语言却有出类拔萃的灵悟。心灵的构成是复杂的，人处在多种修养的平衡中，但这种平衡并不稳定，如果说诗歌语言是一种追求极致的艺术，人的内心也时时会有打破平衡的冲动。就我个人而言，仁善、内省、不羁、严肃性与游戏性，等等，都是重要的。

创作的可持续性，是怎样从惯性中发现新的秘密的存在，并以此来摆脱惯性

问：您觉得怎么保持诗歌的创造力和活力？

胡弦：得对生活有点紧张感才行。要有新的命名，并从中寻找新的道路和无限性。诗人要想保持活力，应当直面所处时代的精神，挖掘并整理它们，而不是交给其他人来处理。

另一点则是专注。对写作的自我声音的寻找可能是漫长的——一种漫长的自我教育。诗人也许应该是这样的人：他学习，但警惕学问，警惕灵性的损耗。他看上去懂得很少，但独立，不人云亦云，是更靠近自我的人。

问：诗作中的细节观照之外，却能提升到精神高度，这不是一般的诗人能做到的。能谈谈您的感受吗？

胡弦：细节要揭示真实，准确地传达人的情感和精神状态，让人在一瞬间相信，没有此一细节，本质就无法被触及；此一细节，必须是这首诗需要的细节，同时还要注意细节的死与活——没被触动机关的细节实际处在睡眠状态，细节唤醒它。细节要含有在我们的经验之外找到的动人的真实感，带来新的甚至是伟大的体验，从而使一首诗的价值变得无可估量。

问：现在写作中还会遇到瓶颈吗？如何解决？

胡弦：在写作中，难的是改变，只要你试图触摸尚未到来的可能性，瓶颈就可能出现。虽然有些大诗人，终其一生在诗歌语言上都没有太大变化，但我还是更欣赏那种不断摇摆和蜕变的诗人——不是题材、主题之变，是他仿佛发明了一种新的声音。

大概在十五六年前，我遇到了最严重的一次瓶颈，觉得诗写不下去了，寻找新的差异性很困难，心头常有沮丧和挫败感。我要感谢我曾学过一段时间美术，那段时间，我读诗，也读现代、后现代的绘画和建筑，如此两三年，后来，竟透过它们重新看见了诗。那种“透过去了”的感觉，不是觉得自己写得好了，而是觉得脚下又有了路，并有种可以把诗写一辈子的预感。特别是这种预感，带来的幸福是巨大的。

问：诗歌是否一定要有灵感时才能创作？如何保持对诗、对生活的敏感？

胡弦：保持敏锐的感知，是对一个诗人的基本要求。我的经验是：对于生活，诗人必须是个亲密的知情者。被理解的生活，远比正朝前滚动的生活重要。

问：您曾写过短诗《尺八》——热爱古典音乐？笔名是否与兴趣有关？如果是，能否谈谈音乐对您的诗歌创作带来怎样的影响？

胡弦：我热爱古典音乐，笔名也与此有关。短诗《尺八》是我自己比较满意的短诗。尺八是中国传统吹管乐器，唐宋时传入日本，后来在我国曾一度失传，后又从日本传回。唐宋尺八是日本尺八和中国洞箫的前身。这种流转里有种令人感慨和遐思的东西。我还觉得，尺八是乐器名，也是一个长度—— 一尺八寸。长度有限，而可用来丈量的乐声却是无限的，这也可以作为诗歌的一个隐喻——诗的行数字数都是有限的，但在有限的诗行中，我们追求的东西是无限的。

音乐能给诗歌写作带来很多东西，诗句也会像音乐那样，萦绕在心头，这是语义性和非语义性的“幸会”。对《尺八》，评论家草树先生曾有个知音般的解读：“诗不再依傍本体和喻体的一一对应，而是从语言气韵或诗歌节律上的兴会，去达成不同事物之间的某种内在相似性，或一种感通的微妙。”

看重传统特质在当下诗歌中的演绎，看重它作为角色的活态行动，并在行动中拥有崭新的能力

问：《水调歌头》和《葱茏》都是您获奖之后的作品？有些作家在获得大奖之后，创作会有一些压力，您有这种压力吗？您觉得获奖之后的作品，和之前有什么不同吗？创作心态有变化吗？

胡弦：写作如果有压力，只会来自写作本身，和是否获过奖没关系。

《水调歌头》里的作品，大多是获鲁奖后写的，《葱茏》则不是，获奖后的作品占少数。《葱茏》是我的一本长诗合集，出版长诗合集，

我这是第一次。《水调歌头》则另有特别处，它是我的第一本主题诗集——写的是水，我试图通过水和与水有关的事物，来探讨古中国的美学和精神，所以，这本书亦可以看作一本长诗。它虽是我近年来的作品，但写作准备却在七八年前，那时我萌生了写一本有关大运河的诗集的想法，后来把题材由运河扩展到水系，以及和中国水文化有关的许多事物，形式上则主要由小长诗构成，伴以部分主题组诗。

写作中要面对的很多，比如庞大的古老如何穿过当下这个针眼，比如如何在语言中安置诸多所遇。我对水系的情感，包含在从现实场景中直接获取的物象里，也包含在所有失踪的事物和事件中，河流本身不再是写作唯一的着力点，我想要的，我让它们从一种更宽广的视域和更长久的意义中显形。河流和情感，内蕴在一个总的构想中。与过往相比，语言上也有些变化，我也许找到了更沉着同时也更可靠的呈现方式，它已能安置好更加强烈的不肯结束的东西，因而也可以让存在更深刻。这也是我目前相对满意的一本书，在写作中，我小心地呵护着自己的灵感和鲜活的触觉，在一个更具平衡感的心灵框架中，我让流水分享着我的语感和对特定事物的认知。

问：与短诗相比，您的长诗更富于哲思。从早期的长诗《劈柴》《寻墨记》《葱茏》到今天的长诗合集，都凝聚了您的人生观察和思考，有很多的玄思妙想。

胡弦：写了一些长诗后我才能感觉到，在诗歌的“进化”中，短，也许是对长的一种革命——短诗把诗人从冗长的谈话中解救出来。因此，现在我写长诗，总感觉类似二次革命。写长诗的确是另外的实验，比如我前一段时间留意的，是短诗在长诗中的反映，我想的是：一首长诗，怎样处理它包含的短诗具有的那种欲望？实际上，只要你老是待在长诗中，各种问题和想法就会次第出现，比如我还意识到，在一些长诗中，有时不作为比作为更重要（这和短诗相反）——某种类似“悬置”的描述，在阻止写作变成一种简单的暴露或支配。令人愉快的是，长诗，总像是从经验之外的地方获得能量，并把它转化为内在于语言的可持续推进能力。在写完一首长诗后的回顾中，我会想起当初规划它时，曾像规划怎样做一把琴，但最后，做成的却是一首曲子。这也许是合理的，不知不觉的过程是种成功的过渡，是诗本身的能动在起作用：它把自己从任务中解救出来，获得了新的生命力——现在，任何演奏都无法再消耗掉它。

把痛苦升华为天空中的明亮

路也 1969年12月出生于济南。现为济南大学文学院教授。主要从事诗歌和散文的创作，兼及创意写作、出版、比较文学等方向的研究。已出版诗集、散文随笔集、中短篇小说集、长篇小说和文学评论集等共约三十部。近年主要著作有诗集《天空下》《大雪封门》《泉边》，散文随笔集《未了之青》《写在诗页空白处》《蔚然笔记》等。曾获人民文学奖、天问诗人奖等。诗集《天空下》获第八届鲁迅文学奖。

采访手记

如果你知道哪里有招募登月旅行者的消息，一定第一个告诉路也。

路也是谁？

诗人，作家，教授，自称“路霞客”。从小是个“摇街走”，连吃饭都不愿待在家里。长大了，她果然还是喜欢到处跑，喜欢看各种地图册，幻想走遍天涯，超级热爱异域文化。最关键的是，居然喜欢探访诗人作家的故居和墓地，即便偏僻阴森的地方她也不怵。

有趣的诗人，有趣的灵魂。

她告诉我她是射手座，自己的性格特征完全符合星座特征。我不懂星座，特意百度：乐观、诚实、热情、喜欢挑战，不过很容易浮躁不安，鲁莽行事……十二宫星座的冒险家，热爱旅行……也许这也叫命中注定？她居然喜欢旅途中的流浪感，未知的一切，紧张或冒险，最终居然都能迎刃而解，化险为夷。她认为一定有天使在暗中庇护，但是朋友说她把天使给累坏了！

这样一个“背包客”，老了跑不动了怎么办啊？

她早就想象死后墓碑的设计。她要把墓碑设计成一个拉杆行李箱的模样，还要卡通一些。对了，墓碑的背面要雕刻上一张世界地图，把去过的地方都标识出来……路也有长不大的童心。九十年代初第一次见她，清秀安静，在一个县级文化馆的地面上突然发现一只虫子，像个顽童蹲在地上摆弄；后来再见就是会场了，路也给我的印象，伶牙俐齿，滔滔不绝。偶见发表在报刊的散章，才气逼人，独特的见解，灵动的文字。

只是很多年之后才有机会采访，这时，她的诗集《天空下》已获得第八届鲁迅文学奖。《天空下》是一部充满智性的诗集，诗人自如地穿梭于大自然和日常生活间，直面世俗，还原自己，反省生活，显现出精密的结构和饱满的意象，传达出了一个优秀诗人的沉着、幽默和尊严。

路也想的是“我要当一个作家”，而很少专门去想“我要当一个诗人”

问：从什么时候开始写诗？

路也：高中时写过语文课上的诗歌作业，还在市级报纸上发表过一首小诗。而真正开始正式发表的比较像样的诗歌，应该从大学三年级开始算起，发表在《飞天》《青年作家》《山东文学》上。

当我决定写作时，我什么都写。有相当长一段时期，我既写小说，又写散文，同时还写诗。我写小说从二十岁一直写到四十岁，然后才决定不写了。散文和随笔则是时断时续地写，起初写得挺少的，后来由于开了报纸专栏而开始大量地写，如今不写专栏了，只写长散文。相比之下，诗歌一直都在写着，从来没有出现过中断。近几年以来，我又对文学评论发生了兴趣。

我从来没有给自己规定过一定要写什么体裁。我想的是“我要当一个作家”，而很少专门去想“我要当一个诗人”。

经常会有不少人对我说起当年我写的那些小说多么好看、多么好玩，还有人对我表示喜欢我的散文随笔超过喜欢我的诗。

我的思维是发散式的尤其是跳跃式的，带有很大的不确定性，可能更适合写诗。当然，到如今，我似乎越来越喜欢“诗人”这个身份了。

问：初期的写作受到谁的影响比较多？你曾发表长诗《T. S. 艾略特的声音》，还在《世界文学》杂志上发表《向 T. S. 艾略特致敬》。

路也：我的诗从表面上看去，似乎看不出受过多少 T. S. 艾略特的影响。然而，他对于我的诗歌写作的影响，并不是一种显性的影响，而是一种隐性的影响，是长久而浸润式的影响。同时，在诗歌写作之外，他的博学、纯正、审慎、庄严，以及犹疑和反省的气质，甚而至于还有一些极其个人化的无厘头的荒唐，都令我着迷。

我在长诗《T. S. 艾略特的声音》和长文《向 T. S. 艾略特致敬》里

已经把这些意思表达得比较清楚了。T. S. 艾略特，则是我最喜欢的诗人，也可以说，是我最喜欢的人。

各种体裁都能驾驭。路也说，自己就像是一辆唏里咣当的大篷车，什么都往里面装载

问：短篇、中篇、长篇都能驾驭，诗歌、散文、小说都写得风生水起，回顾自己的创作，不同的体裁，你愿意如何作比？

路也：我的兴趣过于广泛。作为一个诗人，我似乎不够纯粹，不够忠心耿耿。

或者这么说吧，我有一套房子，三室一厅或者四室一厅，一间房子用来写小说，一间房子用来写散文随笔，一间房子用来写诗，一间房子用来写评论，而门厅是用来教书和过日子的。

问：2001 年发表出版的长篇小说《幸福是有的》，你的写作通常很快？《幸福是有的》只用了四个月完成，感觉不论哪种体裁，好像对你来说根本就没有难度？

路也：那个长篇小说十八万字，四个月写完，写作期间还做了很多其他事情。虽然真正写作时间只有四个月，但调动的却是十年以上的经历和经验，写作之前酝酿的时间也较长。

写得速度快，主要原因是富有激情，那是我的第一部长篇小说，难免有青涩之处，却是一部激越之作。写作难度当然是有的，主要体现在结构方面，而写作过程中那些具体的煎熬和焦虑，都被写作时的巨大冲动给驱散了。我小说创作的优点和缺点在这部小说里全都体现得淋漓尽致。

小说的写作时间其实是 2000 年夏天，后来发表在《中国作家》2001 年第 7 期上，再到后来又出了单行本。这么多年过去了，直到现在，这部小说仍然会被人提及，常遇到有人向我复述里面的好看的细节，每每使我感到惊异，同时有恍如隔世之感。

那部小说是对于青春的纪念，同时也是对于青春的挽歌。

问：母亲因心脏问题住院，你写出长诗《心脏内科》；此前姥爷去世，你也写过《你是我的亲人》组诗纪念；父亲去世，你完成了长篇小说《下午五点钟》……对于作家，任何经历都不会浪费？

路也：《心脏内科》《你是我的亲人》以及《下午五点钟》，都与亲情有关，在这类诗中，我一遍遍地书写疾病和死亡，主要是因为它们吓着了我。我通过书写这些困境，得以拥有里尔克式的态度：面对、看清、说出、写下……最终是为了超越。

“对于作家，任何经历都不会浪费”，这样说，在理论上是成立的。然而，对于我，其实还有很多重要的个人经历和个人经验，并没有被写出来，将来也不一定会写。

对于一些隐秘的事物，我可能选择只写一角，或者留待将来去写，或者干脆不写。那些不写的部分，没有变成文字的部分，被藏匿起来了，只对着上帝去说。

问：《心脏内科》中，你并没有罗列身体的烦琐细节，而是强调心脏与身体的鲜明的对比，突出心脏的重要地位，同时也引发很多超越性的思考。你的长诗达到了诗性和哲思的融合。

路也：这首诗从具体的生理上的心脏开始写起，围绕着这样一颗“心脏”的原型，渐渐地往横向拓展并往纵向开掘，写出了“心脏”的各种蜕变，各种象征和隐喻之义，从身体首都直至宇宙之心，最后赋予“心脏”形而上的意味。这首诗从疾病困境延展出去，进入到了浩渺无垠的虚空和万有。我追求“咫尺应须论万里”。

如果这首诗达到了诗性和哲思的融合，那么，我是在无意之中做到这一点的。我确乎拿出过很多工夫来正经八百地研读过不少哲学和宗教的书籍，我研读的目的主要是出于好奇，并没有想过要它们与诗歌发生必然关联。

她的诗歌写作不断有新的探索和创新，她用写作解决个人身心的窘迫和烦难，同时也突破了诗歌创作上的瓶颈

问：《江心洲》系列向来被认为是爱情之作，当然也可以视作是对自然致敬之作，隐含了北方人对南方风物的挂念之情。

路也：我应邀写下来的关于《江心洲》系列组诗的创作谈以及访谈，加在一起的字数，估计得有这个系列组诗字数的二百倍之多了，呵呵。这相当于在写完了诗之后，又负责给自己的这些诗写了一篇又一篇的评论……这使我一度陷入了迷茫和焦躁。

写于 2004 年的《江心洲》系列组诗是我的重要作品，代表了我的一个阶段。那个阶段早就过去了。它们放在那里，不会消失，而我则很少去翻看。至于如何评价，还是任由他人去做吧。

很简单，作为一个北方人，我在生命的某一个阶段，曾经特别喜欢过江南，就是这样。而到后来，特别是人到中年之后，情况不同了，在我身上仿佛有一种新的意志产生了，于是变得更喜欢北方，尤其是比我生活的地方更往北的北方，同时也喜欢大西北……我喜欢一切荒凉、阔远、苍茫之地。

有时候，我是我自己的叛徒。

问：你为大白菜写过不止一首诗，包括《抱着白菜回家》，出现在内文里的大白菜更多。为何喜欢选择大白菜做意象？

路也：大白菜在中国北方占据着重要位置，尤其在往昔，它几乎是冬天的一号女主角，简直是中国北方冬天的图腾，硕大圆胖，一车车地堆放在路旁，家家都要囤积起来一些好过冬，即使是后来有了塑料大棚和交通运输便利，蔬菜变得多样化了，大白菜仍然是很重要的蔬菜。在北方，写日常生活很难回避大白菜。我只是自然而然地选择了大白菜这个意象，另外，严寒中的大白菜，其形态，其境遇，看上去风风火火的，那不要命的模样，脱离了轻飘飘的浪漫和唯美，反倒有一种粗粝的震撼，很能引发出命运之感。我在不止一首诗里涉及过大白菜，最明显的，写过《大白菜》《抱着白菜回家》，还在《我一个人生活》里出现了这样的句子“我一个人生活/上顿白菜炒豆腐，下顿豆腐炒白菜/外加一小碗米饭”。

我并没有刻意挖掘日常生活的诗意。在我看来，任何事物都可以入诗，没有什么事物不可以入诗，就是连大白菜这样过于普通、过于常见的事物，也可以入诗，也可以上诗。我经常感到自己身体内部驻扎着一个八岁小女孩，她对我发号施令，指挥我干这干那，我只好乖乖地去执行，她对世界充满好奇，她总是想游戏，我则不得不奉陪。于是，当以最原始的目光去打量一切事物时，仿佛人与这事物是第一次相遇，它们便成了从来不曾被看到过也从来不曾被书写过的原初模样，与此同时，还要使用文字将这个事物的真实雕像从茫茫世界之中剥离和凿刻出来，或许就可以进一步凸显这事物的本质和灵魂了——也许这就是所谓焕发出了“诗意”？

问：组诗《南山记》以一座座野山为背景，如此频繁而密集地写“山”，在你的创作历程中也是比较独特的吧？

路也：我在诗中写了很多很多的山，“山”频繁出现。首先，这是实写，我的日常生存环境就是如此，最近几年，我不停地在山间行走，似乎唯有永不停息的荒野行走才可压住生命中的抑郁和悲伤；其次，“山”出现过多，渐渐地具备了隐喻和象征的功能，山是信念或信仰的外化——“我要向山举目，我的帮助从何而来？”

在这些以野山为背景的诗作中，世事、个体、自然，三者得以融合，最终，大自然的壮丽压过了生命中的荒凉。

我似乎用这些与山有关联的诗作来解决了个人身心的窘迫和烦难，同时也突破了诗歌创作上的瓶颈。

问：能否谈谈《城南哀歌》？这首诗表达了生存状态，同时也是内心历史的反射。

路也：这是一首伤痛之诗，也是一首上升之诗和救拔之诗。

里面似乎写到了两个人的战争，其实从根本上则是一个人的战争，或者更准确地说，一个人的“挣扎”。诗中呈现着一个人多方位的坐标：一个人与自己，一个人与另一个人，一个人与社会，一个人与大自然，一个人与宇宙，一个人与神。

这首长诗似乎借鉴了小说的“冰山风格”，其中要表达的内容，八分之一在水面以上，而另外八分之七则在水面以下，那隐匿起来的水下部分才正是作者最想表达的，也是需要读者参与进来，跟作者一起来完成的部分。

这首诗的内容以及写作这首诗的动机，都是为了救赎，但并不是自我救赎，而是要求助于那至高者。

她总是“阶段性”地对自己的作品表示认可和质疑，自我表扬又自我厌弃

问：诗集《天空下》获第八届鲁迅文学奖。你是在什么情况下得知获奖消息的？是怎么庆祝的？

路也：8月底，新学期伊始，我正在监考。那是给上学期在家上网课而漏考的学生补上期末考试，一部分学生在教室里线下考试，还有小部分仍然未能按时返校的学生选择了线上考试。于是，我一会儿抬眼环视一下教室里的状况，一会儿低头看一下手机里腾讯会议里面的情形。忽然，手机有微信通知，有人向我说“祝贺”。

所谓庆祝，嗯，就是一连好几天，手机微信里接连不断地收到“祝贺”，然后我一一回复“谢谢”。

问：此前你也曾入围鲁奖。获奖作品是自己最满意的吗？

路也：获奖诗集是我在某一阶段的代表作品，算是我在这一时期（2018—2021）的满意作品。我总是“阶段性”地对自己的作品表示认可和质疑，自我表扬又自我厌弃，永远不存在“最满意”。

问：诗集《天空下》获第八届鲁迅文学奖，能否谈谈《天空下》对于你的独特意义？

路也：这本诗集最后定名为《天空下》，其实是一个反复选择的结果。诗集中并没有一首诗叫《天空下》，但却收录了标题中含有“天空”一词的诗作，同时其中大量诗作里反复出现了“天空”这个意象。“天空下”这个语汇，其实既包含了“大地”，又包含了“天空”。由于各种各样原因，我们对于“大地”的关注远远超过了对于“天空”的关注。对于我来说，大地是重要的，而这个大地又只能是天空下的大地。“天空”意象，有着摆脱大地上所有烦忧与设限的意思，意味着自由与无限。与此同时，一首诗的写作过程，在我看来，也像是摆脱地心引力，起飞，飞向天空与遥远。

这部诗集以短诗为主。内容以书写大自然为主体——其中不乏将个人冲突投射至风物的行走之作。还有相当一部分诗作通过个人经验试图来探讨人类生存的困境。另外还收录了小部分写爱与死的诗作。总之，基本上都属于文学的永恒主题。两首长诗用来殿后。长诗《徽杭古道》总共二十五节，恰如我一口气走下来的二十五公里，我想写出一条自然之路、人文之路、历史之路、时间之路、信仰之路。长诗《巧克力工厂》，通过巧克力这种可以为大脑传递与欲望相关信息并使人兴奋的特殊食品的具体制作过程，试图隐喻式地表达对于艺术作品生产机制的思考，同时写出对于人类生存既形而下又形而上的感受、哲思与冥想。

2020 年秋天，我朝发夕返，独自去爬了山东第二高峰蒙山。一大早开始上山，天黑时才返回山脚下。黄昏，快到山脚下了，遇到一对年轻情侣疲惫不堪地走过来，嚷嚷着说走了四十分钟了，才走到这里，已经累坏了，爬不动了。他们向我打探情况，当知道我没有同伴，用去整整一天来上山下山时，女孩揪住我不放，连续三次地追问：“你哪里来的决心，一个人爬完这么大的一座山？”我被她问得有些不知所措，愣怔怔地回答说：“我不是靠决心，而是靠绝望。”女孩听了我的回答，也愣了一下，接下来哈哈大笑，她说这个答案太好了。

从某种角度来看，创作这本诗集中的绝大部分诗歌时，我的现实境遇和身心状况其实都不太好，有时甚至是很不好。然而，我却通过这样一个具体的写作过程来攀爬、翻过并超越了悲伤这座大山，并继续上升，直至把所有痛苦都升华成了天空中的一大片明亮……正如哲学家克尔凯郭尔所说："诗人是这样的人：他的心中深藏着剧痛，而当叹息和哭泣将要涌出时，由于其嘴唇的构造，却使得那些传达出来的内容，听上去竟都变成了美妙的音乐。"

问：写了这么多年，而且写诗的同时也在写评论，你如何评价诗的好坏？你所理解的好的诗歌是怎样的？

路也：我写评论，开始的时候，其实是由工作性质决定的，需要写一些论文，年底去学校"交公粮"，后来，渐渐地，不知怎的，我发现自己有些喜欢读理论书和写评论文章了。

诗有很多种，好诗自然也有很多种，我能接受不同风格的诗作。

好的诗歌是怎样的？这个问题，一句两句是说不清楚的。如果非得回答不可，最简单地讲，我想，一首好诗，应该具有"唯我独尊"的气质吧。

她经常通宵备课。就是讲了多年的老课，其中内容也需要每学期进行补充和更换

问：很喜欢你的《写在诗页空白处》，用随笔的调式来串讲诗歌，涉及五十多位中外诗人和作家。在解读这些诗人中，你有何独到的发现？

路也：这本读书笔记《写在诗页空白处》，共有十篇长文章，全在万字或两万字以上，实际上是十堂诗歌课。每一篇的"标题诗人"实际上是贯穿全篇的线索主线或主干，以欧美现代诗人诗歌为线索，进行古今中外诗歌大串讲，融入个人经验甚至实地考察。

所谓实地考察，是指里面有些篇目，是结合着拜访诗人故居、墓地和书写地点来对诗歌文本进行立体化理解，在行走中阅读，在阅读中行走。比如，对于T. S. 艾略特、希尔维亚·普拉斯、特德·休斯的阅读，均属于这一类型。

所谓大串讲，是指在一两位“标题诗人”和线索诗人之外，其实，每一篇都涉及并分析了大约五六位诗人，全书则涉及和讲解了近五十位诗人。

比如，在写W. H. 奥登的那一篇里，以W. H. 奥登为主线，还涉及叶芝、布罗茨基、T. S. 艾略特、谢默斯·希尼，实际上我写的是一个由奥登引发的悼念诗的链条，一场诗歌接力。

又比如，在写洛尔迦的那一篇里，把洛尔迦的死亡之诗当作一条主线，开头、中间、结尾全在写洛尔迦，可是其间又涉及并讲解了布罗茨基、顾城、史铁生、陶渊明、米沃什等。

再比如，写加里·斯奈德的那篇，当然斯奈德是主线，首尾相呼应，讲的都是斯奈德，可是中间又涉及并分析了寒山、华莱士·斯蒂文森、李白、杜甫、梭罗、特朗斯特罗姆的作品……

这样的文本结构方式其实来源于我平时给学生讲课的方式，每一篇（或每一堂课）都是一场“狂欢”——这种“狂欢”，可能跟我个人的联想型思维方式、随心所欲的性情和多血质气质有关。

书的内容，跟我平时上课的内容，有相当一部分是重叠的，但它并不是一本课堂讲稿，而是课堂上的精华部分，又加上了平时个人阅读诗歌时长期积累起来的想法和灵感，二者合并交融，写出来了这样一篇篇随笔长文。

问：你如何评价自己的个性？

路也：对于我这个人的最好的概括性评语来自我的同事、好朋友、小说家刘夏，她这样评点我：“有一天，我在路上看见一辆开足马力的汽车，一边跑一边漏油……我想，这不就是路也吗？”

问：多年的创作中，你秉持怎样的创作理念？或信奉什么？

路也：文学创作，就是运用“观察、直觉、天启”来获取感知并进行表达，文学创作要么成为表达真理的方式，要么成为表达困境的方式，或者二者兼而有之……其最终目的，是从有限通向无限。

问：你有什么样的写作习惯？

路也：对于我来说，一般情况下，作品的酝酿阶段，往往都是时间比较长的，而实际动手写作的过程，所耗费时间往往是较短的，甚至很短。我喜欢拿着中性笔或铅笔随随便便地在白纸上写，一般我会使用平铺开来的试卷纸，等到一张或者几张大白纸的正反面全都写满了潦草字体，作品的基本态势也就差不多形成了，接下来，就是开始在电脑上整理。

问：你希望成为怎样的诗人？

路也：没有认真想过这个问题，就糊里糊涂地走到了今天。我现在这个样子，是我想成为的诗人的样子吗？好像是，又好像不是。

报告文学奖

我还可以重新出发

徐剑 1958年出生，云南省昆明市大板桥人。火箭军政治工作部文艺创作室原主任，中国报告文学学会会长，文学创作一级，享受国务院特殊津贴。出版“导弹系列”“西藏系列”的文学作品三十余部，七百万字，代表作有《大国长剑》《东方哈达》《大国重器》《经幡》《天晓1921》，曾获中宣部“五个一工程”奖、中国人民解放军文艺奖、中国图书奖、中华优秀出版物奖、中国好书、全军新作品一等奖等全国、全军文学奖，被中国文联评为“德艺双馨”文艺家。报告文学《大国长剑》获首届鲁迅文学奖。

采访手记

十六岁就坐着闷罐火车离开云南当兵的徐剑，四十四年的军旅生涯为他的书写注入了金戈铁马的特质，其间，他二十二次入藏，完成了一批如《麦克马洪线》《东方哈达》等力作。他认为，文学就是写大写的人。自己的书写不能游离坐标，要按照世界文学的黄金律，写国家历史前行中人的命运。

徐剑憨厚的脸上总带着笑意。这份可亲使采访对象更愿意毫无保留地向他袒露心扉，和藏民们聊起天来，经常开心得哈哈大笑，也总能触动他们心底的柔软，潸然泪下。徐剑采访了很多人，他们没有地位，就像邻家大哥或底层百姓，和他们聊天，他感觉像在读一本博大的书：他们贫穷、清苦，你没有和他们并肩战斗，但也许你的父母是和他们一起走过来的，你不能居高临下，要有敬畏之心和赤子情怀。

“我的报告文学标准就是司马迁的标准——写人为王，人性最重。因为，任何一个人的书写，都是构成一部书的最重要的元素。人物活了，书则不朽了。无论是国家的国计民生的重大题材，比如青藏铁路、东北老工业基地、‘西电东送’还有南海填岛等，这些国家工程舞台，也是我心中的文学舞台，一定有人在活动，这些小人物的命运，那些像父母兄弟一样的普通人，以他们的命运和情感来作为主角，才可以写得风生水起，八面来风，才能够和读者的心灵找到共鸣。”除了阅读之外，饱览大河大江，徐剑用一道一道的文学风景丰满自己，逐渐体会出什么样格局的文学才是大文学，什么样的人生才叫壮丽，什么样的田野考察才是丰厚，他觉得作为作家特别幸运。

听说徐剑在军旅作家中有“拼命三郎”之称，因为他心里藏着一个坐标，他要用考古学家的精神，从生活和历史的断层中挖掘出至宝，这是文学的黄金律。

人生无解的难题，拿战争年代的生死作为参考就有了答案，就有了文学的坐标和人生道路的坐标

问： 三十六岁就以导弹题材的报告文学《大国长剑》拿下了首届鲁迅文学奖、中国人民解放军文艺奖、“五个一工程”奖，这在当时影响很大。谁是这部作品的伯乐？

徐剑： 把《大国长剑》交给《当代》副主编汪兆骞的时候，我就休假回云南过年去了。我想《当代》门槛那么高，肯定没戏。汪兆骞看了稿子后到处找我，那时候没有手机，只有BP机，但他没有我的号，最后是我回到单位他们才打办公室电话联系到我，电话一通就说：“徐剑你赶紧来，你的作品我们要用。”

《大国长剑》在《当代》发了头条，全国三十多家报纸杂志连载。我心里清楚，不是我的水平有多高，而是战略导弹部队这个题材具有极大的吸引力，只要你写出来了，就有独一无二的优势。我总结自己走过的路，深知走到作家这一步不是偶然的，不是一下子就挖到了一个文学的金娃娃，更多的是去经历，人生的每一段经历对一个作家的成长、写作，都是财富。

问： 报告文学的题材非常关键，您是一开始就确定写导弹题材吗？

徐剑： 我先后在基地宣传处、第二炮兵机关、政治部办公室和组织部党委秘书的岗位上待过，首长们都是从战争年代走过来的，身上有种特有的英雄主义和理想主义的高贵精神。李旭阁司令员是中国首次核试验的办公室主任。他在总参作战部当参谋的时候对口的就是特种兵、空军和炮兵、第二炮兵，我在他身边当了六年秘书，他的那些传奇经历，对我一生都有很大的影响。是他把我带到导弹阵营，带给我这支英雄辈出的部队特有的金戈铁马的基因。

还有阴法唐副政委，他很年轻的时候就参加抗日战争、解放战争，后来又到大西南，是解放西藏、建设西藏的功臣，后来到第二炮兵任副政委。在他们的关照下，我得到了很好的成长，就像遇到长夜里为你掌灯的人，他们给我人格的坐标，特别是给予我时政的、历史的、文化的、精神的营养，让我受益无穷。他们的风骨、风格、气派，反映到我后来的写作上，使我形成自己的风格，关于人生、命运、情感、荣辱……人生无解的难题，拿战争年代的生死作为参考就有了答案，就有了文学的坐标和人生道路的坐标。

《鸟瞰地球》《大国长剑》出版了，徐剑把书带到那座含裹昔日战友的烈士陵园，祭奠那些永远沉睡的战友

问：是什么原因触动您写作？

徐剑：当兵之初的那段经历对我来说刻骨铭心。有一次塌方，和我一个火车皮拉到部队的战友有七个重伤，八个牺牲。我在团里当政治处书记，那年我十九岁。我们组织股有个吴干事，晚上七八点钟，他带着几个警卫排的兵扛着铁锹拿着镐去后山挖墓穴，晚上十点半左右一辆大卡车把牺牲烈士的棺木拉过来，趁黑悄悄埋进他们挖好的墓穴里。我当时很不理解，就问老团长，为什么不让烈士们轰轰烈烈地走？老团长姓石，是 1938 年入伍的老八路。他当时就骂我“你懂个屁”。他说我们来这里当兵干什么，就是保卫祖国，就是上不告父母下不告妻儿来默默地给导弹筑巢，活着默默无闻，死了也是赤条条走，不要打破小城的宁静。

他说得很绝情，但我看得到他眼里噙着泪花。就在那一瞬间，我有一个强烈的愿望，我要为他们写，没有鞭炮，没有唢呐，我要用文学为他们喊魂。后来我就写出了《鸟瞰地球》，我把在烈士陵园抄的牺牲战友的名字都写进去了，把他们为这个国家的贡献镌刻进历史。这本书后来得了第七届中国人民解放军文艺奖。后来我把这本书和《大国长剑》一起带到烈士陵园，祭奠那些牺牲了的战友。

问：从写作之初，您的心愿就是给那些为大国的崛起奉献青春和生命的一个个年轻人立传。所以您的作品是饱含情感之作，而且您有一个多年坚持的原则——走不到的地方不写、看不到的地方不写、听不到的地方不写——这个原则是从什么时候确定的?

徐剑：就是走不到的地方不写，看不见的真实不写，听不到的故事不写，既然我写的是非虚构，那么但凡落笔，就必须走到、看到、听到。当年《麦克马洪线》写了五十三万字，都知道我的书很厚，却很少有人知道我采访那段历史花了整整八年时间，采访笔记的字数是成书的数倍乃至数十倍。

采访的过程中，有一次，我从中印边境一个叫错那的地方出发，去实地察看阴法唐副政委指挥的一次战役的战场——娘姆江河谷，我们从最后一个叫“勒”的地方上山，海拔大概在两千六百米。我们才爬过第一个台地，大概海拔上升了三千米，我就受不了了，感觉心都快蹦到嗓子眼了，喘不过气来，我当时甚至都觉得随时会死，就不想再往上爬了。当时陪我去战场遗址的一个老兵，给我做思想工作，说他们指导员的家属都上去了，一个新婚不久的川妹子，第一次兴冲冲来看丈夫，结果呢，一路走一路哭，她不是哭爬山的苦，而是哭丈夫的不易。他还说一个四岁的小女孩也上去了，来看爸爸，是战友们轮换着背上去的。我当时一听，就臊得不行。

那一年是1998年，我四十岁，阴法唐副政委1962年在这里指挥那场战斗的时候也是四十岁，他当时和他的战友们不但要走遍这山山水水，而且对面是敌人，是枪林弹雨，随时要战斗，随时要面临牺牲。他们守住了那片国土，而我却走不到，无论如何都说不过去。后来我爬了四个多小时，爬到海拔四千五百多米才到了那个战场旧址，开始的时候准备看一个点。后来我们继续往上爬，看完第二个点，又看了第三个点，看完了整个战场，也对那场战斗有了更直观、更清晰、更全面的认识。

文学道路看似容易，实际很难，写好更难，必须扎扎实实地夯地基，打基础，没有捷径。写非虚构也好，写虚构也罢，你都要踏踏实实地去学习积累，去体验观察，去感受生活和人生。以前就有“读万卷书，行万里路”的说法，我们当下处在信息大爆炸的时代，更是要从田野调查的实践中获取真实可信的第一手资料，进行挑选甄别，攫取最感人、最新鲜、最独特，也最能深刻地反映作品主题的东西，并结合自身丰厚的文学和生活积淀，淬炼最精华的思想和文字，这样的东西才最值得，也最久远。

徐剑开启中国气派和中国风格的写作重在两个方面的改变，即结构的变化和语言的变化

问：选择和发现怎样的作家作为参照，在某种程度上会对作家产生无形的影响。在您的创作过程中，受哪些作家、作品的影响比较大?

徐剑：我有四个半男神。第一个是司马迁，《史记》是中国传记文学和报告文学的文心和坐标，他的细节描写独特、生动，让人击节叫好。他写到人物的天花板，有强烈的画面感，到现在很多作家也达不到。第二个是杜甫，他是一种大众的书写、民间的书写，短短的几首诗把一个大时代的历史事件书写得淋漓尽致，是真正的史诗、诗史。第三个是苏轼，他对我的最大的影响在于他的人生沉浮过后的思想体系，即使到了偏远逼仄的境地，他的精神世界是宏大的、乐观的。苏轼把中国几千年文人的追求延伸到了一个登峰造极的地步。第四个是明末的张岱。我对许多文友推荐，叮嘱好好读张岱的文章，才知道什么叫“增一分则肥，减一分则瘦”，那种干净，那种洗练，读来真是一种极致的享受。再有半个是纳兰性德，他的一部《饮水词》，凡有烟火处，都有人会吟，其优美和空灵，让人痴迷和陶醉。我希望把古人为文的精髓和精华吸取，要把古汉语古典美、雅正美、音乐美、韵律美、诗画美等一切美的元素都尽量吸引到我的作品里。

问：这些阅读的营养融入写作，才是中国风格的真正体现。

徐剑：我开启中国气派和中国风格的写作重在两个方面的改变，

一是结构上的变化，从《东方哈达》开始。我每一部书的结构都不一样，另外是语言上的变化，希望把自己与古代打通，领悟古汉语的底蕴和意境。我追求这种中国气派，更重要的是想追求一种高雅的、古典的、雅正的古汉语的风格。

问：其实您的写作最早发表的是散文?

徐剑：我赶上了文学的黄金时代。而且我也遇到了既重视文化更重视文化人的好领导张西南，他当时是军队颇有名气的评论家，可以说是他手牵手把我送进了中国文坛，把他认识的一个个作家和一家家文学刊物编辑介绍给我，使我从文学的边缘走到了文学的中心，在很大程度上拓宽了我文学创作的视野，提升了我的文学素养，这是促成我走上专业文学写作，成为专业作家至关重要的一步。

专业创作之前我的业余时间更多写的是散文，那时候都是盲投，写完就按着杂志上的地址寄过去，用就用，不用再投别家。我记得二十七岁那年陆陆续续在天津的《散文》杂志发了六七个头题，后来他们很重视，给我开了一个作品研讨会，刘白羽老先生拄着拐杖来参加，我很受鼓舞。后来呢，我把更多的精力用到了非虚构，更具体地说就是报告文学的写作中。

西藏高大的雄奇和神秘的雪藏、悲天悯人的情怀，是对一个作家的拯救，使徐剑在宏大的叙事中有了柔美和烟火气以及神秘的意境

问：除了导弹题材，您对西藏的书写用情很深。

徐剑：我的第一部“西藏之书”是《麦克马洪线——1962 年中印边境自卫反击战纪实》，八年时间采访了三百多个参战的老兵、高级将领。阴法唐当时就在麦克马洪线东段的克节朗河谷，指挥一个师吃掉了印军一个旅，俘虏了印军的准将旅长达尔维。我写《麦克马洪线》这五十二万字时，可以说是我最好的年华、最好的体力、最才情飞扬的时候，它是一场战役，是一场漂亮的边境自卫反击作战。

后来陆续写了《东方哈达》等作品，包括散文集《玛吉阿米》，写青藏联网工程的《雪域飞虹》，还有关于八廓古城改造的《坛城》，还有《灵山》《经幡》……总之，是文化的西藏、历史的西藏。它们的海拔，是一种在地理海拔基础上的文化海拔、精神海拔和宗教海拔。西藏高大的雄奇和神秘的雪藏、悲天悯人的情怀，是对一个作家的拯救，使我在宏大的叙事中有了柔美和烟火气以及神秘的意境。

问：您少年成名，写作道路一直这么顺利吗？

徐剑：2000 年前后，我曾一度有种危机感，感觉到写作的瓶颈，变得恐慌、不自信：你在制造文字垃圾，你的文字能否在历史长河中经得起时间的淘洗和检验？就在那个时期，我参加了鲁迅的高研班，第一次接受专业培训。我们那届高研班是鲁三，有邱华栋、雷平阳、乔叶等很多现在非常活跃的作家，我是唯一的报告文学作家，其他都是小说家、诗人，还有文学刊物的编辑、评论家。我当时是那个班里唯一获得过鲁迅文学奖的，可我突然之间就不知道怎么写了。

学习的四个半月里，我读了很多书，卡尔维诺、普鲁斯特、纳博科夫、索尔仁尼琴、博尔赫斯等多卷部的文集，埋头读，拆散了读完，再自己拼凑起来。也静下心来听课，听各种各样的课。直到后来我们到锡林郭勒草原去参观见学，回来后我写了篇散文叫《城郭之轻》，算起来已经十二三年没有写散文了，但那次却一气呵成写了一万五千多字，这篇文章后来上了《散文》的头题。

问：能谈谈印象比较深的课吗？鲁院学习给您带来怎样的影响？

徐剑：我记忆里讲得最好的是周汝昌老先生，他那时候已经九十多岁了，但是思维清晰，记忆惊人，他讲《红楼梦》，讲了一个多小时，我很受启发。李敬泽和雷达老师他们也来讲过，雷达老师还是我的导师。这次学习完了以后，当年 11 月，我到青藏铁路采访的时候，文本意识被激活，我突然悟到，我一定要写一本和以前截然不同的书。同时，通过长时间的大量阅读，我开始反思。

虽然我写报告文学，其实我读得最多的是小说、哲学和历史，是那些世界级大作家的作品，像赫拉巴尔、福克纳、卡夫卡，还有鲁尔福，他那个魔幻主义的叙事非常棒。还有卡尔维诺的《看不见的城市》都很好，我非常喜欢他的《我们的祖先》《意大利童话》。我上过鲁院高研班之后，我最大改变便是文本为经，人物为纬，人性情感沉底。最大的收获，那就是结构上的突破。当然更得益于文学姿势的改变，那就是瞄准人物、人情、人性和命运的落点，把文学的视角支点聚集到人生、命运，人的处境和人类的前途之上，甚至是死亡。我写人情之美，写人性之怆，写命运之舛。大时代的变迁，必然折射到个人命运之上。

徐剑说，《大国重器》实际上是导弹先驱和一代代火箭官兵用自己的热血、忠诚书写的，他只是记录者，记录他们面对巨大工程的尊严、荣誉和忠诚，也记录他们人性最温暖、最打动人的一部分

问：您的火箭军三部曲（《大国长剑》《鸟瞰地球》《大国重器》）影响很大。尤其是《大国重器》，浓墨重彩地描写了改革开放四十年来火箭军的成长史。著名评论家丁晓原认为，作品叙事重心设定的合理和结构安排的奇巧、人物形象形神兼得的塑造等，较好地处理了国家叙事的宏大和审美表现精微之间的关系，为这类作品写作的优化提供了一个有意义的文本。您觉得呢？您是如何把握这些重大题材的？

徐剑：《大国长剑》是从 1984 年大阅兵开始写起的，1994 年才成稿。《鸟瞰地球》写的是大型号导弹阵地工程，既是对我牺牲了的战友的文字缅怀，也是对那段刻骨铭心军旅生涯的记录。《大国重器》是对火箭军从无到有、从小到大的五十年历史的记录。在这些重大题材的把握上，我觉得军事文学也好，国家叙事也好，需要记住一点，就是你书写的出发点绝对不能以猎奇或揭秘为目的，而是要写人，人的故事、人的情感世界等。

问：您的很多作品都具有大题材、大手笔、大气象等特点，但同时也具有文学性。能否谈谈您近年来的创作发生了怎样的变化？

徐剑：退休前后的五年间，我启动了衰年变法三部曲，写南海填岛之《天风海雨》，写中共一大之《天晓 1921》，之三为西藏精准扶贫之《金青稞》，想实现一次写作的文学涅槃。第一本南海填岛花了两年半，采访了十一个月，写作半年，写了四个船长，其中三个是失败男人，有被踹了还深深爱着出轨的前妻的；有说真话被从船上政委调整为加油工的；还有翻船之后，从舰长一撸到底的。他们一进南海，展现出来的竟然是硬汉风格，在天风海雨中，铮铮铁骨英雄男儿力挽狂澜。

很多党史叙事没有多少人在里面“走动”，如何把冰冷的历史复活，我要走完十三个党代表的出生地和背叛者的死无葬身之地，《天晓 1921》十天我写了一百年，从毛公老家韶山到陈独秀的老家安庆，从雨幕里走出来复活了。我从当兵的时候就记着沈从文说的贴着人物写。我一直都在贴着人的尊严去写，贴着人的挣扎和奋斗去写，贴着人的成功和失败去写，边读书，边行走，在读书中考证历史，将碎片般的以讹传讹的东西去掉，还历史以真相。《天晓 1921》两进中央党史研究院，可以说是一部真正意义上的党史国民文学读本。

第三部是《金青稞》，西藏十九个贫困县的采访，北京疫情刚有所好转，我便飞往西藏，从藏东、藏北，西去阿里，擦冈底斯山、喜马拉雅山而过，入后藏，沿雅鲁藏布至拉萨、山南，收官于藏南林芝，东西南北中，等于环绕西藏走了一大圈，有时一天跑四五百公里，采访三四个点，在双湖无人区，海拔皆在五千二百多米，我待了三天，晚上就要一瓶氧，第二天又满血复活，进行采访，心中的坐标就是司马迁，将真实的细节采访出来。对准大写的人，那些改变历史的大人物和创造历史的小人物的命运，写他们丰富的情感，写他们的牺牲，写他们的生存，写他们做人的尊严和苦熬的不容易，还原他们的无奈与惆怅，只有这样的文学才是有温度的文学，才能上接天心，下接地气。

中国报告文学的写作是纯知识分子的写作，你要舍弃很多，独立发现，独立思考

问：因此您的作品获得很多大奖。能否谈谈您的创作心态和经验体会?

徐剑：每次写作都是一次燃烧，每次写得精疲力尽，把自己掏空。一本好的报告文学不是结构语言叙述，而是思想的光芒把黑暗的隧道照亮，让精神的力量给予所写的领域光芒，要有灵感的爆发，把你所具备的思想学识、经历、人生体验全部投入写作，当然更重要的还有作家的悟性，一定要相信作家进入题材的第一感觉。我有很多回推翻自己的题材重来，回到最初的感觉，就会升华很多东西。

中国的报告文学作家比小说家多了很多机遇，灾难、疫情、战争、重点工程……各种突发事件，一定会派报告文学作家去书写，这是我们的幸运，也是不幸。幸运是指我们站在殿堂和国家书写的位置，“不幸”是说要把握好主旋律的书写和人类书写之间的关系，最终是给人类思想宝库提供意义。中国报告文学的写作是纯知识分子的写作，你要舍弃很多，独立发现，独立思考。

问：真正做到独立思考很难。

徐剑：但这是写非虚构最重要的一环。有一天晚上我从玉树过去到了贡觉县城，那里有帕措男系的部族社会，我想去采访，看看他们的生存环境是多么的恶劣。但是接待我的主管副县长不允许我去，因为刚下过几天的大雨，一路都是碎石飞石，一路都是泥石流，如果你在行车过程当中，一个鸡蛋大的石头，就很可能让你送命。特别是我到上罗娘村的最后十一公里，木协乡的乡纪委书记说：徐老师，别去了吧，那个村子里面一个人都没有，他们都挖虫草去了，而且这个路上全是落石。我说：去!

也因为我的“不按规矩”，发现了别人不可能发现的东西。所以一定要有一往无前的精神。一座富矿就在你前面，就看你能否走完。报告文学一个一个层出不穷的选题，我有一点儿不满意，有的人采访十多天就写一本书。我基本要记完五六个笔记本才动笔。记录的时候已经有一重心灵的、情感的筛选。我们应该用脚踏大地，用考古学家、民俗学家那样刻苦行走大地的科考方法解剖文学的人生。

2022 年，徐剑接任中国报告文学学会会长，他的第一句话就提出要回到报告文学的初心和元气

问：2022 年，您当选中国报告文学学会第四任会长，您如何看待这一重任？中国报告文学创作队伍发展情况怎样？您认为存在什么问题？

徐剑：一个伟大的时代，需要用纪实的文体来记录它的伟大变革与发展，这个文体就是报告文学。徐迟先生《哥德巴赫猜想》为发轫，拉开中国思想解放与启蒙序幕。《哥德巴赫猜想》留下了属于报告文学诗意的表达和文体之美，兼收并蓄的广阔的文学视野，以描写、结构、语言等跨文体的应用，留下了陈景润真实可触摸的文学人物，实际上和司马迁的写作是异曲同工，陈景润放在文学的历史人物长廊里毫不逊色，这是一个作家的成功。此后一批报告文学大将挥戈马上，何建明时代，以《落泪是金》始，《根本利益》《国家行动》等等，为报告文学保持高曝光度与大流量，引领中国报告文学潮流。我担任报告文学学会会长的第一句话，就是要回到报告文学的初心和元气，什么是中国文学的文心与元气？就是诗三百兴观群怨；就是太史公的秉笔而书，不虚美，不隐恶；就是唐宋八大家的文以载道；就是北宋张载的“横渠四绝”：为天地立心，为生民请命，为往圣继绝学，为万世开太平。守着这个古老文心和元气，我们的文学才可能成为高峰之作，才能经得起时间的淘洗与检验。

问：您还一直处于忙碌的工作状态？

徐剑：每次给我任务都是新的出发，都是上一次写作的归零。十六岁离家参军的少年还很迷茫，六十一岁归来的徐剑已经很从容，尽管鬓发斑白，我还可以重新出发。

报告文学作家应融入时代洪流

黄传会 1949年出生，浙江苍南人。曾任中国报告文学学会常务副会长，原海军政治部创作室主任，享受国务院特殊津贴。著有长篇报告文学《托起明天的太阳——希望工程纪实》《中国山村教师》《中国贫困警示录》《中国海军三部曲》《中国婚姻调查》《我的课桌在哪里——农民工子女教育调查》《中国新生代农民工》《国家的儿子》《中国海军：1949—1955》《大国行动》等，中短篇报告文学集《站在辽宁舰的甲板上》。曾获庄重文文学奖，第十三届中国图书奖，第一、三届徐迟报告文学奖，第六、九、十三届中宣部“五个一工程”奖等。多部作品在国外翻译出版。报告文学《中国新生代农民工》获第六届鲁迅文学奖。

采访手记

2011年10月31日晚，北京西郊官村的一所打工子弟学校。简陋的教室内，黑板上是彩色粉笔的大字：《中国新生代农民工》赠书仪式，右下方是三家主办单位。朴素的仪式，却因探讨的话题沉重而热烈起来。

《中国新生代农民工》从宏观和微观的视角，对新生代农民工这个数以亿计的社会新群体的生存现状进行了全方位的描述，并就他们在就业、教育、婚恋中存在的诸多问题进行了深入探索。

那是我第一次见黄传会，瘦削的脸上，眼睛散发着热情甚至充满激情的光，身边的人都被他对报告文学和他笔下人物的爱感染了，会上，他和时任中国作协副主席的何建明竟慷慨解囊，当场掏出身上仅有的现金，希望为农民工做点什么。

就是那次，我知道二十多年来黄传会一直坚持关注社会的弱势群体，也因此被一些同行称为“反贫困作家”。采访中，他和很多农民工交上了朋友。我们现在的城市一天都离不开农民工，他们为中国的经济建设作出了重大的贡献，但是真正关心农民工的又有多少呢？黄传会要做的，就是记录农民工的生活现状，为他们代言，为他们立传。

正式采访却是在八年之后，我们约在海军大院他的办公室。

深秋的树木在风中起舞，操场上不断传来战士训练的口令声和脚步声，为略显萧瑟冷清的秋日带来振奋和激情。

黄传会在原海军政治部创作室工作了四十年，他依然习惯在位于操场边上的那间办公室写作，窗外不断传来的战士们的操练声，似乎在为他的写作带来某种灵感，为他的语言注入明亮、简洁、钢性的特质。

作为与共和国同龄的老兵，黄传会关注伴随着新中国一起发展壮大的人民海军，也关注底层百姓、国计民生。因为报告文学，他抵达了自己的人生轨迹抵达不到的万里海疆、万水千山，也阅尽了原本无缘得见的人间百态。

有人认为，从严格意义上讲，只有那种关注历史进程、关注民众生存状态，以文学的方式参与社会政治生活以及忧患国家与民族前程的作家，才可能成为真正的报告文学作家。

黄传会认同这一观点，他也一直努力这样去做。他说，一个民族需要品格，更需要精神。

黄传会的那篇《设有靶标的小岛》的小说，让人们记住了那个为了收听中国女排比赛实况，举着收音机在岛上来回奔跑寻找信号的战士

问：您从福建到北京是什么机缘？在部队就发表作品了吗？

黄传会：我 1969 年入伍，在福建前线当海军海岸炮兵。隔海相望，对面就是蒋介石军队驻守的马祖列岛，当时两岸关系紧张，剑拔弩张。受到真正的军人的训练和磨炼，感受很深。因为爱好写作，1972 年，部队推荐我到南开大学中文系上学，那时候叫工农兵学员。毕业后我又回到福建前线老连队当指挥排排长。1977 年，我在《人民海军报》发表散文《高高的石阶路》。正好海军政治部创作室恢复，急需补充年轻人。我被选为创作员，直接从福建前线调到北京海军领导机关。

问：当时的创作室是什么情况？那个时候有什么代表作？

黄传会：当时海军创作室实力雄厚，王恺、高原、杨肇林、叶楠都在。高原发表在《人民文学》上的散文《灯塔风雨》，非常有影响。他告诉我，为了写这篇散文，他把东海的灯塔站都访遍了。这给我很大的影响和启发，从八十年代初开始，我从旅顺口跑起，用了三年的时间，基本上跑遍了万里海疆有海军驻守的岛屿。我去过辽宁兴城外面的小海山岛，那是海军航空兵的一个靶场，上面只有一名靶标兵，名叫蔡德咏，他一个人在那里默默坚守了十年。后来我写了短篇小说《设有靶标的小岛》，获了奖，八一电影制片厂还把它拍成电影《天涯并不遥远》。

问： 那个时期的创作是什么状态？是从什么时候开始专注于报告文学的？

黄传会： 发表了很多作品，也出版过中短篇小说集。但是那时候主观意识不明确，什么都在摸索。八十年代末我们家乡发生了一件事情，一个农民盖在海堤上的房子被县里拆掉，他把县政府告上法庭，这是新中国第一起民告官案，引起全国轰动。我回到老家写了长篇报告文学《中国“挑战者号”——首例民告官案》，发表在《当代》上。在家乡期间，我同时感受到改革开放给家乡带来的巨大变化，紧接着又写了《中国一个县》。这两本书写完，我发现自己的气质更适合写报告文学。报告文学写作必须深入生活，紧跟时代。

人们常用蜡烛形容老师，但黄传会觉得，山村教师是两头都在点燃的蜡烛。越深入底层，越是感到有一种责任感和使命感，想要用手中的笔为他们呼吁

问： 您对自己的认识很清晰。您关注教育的几部报告文学引起广泛影响。

黄传会： 1990 年中国青少年发展基金会开始实施希望工程，秘书长徐永光希望我写写希望工程，为贫困地区失学儿童呼吁呼吁。我从太行山到大别山，又从大西南到大西北，跑了七个省（区）的二十多个贫困县，写出了《托起明天的太阳——希望工程纪实》。这部作品发表后反响强烈，冰心老人在《人民日报》上发表文章《请大家都来读〈希望工程纪实〉》。书中写到广西一个小山村五位女童渴望上学的故事，后来这个小山村收到了二十六万元爱心善款，村里用这笔钱盖起了一座希望小学，修起了一段公路，架起了几公里的输电线，彻底改变了山村面貌。老百姓说希望工程让他们获得第二次解放。

问：写作中对您最大的触动是什么？

黄传会：感触有很多。一是感觉到我们的国家还有很多生活在底层的老百姓，他们连温饱问题都没有解决，让人担忧；二是作家对中国贫困地区的基础教育，对山村教师的处境关注太少，采访的同时我接触了很多山村教师，他们中不少是民办教师和代课教师，待遇很低。我们喜欢用蜡烛形容老师，我觉得山村教师是两头都在点燃的蜡烛。越深入底层，我越有责任感和使命感，尽管作家没有权和钱，但我们可以用手中的笔为他们呼吁。

问：《中国新生代农民工》获得第六届鲁迅文学奖，您如何看待鲁奖及获奖对自己的意义？鲁奖颁奖时，您最想表达的是什么？

黄传会：当时我在东北出差，顺便去黑龙江五大连池看看，古老的火山口让我看得惊心动魄、热血偾张。这时候，接到京城朋友电话，告知我的《中国新生代农民工》荣获第六届鲁迅文学奖，几分惊喜复几分平静。早在二十几年前，《托起明天的太阳——希望工程纪实》差点进入全国报告文学奖；第五届鲁奖，《我的课桌在哪里——农民工子女教育调查》已经进入前十，后在十进五时，“败阵”下来。几经波折，对评奖也渐渐变得理性了。这次获奖的书名是《中国新生代农民工》，其实，我自己也是为文学打工的。我为文学打工，文学让我的生活变得丰富多彩，文学给了我精神家园。文学同时赠我一支笔，让我留住了时间和空间，让我记录下这个时代，让我记录下这个时代我所感兴趣的人物和事件。

问：关于采访，您所关注的内容，其实采访起来有很大难度，尤其是底层的百姓。您认为成为优秀的报告文学作家应具备哪些条件？

黄传会：报告文学采访，学问很深，是对写作者的一种综合考量。当年为了写希望工程，我跑了七个省（区）的二十几个贫困县。写《中国海军：1949—1955》，泡档案馆、资料室，光初创时期的电文就读了个把月。还得跑干休所，抢救性地采访那些年迈的亲历者。

写《大国行动——中国海军也门撤侨》我就住在舰上，和水兵生活在一起。

报告文学的主体意识是文学，而不是新闻，这是毋庸置疑的。关键的问题是如何运用文学手法

问：当面对新的命题，您怎么把握？

黄传会：每个时代都存在让人们最感焦虑和痛苦的题材，与这些题材相关的事件，改变着人们的行为方式甚至历史前行的方向。如果作家由于恐惧或傲慢错过是一种失职。当然，报告文学，姓报告，名文学，写作的时候，我们应该注意“文学性”。

问：您认为报告文学的“文学性”体现在什么方面？

黄传会：“文学性”主要指结构、语言、细节等，徐迟、黄宗英的报告文学在这些方面堪称典范。如何提升报告文学的“文学性”是值得每一个写作者思考的问题。

什么是纪实，什么是非虚构，各种关于文体形式的讨论很多，我们需要对文体进行思考，更需要对文本进行思考。有人说，我们现在正处在一个最容易忘记历史，又最需要历史的时代，人的身体行走太快、灵魂跟不上的时代。文学恰恰具备了寻找灵魂的功能。而报告文学“真实而又文学”的写作特质，又最适合追寻“初心”，记录“初心”。这是新时代赋予报告文学作家光荣而神圣的使命。

问：您的作品中充满生活的细节，包括对话等，这些内容是否加入适度的想象？这是否与报告文学所强调的“真实性”矛盾？

黄传会：报告文学必须真实，同时要适度增加文学色彩。何为真实性？你的所见、所闻、所思，就是真实的吗？我写作长篇报告文学《国家的儿子》时，那么多关于罗阳的材料，哪些是真正属于罗阳的，要鉴别，要判断，哪怕是一个小细节的失误，都会给人物带来伤害。

采访时一位老师傅告诉我，为了求罗阳给他大学刚毕业的孙子安排工作，他给罗阳送“红包”，被罗阳拒绝。我这样描述这个细节：“杨师傅，在您的心目中，我罗阳的人格就值这两万元吗?”罗阳满脸严肃，他钻进车里，把车门“嘭”地一关，走了。

我将书稿寄给罗阳夫人王希利，请她提提意见。几天后，她在电话里问我：“黄老师，杨师傅是不是明确说罗阳很不高兴，钻进车里，把车门重重地一关就走了?”我说：“这倒没有，他只说罗阳没有收钱。我自己觉得这件事很伤罗阳的自尊，通过罗阳‘把车门嘭地一关，走了’这样的描写，来反映罗阳心中的不愉快。”王希利说：“凭我对罗阳几十年的了解，他会设身处地地为老人家着想，会觉得老人家也是不容易的，他根本不会重重地把车门一关就走了。因为他怕伤了老人家的自尊心。他永远都为别人着想——这就是罗阳!”我说：“我明白了。”

于是，我将这段文字，做了逐字逐句的修改：“杨师傅，您怎么能这样?”尽管罗阳心里很难受，但他还是强压住，他怕老人家尴尬。他钻进车里，摇下车窗，朝老人招了招手。

问：修改后的细节，其实增加了适度的想象，但是更符合罗阳的性格。您如何看待想象在报告文学中的作用?

黄传会：带有文学意义的细节是最吸引读者的。真实是报告文学的底线，报告文学写作是“戴着镣铐在跳舞”。我们爱说报告文学写作应该“大事不虚，小事不拘”，报告文学当然需要想象，但可供想象的空间不是很大，最能在想象中出彩的是在“小事不拘”上做文章。

黄传会经过长期史学研究和大量资料准备，建立了完整的中国海军史识见，完成了目前唯一一部系统描写中国海军历史的报告文学长卷“中国海军三部曲”

问：2019 年是新中国七十华诞，也是人民海军成立七十周年。作为一名有着四十五年军龄的“老海军”，您创作了很多海军题材的作品。您和张帆曾经创作“中国海军三部曲”（《龙旗——清末北洋海军纪实》《逆海——中华民国海军纪实》《雄风——中国人民海军纪实》），能否回忆下当年“三部曲”的创作经历？

黄传会：我们用一百万字写了海军一百年历史。这把“剑”，磨了整整十年。我们确定的目标是：史料详实，立论严谨，人物形象丰满，叙事结构讲究，语言精妙生动。可以说，“中国海军三部曲”是我们的心血之作。百年中国海军史悲壮艰辛，同时又气壮山河。无数仁人志士为了反抗外强入侵，为了反对帝国主义的侵略，不屈不挠，英勇奋斗，是应该载入史册的。特别是第三部《雄风——中国人民海军纪实》，记录了从1949年人民海军诞生，从无到有发展壮大，到跨越式发展的历史进程。海军培养起来的作家，应该有承担这种书写的责任。应该要耐得起寂寞，坐得住冷板凳，同时还要投入最丰沛的情感。这其中的酸甜苦辣，只有作者自己才能体会，不说别的，光浩如烟海的资料，我们的阅读量是以千万字计算的。

这次写作最大的考验是对历史的梳理、分析思考。写历史也是写当代史，哪怕历史尘烟消失了，去古炮台边上感受一下，也会不一样，写作不能沉浸在故纸堆里。我们找到丁汝昌的墓，跑到邓世昌的纪念馆，对人物的悲剧命运增添了很多直观感受，这种获得只可意会不可言传。

问：后来您又创作了《中国海军：1949—1955》？

黄传会：我一直认为，七十年人民海军史，最值得书写的是一“头”一“尾”，“头”，海军初建头四五年，从无到有，可歌可泣。“尾”，近十年，强军兴军，波澜壮阔。新中国成立之初，萧劲光、张爱萍、王宏坤、苏振华、刘道生、罗舜初、周希汉、方强等十几位身经百战的开国将领们，刚刚从战火硝烟走来，一纸命令，毛泽东将他们调去干海军。萧劲光为难了，说：主席呀，我是个“旱鸭子”，根本不懂海军，当么子海军司令？毛泽东笑了：没那么可怕嘛！我就是看上你这个“旱鸭子”。

十万官兵，披荆斩棘，呕心沥血，开始了创建新中国人民海军之梦。面对封锁，没有舰艇，缺乏人才，“土包子”不会打海战……一个个意想不到的难题像翻涌的浪山朝年轻的海军扑来，十万官兵将初创时期的这段历史书写得惊天动地、风生水起。

这是一段激荡一个民族不屈的意志和自信的历史，这是一段铭刻着一代军人不畏艰难险阻、不怕流血牺牲的历史。当这段历史渐离渐远之时，前辈们的品格和精神依然在闪烁着风采和光芒，这是前辈留给我们的一笔丰厚的精神财富。

用文学对这段历史进行描摹的作品凤毛麟角，用报告文学书写这段历史基本没有。几年间，我带着一种紧迫感，抢救性地采访了近百位第一代老海军，查阅了浩如烟海般的资料，创作了长篇报告文学《中国海军：1949—1955》。我用丰沛、饱满的激情，记录下海军老前辈的丰功伟绩和耿耿初心。

问：请给我们谈谈近年来海军的变化？

黄传会：随着新时代党的强军思想的贯彻，随着国力的增强，近年来海军的变化实在是太大了。辽宁舰入列，亚丁湾护航，也门撤侨，海军遂行的任务越来越多，官兵们的素质不断提高。突然有一天我觉得，这支我原本非常熟悉的部队变得陌生了。我们过去常说军队题材创作是“农家军歌”，现在官兵的成分发生了很大的变化，大学生已经占了很大一部分，还有不少硕士、博士舰长，他们的知识结构不一样，视野也开阔了。问水兵们去过多少国家，有的说七八个，有的说十几个。一位士官长告诉我，他当兵二十年的航程，抵不过一次亚丁湾任务的航程。这就是我们所期待的“走向深蓝”。

问：这种陌生感，对您来说是不是一种挑战？

黄传会：面对新的使命、新的人物，采访量增加多了，听他们讲故事、讲感受、讲经历，感受他们的情感世界。每次接受新的任务，我都很亢奋，同时又冷静。我像将军一样调集各路士兵，不断寻找各式各样的典型人物，最典型的故事才能拨动读者的心弦。

问：作为海军作家，几十年来笔耕不辍，您是否有一种使命感？

黄传会：现在我们在进行“不忘初心，牢记使命”主题教育，我觉得“不忘初心”，首先要了解“初心”。如果我们的年轻官兵不了解这支舰队从何起航，经历过怎样的惊涛骇浪，又怎能理解我们的前辈创建人民海军的“初心”，更谈何忘不忘“初心”？令人堪忧的是，海军前辈在初创时期铸造的那段火与血的历史，渐行渐远，慢慢被淡漠，了解的人也越来越少。

举个例子，“4·23”是海军诞生日。几乎所有的海军史都写到，接到组建海军的命令，张爱萍在白马庙召集了成立大会，并做了主旨发言。后来，我有机会采访了张爱萍当年的秘书，他说：“哪有这种事，‘4·23’那天，正是百万大军过大江，又赶上江阴国民党海军起义，张司令员带着十三人的先头部队，急匆匆赶往江阴，根本来不及开什么成立大会。站在八圩港码头上等待渡船，张司令员点了点人数，意味深长地说：‘同志们，我们先头部队人员全部到齐了，五名干部加八名战士，一共十三人——这可以称之为全世界最小的一支海军了！’”

这种亲历者的讲述，比起海军史想当然的记载要真实、生动得多。然而，关于海军诞生日的记载，以讹传讹，还将继续相传下去。有人说，我们现在正处在一个最容易忘记历史，又最需要历史的时代，人的身体行走太快，灵魂跟不上的时代。文学恰恰具备了寻找灵魂的功能。而报告文学“真实而又文学”的写作特质，又最适合追寻“初心”，记录“初心”。

1951 年，刚刚成立不久的海军曾选派二百五十七位官兵跟苏联海军学习潜艇，当时这些学员文化程度很低，许多人连什么是阿基米德定律都不知道。苏联教官很无奈：连阿基米德定律都不懂，怎么学潜艇？然而，就是这些官兵，筚路蓝缕，呕心沥血，用了三年时间，组建了海军第一支潜艇部队。我曾经用了近两年的时间，走访“老潜艇”，在海军档案馆沙里淘金，打捞了一批珍贵的资料，创作了《潜航——海军第一支潜艇部队追踪》。一位“老潜艇”读完《潜航》感慨万分，在电话里对我说：“你不写，这段历史就没了。”我听出了一种悲壮，同时也感到了一种使命。为什么退休之后还一部接一部书写，就是因为有一种使命感。

军人的特质使黄传会始终有一种使命感、责任感。相对于创作数量，他更看重思想含量，希望思考比原来更多，写得比原来更少

问：是什么让您成为今天的报告文学作家黄传会?

黄传会：一是感谢部队，军人的特质使我始终有一种使命感、责任感；第二，感谢时代，从事报告文学四十年，时代不断给我提供新的“迫切性”和令人“焦虑”的题材；三是感谢我的采访对象，他们创造了历史，提供了丰富的人生经历。当然，作为报告文学作家，我对文本的思考从幼稚渐渐走向成熟，报告文学究竟怎么才能成为当代文学站得住脚的文体，需要不断维护，不断滋养。

问：您认为自己的创作在中国报告文学领域有怎样的独特性?

黄传会：一个报告文学作家一生能写多少题材?我写了三四十年，才不过写了十来个题材。要珍惜你觉得值得写的每一个题材，要千方百计将它打造成一件件精品力作。我的作品充满正能量，很阳光，能让读者心里一动。近几年，比较注意文学品位，每次为了找到最佳叙述方法，反复琢磨，精心结构。翻过来，倒过去，怎么开头，怎么发展，怎么结尾，就像盖房子，先要把结构搭好，结构好了，其他问题就好解决了。同时还要去寻找那些独特的“带文学意义的细节”，精心打磨语言。

问：您是知名作家，肯定会有很多主动“送上门”的题材，是否也拒绝过一些题材?

黄传会:人的精力有限。我把握题材的标准是:这个题材对时代起什么作用,能给人什么启示。不是大题材、大人物就能写出大作品,也不是小题材就是小境界,恰恰是众多小人物,同样可以写出大情怀。

曾经也有一些大公司找到我,想让我写写他们,我说你现在还处于积累钱财阶段,还不值得我去写。

问:几十年来,您一直在探索如何抵达报告文学更高的境界,可否谈谈您的创作风格经历了怎样的变化?

黄传会:我的创作风格并没发生很大变化。我思考比原来更多,写得比原来更少。我想写得比原来更好。

草木拯救中国

徐刚 1945年出生于崇明岛，毕业于北京大学中文系。著有《抒情诗100首》《徐刚九行抒情诗》《徐刚诗选》及散文《秋天的雕像》《夜行笔记》《徐刚散文选》等。自1987年写《伐木者，醒来》始，专注于自然文学之写作，著有《中国：另一种危机》《中国风沙线》《绿色宣言》《守望家园》《地球传》《长江传》等。传记文学有《艾青传》《梁启超传》《先知有悲怆：追记康有为》《崇明岛传》。报告文学《大森林》获第七届鲁迅文学奖。

采访手记

1976 年，徐刚长诗《鲁迅》出版时，大概没有想到，四十二年后自己会获得第七届鲁迅文学奖报告文学奖。

几十年间，他在山水之间跋涉、与农人对话，更多的时候他在倾听，“倾听种树者说，倾听治沙者说，倾听胡杨林中拾柴人说，倾听带着泥土芳香的各种方言，有快乐，有艰困……”也有的时候，他独自徘徊欣赏着那些独特的风景，欣赏祁连山冰川雪线与腾格里沙漠的对峙、塔里木河胡杨林中那棵枯死后千年不倒的胡杨树，以及石头间野草盛开的野花。

2018 年冬月，我们在西二环外的一家酒店大堂约见。徐刚头戴绛红色的贝雷帽，灰色的羊毛围巾自然地垂在黑呢外套里，潇洒又儒雅。还是笑眯眯的眼神，还是飘逸着白发，熟悉而亲切的笑——时光穿越到二十年前，我从西四环的石景山穿城而过，因为环境文学的主题，一路采访了几位作家，赶到东三环的兆龙饭店时，迟到了半个多小时。气喘吁吁，汗流浃背，狼狈不堪。徐刚没有半点儿责备，体贴地帮我点了一杯鲜榨的橙汁，真是清爽啊，甜到心窝里。

然而最让我感动的是，这么多年，从东北防护林到西部大沙漠，徐刚都是自费采访，没找过任何一个单位包括支持他的各级环保机构报销过一次，也没找过任何朋友赞助。他有着诗人狂放不羁的个性，也有敏感激情的诗意喷发。那些充满力量的语句时时闪耀，这些语句令我想起暗夜里璀璨的星光。他不知疲倦地奔走——只有对自己的使命抱着不可动摇的信念的人才能有这种非凡的魄力。他饱蘸激情和忧患的笔墨，书写了中国环境文学史上划时代的警世力作——《伐木者，醒来！》。

“我仍要在地球上放号——无论我的声音是多么细小——伐木者，醒来！”这声音至今振聋发聩。他在《大山水》中用充满激情的文字警醒世人：“我们正走在一条离财富越来越近，离江河山川越来越远的不归路上。”他在《中国：另一种危机》一书中提醒：“中国，你要小心翼翼地接近辉煌!”

他把自己当成了一株山间的草，草木使他有了根的感觉。他甚至长成了树的枝节，这使他独具葱郁的风景和宁静。

不知道什么样的种子落进了他的心里，驱使他牵挂着大地的秘密。他以史笔和诗笔持续书写大地的疼痛：森林锐减、河流污染、土地沙漠化；他以神性的细节为沉默而高贵的飘逝的植物立传。

徐刚的作品被誉为“绿色经典”，他也被称为自然文学之父、奠基人……众多头衔中，徐刚最珍惜的是诗人头衔

问：您的文学创作最早是从诗歌起步的，走上文学道路，是受到谁的影响?

徐刚：我对诗的兴趣，很可能是那时积累的。小学时的语文老师张其文很喜欢古典文学和诗歌，布置家庭作业让我们每人写一首诗，要我们写得顺口押韵。所有同学都傻了，我们都不知道什么是诗。后来我就写了一首诗，隐约记得是这么写的：“我生下三个月就失去了父亲 / 以后所有光阴 / 就剩下我和母亲 / 母亲常年劳动在田野 / 我更多的是看到她的背影……”

张老师在班里说：“你们知道不知道，我们班里有个天才。徐刚出来念一念你的诗，听完你们就知道什么是诗了。”

张老师对我影响太大了。他非常喜欢我，送我本《唐诗一百首》，这是我拥有的第一本书。后来去当兵时我还一直带着这本书。他对我们的灌输是，当好学生必须学好语文，学好语文必须学好古典文学。小学毕业后我不想考初中，因为母亲太苦了。那时已经有合作社了，我想我可以放鸭子。张老师第二天就到我家里，告诉我妈一句话：“你这个儿子一定要让他考初中，将来是个诗人的料。”

问：您的写作一半是诗歌，一半是报告文学。发表诗歌是什么时候？写诗对您有怎样的影响？

徐刚：1964 年，我在《解放军文艺》发表第一首诗。当时的诗歌编辑是李瑛。我考上北大后专门拜访过李瑛，他清楚地记得我写的诗是《哨所红光》。

在我后来的作品中，对文字的讲究是一个特点。即使年轻时出手快，我也绝不粗制滥造。因为我有诗的基础。作品要过关，最主要的是文字过关。清朝哲学家戴东原在《孟子字义疏证》中提出一个重要观点，书以句成，句以词成，词以字成。他认为，从文字的角度考量，字是最重要的。

问：大学里最主要的收获是什么？

徐刚：我在大学里读完《鲁迅全集》。读鲁迅，是为了写鲁迅的长诗。上午如果没课，我就到阅览室读书到中午，吃一块馒头再接着读。负责图书馆的包老师看我每天都这样，就专门给我提供一杯热水。包老师还提醒我要看许广平的回忆录，其中有很多动人的细节。

我崇拜的近代文人第一个就是鲁迅，最喜欢的是鲁迅的《朝花夕拾》《野草》。其次是他的小说。我在他的书里，读到了人与自然的内容，比如他为周作人写了一篇序，提到了西方沙漠化的问题。鲁迅说，中国的沙漠也在扩大，“林木伐尽，水泽湮枯，将来的一滴水，将和血液等价。”那时看了很新鲜，也感到惊讶。水的重要性第一次出现在我的脑海中。那个年代，只有鲁迅能说出这样的话。后来我写人与自然，不能说完全是因为这个，但这句话一直在我脑海中。

问：1977 年您曾出版长诗《鲁迅》，您怎么评价鲁迅？

徐刚：我认为，真正的文化旗手是鲁迅。写《鲁迅》长诗离不开当时的时代背景。我强调了鲁迅是文化旗手，也强调了鲁迅对毛泽东的拥护。相反，鲁迅生活方面的内容写得比较少。这是个遗憾。

我对鲁迅很佩服，一是风骨，文人首先要有风骨；二是鲁迅的文字，漂亮极了，尤其是《阿 Q 正传》《狂人日记》《野草》……读书相对有限的年代，我有幸碰到鲁迅的作品，像是钻进巨大的矿山，苦读钻研了好多年。他的作品我看了不止一遍。直到现在，鲁迅先生仍然是我最佩服的那个时代的文人之一，他的人品、人格、对写作的严谨——尽管他也有些观点是偏见，比如他不主张中国人读中国的旧书，其实中国的古典文学是他最深厚的基础。

问：后来是什么机缘到了《人民日报》？

徐刚：我曾收到两个上调函，一个是《诗刊》，一个是《人民文学》，组织上都不放。《人民日报》的袁鹰去崇明找我时，县委书记赵志良当场把组织部的人找来签字盖章，这样才去了《人民日报》。袁鹰还到我乡下的家里住了两个晚上说服我的母亲。袁鹰这一去改变了我一生的命运。我在小学六年级读到袁鹰的《时光老人的礼物》，后来成了他的老部下，带了我十年。我曾应约写过一篇回忆文章《袁鹰吾师》。

郭小川鼓励他写家乡，写母亲，鼓励他有机会要走出去。还说，“崇明岛是你创作的家园”

问：在您的人生经历中，和哪些诗人交往比较密切？

徐刚：我相信缘分。1961 年，我在《人民文学》杂志上读到郭小川的《望星空》，我觉得太好了，抄在本子上，郭小川的名字从此记在我心里。大学毕业之前我接到一个电话，是《光明日报》的杜慧打来的，让我去趟报社。等她忙完手头的活儿，把带我到华仁路 31 号。我心里一直很纳闷，直到跟着她上了楼，她敲门说：“小川，我把徐刚给你带来了。”

这一次见面太难忘了。我从《望星空》开始，说到在部队的时候读到他的《甘蔗林——青纱帐》，我还说给他写了一封信，但是不知道寄到哪里。郭小川很高兴。他问了我很多，告诉我有条件一定要多读书，古今中外，没有比读书更能了解作者的内心；他鼓励我写家乡，写母亲，有机会要走出去。还说，“崇明岛是你创作的家园”——全部让他说中了。

问：第一次见郭小川，您对他有怎样的印象？

徐刚：亲切和善的大哥的形象。他留我吃饭，用花生米招待我，还喝了一小杯酒。那时候生活很困难，他说安徽诗人严阵每逢过年都给他寄一包花生米。

问：您创作了很多诗歌与散文，《徐刚九行抒情诗》《抒情诗 100 首》《小草》《秋天的雕像》等，在文坛很有影响。什么机缘转向报告文学创作？

徐刚：我是 1986 年开始写《伐木者，醒来！》，在这之前，我在 1982 年写过诗歌《黄山，请给我一点绿》，那时就想用诗歌来表现对自然的关注。

我有两次登山，都很有收获。一次是 1979 年登泰山，太陡了，爬不上去，这时后边上来几个挑夫。他们是往山顶运水，古铜色的皮肤，浑身是汗，短裤都湿了。如此承担重负的人都能上山，我怎么就爬不上去？我跟在他们后面一步步爬到山顶。那次经历，我忽然发现，不是一览众山小，人世间的很多事情，都变得微不足道。一次是 1982 年登黄山。黄山太美了，所有的山峰像刀切了一般。爬上天都峰，我看见山崖上一簇杜鹃花，写了一首《悬崖上的红杜鹃》：“你是悬崖上的红杜鹃，/ 对着我莞尔一笑，却使我心惊胆战！ / 我唯恐你掉下来，/ 在峡谷里粉身碎骨——/ 美，从来都面临着灾难……”后来这首诗印在黄山门票的后面。美国夏威夷大学曾出版中国诗选，书名就是《悬崖上的红杜鹃》。从这时候，我的诗风已经开始改变了。1987 年大兴安岭发生火灾，我开始思考森林和人类的关系。一位朋友告诉我，武夷山有个人叫陈建霖，为保护树木立了“毁林碑”，我就跑到武夷山找到陈建霖，跟他一起生活了半个月，写成《伐木者，醒来！》，发表在《新观察》杂志，《新华文摘》全文转载。

《黄山，请给我一点绿》，代表徐刚的人生观的一种改变。它为徐刚写人与自然做好了思想上的准备

问：关于报告文学创作，您有怎样的主张？

徐刚：严格来说，写诗写散文的人才能写好报告文学。有个老画家说，如果不是诗人，就不要写字，也不要画画。诗性可以滋润你的文字，可以引导你的感情进入字里行间。写诗的人毕竟讲究文字。我说的是真正的诗人。在王国维的《人间词话》里，诗以境界为上。当我写人与自然的题材时，其中就有了新的境界：人类与万类万物共同生存构成了生命的广大和美丽。

问：2000年，大型生态纪录片《穿越风沙线》，开创了中国森林的“生态影像档案”，引起了很大的反响。为什么您会参与这样的行动？

徐刚：我希望更多的人了解“三北”防护林的艰难。河西走廊的一边是祁连山，一边是腾格里沙漠，古浪县有个小村叫“八步沙”，清末民国时有八个沙丘，故名“八步沙”。但因为过度耕作，过度放牧，八步沙变成三万亩荒滩，沙漠每时每刻都在威胁家园。八步沙的六个老农民，用他们的全部家产治理沙地。我去的时候，农民第一次接待所谓北京来的作家，他们在炕前的沙地上洒了水，沏了茉莉花茶，水对他们来说是多么珍贵啊！他们带我去看治理的那片沙地。他们梦想有一口井。我去了三次八步沙，第二次去的时候，有两个农民已经去世了，他们的儿子接过来。我第三次到八步沙的时候，三万多亩荒地上一片葱绿，还有了一口井。

香港凤凰卫视的老板和总编辑在飞机上偶尔见到一本《人民文学》，偶尔见到我写的《中国风沙线》，约我作为《穿越风沙线》专题片的嘉宾主持，三个多月的时间，我从东部黑龙江宾县一直走到帕米尔高原。我认定，我们必须要面对的一个问题，就是沙漠化，“将来的一滴水将和血液等价”，鲁迅的话再一次跳出来。

问： 十二年后您又参与《大地寻梦》，重访《穿越风沙线》走访过的老朋友和老地方，十二年间“三北”生态状况发生了怎样的变化？

徐刚： 只能依靠人民大众改变生态平衡。我永远怀念最早种植“三北”防护林的农民、运水的毛驴和跟在毛驴后面的孩子。还有农林的技术干部，是他们和农民一起承担了阻截中国风沙线，创建“三北”防护林的艰巨任务。

当时农民治沙每天的报酬是一块一毛五分钱，什么概念？可以买三个小苹果或者买四个绥德烧饼或者五盒黑市火柴。人是渴的，孩子是渴的，毛驴是渴的，孩子趁大人不注意，用手指在水桶里蘸一蘸水送到嘴里。毛驴喝不到水，排出的粪都是沙包蛋。他们把水浇到刚种下的树里，第一桶水要浇透，这棵树一生就只有这一桶水。

“三北”防护林工程是1978年启动的。2000年，《穿越风沙线》摄制组从“三北”防护林东端起点黑龙江省宾县出发，到“三北”防护林最西端的新疆西部乌孜别里山口，行程两万五千公里。十二年后重访故地老友，我把这种缘分比喻成“森林在冥冥之中的召唤”。近十几年，我们治理沙漠化还是有效的，大规模的机械化的种植，沙漠已被绿色覆盖。

问： 写自然文学，您也基本上成为生态专家。在不断的写作中，您收获了什么？

徐刚： 我写人与自然，是从写沙漠开始。徐刚曾是一个很自傲的人。但我在沙漠里学会一句话：你不要认为自己是地球的主人，要认识到你是地球的仆人，才会有真正的青山绿水，我们的土地才能成为完整的大地。“大地共同体”的概念是美国哲学家莱奥波尔德提出的，他把大地伦理的边界推向世界万物，人和草共生共存的土地才有大地的完整性，这是人与自然的最高境界。甘地说，人是大地的仆人。这是我写人与自然的最终的意象。

问：您的作品不仅以“大”命名，如《大山水》《大森林》，也确实磅礴大气，大开大阖。

徐刚：我没有刻意追求大，我努力渺小自己。森林是人类的摇篮，是文化的摇篮，不用“大森林”，无以用来彰显书的内容和主题，无法传输我在这本书中希望带给读者的想法。《大森林》综合了三十年来我对森林和自然的梳理和思考。它跟以前相比，有一个明显的特点是比较平静了。我特别讲究大开大阖，追根溯源。这个根源就是中国传统文化，即《诗经》《道德经》《孟子》《庄子》等。《孟子》比《论语》丰富得多，里面不但讲要保护生态，还要养心，既要养树，又要养心。我喜欢从中国传统经典中汲取营养。

自然文学之涌现，改变了报告文学的写作甚至改变了文学的写作。徐刚的报告文学自呐喊开始，渐次深入至家园土地，率先把文学即人学，转变为人与自然之学

问：可否谈谈《大森林》？这部近五十万字的著作引经据典，堪称兼具诗性与史性的森林文化史。

徐刚：我在《大森林》里重点写了草木。最早给人类提供给养的是草，是草的籽、草的根、茎以及草旁边的水，但我们对草是最熟视无睹的。森林的历史就是生命的历史，树参与人类的生存，也参与人类的死亡，某种意义上，就是社会发展的历史。当万物安全之时，人类才是安全的。没有了树木和森林，就没有清净的空气和水。而这些才是芸芸众生最原始和最基本的舞台。我们都活在草木和水的荫庇之中。

问：《大森林》获得第七届鲁迅文学奖，颁奖词是：具有雄浑的史诗品格，融汇多学科知识，指点江山，纵横捭阖，梳理、描绘了中华民族与森林相生相依的历史与传统，有力地体现了“绿水青山就是金山银山”的生态文明理念。

徐刚：“绿水青山就是金山银山”和“绿水青山也是金山银山”，

仅一字之差，却大不一样。这个思想一步一步在被百姓接受。

八十年代自然文学兴起，其背景为改革开放及思想解放，《伐木者，醒来！》的社会影响广至整个社会，但是“发展是硬道理”很快把这个影响压下去了。中国生态环境进一步恶化，更多的作家开始以人与自然为题材，呼告荒漠化之迫近、水污染及保护森林。

写作之于我，先是一种兴趣、爱好，自然文学的探求使我渐渐地感到有一种国家、民族和土地的使命在。

问：您在文坛，像一个特立独行的大侠。您如何评价自己的自然文学？

徐刚：报告文学在所有文学题材中最容易和利益挂钩。这是很诱惑的事情。曲格平先生说，徐刚一直写生态自然文学，没用过国家环保局一分钱。我没有找过任何一个单位报销过一分钱。

为什么自费？为了取得自由，为了一种人格的相对独立，谨慎地和利益保持距离。梁启超对知识分子提出过一个前提，“人格之绝对独立，思想之绝对自由”。“绝对”做不到，但相对是可以做到的。

如何自我评价？第一，我比较早地写自然文学；第二，我非常认真地写每一篇自然文学，当成诗和散文写；第三，我坚持的时间很长，写了三十年，不断尝试跨文体，跨题材，跨学科。最后，我只是躬逢其盛，是这一创作队伍中的一员。

能为那些被遗忘的人物立传，能为他们人生中的节点说几句公道话，徐刚觉得是自己的荣耀

问：在您的文学创作中，传记文学是不可忽略的。您的人物传记，有怎样的追求？

徐刚：我写传记，是受到罗曼·罗兰影响，他写的传记是最美的传记。我追求的是人物在那个时代起过什么作用，在当今时代还能发挥什么作用。康有为、梁启超都是被遗忘的人物，谁还记得《大同书》？谁还记得康有为的流亡？没有人记得。

问：《民国大江湖·话说袁世凯》《少年中国梦·再读梁启超》《先知有悲怆·追记康有为》中，有没有颠覆性的认识？关于梁启超，后来您又出了一个版本《烂漫饮冰子（梁启超传）》——写历史人物最困难的是什么？

徐刚：我企图介绍一点儿社会对他们的误解，比如康有为参与张勋复辟。我们批判他的时候没有说清楚，梁启超批判他的时候也不尽其详。在那个年代，只有康有为，把世界跟自己、跟中国拉得这么近。他在国外十六年，做“耐苦不死之神农”，寻遍大地，亲尝百草，采药配方以治中国之病。我说他是“先知”，一个被我们遗忘的“先知”。他向往的是英国的君主立宪、议会民主，简言之，皇帝没有权力，国家是共有的。这是他想走的路，要改良，不要革命，是他一生没有实现的梦。康有为说过，你们打倒一个清政府也就罢了，怎么把五千年的儒家文化也打倒了呢？再比如袁世凯，他对“二十一条”是做了抗争的，其中有一条是在中国各政府部门安插日本顾问，袁世凯说，如果日本人坚持，就不惜一战。在任时，他曾创造了多个“第一”，训练了中国史上第一支陆军，成立了中国第一个中央银行，建立了中国第一个警察系统。他还是第一部《森林法》《狩猎法》的制定者。

问：史料来源如何去伪存真？您写作的动力何在？

徐刚：所有史料必须有真实来源，来源于他们的著作。这里没有采访的问题，他们的后人对祖宗的了解不见得有我了解得多。写已故人物传记，最好的办法是读作品。看不到著作，就从各种各样传记传说当中得到线索，比如有文章提到《大公报》《国闻报》的，我就设法去找。

写作是我的事业，是我的使命。能为这些人立传，能为他们人生中的节点说几句公道话，我觉得这是我的荣耀，也是我的责任所在。

要不，要我们这些文人干什么？我至少认真读了他们的书，找到了很多我想要的。学者孙郁说，我写《梁启超传》用了小说的笔法，但一点儿不缺乏真实。我架构人物时可能会有小说笔法。人物传记不能百分百真实。比如对话，对话的历史事实是存在的，对话语言怎么组织？你可以说，这是我虚构的。但是书里绝大部分的人生经历，包括梁启超的故事，方方面面是真实的。

问：给健在的名人写传记，应该是从您开始的吧？最早写的是《艾青传》？

徐刚：我写艾青时他还是盛年。艾青的确是天才。艾青对我的影响很大。他没告诉我具体的诗怎么写，他对我的教训只有一句话："徐刚你要梳梳头。"他用天真的眼光告诉我，诗人应以天真之心对待一切。

1979年，我陪艾青去海南岛的时候，海浪涌过来，他悄悄地对我说："徐刚我告诉你，浪头打了我一巴掌。"他的内心有特别多的爱，否则何以能写出"为什么我的眼里常含泪水，因为我对这片土地爱得深沉"？他是特别有人情味、特别天真的诗人。我被他的天真感动。他的眼光总是带着笑，总是那么慈祥。艾青的诗到现在为止，仍然是最优美、最优秀的诗，没有人超过他。

艾青是我的灵魂护佑者——在我人生经历中的不同时期。我读的第一首新诗是艾青的，小学五年级的时候，我第一次读的新诗是艾青的《春姑娘》："在她的大柳筐里，装满了许多东西——红的花，绿的草……"我在旁边加了一句：缺了一种花，黄的是油菜花。老师说，你讲得有道理，但是名人的东西不能随便动。后来我们成为忘年之交，我在杭州和他朝夕相处，他拉着我的手在西湖边散步，谈他的人生。他很豁达，说："我很幸运，那些波折苦难对我来说是小事情。"《艾青传》里有很多细节，他看了以后也很奇怪，"你怎么记得那么多，没见你记笔记啊！"

问：无论写人物传记还是写自然文学，感觉都有共通之处。

徐刚：前人留下的精神财富对我们的社会具有根本性，但是被我们今人忽略了，看《康有为全集》《饮冰室合集》，是找到通向中国传统文化的桥梁，我看他们的作品等于又看了一遍《道德经》。写自然文学，同样是找到通向中国传统文化的桥梁，《论语·阳货》中说“子曰：‘小子，何莫学夫《诗》？《诗》可以兴，可以观，可以群，可以怨；迩之事父，远之事君；多识于鸟兽草木之名。’”中国古典文学一直到周作人、汪曾祺都有草木鸟虫的题材。《道德经》里说“上善若水”，水经常处于恶劣环境中，但是它对一切事物都有利，利万物而不争；草木“生生不息”，因为草是柔弱的，柔弱不是弱不禁风，而是要渺小自己。

问：写了这么多年，是不是在写作上已经没有什么难度了？

徐刚：对我来说，每一本书都是一个困难的开始，我都是下了功夫，精心选择不同的开头，出版一次改一次。每一次修改，都是既愉悦又辛苦，没有比享受这个过程更美妙的了，我在不断纠正自己的思路和指向，我不断组织自己觉得新鲜的、美好的文字去表达。

为写作踏遍青山

欧阳黔森 1965年生于贵州，湖南隆回县人，中国当代作家、剧作家。中国作协主席团委员，贵州省文联主席、作协主席，贵州文学院院长。享受国务院津贴专家、全国文化名家暨全国“四个一批”人才，获全国中青年“德艺双馨文艺工作者”称号。先后发表小说、散文、诗歌、报告文学、剧本七百余万字；曾获全国“五个一工程”奖、飞天奖、金鹰奖等奖，代表作有《雄关漫道》《奢香夫人》《非爱时间》《水的眼泪》《花繁叶茂》《伟大的转折》。长篇报告文学《江山如此多娇》获第八届鲁迅文学奖。

采访手记

地质与浪漫是否有必然的关联无从考证。但是在贵州省作协主席欧阳黔森的身上，却表现得极为突出。评论家孟繁华评价欧阳黔森的小说“有一种令人感动的内在气质，这种气质就是剩余的理想主义的气质”。《十月》杂志曾发表过欧阳黔森五个中篇小说近三十万字，原主编王占君对欧阳黔森也有充分的认识：欧阳黔森的小说充满残存的理想主义和英雄主义。

这大概也是他的作品走向国外的原因之一。因为汉学家、俄罗斯人罗季奥诺夫先生在谈到翻译欧阳黔森的作品原因时，就是希望让俄罗斯人了解什么是中国的英雄主义。的确，欧阳黔森的作品充满着理想主义色彩，坚持优秀文化传统，坚守精神家园。

“如果一个作家没有认识到‘你是谁，你为了谁’这句话的含义，作品又如何弘扬中华民族核心？如果一个作家没有认识到‘你是谁，你为了谁’这句话的含义，作品又如何弘扬中华民族核心价值观呢？”欧阳黔森如此诠释他作品中忠于民族、忠于祖国、坚守良知的品质与追求。二十世纪九十年代初，欧阳黔森也曾被“下海”的热潮裹挟过，但就在事业顶峰时期，他反而急流勇退重归文学，接续起中断八年的文学创作，从此全国各大文学刊物上频频出现欧阳黔森的名字，在中国文坛发出独特的“贵州声音”。

2021，欧阳黔森完成了《江山如此多娇》，作品以历史的视角对乌蒙山区、武陵山区进行描述，穿插个人记忆，佐证史料，并在贵州各贫困地区进行漫游式的观察、记录和思考，用文学记录着我们正在经历的变革，讲述了脱贫攻坚的“贵州故事”。伴随他成长的贵州，曾经贫穷，如今全省九百二十三万贫困人口已经全部脱贫，易地扶贫搬迁人数居全国之最，书写了中国减贫史上的贵州奇迹。目睹翻天覆地的变化，欧阳黔森被深深感染了：“这一刻，我已下定决心，要用我的笔来书写这一切。于我而言，写作就是一种爱好，抒写的就是一种心情，就像我登上一座山峰，就想敞开喉咙唱个痛快一样。因此，我认为文学就是一种真情的流露，就是一种记忆，需要我们常常挂念。”

2022 年 8 月，《江山如此多娇》获得第八届鲁迅文学奖报告文学奖。

欧阳黔森有个优点，就是一旦决定什么，会勇往直前。在人生中他有几次像这样的决定

问：您过去是地质队员，是什么原因开始与文学结缘？1992 年后停笔八年，您为什么又回归文学创作？

欧阳黔森：十几岁就开始写作，第一次发表诗歌是在 1985 年，1992 年出版过一本散文集。1999 年回归文学创作，在《当代》发表《十八块地》，此后进入创作高峰期。2000 年为贵州省作家协会合同制专业作家；2002 年进入鲁迅文学院“首届中青年高研班学习”，2003 年当选贵州省作协副主席，2011 年当选主席至今。我从小在地质队长大，十九岁也成了一名地质队员，走遍了祖国的万水千山。与文学结缘是因为我的初中语文老师沈文君，她总是把我的作文拿到课堂上念。由此我知道，写好作文也很光荣。

关于回归问题，与三个人有关，第一个是中国地质作家协会主席文乐然，在 1996 年的一次笔会上，他说，小欧阳，你是 1990 年就参加地矿部作协“峨眉山笔会”的青年诗人，你可不能放弃文学。那时候，我下海正欢，也没听进去。1998 年年底文乐然老先生又到了贵州，他说，你 1999 年写的《十八块地》我看了，你弃文从商太可惜了。正好原中国地质作协主席黄世英老先生也打电话给我说：小欧阳，听说你下海很好呀！我说，还好！老先生说，别下海了，你真让我痛心。再就是贵州省地矿局宣传部长、贵州省电影家协会主席袁浪先生说，你呀！深陷商海不是好事，明明一颗文学的心，偏偏要干别的。别浪费时间了，你看我劝过谁吗？那么多热爱文学的学生、朋

友，我为什么偏偏劝告你，只要你搞文学，以后超过我的只有你。

当然，自己没想通，有人劝也没用。我想通的时候，是在一个月上枝头的夜晚，那天，很奇怪，我一直在反思，这八年我都干了些什么？说实话，真不是我想干的，一股强烈拒绝再干下去的想法涌上了心头。我有个优点，就是一旦决定什么，我会勇往直前。在人生当中，我有几次像这样的决定，第一次是 1989 年，以我的学历在地质队这个知识分子成堆的地方，确实太低了，可是干一行我行一行，这是大家公认的，以我二十五岁的年纪还带领一群地质工程师搞地质，真是个奇迹，我的老单位一〇三地质队至今还这样认为。就在我处于顶峰时期，我对总工程师说，我走了。总工程师说，我们正重用你，你走哪里？我说，我到大学进修中文。总工说，进修地质专业可以报销，工资照发，进修别的，没有政策。我说，也走。第二次是 1992 年年底，诗歌获了贵州的一个文学奖一等奖，又出版了散文诗歌集。我说，我要下海，单位说，好呀！这太好了。那时候地矿行业不景气，鼓励下海。其实，我是文章写不下去了。写不下去就别写，硬撑着写也是废品。第三次是 1999 年年底，在许多人下海"淹死"了，而我在海里游得正欢时，我说，不游了，回来搞文学，这才是我想干的。

问：《雄关漫道》《绝地逢生》《奢香夫人》……您的长篇多数与电视有关。是先写小说还是先有电视剧？

欧阳黔森：《奢香夫人》是小说在前，是出版社为了等央视一套黄金时间播出时，同时推小说市场会好些。《绝地逢生》其实最早来自于我发于《十月》的中篇小说《八棵苞谷》。后拓展为二十集电视剧剧本《绝地逢生》，再后是出版社需要改成了长篇小说《绝地逢生》。有小说在前当然文学性更强一些。但小说与影视是不同的艺术形式，一种是语言的艺术，一种是视觉视听艺术，两者不好类比。不过，我还是赞同小说改编为影视，影视改编为小说是不恰当的。

问：从事编剧职业，对于小说创作是否有影响？有一种说法认为，从事编剧职业对于小说家来说是有杀伤力的，因为稿酬或其他原因，影视对作家很有诱惑，同时从事剧本写作后，也使得小说创作不够“纯粹”。您怎么看？

欧阳黔森：作家分两种：一种是写得好小说，写不好剧本；一种是既能写好小说又能写好剧本，后一种刘恒是典型的，小说好，剧本也好。我认为本无什么“杀伤力”之说，自己最擅长什么，自己最知道。该干什么，不该干什么，也是自己最清楚。就像十八般兵器，你说刀厉害，还是剑厉害，武术的高境界不是兵器的问题，而是谁在用的问题。小说和剧本是艺术中两种不同的兵器，不能说谁影响谁了。刀还没使好，你又想使剑，怎么可能？要么你就专心一种，达到高境界。当然也有武术大师十八般武艺样样精通，即使是这样的大师也有专长，如杨家枪、李家锤、张家矛、王家刀。使剑的人使不好刀就怪刀不“纯粹”是说不通的。要怪只有怪自己不够“纯粹”。

如何在书写全国脱贫攻坚主战场的诸多作品中独辟蹊径，如何生动地反映精准扶贫带给山乡的巨大变化，《江山如此多娇》交出了无可替代的答卷

问：《江山如此多娇》大气从容，您在作品架构时是怎么考虑的？创作中您把自己几十年的生活积累充分调动起来，整部作品非常生动接地气，您在写作中有怎样的追求？

欧阳黔森：以采访中的所见所闻为主线，串结起各种现场的事象与人物，连缀起历史的过往与相关的资讯，总体上是以叙述为主，因此素材的典型与扼要、文字的准确与精到，是我必须追求的。《江山如此多娇》分五个章节，标题都是从自然景物与景象着眼，与表述的内容十分贴合。我觉得用北京大学教授陈晓明的评价更能诠释这个问题。陈晓明认为，《江山如此多娇》特点鲜明，作者各方面表达得非常充沛，通过反映现实性和当下性来建立起独特的文学价值和美学意义。他用几个“大”概括了这部作品。首先，“脱贫攻坚”是个大题。

欧阳黔森通过书写贵州几个典型的村庄，从小处落墨反映这个时代的大题，这是国画的画法。作者对于大主题的把握非常好，大题小作，做得非常精致、精细，每一个村庄里里外外、从上到下都写得非常透彻。第二，这部作品大道至简，写得非常平易平实。每一个村庄各有特色，都是因地制宜、就地取材。作者用脚步去丈量，用脚印去刻写，所以能把这些道理刻写在贵州的千山万水，刻写在那些艰难的盘山小道，刻写在老百姓的家门前、场地上。第三，大局有序。全文格局很大，写得错落有致、非常有序。有一个叙述者的声音始终在场，这个声音能融入人民的心声，能融入党的政策的声音。作者的声音和老百姓的声音融为一体，毫无隔阂，而且叙述的语调衔接自然流畅。第四，大情显实。我们党对人民的关心，这种大情怀落到了脱贫攻坚工作的实处。

问：作品中几次用到“震撼”，能否具体谈谈您在创作扶贫攻坚作品过程中最深的体会是什么？作品写出了各级领导的关心扶持、扶贫干部的付出，也非常具体地多次描写老百姓各种发自肺腑的笑，在阅读过程中感到非常的温暖愉快，深切体会到总书记与各级领导干部、人民群众的冷暖相知及水乳交融的关系。这部作品和您之前的创作状态有何不同？

欧阳黔森：是的，“震撼”这个词，作为作家来说，一般不会轻易使用，因为，有些眼睛看见的震撼，是文字无法充分表达的，仅仅使用“震撼”这个词来讲述，这是一个作家欠“功夫”的表现。如果作家的描写，能触动人的心灵，能给人留下不可磨灭的记忆，一定不是落在纸上的那两个字——震撼，而是你的讲述能否一唱三叹。

记得习近平总书记讲过，党中央的政策好不好，要看乡亲们是笑还是哭。这句质朴的话，我的理解是可谓切中要害，掷地有声，振聋发聩，醍醐灌顶。

有了这样的理解，在我走村过寨的采访中，便坚持一条这样的原则，不管是谁提供什么样的资料素材给我，不到一线眼见为实地访问，决不引用。善于观察洞悉是一个作家的基础本领，你是皮笑肉不笑，还是发自肺腑的笑，我当然感受得到其中端倪。有了这样的认识，我坚持与每一个相遇的贫困户促膝谈心、交朋友。可以这样说，我到过无数的贫困村，见过无数的贫困户，只要与他们一拉开话匣子，我就没有见过愁眉苦脸的人，他们灿烂的笑容，真真切切地感染了我。有了这样的笑，我想无须再多说什么，此时，与他们分享幸福和获得之感，比什么都快乐。

写这部作品之前，我的作品类别较多，有长中短篇小说，有诗歌、散文，有电影，有电视剧，这样的写作，只要你的知识背景足够支撑你的人生体验，那么你可以天马行空地创作，而报告文学是非虚构作品，你必须眼见为实，在如火如荼的脱贫攻坚战中，那些可歌可泣的故事无处不在，这些故事绝非一个作家可以任意编撰的，你必须亲历现场，如实记录，无论你怎样编撰，都不如现场的故事精彩。

中国作协副主席李敬泽评价，《江山如此多娇》全景式反映贵州脱贫攻坚的历程，堪称一部脱贫志，由此可观中国脱贫攻坚事业的风貌和景象

问：《江山如此多娇》是一部走出来的作品，也是一部满怀热情甚至激情的作品。地质队员的经历，对您的创作有何影响？

欧阳黔森：踏遍青山，是一个地质队员的本职工作。我很庆幸在我的生命中有一段地质工作的岁月，可以这样说，年过半百的人，几乎都会开启回忆模式，而这样的模式，几乎都是在梦中，只要我做梦，梦见的绝大多数都是在跋山涉水，这样就注定了我的文学作品几乎有一半是与地质找矿有关。写作和拍摄电视剧是很辛苦的，为了抢进度，有时候连续一百多天，每天只能睡三四个小时，曾有人问我，编剧和拍摄电视、电影这么辛苦，你是怎么干下来的？我说，地质队员都干过，还有什么干不了的？

问：您的创作经历了怎样的变化？

欧阳黔森：我是从诗歌、散文到短、中、长篇小说，再到电视剧、电影创作的，遵循着由短到长的写作过程。汉语写作发展到今天，已是有了很高的水平了。不轻易说变化，变不好，不如不变。形式上寻求多样，内容上追求多彩，语言上精益求精，这些都可以在变中解决好。唯一不能变的是责任、良知、理想，文学之所以不死也是因为这三点。写作于我就是一种爱好，这与别人爱足球、围棋和唱歌没有两样。既然爱，就要善待文字。我坚持这样，并力争去做。遇到瓶颈是常事，解决的方法是决不放弃。我们可以想象一个人把唯一的爱好都放弃了，是一件多么可怕的事，我做不到，也从未想放弃我的爱好。当然仅仅有这样的坚持是远远不够的，还需要有创新和突破的实力与勇气。

问：从 1977 年开始发表作品，能否谈谈您的创作风格和原则，对创作有无规划？

欧阳黔森：任何作家的作品既是个人的创作，又是时代的产物。文学风格也是受时代因素影响的。文学作品的样式是多样化的，文学精神却是一以贯之的，这就是屈原所秉承的“香草美人”，这是中华文学的优秀传统，符合中华民族的审美精神，这是万变不离其宗的创作原则。在几千年文学的历史长河里、在历史的天空里闪耀着的那些伟大的名字中，像屈原，李白、杜甫等人的作品，无不充满爱国主义、浪漫主义。中华文学传统从不缺失浪漫。我从小阅读经典，尤其喜欢洋溢着浪漫主义的作品。浪漫主义文学着重表现作家的主观理想，抒发强烈的个人感情。具有主观性、重理想重感情的本质特征。这样的特征，绵延数千年，今天仍然光芒四射。

于我而言，创作是没有止境的，既爱之，则持之以恒。创作就是这样，有时候规划还没完成，另一种创作的冲动说来就来，希望能写好这样的冲动，这样的冲动，最好的结果是感动，有了这样的感动，就能温暖人心，这就是文学创作的高地，这样的高地，即是每一个文艺创作者所想达到的标高，这样的标高，于一个作家而言，能否达到并不要紧，要紧的是，你是否持之以恒地向这个标高不断前行。

问：作为本土作家，您认为写这部作品有何优势？

欧阳黔森：我走遍了贵州十七万平方公里的山山水水，在一年三百六十五天的日子里，我有三分之二的时间都在田间地头深入生活，熟悉这块土地，热爱这块土地，这就是我的优势。

欧阳黔森说，所谓创新、所谓突破，必须置身在自己的沃土上

问：贵州总在您的作品中时不时地冒出来，能否谈谈家乡对您的影响？您认为地域对作家的影响有何利弊？

欧阳黔森：艾青曾有一了不得的诗行：为什么我眼里常含泪水，因为我对这块土地爱得深沉……引用这诗，其实就想表达我对贵州家乡的感情。有感情就有影响，这影响是根深蒂固的。我认为文学没有地域，这利与弊也要辩证地看。沈从文就写湘西，老舍写北京，孙犁写白洋淀，莫言写高密，都是地域的，又是世界的。创作这东西，原本没地域，自己划界就会弊大于利了。

问：作为贵州省作协主席，您如何评价这一方水土养育出来的作家？贵州省文学创作水准在全国来说大概处于怎样的地位？在文学创作上应该如何有所突破？

欧阳黔森：贵州这块神奇的土地，曾养育出蹇先艾、何士光、叶辛、李宽定等优秀的作家。曾为新时期文学作出过不可磨灭的贡献。目前贵州文学整体实力与兄弟省份还有差距。其实在文学创作上，没有边远省份之说，当年肖洛霍夫地处边远的顿河，但他至今是俄罗斯文学和世界文学的巨匠。沈从文地处“边城”，他也是中国文学和世界文学不可缺席的重要作家，问题是如何突破。只有继承优秀文化传统，在这肥沃的土地上生根发芽，吸取丰富的营养，才有可能长成参天大树。所谓创新、所谓突破，必须置身在自己的沃土上，这是真理。当然，就是这样，你也未必就能有所创新、突破，就能长成参天大树，这不要紧，要紧的是我们应该这样做。这样做了，成与不成已不重要，重要的是这个过程非常美丽。

问：您曾经获得全国“五个一工程”奖等各种大奖，能否谈谈您对于主旋律作品的认识？怎样才能把主旋律作品写得既好读又耐读，可否分享一下您的创作经验？

欧阳黔森：只要是弘扬真善美的文艺作品，都是主旋律，主旋律作品最忌讳的是空喊口号，直白、空洞、无味，而要解决这个问题，就必须深入生活，扎根人民，思他们所思，想他们所想，说他们所说，这样才能创作出真正让人民喜闻乐见的文艺作品，这也是以人民为中心的创作导向的根本所在。

《莫道君行早》是一部生活的史诗，当然并非多么崇高激昂或稀缺珍贵，而是一部普通百姓的生活史诗

问：《莫道君行早》同时裹挟着乡村的喧哗和宁静扑面而来。您以极大的热情把读者带入武陵山脉腹地的紫云镇，小说从一开始就设置了紧张的悬念，一种无法抗拒的力量席卷着，能谈谈您的创作体会吗？

欧阳黔森：只有用情用力讲述，才能令人感同身受。着力的支撑点，就是“以人民为中心的创作导向”，要实践这个导向，就是到人民当中去，体会最深的是与老百姓促膝谈心，他们的表白是质朴的，质朴的表白却令人震撼，这些话语至今在我耳边回响。这是遵义花茂村一位年近花甲的老人的表白，他说：辛苦了共产党，幸福了老百姓。老人家说的这句话，听起来很简单，细想起来却一点儿都不简单，因为，“辛苦”和“幸福”这两个词，浓缩了这一时期党的形象和老百姓的感受。如果不是身临其境，如果不是和老百姓促膝谈心，我就听不到这样纯朴的心声，而老百姓这样真实的心声给我带来的不仅是心灵的震撼，更是灵魂的洗礼。

问：您写作《莫道君行早》，我相信一定充满激情，同时又是深入生活沉潜下来，反复推敲打磨。写的是一地鸡毛，但琐屑又宏阔，渺小又伟大，您和脚下的土地是相互滋养、交融共生的。

欧阳黔森：深入生活、扎根人民是“以人民为中心的创作导向”这一准则的铁律，如果你的脚上不沾满泥土，焉能嗅出泥土的芬芳？焉能感知思想的光芒？以我在老少边穷地区长期深入生活、扎根人民的亲身经历，可以说，精准扶贫，没有惠及不到的地方。毫不夸张地说，放眼人类历史上任何变革和改变历史进程的宏大战役，都不能与这一场对淤积了几千年的贫困症结所开展的脱贫攻坚伟大战役相提并论。

贵州是脱贫攻坚的主战场，“人无三分银，地无三尺平”，曾是贵州贫穷落后所背负的沉重标签，时至今日，贵州九百二十三万人脱贫，一百九十二万人搬出大山，彻底撕掉了千百年来绝对贫困的标签，在如火如荼的脱贫攻坚战中，那些可歌可泣的故事无处不在，这些故事绝非一个作家可以任意编撰的，你必须亲历现场，如实记录，无论你怎样编撰，都不如现场的故事精彩。《莫道君行早》中的麻青蒿、吴艾草、肖百合等人物形象，都是从众多的采访对象中提炼出来的。

问：写作三十多年，您在写作上是否已经驾轻就熟没有任何难度？

欧阳黔森：我亦无他，唯手熟尔。

在大历史中获取灵感和思想

丁晓平　1971年生于安徽怀宁。诗人、作家、评论家、出版人、文史学者。中国作家协会全国委员会委员、报告文学委员会委员，中国报告文学学会理事、青年创作委员会主任。现任解放军出版社副总编，大校军衔，荣获中国出版政府奖优秀出版人物奖、全国新闻出版行业领军人才。出版诗集、散文集、文学评论集、长篇小说、报告文学、传记文学等五十余部。主要作品有《人民的胜利》《光荣梦想：毛泽东人生七日谈》《中共中央第一支笔：胡乔木在毛泽东邓小平身边的日子（胡乔木传）》《硬骨头：陈独秀五次被捕纪事》等，多部作品被译为英文、俄文、韩文、阿拉伯文，荣获文津图书奖、徐迟报告文学奖、中国文艺评论奖等。长篇报告文学《红船启航》获第八届鲁迅文学奖。

采访手记

丁晓平有多重身份，军旅作家、报告文学家、编辑家……但我想，他可能更看重的是诗人。1990年，十九岁的丁晓平在家乡的《安庆日报》发表第一首诗歌，多年来从未放弃，1998年出版首部诗集《写在浪上》，2008年相继创作长诗《汶川九歌》和诗歌《中国，把我给你》。至今他依然认为诗歌是文学的最高殿堂。“在我看来，诗歌是一种无法定义的文学体裁，就像数学学科中的非集合概念一样，它是广阔的、无边的，是难以形容或界定的。”

怀揣文学梦的丁晓平走进军营，十年后由海军部队调入解放军文艺出版社工作，由业余文学爱好者转变为专业的文学工作者，三十多年来，丁晓平先后出版了三十余部作品，涵盖了诗集、散文随笔集、文学评论集和长篇小说、报告文学、传记文学等不同的文学体裁。几乎一年一部的出版速度，且能保持相当的水准和影响力，丁晓平的勤奋由此可见一斑。

近十多年来，丁晓平主要从事历史题材的创作，但他从未放弃诗歌、散文包括文学评论等其他文学体裁的创作。首部文学评论集《文心史胆》被认为是丁晓平长期以来编辑和写作的“真经”，他听了以后很开心，因为他写的都是自己的真心话，确确实实是“我手写我心”。“眼睛里没有黑暗，嘴巴里没有谎言。”这是丁晓平的两句诗，也是他人生和创作的座右铭。

每次阅读丁晓平的作品，都是一次刮目相看。他的作品关注着大历史、大时代、大人物、大事件，呈现出大的格局和气象，而这“大”却建立在他的细节和史料功夫之上，他以敏锐的洞察力在历史深处打捞真相，他用自己的实力和不倦的努力证明，他的作品不仅是有才情、有胸襟、有思想的写作，更是有创造力和有生命力的写作。

采访的最后，军旅作家丁晓平打了一个形象的比喻形容自己的状态：就像一颗已上膛的子弹，时刻准备着扣响扳机的时刻……

历史文学写作的最大收获就是珍惜历史，能正确面对现实和把握现在，从而清晰、清醒地看到遥远的未来

问：你编选的“开国伟人印象丛书”，包括《毛泽东印象》《周恩来印象》《邓小平印象》，被称为“海外研究中国伟人的小百科全书”。这些著述，对你的文学创作有什么帮助？《光荣梦想：毛泽东人生七日谈》以“七日谈”的形式描绘毛泽东的一生。在写作中是否为尊者讳？在写作上如何把握分寸？

丁晓平：我都是利用业余时间从事文学创作，编辑出版工作才是我的职业。“开国伟人印象丛书”的编选得益于我从事出版工作的实践，这套书分别收录了外国尤其是美国等西方国家上至总统、政要，下至外交人员、记者的文章，是他们与毛泽东、周恩来、邓小平三位中国伟人交往的亲历记和回忆录。通过编选这套书，让我从西方的视角，更加客观、公正、辩证地理解、认知和评价中国伟人，确实令我大开眼界，对伟人和历史增添了更多的敬畏和仰望，更加坚定了我从事历史写作的价值观和方法论。

我对中共党史和党史人物尤其是毛主席的研究，是在2000年从事出版工作之后的事情。那一年，我策划、校订再版了被誉为“中国第一自传”的《毛泽东自传》，从此改变了我文学创作的道路。《光荣梦想：毛泽东人生七日谈》以“七日谈”的形式大写毛泽东，是我坚持“文学、历史、学术跨界跨文体写作”的具体探索和实践。我的经验，写作伟人与写作小人物没有多少区别，也没有多少顾虑，但的确需要把握好分寸——既要实事求是又要留有余地，既要一分为二又要恰如其分。我的历史文学写作始终坚持“三三法”，即，在文艺创作导向上要把握好“三场”——立场、现场和气场，从而使作品完成能量、动量和质量的转换；在创作方法上要把握“三视”——仰视、平视和俯视，从而使得作品拥有敬畏、尊重和批判精神；在创作理念上要把握好“三观”——宏观、中观和微观，使作品怀抱全局、情节和细节，从而让作品具备大格局、大视野和大情怀。创作重大历史题材作品，作家必须有足够的历史耐心，在对历史事件和历史人物审慎的叙述中，在对史料去伪求真的过程中，锤炼自己的史识、史才、史德，从而在大历史中获取丰富的灵感和深刻的思想，创作出优秀的作品，引导读者树立正确的历史观、民族观、国家观和文化观。

问：《中共中央第一支笔：胡乔木在毛泽东邓小平身边的日子》（以下简称《中共中央第一支笔》）披露了许多鲜为人知的历史细节和决策内幕，出版十年仍然长销不衰。能谈谈这部作品吗？

丁晓平：《中共中央第一支笔》是我重大历史题材创作的成名作，也是我的标志性作品。至今，我依然记得我跟乔木同志女儿胡木英女士在全国政协礼堂第一次见面时的情景，当我向她提出想写一部乔木同志传记的时候，她和蔼可亲地笑着跟我说："好啊！可是，我爸可不好写。"就这样，我动笔了。

乔木同志是中共党史上一个不可忽略的人物，他的贡献、学识和人生，高山仰止，但也曾饱受争议，的确不好写，令人望而却步。《中共中央第一支笔》共计五十五万字，以中国传统文化"五行"学说"木、火、土、金、水"为结构，较为艺术地叙说了胡乔木的人生。

问：作家叶永烈也写过胡乔木的传记，你看过吗？你觉得自己在对胡乔木的把握和认知上，有什么突破吗？

丁晓平：叶永烈先生写的胡乔木传记，乔木同志亲属提供过。但是，作为后来者，站在前人的肩膀上成长起来的我们，如果不能超越前辈，那么我们的工作将是毫无意义的。历史文学写作的最大收获就是让自己更加热爱历史、珍惜历史，且能正确面对现实和把握现在，从而更加清晰、清醒地看到更加遥远的未来。二十年来，通过历史文学创作的实践，我深刻理解、总结和处理好了以下三种关系，即宽容的历史与历史的宽容、局限的历史与历史的局限、叙述的历史与历史的叙述。也就是说，宽容、局限、叙述，是我从事历史写作或者说非虚构写作三个极其重要的关键词，它们体现了作家的智慧和情怀、思想和境界、艺术和技术。

丁晓平的历史写作，一直都是围绕“实”字做文章，即以真实为生命，以求实为衣钵，以写实为根本

问：《王明中毒事件调查》填补了党史研究的空白，以新发现的尘封近七十年流落民间的原始档案和文献作为物证，并采访了很多亲历者和当事人，起到正本清源的作用。你能否谈谈应该以怎样的态度进行历史文学创作？

丁晓平：历史写作需要有一种冒险的精神。在重大历史题材报告文学的写作上，我坚持走“文学、历史、学术跨界跨文体写作”道路，其方法就是采取“文学的结构、历史的态度和学术的眼光”，围绕“实”字做文章，即以真实为生命，以求实为衣钵，以写实为根本，老老实实不胡编乱造，踏踏实实不哗众取宠，保证每一个历史细节都有它的来历，保证每一句历史对话都有它的出处，让读者在我的叙述中体味到个体生命的质量、体验到民族精神的能量、感悟到科学理论的力量。我想，只有这样，作品才能经受时间的考验和历史的检验，从而受到读者的欢迎。

重大历史题材写作的根本任务是还原历史，美好生活，照亮未来。我相信：优秀的文学作品将带着读者回到历史的现场，在现实的背影中看见未来。而伟大的文学作品尤其是传记作品，特别是那些品行良好的历史人物的传记，给人类带来了福音——它教给人们和世界一种高尚的生活、高贵的思想和充满生机活力的行为模式，对人的成长是最有启发和最有作用的。

正是怀着这种创作态度，我在大历史的矿区深入开掘，与众不同地开创了适合自己的写作道路。历史，总是慢慢地让人知道的。

问：1937年夏天，陈独秀在南京狱中仅仅完成了《实庵自传》前两章的写作。八十年后的2016年，你推出《陈独秀自述》，将陈独秀的人生历程与政治生涯进行了梳理和整合。这种写作无疑很大胆，你的勇气和自信来自什么？

丁晓平：陈独秀是一位百科全书式的人物。早在1933年，胡适等人就邀请他写自传，直到1937年他在南京狱中才开始写作，名曰《实庵自传》，但生前仅仅写了两章。当时就有许多社会名流“为陈独秀不能完成他的自传哀”，觉得“中国近代史上少了这一篇传奇式的文献，实在太可惜了”，“这不仅是中国近代史上的一个损失，也是中国近代文学史上一大损失”。

为了弥补这个损失和遗憾，作为安徽怀宁同乡，我怀着一腔热血，自2009年出版《五四运动画传：历史的现场和真相》之后，就斗胆产生了编撰一部《陈独秀自述》的想法。做这么一件事情，绝对不是无厘头，也不是噱头。在陈独秀的著述中，我们可以清楚地看到他的革命思想、人格操守和生平事迹，以时间为经、空间为纬，循着他的革命、思想和人生轨迹，按历史的逻辑选取其不同历史阶段最具典型性、代表性和自述性的文字，进行有机梳理、串联和整合，使读者从阅读陈独秀的文字中感悟其思想的脉动，感怀其灵魂的激荡，感慨其狂飙的胆魄，感知其澎湃的心跳，感怀其历史的先声。在这个过程中，我同时创作了《硬骨头：陈独秀五次被捕纪事》，编选了《陈独秀自述》的姊妹篇《陈独秀印象》。“自述”系自说自话，“印象”乃他言他语，相互补充，互为鉴证。

从《人民的胜利》到《红船启航》，充分显示出丁晓平喷薄而出的创作爆发力，以及军旅作家的政治自觉与使命担当

问：《人民的胜利：新中国是这样诞生的》（以下简称《人民的胜利》）分政治、经济、军事等六个篇章，展现了1946年至1949年间中国共产党建立新中国的艰难曲折又波澜壮阔的历程。恰逢建党百年，这类作品很容易陷入套路或窠臼，你在写作中更注重哪些方面？

丁晓平：十多年前，我就开始准备和酝酿，把历史的目光聚焦于1919年、1949年和1979年这三个特殊的年份，并以它们为中心辐射前后三十年的中国近现代史，努力完成二十世纪中国百年历史“觉醒、解放和开放”的“时代三部曲”，以文学的方式重述我们的党史、新中国史、改革开放史和社会主义发展史，理直气壮地书写中国共产党为人民谋幸福、为民族谋复兴的精神史诗，《人民的胜利》只是其中的一部。

我始终相信，一个作家和一部作品是否优秀，最重要的是他和他的作品是否具有思想。文学创作最能体现功力的就是作家和作品的思想。优秀的文学家应该是思想家。如何体现作家的思想呢？除了观点、语言之外，作品的结构也是作家思想的体现。就是在这样的思考和研究中，我决定《人民的胜利》从1946年6月的解放战争开始写起，一直写到1949年10月1日开国大典。于是，全书的结构也水到渠成，由“前夜”“翻身”“决战”“统战”“外交”“开国”六个篇章构成，每章分为五个小节，共计五十万字，从政治、经济、军事、统战、文化、外交等方面立体全景式再现新中国成立的创业史、奋斗史，展现中国共产党紧紧团结、依靠人民，经过艰苦卓绝的斗争赢得中国革命的胜利、建立新中国艰难曲折又波澜壮阔的历程。

问：在具体写作中，需要克服哪些困难？

丁晓平：要见树木，更要见森林。历史写作离不开宏大叙事，必须实事求是地回到历史现场和历史语境当中，完整书写整体的历史和历史的整体。我们必须突破历史的局限，不当事后诸葛亮，不放马后炮，要循着实事求是和辩证唯物主义的路径，在常识中把握历史发展的主题和主线、主流和本质。

说句实在话，我不是一个特别会讲故事的作家，或者说我是一个不善于虚构的作家。我始终认为，对非虚构写作来说，遵守真实性原则是第一要务。在讲好中国故事的时候，我们要明白一个道理，讲故事不是目的，目的是以文载道、以文传声、以文化人、以文育人，讲出中国特色、中国作风、中国气派、中国精神，展现中国故事及其背后的思想力量和精神力量，塑造可信、可爱、可敬的中国形象。因此，历史写作就要写最有价值的历史，写历史中最有价值的那一部分。什么是最有价值的历史呢？我认为，推动并有利于国家、民族和人民的发展进步和根本利益的历史，就是最有价值的历史，就是历史中最有价值的部分。

问：庆祝建党一百周年前后，关于共产党是如何创立的、中共一大是怎样召开的主题，已经有很多的影视作品，文学创作如何别开生面，你在《红船启航》下笔之前都做了怎样的准备？

丁晓平：作为一直从事党史重大题材报告文学创作的作家，在中国共产党成立一百周年的伟大时刻，怎么能够缺席呢？从2001年开始，我先后创作出版了毛泽东、周恩来、邓小平、胡乔木、陈独秀、王明、蔡元培、埃德加·斯诺的传记，对“五四运动”以来的中国革命历史有了整体的研究和思考。

众所周知，有关中共党史的书籍汗牛充栋，大多是历史学家、学者和权威机构编写的通史、简史类的编年史，偏重于史料性、文献性、学术性、政治性，读者在阅读之后往往只能了解一个大概脉络，并不清楚当时的历史现场和人物的细节、命运，党的创建史实际上成了人人知道却又不完全知道的历史。这是一个不可忽略的事实。因此，我决心在《红船启航》中解决这个问题，把党史写活起来，写出活的党史，写出一部兼具故事性、文学性、学术性、普及性的，让人民群众完整、准确、权威地了解并掌握党的创建史的大众读物，力求既真实好看又有趣有益，既有筋骨又有血肉，见人见事见精神，让读者不仅知其然，也知其所以然、知其必然，写出人人心中所有但笔下所无的党的创建史。

问：《红船启航》分上下两卷，在结构上你是怎么构思的？

丁晓平：《红船启航》难就难在结构上。2018年9月2日，我第一次来到南湖，瞻仰红船。在嘉兴生活了十天十夜，采访了我想采访的，看到了我想看的，听到了我想听的，还见识了许多连嘉兴朋友们都没有见识的宝藏。这些关于南湖革命纪念馆的创建发展史和红船精神提炼、弘扬的历史文献、回忆等，或原始资料，或亲历者口述，当然是不可缺少的第一手材料，但它们并不是历史。

《红船启航》分“红船劈波行”和“精神聚人心”上下卷，以习近平总书记于浙江任职期间在《光明日报》发表的《弘扬“红船精神” 走在时代前列》中的这两句“金句”为标题，科学地解决了叙述的结构和逻辑问题，作品的思想高度自然而然呈现出来。上卷“红船劈波行”写历史，写党的创建过程，叙述中共一大的召开历程，完整准确地呈现“从红楼到红船”艰难曲折、劈波斩浪的历史画卷，写的是“党心”；下卷“精神聚人心”写现实，写南湖革命纪念馆建设史，回顾红船精神从提出、弘扬到结出硕果的全过程，完整生动地呈现“从石库门到天安门”风正帆悬、乘风破浪的历史画卷，写的是“民心”。《红船启航》将历史和现实的两条红线紧紧地连接在一起，穿越百年时空，回溯百年沧桑，感受百年风云，水乳交融地贯通党心和民心、融通初心和信心，最终以“烟雨红船鉴古今，大浪淘沙见初心”收笔，理直气壮地以国家叙事书写从开天辟地到共同富裕的百年史诗，让人们在文学和历史的阅读中看见“穿越百年最美是初心”。

问：你的作品很注意可读性，很能抓住问题、提出问题，环环相扣。比如，在《红船启航》第 128 页，提出中共党史界多年来存在的争议：包惠僧到底是不是中共一大的正式代表？紧接着在 132 页又提出身在北京的张国焘怎么和上海的李汉俊一起，联名写信给广州的陈独秀？再如博文女校如何成为中共一大代表的“招待所”等，都予以充分的解释。党史写得好看好读、有趣有益，既写出历史的筋骨，又写出历史的血肉，感觉你比较为读者考虑，很重视可读性。

丁晓平：从创作实践来看，历史写作的最大难点是，如何在人人都知道结果的情况下让故事依然保持新鲜和悬念，在推陈出新中无限接近和抵达历史的现场和真相，从而让人人都能在历史中看到新意，读出新思想，获得新启迪。像你提到的上述历史细节，的确需要大量的历史考证和研究，进行梳理归纳和辩证分析，才能得出正确的符合历史真相的结论，才能还原历史现场和本真面貌，也自然增加了可读性和亲和力，既有趣又有益。当然，这样的探究是考古式的，需要才气，更需要勇气。比如，为了考证包惠僧到底是不是中共一大正式代表，我专门作了仔细研究，将所有亲历者的回忆和早期史料都一一查找出来，写了一篇一万五千字的论文《百年悬案：中共一大代表究竟是多少人》，有理有据，辩证分析，用史实说话。但这并不是最重要的。

最重要的是我该如何驾驭《红船启航》这个艰巨的创作任务？经过半年时间思考，我决心在《红船启航》中完成四项任务，也就是要回答如下四个问题：一是完整地叙述中国共产党是怎样创立的；二是完整地叙述中共一大是怎样召开的；三是完整地叙述南湖革命纪念馆是怎样建起来的；四是完整地叙述“红船精神”是怎样提出和弘扬的。这四项任务，既是历史的，也是现实的，实际上所要回答的正是“中国共产党为什么能、马克思主义为什么行、中国特色社会主义为什么好”的重大时代命题，以文学弘扬伟大建党精神。

对于文学而言，“大”标示的往往是常道，历史有常道，文学有常道，人类的精神亦有常道

问：如何很好地消化史料成为己用，你有什么特别的方式吗？

丁晓平：历史写作的难度，除了充分掌握史料之外，消化史料为我所用才是关键。我也没有什么特别的方式，就是坚持马克思主义唯物论和辩证法，坚持正确的世界观、人生观、价值观和大历史观，坚决反对历史虚无主义。胡乔木说：“愤怒出诗人，但不出历史学家。”报告文学作家应该是理性的、真诚的、善良的。如果从写作技术层面来说，作家面对即将创作的选题，首先必须建构属于这部作品的坐标系，然后以几何的想象力架构作品的点、线、面，从而构成立体的图

景，并将所掌握的史料在科学、合理、准确的选择中精准地放置最合理、合适的位置，并以自己的语言叙述和表达出来。

问：你所关注和书写的题材往往都是比较“大”的，大历史、大时代、大人物、大事件，而且创作密度也很大，有什么创作秘籍吗？

丁晓平：从题材上来看，的确如此。对于文学而言，“大”标示的往往是常道，历史有常道，文学有常道，人类的精神亦有常道。这些年，我的创作密度大，主要原因还是比较勤奋。历史是有联系的，历史人物也是有联系的，当你打开一扇门，发现屋子里有很多人，他们是朋友，或对手，甚至敌人。当你写好某一个，其他人也就渐渐从陌生变得熟悉。我没有什么创作秘籍。要说有的话，就是这么几条：一是必须树立正确的历史观，二是必须掌握正确的方法论，三是必须把控历史的话语权。我始终认为，历史写作是一门和虚构写作一样具有创造性的艺术，而且是比虚构写作更有难度的写作，是比虚构写作更考验才情和灵魂的写作，是比虚构写作更有生命力的写作。优秀的历史作家是更能够把事实证据与最大规模的智力活动、最温暖的人类同理心和同情心以及最高级的想象力相结合的人。在历史写作的道路上，我努力去做这样的人。

问：回顾自己的创作，你如何评价当下的创作状态？你如何设定自己的创作方向和目标？

丁晓平：夜深人静的时候，我常思己过，复盘自己的创作，时常独自感叹：“这本书如果让我现在来写，我肯定写不出来了，也写不到这么好了。”由此可见，创作是需要激情的。虽然年过天命，但生命永远年轻。我所有的作品都是自己梦想要完成的，没有功利。我努力写自己想写的东西，写别人没有写出来的东西，写给人们带来影响的东西，写让时间留下来的东西。我很难形容我当下的创作状态，有潮起就有潮落，这是自然规律，但我知道我是一个勤奋的人，是一个有梦想的人，就像一颗已上膛的子弹，时刻准备着扣响扳机的时刻……

文学理论评论奖

我为什么主张用新理性精神回应理性危机

钱中文 1932年生于江苏无锡。现为中国社会科学院荣誉学部委员，中国作家协会全国委员会名誉委员，中国中外文艺理论学会名誉会长，中国社会科学院文学研究所研究员，博士生导师。主要著作有《现实主义和现代主义》《文学原理——发展论》《文学理论：走向交往对话的时代》《钱中文文集》等。曾获1978—1992年中国社会科学院优秀科研成果奖。评论《文学理论现代性问题》获第二届鲁迅文学奖。

采访手记

东坡先生说："事如春梦了无痕。"可是对学者钱中文来说并非如此。

他有多本日记，其中有相当部分是"画梦录"。在他的《桐荫梦痕》(北京师范大学出版社)中，甚至专有一篇《雾湿梦痕》，写到如何梦到自己作为记者采访托尔斯泰的趣事。

他常常将那些梦境记录下来。他认为这不仅留下了梦痕，而且是记录了历史——历史不就是这么记录下来的吗？

在柳鸣九先生主编的"当代思想者自述文丛"中，收录了钱中文的《文学的乡愁》，这是他唯一的一本自传。钱中文真诚讲述了他鲜为人知的成长史、风雨兼程的成功史和烛照人生的心灵史，那些"梦断乡关路，犹忆乡情深"的文字，不仅展现了钱中文对学术研究的矢志不渝，对文学艺术和理论探索的热爱，更投射出他对现实和民族发展命运的关注。既是自传，也是那一代文人的思想史和精神史。

2008年，《钱中文文集》出版，中国社科院原副院长汝信认为，钱中文"对文学动态把握很好，有广阔的学术眼界，有理论的创造性"，准确概括了钱中文理论研究的特点。《钱中文评传》《新理性精神与当代文论建设》等理论作品一版再版，大概也是钱中文理论文章的旁证，因为他的理论总是具有一定的创造性和系统性、原创性，而这些，恰恰构成了作品的生命力。

钱中文的文学梦一度破碎了。后来十多年里几经曲折，一个偶然的机会使他转向文学理论研究的道路

问：严家炎、孙绍振……有几位著名评论家或理论家走上文学研究的道路有些相仿，都是自创作始。您也是？

钱中文：我的童年是在乡下度过的，稍大考入了无锡县模范中心实验小学读书，五年级时开始阅读课外的读物，如《儿童世界》《小朋友》等，还有《孤儿流浪记》《爱的教育》，接着嗜读武侠小说，约有两年多时间。进入无锡县中学后，特别是初二时，开始接受了启蒙教育。国文老师除了讲解课本上的古文外，还顺便讲了五四新文学运动中产生的作品，说鲁迅等人的文学作品是“为人生”的文学，是写劳苦大众的文学，是“血和泪”的文学，是当今进步的文学，那些专写风花雪月、才子佳人的文学，没有多大价值。这些话我听后大为震动。老师还把他推崇的作品刻钢版油印发给我们做课外阅读。新文学阅读大大地提升了我的审美情趣，我的阅读取向发生了一个重大的转折，我从武侠小说的迷恋中解脱了出来。我只是一心想写些我自己想写的东西，产生了投稿的念头，把两篇速写投给了无锡的《人报》，并且第一次用了笔名，结果都刊了出来，这可坚定了我将来要走写作生活的信心。

问：写作对您后来从事文学理论有怎样的影响？

钱中文：少年时期的写作完全是无意识的、自发的，没有人具体指点过我，全然凭着兴趣地写。如果要说启发，那就是老师讲课时宣扬的五四民主精神，这是我写作的底气了。后来我写过一文，《师恩即启蒙》。高中毕业后，我的文学梦一度破碎了。后来十多年里几经曲折，一个偶然的机会使我转上了文学理论研究的道路，我想文学理论也是文学，万分珍惜，于是就找到了我的安身立命之地。

问：感觉您的求学之路特别顺畅，从中国人民大学到莫斯科大学，一方面自然与您的勤奋有关，也与天赋有关，是否也有其他的因素，还是命运的格外眷顾？

钱中文：在朋友们看来，我的求学道路确实顺畅，其实背后也是相当曲折的。1951 年考入中国人民大学的俄语系，也是一种无奈的选择。人民大学是所培养革命干部的新型大学，对学生首先是抓思想教育，树立为革命事业奋斗的思想，先后经历了各种运动，那时每星期六下午都有“生活检讨会”，检讨一周来的思想活动，批判不时冒出来的资产阶级个人主义思想，要与旧家庭划清界限，等等。我则不断检讨将来想当个作家的个人主义愿望，为此翻来覆去不知检讨了多少次。两年多来的这种不断自我考问，使我的写作的灵性之血干涸了，不能写作，将来干什么都行。这样，我心如止水，在失望里感到宁静。1955 年年初，系里领导突然把我和另一位同学叫去，原来是告诉我们两人，学校准备选拔我们去苏联留学，专业是俄罗斯文学，暑期毕业后就去北京外语学院留苏预备部报到，并征求我们的意见。去苏联留学，这消息来得太突然了，说真的我从未有过这种奢望，可以搞文学了，这真使我欣喜莫名。后来想想，我是多么幸运，深感这是命运对我格外的眷顾。同年 10 月就去了莫斯科，分配到莫斯科大学人文科学系研究生院，研读十九世纪俄罗斯文学。说实在的这又是一次命运的眷顾，因为莫大的学习条件太好了。

但是到莫斯科大学后一个大问题却来了，我的老家三四口人生活怎么办呢？在走投无路之际，我向中学、大学要好的七八个同学求助，他们都已工作，请他们每月向我老家寄些生活费用，幸好他们个个义气，全都答应下来，整整四年呢，真使我感激涕零！这又是命运对我的眷顾吧！ 1959 年回国，从此我便走上了长达四十年的还债之路，这里的曲折就不说了。

在阅读中他逐渐理解了十九世纪俄罗斯文学的深厚的人道主义精神和多样的艺术风格。那些描写底层人物的小说特别使钱中文感动

问：从大学开始到赴苏联读研，俄罗斯文学对您有怎样的影响？

钱中文：在读研时期，读了大量的十九世纪俄罗斯作家的作品，那真是拼命地读，因为在国内只读了一些翻译著作。我的指导老师要我在阅读中，积聚个人的心得与观点，并要广泛地阅读苏联学者的著作，在这一过程中形成自己学位论文的题目。在阅读中，我慢慢理解了十九世纪俄罗斯文学的深厚的人道主义精神（那时叫深刻的思想性）、多样的艺术风格。那些描写底层人物的小说特别使我感动。一次阅读陀思妥耶夫斯基的《穷人》中的一个段落时，我竟是潸然泪下。所以我后来特别钟情于陀思妥耶夫斯基、果戈理、契诃夫等人的作品，阅读它们，很快就能激起我的审美情趣。

问：您是从什么时候转向从事文艺理论的，您觉得难吗？枯燥吗？怎样从中找到研究的乐趣和方向，您有怎样的经验？您是从什么时候明确自己的学术道路和方向的？

钱中文：我进入文学研究所，专业方向是俄罗斯文学，但去文学所后正值“反右倾机会主义运动”高潮。我们（几个一起分配来的留苏生）初来乍到，不了解情况。领导为了锻炼我们，布置我们把何其芳、蔡仪先生解放前后的著作找来，找出其中的“右倾机会主义”思想，挖挖他们的历史老根。这时我才开始读到何其芳的《画梦录》。不过这下可好，我对他们的理论著作大感兴趣，觉得文学理论、美学中的问题太多了，我想与其挂在一个两个作家研究上面，研究他们的创作特色，当然很好，但是何不转向文艺理论，探讨一些问题，说说自己的话，提出自己的观点呢？这样经过何其芳所长的协调，我从苏联东欧文学组转到了文艺理论组，于是遂有我的“白天的写作”与“晚上的写作”，即白天搞大批判写作，晚上写一些普通文艺理论问题的文章，同时恶补中外文学理论与大量阅读欧美小说，扩大了视野。阅读理论著作，特别在“三年困难时期”的晚上，真是兴味盎然。正是在转入理论组后，确定了我的学术方向与道路。

问：您对俄苏文学有深入研究，能否谈谈您对俄国三大著名批评家的认识和理解？“别车杜”对中国学界影响很大。

钱中文：俄国十九世纪的三大批评家，主要是他们的现实主义理论，对我国三十至六十年代与八十年代的文学思想的发展影响很大。这些批评家对俄国当时的现存制度持有不妥协的激进的批判态度，主张文学创作要与现实紧密结合，强调文学的高度的真实性、高扬创作的激情、民族性特征，通过对著名作家的文学文本的深刻分析，往往导出具有强烈的倾向性结论，显得高瞻远瞩，魄力宏大。同时他们对于作品的艺术特征的分析，又是丝丝入扣，曲尽其妙。别林斯基建立了著名的审美的、历史的文学批评原则，他对作品的审美分析，与作品中的现象结合成了一个整体。屠格涅夫说，对俄国文学中刚刚出现的重大的新现象的发现与转折性的阐述，首创权总是属于别林斯基的。托尔斯泰十九世纪五十年代开始创作，对于普希金诗歌的妙处，是在 1857 年读了别林斯基有关普希金的论著，才有深入的体会的，他称这是一个“奇迹”。同时也要看到，别林斯基对于当时属于本土派的斯拉夫派的批判，锋芒激进，否定过多，对果戈理创作中的神秘的宗教思想的批判，未曾顾及俄国强大的、浓厚的宗教文化的影响，而存有偏颇与失误。

有学者说，自钱中文之后，“审美反映”几乎成了美学与文艺学界一个普遍用语，许多人将这一用语引入到自己的理论范畴中

问：在从事文艺研究过程中，哪些人或事对您的影响比较大?

钱中文：由于我的文艺理论知识、视野的局限，虽然后来补了西方文论的课，但还是以为俄国的批评家、作家对我的影响较大，如别林斯基、陀思妥耶夫斯基、托尔斯泰等，我对他们的文艺思想都写有专论。后来二十世纪俄国著名的思想家、人文科学家、文艺学家巴赫金的著作对我影响甚大。他在人文科学中确立了一种新思维，一种跨学科、综合性的研究方法。他把行为哲学、美学研究打通起来，树立了一个有责任的人的形象；从对作家文本独到的分析中，既更新了对长篇小说的理解，提出了长篇小说的新形态复调小说，又在小说研究、超语言哲学的建立中进一步刻画了人的存在及其形式，提出了对话哲学。读着巴赫金的著作，令人为之神往。

1983 年我在第一届中美比较文学研讨会上提出的报告中，就专门讨论了巴赫金的复调小说与对话等问题，随后复调、对话思想在文论界风靡一时，并蔓延到社会学界，九十年代中期以后，对话已成为一个政治术语。九十年代末由我主编出版了中译六卷本《巴赫金全集》，后又出版了七卷集，吸引了很多我国中外文论研究的学者，影响很大，它在不少方面促进了我国文艺学的更新。

问：二十世纪八十年代初，您陆续发表了几篇有影响的文章，提出了“审美反映论”，把文学艺术从政治中剥离出来。这一理论的提出，在当时有很大影响吧？它的提出基于怎样的学术背景？

钱中文：对于文学创作的本质把握，总要有个坚实的哲学基础，而当时在各种各样的社会、哲学思想的氛围中，不同的哲学思想为基础的文学观念极多。我思来想去，如果要从总体上来把握文学，认为唯有历史唯物主义的原则才能胜任。过去一些人在二元对立思想的指导下，把反映论简单化、庸俗化了，把各类不同的思想形态对于现实的反映类同化、一体化了，在文学对现实的关系中，抛弃了它的最根本的特性之一的审美特征，主体性特征。

基于这种认识，我在八十年代初到中期几次提出了审美反映论与文学审美意识形态论，并在 1986 年的《最具体的和最主观的是最丰富的》的长文与 1987 年发表的《论文学的系统性特征》的长文中对文学审美反映及其结构、审美意识形态说的历史生成做了专门论述，力图表达文学的自主性特征，将文学从政治中剥离开来；一旦确定并解决了多年苦恼着我的这些基本观念，就把这些思想贯穿于我的论著中，这样写起来就顺手了。审美反映提出后，得到了不少学者的响应。有的学者说，自钱中文之后，“‘审美反映’几乎成了美学与文艺学界一个普遍用语，许多人将这一用语引入到自己的理论范畴中”；认为它是二十世纪八十年代文艺学的重要收获之一。

后来，一些著名的文艺学家在总结新时期文艺学的进展时说，审美意识形态论对绵延了半个世纪的文艺本质审美论与意识形态论两脉实现了融合，成为新时期最有影响的文艺本质观，是我国学者的理论创造，“是中国新时期马克思主义文学理论中国化的主要成果”。自然，文学理论是多元化的，不能囿于一种认识、一种理论。当八十年代、九十年代解构主义进入中国，新世纪大为流行时，当生活都处于分解与零碎化的状态，排除对问题的本质的探讨，文学观念自然就被重新认识而零碎化了。

问：您认为当年人文精神大讨论有何意义？二十多年过去，反思当年的人文精神大讨论，对学界、文学界的意义何在？有何引起反思之处？人文精神大讨论接近尾声时，您提出“新理性精神”等，是出于怎样的考虑？

钱中文：八十年代至九十年代初在市场经济转型形成的商品化的大潮中，人的价值以金钱与权力来衡量了，崇尚物质享乐、性感刺激、人欲横流，而唯科学论又带来很多非人性的消极面。这种情况必然通过大众文化进入人们的精神领域，一部分文学艺术陷入了这股浊流，淹没了它赖以生存的人文精神，于是引起了一场相当规模的大讨论。这场讨论的积极意义在于，在商品大潮的冲击下，提倡文学坚守人文精神底线。我对这一问题注视已久，面对当今人的价值烟消云散、道德严重失衡的情况下，人文知识分子应当持有一种新的文化、艺术价值观，新的立场。于是 1995 年刊出了《文学艺术价值精神的重建：新理性精神》一文。新理性精神是对精神普遍下滑的现实生活与文学的回应，它努力从大视野的历史唯物主义出发来审视人的生存意义，力图把被商品经济文化塑造成的生活欲望化、心灵空虚化、人格平庸扁平化的人，通过新的理性精神的批判唤醒过来。新理性精神的结构是一种以现代性为指导，以新人文精神为内涵，即对人的生存、命运的叩问，对人的、民族的生存意义、价值、精神的高扬与确认，它奉行交往对话精神，在人与人、人与社会、人与自然、人与自我之间，促成一种新型的平等的又各自独立的人格，并强调感性与文化的协调。

此文刊出后，次年 6 月就被外国学者译成英文刊于美国的圣约翰大学的杂志《多元比较文化理论》头条。在国内，我国学者的反应是相当热烈的，认为这是新时期文艺学对现实的强烈关怀，是现实的需要，是理论发展的必然。也有学者认为，新理性精神推进了中国当代文论的思考和研究，“是二十世纪九十年代文艺理论的一个重大突破和创新，是当代文艺学多元发展中最为系统、最有影响力的收获”。

钱中文认为，如果自己的文字有些新意的话，主要来自守正创新的信念

问：您觉得《文学理论现代性问题》是自己最具有代表性的作品吗？为什么它能在第二届鲁奖评选中脱颖而出？您认为有何特点？

钱中文：这篇论文确实是我比较满意的一篇，八九十年代文化的、文学的、文学理论的现代性谈得很多，概念本身内涵不一，有关这方面的文章我都读，但总觉得它们都是谈的外国的现代性，以这种现代性来要求中国文化如何如何。这样我就写了《文学理论现代性问题》，结合当前存在的问题，提出现代性是一个不断演变的概念，一个大致认同的现代性观点；表现在文论中，是一个文论的自主性问题；表现在创作上，是正经历一个审美意识激变的时代；表现在文论的哲学基础上，是文学观念的多元化时代；表现在过去与现在的问题上，是传统的定位与选择；最后是现代性与人文精神的问题。文章出来后，童庆炳先生很快在《光明日报》上发表评论，认为这是我国学者自己提出的中国文学理论的现代性，中国学者说自己的话，是中国学者自己的创造，大概也就是这篇论文的最大特点。

这些年月，评奖活动很多，我也不甚关心。一天我们所学术办公室的一位同事找我，说正在评选第二届鲁迅文学奖，我的《文学理论现代性问题》可以参评，并给了我填写的表格。我当时是《文学评论》的主编，填好表格后就由文评办公室交了上去。后来不知怎么评上了，票数不高，是五名中的最后一名，前面几篇都是谈创作问题的，可能是照顾我了。后来颁奖仪式在绍兴举行，我因在外讲学，未能与会，结果，评委会连奖金、奖状都未发给我。最近我在网上看到，十多年前，这篇论文被引用过二百七十六次，总算是有一些读者与评论者的。

问：“交往对话主义”也是您提出的一大观点。有些评论家认为，评论者和被评论者最好保持距离，但是您却一直保持着和文学艺术家的交往对话关系，无论是俄苏重要作家作品还是中国作家。为什么？您和作家高晓声的交往成为文坛佳话。和作家的密切交往会影响您对作品的客观评价和冷静认识吗？

钱中文：在八十年代、九十年代文学理论反思、建设过程中，我认为必须改变对于外国人、西方文论“跟着说”的状态，进入“接着说”的状态，最后进入“对着说”的状态，即进入相互激发、真正“对话”的状态，也即文学研究必须走向交往与对话。在这种状态中，我们才能走向理论的更新。说到评论者与被评论者要保持距离，我想这只是相对而言。评论需要真诚，与作家平等相处，说出属于作家个人形之于故事的审美的、话语的风格与特征，即使两人交谊甚深，也会相互交流看法，找到共同之点。但这要看双方具有共通的资质才好。我与高晓声的交往，事出偶然，但有酒逢知己之感，情谊真诚，又很随意。

问：一路走来，无论何种时期提出的文学观念，无论当时的学术环境如何，您都有着极为大胆的创新精神。您认为这种创新来自什么？二十世纪八十年代中期到九十年代，您对文学研究的方法原则有何思考和探索？

钱中文：我的文字如果有些新意的话，主要来自守正创新的信念。我以为写作理论文章，总要有点新意。文学理论既要给人知识，也要提供思想。在改革开放后的几十年里，我主要关注、写作有关当代文学与当代文论中出现的新问题，有时不免写得有些激情。要敬畏传统，因为我们都是从过去发展而来，所以要确定自己的理论基础与立足点，通过对话吸取其有价值的部分。我大力组织过翻译介绍外国文论工作，但没有跟着跑，而是拣出其有用成分为我所用，使之变成适合我国国情的理论的组成部分。我的立场、方法是：主导、多样、鉴别、创新。我批评非此即彼、唯我独革的学风，主张有批判的、亦此亦彼的思维方式。

问：您从事文学理论几十年，有没有厌倦过？为什么始终对文学保持着浓厚的兴趣？

钱中文：从来没有过，我从少年时期自发地爱上文学，兴趣使然，而兴趣可能就是天赋的组成部分。如果一个人在某个领域做出相应的成绩，天赋与浓烈的兴趣是极为重要的，其次还要有本身的努力，好思与专心，最后是机遇。

我遵循最小伤害原则

贺绍俊　1951 年生于湖南长沙。沈阳师范大学特聘教授，中国当代文学研究会副监事长，辽宁作协副主席，鲁迅文学奖得主。曾任《文艺报》常务副总编辑，《小说选刊》主编。专业为中国现当代文学，主要从事当代小说研究和批评，以及中国现当代文学史研究。著有《文学的尊严》《建设性姿态下的精神重建》《重构宏大叙述》《当代文学新空间》《文学批评学》《中国当代文学图志》《铁凝评传》等。评论集《建设性姿态下的精神重建》获第六届鲁迅文学奖。

采访手记

托尔斯泰曾讥讽批评家是“聪明的傻瓜”。有的作家则声称他们根本不读文学批评。法国文学批评家蒂博代干脆提出由作家担任批评家，这样看作品时自然会抱以理解和同情之心。

总之，很多时候，文学创作与文学批评的状态是对立的。评论家贺绍俊分析其中的原因，不在于批评者是作家还是职业批评家的身份，而在于批评姿态。他赞赏德国文学批评家赫尔德强调交流和对话的观点，当他以这样一种姿态设身处地地体会作者的思想感情并进行文学批评时，会更多地强调对文学作品中积极价值的发现与完善。这种建设性批评，对于文学的倡导和引领是积极的。

这是贺绍俊一贯的主张。认识贺绍俊二十余年了，参加文学作品的研讨会也不计其数，会上知名的、不知名的、学院派等各路评论家滔滔不绝，贺绍俊的发言总是温和、坦率、真诚，又铿锵有力，即使是批评的意见，也是发自肺腑，能让作者体会到他的善意。从八十年代走上文坛，四十余年来，贺绍俊一直活跃在文学现场，敏锐地捕捉文学现场的种种动向，真切体恤着文学劳作的甘苦得失，写出一批有分量、有见地的评论文章，展现出作为批评家对文学批评的使命和对当代文学发展的强烈责任感。

回溯几十年前，他曾经在洞庭湖边的小棚子里看守芦苇，呼啸而来的寒风抵不过解答微积分难题的快乐；他曾被恩格斯的《反杜林论》吸引，着迷于他的思辨性；他一个人写小戏曲、相声、对口快板、诗朗诵等，撑起文艺宣传队的一台节目……最终，他还是和文学结缘，文学批评成为他一生的追求，既是职业，是思维方式，更融入了他的生命。

贺绍俊认为，当代文学尤其缺乏三种精神资源，一种是诗性精神，一种是批判精神，一种是悲剧精神

问：六十年代末上山下乡期间，您最喜欢的是恩格斯的《反杜林论》？

贺绍俊：恩格斯的思辨性非常强，很有气势，他的思维方式对我很有吸引力，这是为什么读《反杜林论》。其实说到底我也没有真正读懂，但因为新鲜，读后像打开了心智。每个人的思维方式不一样，我对抽象的、思辨性强的东西感兴趣。在“文革”期间，我曾经自学了大学的微积分。那时我初中毕业，在农村当知青，参加了马克思主义学习小组，读了好几本大部头的马列原著。我们洞庭湖区有很多芦苇，是农村重要的燃料。我跟着农民砍芦苇，砍完后堆在棚子里，等船运走。这时候要有人守着生产队砍的芦苇，我就主动要求留守，在棚子里看微积分书，解出来数学题会觉得特别高兴。

问：但是您最终还是选择了文学。1979 年考入北京大学中文系，在北大受到哪些影响？

贺绍俊：那个时候我已经在县里的文化馆搞创作。因为之前我在区里的文艺宣传队写了一台节目，包括小戏曲、相声、对口快板、诗朗诵等。我自己也串演了几个角色，这台节目在县里演出时把大家都镇住了，后来调到文化馆辅导县里的业余文艺创作，到基层辅导基层的文艺活动，帮他们写节目。虽然我喜欢数学，也考了高分，但是高考恢复后时间紧，来不及复习，还是考文科更有把握，就报了北大。

北大对我最大的影响是氛围，参加各种各样的活动、讲座，被激活了思想，不断地吸收到新的知识，和同学之间、和老师之间的交流，比在课堂上学的东西对我影响更大。

问：您应邀编著《鲁迅与读书》，还主编过《鲁迅儿童文学选集》美绘版的散文杂文卷和小说卷，对鲁迅的研究是不是特别深入？

贺绍俊： 鲁迅作为一个伟大的思想家、文学家，可能很多人都受到他的影响。我读了他很多作品，古体诗、小说、杂文……如此而已，说不上特别深入。编著《鲁迅与读书》是因为参与“名人与读书丛书”，逼着我比较系统地读了鲁迅的著作，研究了关于鲁迅的研究成果。今天缺乏像鲁迅这样的大家，也许重要原因之一就是，我们缺乏相互接纳和宽容贬损的心态和环境。

问： 2014 年，您的论文集《建设性姿态下的精神重建》（作家出版社）获得第六届鲁迅文学奖文学理论评论奖，这部探索中国当代文学之道的重要成果，其实很好地呼应了鲁迅“文艺是国民精神所发的火光，同时也是引导国民精神的前途的灯火”的观点。

贺绍俊： 这本评论集基本反映了我对于文学精神的理解。文学是人类精神活动的方式之一，承载着人类文明的精神内涵，因此文学精神应该是一个丰富的所指。当代文学存在着精神贫困的问题。我认为当代文学尤其缺乏三种精神资源，一种是诗性精神，一种是批判精神，一种是悲剧精神。我把诗性精神放在第一位，是因为文学从本质上说是感化心灵的，和人的内心世界有着不可分割的联系，它是神秘的，充满灵性的，充满情韵的。诗性精神是文学的灵魂。

问： 您认为好的评论应该具备哪些方面的因素？

贺绍俊： 尽量说自己的话，不要说套话，能够对作品有自己的发现，用文学化的语言把它阐释出来。文学批评应该是多样化的。我用我的方式写文学批评，也不会拒绝另外一种方式的文学批评。每个批评家可以有自己的写法，也可以倡导一种他认为最重要的写法。

问： 您主编了很多年选，但是对于自己的著作，好像不太热衷于出版，总是特别低调。

贺绍俊： 我拒绝了很多出版，也还是出了一些著作。但我不太看重这些，收集文章出书，不见得对别人有好处，为什么一定要出版？

文章发表过，大家也能看到，就可以了。这些出版，如果说大话，可以说精神遗产之类，那我觉得还达不到。更多的可能是跟现实功利连在一起，处在现实社会中不能远离功利，但可以尽量淡化，超脱一点。这样我的内心会更加舒畅自由，对得起自己，问心无愧，这很重要。

回顾当年的“双打”，是希望八十年代自由的意志、平等的讨论、真诚的对话能再一次复活，让我们当下的文学批评更加真诚并充满力量

问：1983 年，您大学毕业被分配到《文艺报》，和潘凯雄合作比较多，成为文坛知名的“批评双打”，后来还出版了《批评双打——八十年代文学现场》（作家出版社）。您如何看待那一时期的工作？

贺绍俊：《文艺报》毕竟是直接关注当下文艺的报刊，跟整个文学创作、文学发展密切相关，在《文艺报》（1985 年由月刊改为报纸）自然地会有一种处在文学现场的感觉。八十年代正是文学最热烈的时候，不断有新作品出现，而且不断有争论，我们自然而然地加入其中，也有写作的冲动。我和潘凯雄观点很接近，谈得来，经常在一起讨论新的文艺现象和文学作品，商量着一起写文章，从八十年代起合写理论批评文章，一直到九十年代。

当时不仅我们，还有像李洁非、张陵等“批评双打”。有那么多批评家不约而同地选择了“双打”的方式进行文学批评，并不是一种偶然的现象，而是与八十年代的文化精神有着某种契合。那时候没有QQ、没有微信、没有互联网等迅捷的交流方式，但同行们仍能通过书信或电话，进行不同空间的交流和讨论。

促成一对又一对的“批评双打”的外在条件是：自由的意志，平等的讨论，真诚的对话和互补的思维方式。这一切，应该同时也是八十年代文化精神的重要内涵。当然，这些并不是八十年代文化精神的全部，但的确是格外珍贵的部分。这些内涵后来都慢慢地弱化甚至消失，所以八十年代那种“批评双打”辈出的现象也就难以再现。今天我们谈八十年代，是希望那些珍贵的精神内涵能在今天再一次复活。当然也绝不是为了产生出新的“批评双打”，而是为了让文学批评变得更加真诚，也更加有力量。

问：您写过大量的研究铁凝作品的文章，2005 年出版《铁凝评传》，是国内对铁凝进行整体性研究的首部专著。能否简单谈谈铁凝的文学创作特点？

贺绍俊：铁凝最大的特点是从孙犁的文学风格中吸取了营养，发扬了孙犁的文学风格，就是能够把日常生活叙述和宏大叙事有机地结合起来。她最感兴趣的是日常生活，能够从中发现有光芒的东西。概括来说，就是对生活充满热情，内心有温暖。热爱生活，有生活情趣，又不会陷入日常生活，同时能够仰望星空。

过去我们更多地讲究宏大叙事，排斥日常生活叙事，八十年代以后才逐渐纠正过来。铁凝的《哦，香雪》写的就是日常生活，写一个山村女孩对外面生活的向往。这在当时是很新鲜的写法，也有一些人不认可，有些争议，孙犁是力挺这篇作品的；《笨花》明显地也是从乡村的日常生活入手，反映抗日时期的时代风云。《玫瑰门》写的还是日常生活，反思的是整个中国近现代以来，在革命风云、政治风云巨变中女性的精神受到的伤害，以及她们如何去反抗，这种反抗只能是悲剧的结果。这部作品可以说是第一次正面反思“文革”的一部小说，塑造了一个让我们深思的女性人物，它的价值直到现在没有被充分挖掘出来。

问：做研究多年，您如何看待“文如其人”？对于文学作品的判断，您的依据是什么？一本小说拿到手，是不是翻几页就能看出高下？

贺绍俊：有的作家文如其人，也有的文不如其人。作家的性格、价值观、对生活的态度、为人处世的方法和他的作品所表现的内容未必完全一样，有可能和每个人的写作态度有关。有些人是坦诚地写作，内心什么状态就呈现什么状态，有的人是伪装式写作。做文学批评就是读一部作品，除非专门对一个作家进行研究，才会发现这个作家是真诚还是伪装的。

文学是语言的艺术，读几句就会发现作品在语言文字上有没有感觉，有没有灵气，这是一个编辑应该有的感觉。但做批评不能满足于此。文学是千变万化的。读一部作品会遇到各种情况，像打开不一样的风景，有的人一开始可能没有完全显示才华，也许读到后来才发现玄机或魅力在哪里。有的可能是笨拙的方式。感觉非常重要，如果没有艺术感觉，就会像医生解剖尸体，给大家展示结构和部位，是肌肉、骨头还是血管……文学是生命体，是活的东西，富有艺术感觉才能和它对话。

在每一次具体的批评实践中，贺绍俊都提醒自己，应该将内心的一盏文学度人的警示灯点亮，从而对自己的每一句话有所担当。一个好的文学批评生态，应该有不同的文学批评方法和批评形态

问：您写评论的过程中会和作家交流吗？几十年来您一直活跃在一线，参加文学界的各种作品讨论会、茅盾文学奖、鲁迅文学奖等各种评奖会，也结交了无数作家朋友。您觉得友情会影响您对作品的判断和写文章的分寸吗？

贺绍俊：我想还是不要把个人的交往带到文学批评中间。有些批评家强调和作家不来往，那也是一种批评观。做当代评论不可能完全不和作家来往，写评论也不能完全避免人情因素。必须承认，我不是很伟大的人，我和作家来往很多，但是我注意一点，就是不要把它放大成一种圈子。所以我和每位作家保持友好的关系，不会变成密切的关系，也不会因此影响到批评和文学活动。不能说因为一个作家跟我关系好，我就可以毫无原则地说美化的话。做评论起码有一点，必须讲真话，必须真诚对待自己的批评，在措辞上要谨慎。掌握这样一个原则，就会很好地处理批评文章的尺度。

问：您愿意如何总结自己的文学理论批评方法？要做怎样的准备才开始写作？

贺绍俊：如果要写批评文章，读书的时候肯定要做很多笔记，画很多记号。有什么感觉、什么想法马上就记下来。第一次读可能比较粗，写的时候，还要反复回过头来再读，印证自己的感觉。对文本熟悉了，有感觉了，才动手写评论。

问：也有拿不准的作品吧？有没有某一部作品过去和现在的观点完全颠覆的情况？

贺绍俊：拿不准的作品不能随便乱写。如果前后观点不同，可能是因为一个人的想法发生变化，也可能和批评的环境有关系，也可能在某种情况下需要用一种批判的立场，到了另外的批评环境中，应该更多地发现正面的地方。所以还是要具体分析，不能一概而论。我基本没有发生这种情况。

评论家孟繁华评价贺绍俊宽容、不计较，那是指非原则的事情。他也有非常激烈的一面，比如在文学观念上，他从来没有妥协，涉及是非的问题他决不含糊

问：是因为比较慎重发言？

贺绍俊：不能说慎重，可能还是因为我看重真诚这样的姿态。做批评家，首先要有真诚之心，的确是有表达的愿望，而不能仅仅是把批评作为一种武器或工具。有些话可以不说，但一定要说真话。如果对这部作品不满意，我可能不会全面否定这部作品，会指出作家在某些方面的努力和尝试值得肯定。我基本的批评观，还是强调文学批评是建设性的，能够给作家、给整个文学创作提供一些建设性的意见。我希望能够从作品中看到作家的努力、他的努力达到了几分，为什么没有达到更圆满的结果，需要批评进行阐释。

问：我想大概也是这个原因，您关注的作家特别广泛。

贺绍俊：写评论都是有一些具体的原因。我觉得其实文学批评不光是要关注知名作家，关注不知名的作家也很重要。甚至包括基层的作家，给他们写评论有时候更能发挥文学批评的作用。文学应该具备什么功能？文学是提升整个民族精神质量的一种精神活动，提倡大家热爱文学，进行文学写作，不是说必须都写出不朽的作品才算成功。一方面，我们需要不断涌现出优秀的文学作品；另一方面，要让文学变成大家热爱的、有质量的精神生活。假如一个人投入到文学生活，从文学中获得一种精神养分，他的精神境界会发生变化，生活就不一样。所以有时候，给基层作家写评论，鼓励他们投入到文学生活中，让文学生活变得更有精神质量非常重要。

问：2004 年，您发表论文《重构宏大叙述：关于当代文学批评的检讨》，您认为当代文学批评最需要检讨的是什么？时隔近二十年，您当时提出的问题，现在有改观吗？

贺绍俊：写这篇文章不完全是针对具体的文学批评，也是针对文学理论建设。八十年代以后，我们觉得过去的一些理论有问题，所以经历了破坏性的阶段，解构了宏大叙事。对当下来说，应该重构新的宏大叙事，建构起自己新的理论是一个浩大的工程，很难说短期内完成，至少今天来说很难建构起新的理论。而且整个环境也不断发生变化，这个工作变得更艰难，但是仍然有不少人在努力，在继续往前推进。

问：近年来文学批评有些诟病，您认为原因何在？

贺绍俊：人们对文学理论的不满情绪非常明显，因为旧的文学理论体系面对新的文学现实越来越缺乏阐释的有效性。我认为有质量的文学批评，应该是既带着理论的目光进行文学批评，又在批评实践中善于理论发现。也就是说，文学批评应该在充分的文本批评的基础上提炼出理论观点来，这是一种批评理论化的方法。我在这里对批评理论化作了一点引申，我是想说，要通过与文学现场密切相联的文学批评来进行理论的发现和进行理论阐释。目前文学理论最大的问题就是与文学现实的脱节，它不能紧随文学的变化而更新，它自说自话放空炮。看来，文学批评应该是重建文学理论的重要途径。

只有你的态度是真诚的话，尖锐、刺耳的话会说得在理。而且当你抱着真诚态度进行否定性批评的时候，你也会很慎重、很严谨

问：您如何看待文学批评的生态？

贺绍俊：文学批评应该有良好的批评生态。不同的批评应该允许不同的批评方法和批评形态共同存在，而且相互之间应该有一种对话和互补的关系。不同的批评方法和批评形态又承担着各自不同的功能，从而达到一种立体的动态的批评效果。

另外，文学批评应该是分层次的批评，不同层次的批评各有功能。文学批评可以说是高层次的精神活动，服从于真理和心灵；同时也要允许低层次的功能存在，比如推广宣传等等。包括现代文学的批评家，鲁迅也会做宣传式的批评活动。现代思想家哈贝马斯有一种观点，他将人类行为分为两种：交往行为和工具策略行为。

工具策略行为是寄生在交往行为之上的，他把工具策略行为看成是一个人，当他把要做的事情当成达到某个目的的手段，就会有工具策略行为出现。交往行为的基础是交往理性，实际上是指更高的理性行为。所以交往理性不是以单个的主体为中心，是以知识对象化来认知的。交往理性强调真实性、正当性和真诚性。我觉得高层次的文学批评，就是哈贝马斯所说的交往行为的状态，强调真实性、正当性和真诚性。

但是我们还有一种工具策略行为。哈贝马斯认为策略性行为是私人性的，以追逐自己的利益为最终诉求，而交往性行为是公共性的、理性的，他认为这两种行为应该同时存在，你不能因为前一种行为就否定另一种行为，而且他特别强调商业社会这种策略性行为具有支配性，无孔不入。

我看了哈贝马斯关于交往行为和工具策略的观点深受启发。我觉得文学批评大致上可以分为策略性行为和交往性行为，所谓策略性行为的文学批评就是指人情批评、红包批评、媒体批评。应该承认在商业社会中这些策略性行为的文学批评有存在的合理性。因为文学作品作为文化产品要进入到商业流通渠道，应该遵循商业社会的规则，必须符合游戏规则，不能因此否定商业批评。当然必须强调，这样的文学批评只能在商业流通环境中有效，比如出现在图书市场的宣传广告上。但是策略性文学批评也必须严格遵守它的边界和限定。假如一个文学批评家分不清两种区别，就会有问题。一个好的文学批评生态，应该有不同的文学批评方法和批评形态。

问：从八十年代从事批评时起，您对作家们的文本进行研究就不是一味赞赏，而是对其意义和价值进行探析，直接指出问题，“有好说好，有坏说坏”——这一批评原则是从一开始就确立的?

贺绍俊：文学批评应该有好说好，有坏说坏，但无论是说好的批评还是说坏的批评，都应该是一种真诚的批评，这样才会使批评具有信服力。真诚，是文学批评家必须恪守的批评伦理。

所谓文艺批评的伦理是指什么呢？是指人们在批评活动中应该遵循的行为规范，这种行为规范是从文艺批评的基本原则出发而设定的，是为了彰显文艺批评的宗旨和目的。强调文艺批评的伦理，并不是要求批评家都成为道德圣人，也不是要求批评家所写的文章都是道德文章，而且为了让文艺批评能够成为真正的文学批评，是为了尽量真正减少非文学的因素伤害到批评的实质。

所谓真诚就是说对文学批评是抱有真诚的态度，是期待通过文学批评达到弘扬文艺精神目的，是要用文学批评的方式来传递真善美。因此文学批评尽管它会不留情面地揭露文艺创作中的问题和缺陷，但这种揭露从根本上说是具有建设性的。

真诚同时也就意味着批评是有一说一，是言之有据的。因为真诚是和真实联系在一起的。真诚同时还意味着善意，也就是说，即使是最尖锐的批评、最刺激的言语都是带有善意的。有人针对现在的文学批评一味地说好话，就积极倡导否定性的批评。这样的倡导是对的，有益于改变目前不良的批评生态。但是否定性的批评同样需要恪守文学批评的伦理。否定性的批评会很尖锐，甚至刺耳。但只有你的态度是真诚的话，尖锐、刺耳的话会说得在理。而且当你抱着真诚态度进行否定性批评的时候，你也会很慎重很严谨；你就会遵循着一个最小伤害原则。最小伤害原则是从美国新闻工作者的伦理规则中借用过来的，美国的职业新闻工作者协会订立了一个伦理规则，其中就有这样的话："对那些可能受到新闻报道负面影响的人表示同情。"就是说，一个职业的新闻工作者一方面要在新闻报道中揭露社会的问题，但是他又要谨慎地注意到这种揭露不要伤害到无辜。所以他们就提出了一个"最小伤害原则"的伦理规则。最小伤害原则强调的是一种同情心。所以我觉得真诚是跟同情心连在一起的，也就是说，一个真诚的文学批评家，自然是富有同情心的。

问：您希望自己成为一个怎样的评论家或学者？

贺绍俊：我希望成为一个认真的批评家，一直认真下去。

我梦想成为汉语之子

王尧 1960年生于江苏东台。学者，作家。教育部长江学者特聘教授，苏州大学讲座教授。现任苏州大学学术委员会主任，兼任江苏省作协副主席。学术著作有《中国当代散文史》《作为问题的八十年代》《“文革”对“五四”及“现代文艺”的叙述与阐释》等，另有长篇小说《民谣》，散文随笔集《纸上的知识分子》《时代与肖像》《日常的弦歌》《我们的故事是什么》等。评论《重读汪曾祺兼论当代文学相关问题》获第七届鲁迅文学奖。

采访手记

庚子初春到仲夏，学者王尧一边在《雨花》开专栏“时代与肖像”，一边完成了二十多年前就起笔的小说《民谣》。

《民谣》是他的首部长篇小说，王尧称之为“一次马拉松式的写作”。直到某一天，他又突然涌起写作冲动，觉得应该下决心放下其他写作，完成自己的那幢“烂尾楼”：“庚子年来了，我体验到了一种死而复生的感觉。和许多朋友一样，这段时间的精神史可能是我们重新理解世界认识自己的一个重要环节。”于是，他在疫情固守的几个月时间里，集中精力创作完成了作品。“复活昨天的文字，也许是为了今天的再生。”

相对而言，王尧的散文创作则是持续的。他在散文中真诚地表达，获得了一种叙述的自由，这自由如同他在村庄前的河流中完全敞开自己。王尧曾提到自己散文创作的独特背景和感受。写完长篇散文《一个人的八十年代》时，他在大街上踏雪，似乎看到年轻的自己；几十年后，在《时代与肖像》等散文创作之后却有了相反的感觉，他看到了苍老的自己。

“在真实的生活中，我们几乎都被格式化了，我们自己也用某种方式包裹、装饰了自己。我们在文学中似乎和各种各样的故事与讲述者相遇，故事不断被生产，甚至有些过剩，至少那么多的长篇小说让你眼花缭乱……我不清楚，写作者的个人品格是何时从作品中消失的，是因为我们没有品格，还是因为我们无法呈现自己的品格；我不清楚，写作者的文字为何没有了自己的气息，文字应当是自己的血液中过滤出来的。”这是王尧多年前的反思。所以在长年的学术研究中，他努力保持自己的感性和才情，他的散文随笔和学术论文相互阐释，以散文证明知识分子精神与情感的存在方式。

王尧给我的印象是温和的，同时也是热情而执着的。从二十世纪八十年代，他把作家引入校园，让作家跟师生直接对话；他主张批评家与作家对话，出版“新人文对话录丛书”；他进入文学研究领域的独特方式给学界带来新鲜的体验，他不但在研究讲述故事的方式，也在实践中讲述自己的故事。创作与批评的鸟之两翼，在王尧这里得到了和谐的统一。

纯学术文章无法穷尽王尧对现代知识分子的理解，他把对更多的细节和故事融入了散文

问：您是从什么时候开始从事文学评论的？

王尧：我应该是出道比较晚的所谓批评家。八十年代中期开始学术研究，在当代文学史领域沉潜了许多年，我的许多批评家朋友风生水起时，我还在当代文学的“故纸堆”里。所以，我很赞成把当代文学研究分为文学史研究和文学批评两个部分，当然这两部分是相通的。九十年代中期以后，我才用了部分精力做文学批评。这样一种先文学史研究，后文学批评的出场方式，对我自己的影响是深刻的。后来自己做导师了，我一直鼓励学生两者兼顾。

问：2001年，您和《当代作家评论》联合主办“小说家讲坛”，策划主编了“新人文对话录丛书”。您是较早开始和中国作家对话的评论家，为什么您这么重视对话？

王尧：在策划“小说家讲坛”之前，我在台湾东吴大学做了半年客座教授，访谈了余光中、陈映真、黄春明先生等。这个时候我意识到了，对话作为文学批评的一种形式有独特的价值。2001年6月从台北回来后，应《当代作家评论》主编林建法先生之邀，我和莫言在大连相会，我们仨聊了文学创作，我建议可以合作做一个“小说家讲坛”，小说家在学校演讲，《当代作家评论》发表小说家演讲以及我和小说家的对话。这个讲坛持续了好几年，曾经是文学界最最重要的活动之一。我和作家的对话，后来以《在汉语中出生入死》为书名在春风文艺出版社出版。当时对话的作家朋友，都觉得意犹未尽，我又在苏州大学出版了“新人文对话录丛书”十本。现在看来，这套书是非常重要的文学史料。那几年，我几乎集中精力做这件事。在我看来，了解和理解作家是文学批评的前提之一，而对话则是了解和理解作家的方式之一。我觉得理解作家也是重要的。我长期在大学工作，自然会思考文学教育的一些问题，“小说家讲坛”实际上也建构了一种文学教育的现场。

问：您认为对话对于评论有怎样的启示和帮助？使您的评论具备了怎样的独特性？

王尧：受益很多。作家对文学的理解和表达，与批评家区别很大。这一代作家读书很多，和批评家一样有学养，他们对小说本身的理解在一定程度上超过批评家。对小说的艺术感觉和对小说的意义阐释同样重要，前者往往是批评家的弱点。对话让我更坚定了文学批评也是一种写作的想法和实践。我二十年来一直没有放弃写小说的想法，与当初的对话关系很大。在这些对话的基础上，我又做了《新时期文学口述史》。我花了近十年的时间访问作家、编辑家、批评家和文学活动家等，就“新时期文学”做了各种口述，然后再将声音转为文字。这个过程非常艰辛，是一次文学苦旅。

问：您的散文随笔也颇受关注，比如曾在《南方周末》开设的“纸上的知识分子”专栏。2018 年又在《收获》杂志开设专栏“沧海文心”。这些专栏文章，对您来说是一种必要的表达吗？

王尧：我的基本想法是，即便是学者，也不应该远离文章传统；汉语表达思想和情感的文体是多样的。尽管五四以后，文章逐渐被文学散文取代，但对一个写作者而言，文学的与非文学的文章是他的存在方式。我从大学时期开始写散文，九十年代出版了散文集《把吴钩看了》，另一本是书话《询问美文》。我在九十年代中期之前，一直研究散文，后来学术上转向，还断断续续写散文随笔。《纸上的知识分子》是 2002 年《南方周末》专栏文章的结集。此后，我直到 2010 年

7 月从哈佛燕京学社访问回来，我才恢复了散文写作，先是在《读书》上开了一个专栏，写了一段时间后，又去写小说了。

我一直关注现代知识分子的命运，感觉纯学术文章无法表达我对现代知识分子的理解，知识分子的细节、故事、内心世界以及我和他们的交流，好像只有散文这一文体更合适。于是 2018 年在《收获》写了《沧海文心》，2019 年在《钟山》写了《日常的弦歌》。我一直想以多种文体表达我对现代知识分子的理解，这些专栏文章便是尝试。在写了这两个专栏后，我觉得自己应该写一部关于现代知识分子的小说。写这两个专栏最大的收获，应该是我有可能回到了现代知识分子的场景中。

当代像汪曾祺这样将自己的人格、性灵、趣味、生活、识见等留在文字中的散文家并不多见

问：《重读汪曾祺兼论当代文学相关问题》获得第七届鲁迅文学奖文学理论评论奖。颁奖词认为立论审慎严谨，分析细密精微。在重新打开汪曾祺的意义空间的同时，也为当代作家实现对传统的创造性转化提供了理论与实践的镜鉴。您认为这一获奖作品，在您的评论中有何独特性？

王尧：这是我相对成熟的一篇评论文章。我不喜欢孤立地解读一个作家、一部作品，我更愿意将其放置在整个文学史和文学生态中讨论，文学批评的学理性体现在对作家的历史定位上。而在论述一个作家时，批评家的语言控制力也十分重要，他需要写出自己的文章。在这两个方面，《重读汪曾祺兼论当代文学相关问题》或许相对成熟。

问：早在二十世纪八十年代末，您就着手写作《中国当代散文史》。您是从什么时候开始注意到汪曾祺的散文成就？

王尧：我最初阅读汪曾祺时，未必能理解汪曾祺。读完他的小说和散文之后，我感觉研究汪曾祺应当将他的小说和散文对读，再综合论述。汪曾祺打通了小说和散文。他的《蒲桥集》出版后，我觉得我在写作《中国当代散文史》时应该给汪曾祺专章的待遇。这本书在九十年代初出版，许多观点已经陈旧，但我选择了汪曾祺散文，为这本书留了亮点。除了语言的成就，当代像汪曾祺这样将自己的人格、性灵、趣味、生活、识见等留在文字中的散文家并不多见，汪曾祺说自己的散文比小说好并非妄言。

问：在多年的研究工作中，您多次重读汪曾祺吗？为什么“重读”？

王尧：汪曾祺首先是位值得重读的作家。读，或者重读，并不是孤立地读汪，我是在文学脉络中读汪曾祺。在新文学的脉络中，我是把汪曾祺和沈从文、废名、孙犁等放在一起阅读的。《重读汪曾祺兼论当代文学相关问题》隐藏这样的脉络，如果没有这样的脉络，我是无法阐释汪曾祺的意义的。

问：在多次重读中，您对汪曾祺的认识有何变化，今天如何认识他的作品的经典性？

王尧：我现对汪曾祺的整体评价与2017年写的《重读汪曾祺兼论当代文学相关问题》是一致的。汪曾祺是当代少数几位被经典化的作家，我在之前的文章中曾经分析他的经典性，他在文化上、修辞上对汉语的修复，是他成为经典作家的主要原因。经典作家在时代之中，又在时代之外。不断重读，对一个作家的优长和缺点会理解得更深，因而也会调整自己的思路。我在纪念汪曾祺百年诞辰的文章中提到：我无法预测以后的文学史会如何论述汪曾祺，但在当代文学史的整体结构中，汪曾祺当有一席之地；同样，我也认为，过往汪曾祺研究中的水分或许也会收缩。我的阅读印象，汪曾祺研究存在过度解读的问题，突出表现为从个人偏好出发过度阐释汪曾祺的文学史意义，对汪曾祺“士大夫式”生活方式的过度渲染有可能将汪曾祺先生的性情与作品变成一种文化消费。如果汪先生健在，他也可能对这些善意的夸大不以为然。

问：您认为汪曾祺对今天的文坛最大的启示是什么？

王尧：我们可以学习汪曾祺但无法也没有必要模仿汪曾祺。我们所受的教育以及所处的时代已经不再造就汪曾祺式的文人。在这个意义上，汪曾祺先生和类似他的这一代知识分子是最后一代“士大夫”。换言之，汪曾祺先生是终结了文学上的一个时代，而不是开启了一个时代。我们今天对汪曾祺先生的缅怀和肯定，很大程度上与我们自己的贫乏有关，与我们创造力的丧失有关。我们需要寻找我们创造文学世界的方式。

学者不应该远离文章传统。汉语表达思想和情感的文体是多样的

问：您曾获得“华语文学传媒大奖·文学评论家奖”等，您认为优秀的评论家应该具备怎样的素质或条件？

王尧：一直愧对这个称号，和许多在一线的批评家相比，他们对作品的及时性评判比我快捷和敏锐得多。我相对滞后和谨慎。这与前面所说的先做文学史研究再做文学批评有关。关于优秀评论家应该具备怎样的素质或条件，许多同行都谈论过，比如价值判断，比如评判精神，我想补充的是，审美感悟和语言能力对一个批评家而言同样重要。其实，我更想进一步谈论的是批评家现在缺少什么。我们是否能够在世界观和方法论上面对复杂的历史问题和文化现实？我自己的回答是没有足够的能力。文学批评的失声或缺席，与此密切相关。

问：2020年，在郁达夫文学奖的评审会议上，您曾经提出新“小说革命”的命题。如何理解新“小说革命”？以您多年做评论的眼光，您认为当代小说为什么需要“革命”？

王尧：我在《新“小说革命”的必要与可能》中，简明扼要表达了我的思考。我并不否认我们有好的小说，但在整体上，我觉得小说洞察历史、回应现实的能力在衰退，小说艺术发展滞缓，因此我们需要意识到我们的困境，需要激活小说发展的动力。这里的“革命”不是“断裂”，是“联系”中的发展，我们需要探索当代小说新的可能性。

《民谣》以少年时代的生活为题材，个人记忆与艺术想象融合，以独特方式呈现了特定时代一个少年的心路历程

问：《民谣》可否视作对新“小说革命”所做的文学实践？

王尧：这当然没有问题。但我特别需要说明的是，《民谣》不是用来确证“小说革命”的必要与可能的，它是“小说革命”的实践，不是“小说革命”的实绩。我提出的新“小说革命”，不是基于自己的写作，更不会认为自己写了一部异质性的小说就革命了小说。

问：能否谈谈《民谣》的结构？全书分为四卷和杂篇、外篇，是《庄子》对您的创作启示？

王尧：小说的结构其实就是方法论。前四卷在我交稿之前是冠以“内篇”的，有一天我突然觉得内篇、外篇、杂篇太整饬了，就删除了“内篇”，想让前四卷敞开一些，内篇、杂篇、外篇的概念是借用了《庄子》。

我一直寻思长篇小说的结构问题，一是小说结构创新的可能性，二是作为形式的结构如何成为内容，三是因结构而形成的不同板块之间的关系。我在《我梦想成为汉语之子》谈到了分裂的语言生活与思想的关系，杂篇和外篇就是呈现分裂的语言生活。《民谣》是第一人称叙述的，这样的视角会有所限制，杂篇相对丰富了前四卷的叙述，在整体上增加了记忆的多重性和不确定性，每篇的注释又带有注释者所处的语境特征。外篇讲述了前四卷中的一个故事，可以呈现由于讲述的年代不同，讲述的内容和意义发生了变化。因此结构在我这里不只是形式，也是我的世界观和方法论。

问：《民谣》的语言绵密雅致。听说您从构思到完成用了十几年的时间，这样的时间跨度对作品的连贯性有影响吗？

王尧：我梦想成为汉语之子，这是我给《扬子江文学评论》写的创作谈的题目。如果说我本人对《民谣》有肯定的地方，其中之一就是语言。《民谣》持续写作了这么多年，其实也是在寻找一种属于自己的语言。我研究文学几十年，知道现当代作家的长处和短处，小说的语言是我的考察重点之一。作家和作家的差异不是讲了什么故事，写了什么人性，说了什么思想，而应该更完整地表达为用什么样的语言讲了故事、写了人性和说了思想。将近二十年的写作，断断续续，每次续写都是一个痛苦的过程。

“《民谣》不是确证我有写小说的才华，而是告诉我：一个人应该去做自己想做的事”

问：您做评论多年，对叙述技巧应该很熟悉。首部小说即是长篇，您觉得有难度吗？在小说实践中是否很娴熟？

王尧：难度主要是我在写作中有没有自己的世界观和方法论。这部小说之所以写了二十年，是我一直在寻找我写作中的世界观和方法论。一般意义上的技巧对写作者而言不是问题，当它和调性、思想、故事、情节、细节等融合在一起时，才开始成为问题。这是需要磨合的。

问：感觉《民谣》自传性极强，这里有您的影子？

王尧：《民谣》当然不是一部自传体的小说，我知道这样的解释可能是多余的。包括我的学生也问过这个问题。它给读者自传性极强的原因，是叙述的效果。小说里的那个少年王大头有一点儿我的影子，但他比少年的我敏感、聪慧多了，我少年时看世界的眼光有一部分和这个少年重叠。这部小说的结构和杂篇的注释也有我中年以后思想的影子。

问：小说中的两场大火，一把火烧了外公那边的天宁寺，那里有革命烈士墓和“谁是叛徒”的秘密；另一把火发生在奶奶那边的石板街，奶奶一家的家庭成分和命运因此改变。两场大火有何喻意？

王尧：写作时，我是根据情节的发展写了这两把火，您在问题中其实已经说明了写这两把火的必要。如果说喻意，这两把火成了新旧世界的分野。

问：读这部作品，我想很多读者可能会联想到和您同时代的作家，比如苏童、余华以及格非。您认为自己在同时代的作家中讲述自身成长过程以呈现历史的方式，有何特殊性？

王尧：苏童、余华、格非都是我的同辈人，是我的朋友，也是我的研究对象。就写作小说而言，他们是我的前辈。和他们相比，我十分惭愧，他们都写出了经典之作。我现在还不敢和同时代作家比较异同。如果说讲述自身成长过程以呈现历史的方式有什么特殊性，可能是我的文本有多重对话的空间。

问：完成这部作品，您觉得满意吗？

王尧：诚实地说，我目前的能力只能完成到这个程度。就自己预设的目标而言，我觉得基本完成了。在定稿时，我对自己叙事的方式犹豫过，这部小说其实是有故事的，但我把这些故事分散了，读者需要在阅读中去清理和结构。我估计，有些读者肯定不喜欢我这样讲故事的方式。我曾经想做些调整，但我放弃了，如果修改了，那就不是我想写的小说了。请读者宽宥我的任性。我在年轻时候就想用多种文体表达我对历史、现实、人性的理解，就此而言，我做到了。有朋友跟我说，写小说会上瘾。好像是这样。《民谣》不是确证我有写小说的才华，而是告诉我：一个人应该去做自己想做的事。

文学批评是一种冒险的事业

黄发有　1969年出生于福建上杭，经济学学士、文学博士，现为山东省作家协会主席，山东大学文学院教授、博士生导师。主要研究领域为中国当代文学传媒研究、文学史料与文学制度研究、当代文学评论。著有学术著作《中国当代文学传媒研究》《文学传媒与文学传播研究》《文学与媒体》《诗性的燃烧——张承志论》和散文集《客家漫步》《客家原乡》等，主要学术荣誉：入选“新世纪百千万人才工程国家级人选”，获得国务院特殊津贴，入选教育部新世纪优秀人才等。评论专著《中国当代文学传媒研究》获得第七届鲁迅文学奖。

采访手记

读博期间就关注网络文学的黄发有，已追随中国网络文学进程二十年。在最近几年的网络文学创作中，他敏锐地发现，现实题材的作品显示出日益强劲的发展态势，现实主义题材创作的强化与升级成为网络文学发展的新潮流和新机会。作为影响网络文学未来走势的审美选择，网络作家聚焦现实题材，寻求新的挑战，这是一种战略性的观念调整和美学转向。

温和敦厚的背后，黄发有也不失青年学者的锐气方刚。据说，当年报考导师李新宇的研究生时，他坦言自己并没打算毕业后从事文学研究，“我喜爱文学，但不喜欢文学学术”。他一门心思想搞文学创作，原以为读现当代文学的研究生就是以创作为主要任务，入学后才发现要专注于文学史研究或文学评论，为此甚至消沉了一段时间。想不到一开始并不喜欢的文学研究成了平生志业，且成就斐然。

黄发有一直主张，真正的批评家所扮演的角色应该是安徒生《皇帝的新装》中那个道破真相的孩子，既要有无所顾忌的勇气，还要有透亮澄明的坦诚，只有这样才能和作家“建立真诚的对话关系”。多年的文学批评生涯中，他正是勇敢而执着地将生命投入批评事业，不断地反思调整，不断发现探索，点燃自己，照亮着他人。

黄发有读研时，一位送行的高中同学调侃他是“理想主义的赌徒”，另一位朋友直接说他“糊里糊涂”

问：有什么机缘让您改变了初衷？从经济学到文学，这种转变又是因为什么？

黄发有：读硕士一年级时，写过小说和散文，也发表过一些。既然不打算退学了，课程还得上，作业还得做，于是开始写一些评论，参加了几个杂志举办的影视评论征文，居然还多次得奖。慢慢地，觉得文学评论也不是那么无趣，就正儿八经地写起了论文，居然发表了将近二十篇文章，其中短文居多，也有五篇万字左右的长文。到了三年级上半期，福建师大同意录用我。当时就想，反正要在高校里当老师了，博士迟早要读，就临时决定报考复旦大学的博士。

我的博士生导师潘旭澜先生和硕士生导师李新宇先生都是一边搞研究一边搞创作，他们多次和我商谈过如何处理文学研究与文学创作的关系，两人的意见惊人地一致。他们说要把主要精力放在研究上，也可以抽空写点散文，调节情志，涵养性情，但不要花费太多心思去搞大部头的创作，尤其是长篇小说；等年龄大一点时，你愿意做什么就做什么。

我读博士的前面两年都是想到什么就写什么，而且很快就发表了，还有两篇被《新华文摘》转载。到了三年级写博士论文时，差不多是重起炉灶，任务特别繁重。写完博士论文，头上竟然长出了一丛白发，真是写伤了。此后一年多时间，对撰写长篇论文有一些厌倦，就开始写客家题材的系列散文“纸上的故乡”，在《齐鲁晚报》开了将近两年的专栏。专栏的反响比我预料的要好很多，收到不少读者来信，其中有五六封抬头都是“黄老先生”，估计一是觉得我的名字比较土，不太像年轻人的名字；二是那些文字写客家地区的民俗风情，显得朴实而古雅。这组文字结集出版时，书名被出版社改为《客家漫步》，这本书获得山东省级文学奖——第二届齐鲁文学奖散文奖，算得上是意外的收获。后来还出版过一本散文集《客家原乡》，写过一组有关书店和藏书票的随笔。最近几年科研任务越来越重，创作写得越来越少。

之所以从经济学转向文学，当年确实是因为文学梦。记得离职读研时，一位送行的高中同学调侃我是“理想主义的赌徒”，另一位朋友直接说我“糊里糊涂”。

问：《诗性的燃烧》是您研究张承志的一本专著。为什么选择张承志？您认为自己在研究张承志作品的过程中，最大的发现是什么？

和其他评论家的研究相比，有何不同?

黄发有： 我在选择硕士论文题目时，一开始准备做宏观研究的题目，后来考虑到如果没有扎实的个案研究，宏观研究容易空泛，于是改做作家研究。从1993年到1995年，人文精神讨论成为学术界的一个焦点，张承志也是一个话题人物，他在《北方的河》中宣扬的理想主义确实打动过我。我当时的考虑是把张承志放在思想史和文学史的脉络中进行考察，既发掘其独特性，也不回避其局限性。好几位朋友都喜欢我的这部“少作”，认为这部书的语言充满了诗性和激情，并且为我后来的转向感到遗憾。何言宏在一篇文章中认为这本书“在这样一个个案研究中，涉及了我们这个时代的很多相当重要的精神问题。对于这些问题的讨论，实际上很有难度，但他却以个案研究的方式相当成功地做了回答”。我清醒地意识到自己确实想通过个案分析折射普遍的时代问题，就完成度而言，离“成功”还有很大差距。

研究文学背后的时代精神症候，使黄发有明白了作为人的内在的脆弱

问： 谈谈您对于作家作品的研究方法吧，有何特点?

黄发有： 我写过不少作家论，对丰子恺、林海音、莫言、张炜、余华、叶兆言、朱文、白先勇等作家的创作都发表过自己的看法。最近十年因为研究重点的转移，作家论写得少了。作家作品研究要以文本细读为基础，偏离文本容易导致误读和过度阐释。我写过一篇文章《当代文学批评的方法论思考》，文中主张当代文学批评应当注意以下三点：一是将批评对象放在文学史视野中进行价值评估，二是把审美分析与文化研究有机地融合起来，三是注意接受美学与创造美学的双向互动。

问： 对于当代文学中的精神问题，您也曾做过很多正面且直接的讨论,《文化民族主义与新时期文学》《审美理想主义与中国当代文学》《虚无主义与中国当代文学》《虚伪的个人与迷惘的代群》等提出了很多实质性的问题。关注“精神问题”的起源是什么?为此您做了怎样的准备工作?

黄发有:勃兰兑斯认为文学是时代精神的体现。从精神现象学的角度来看,中国当代文学会有形形色色的精神侧面,其中有勇敢的精神揭示,也有一些自欺欺人的假面狂欢。以虚无主义为例,它在现象层面有复杂的表现形式,但在内在根源上又有一致之处。文学如果缺乏精神的力量,逃避对内在精神的追问,就容易随波逐流。之所以对这个问题感兴趣,在某种意义上也是试图解除自我内心的困惑,抵挡那些不断迷惑、诱惑、控制我们的消极力量,呼唤一种有活力、有理想、有担当的文学。

问:在关注和研究的过程中,您有怎样的收获?

黄发有:研究文学背后的时代精神症候,让我明白了作为人的内在的脆弱。而文学与个体生命的价值,或许正在于理解了这种人性的脆弱之后,能够直面并超越这种脆弱。

问:您曾集中研究二十世纪九十年代中国小说,并为此阅读了三千万字以上的九十年代小说。那是怎样的一种“激情燃烧”的状态?

黄发有:那时我整天像着了魔一样,跑到五角场科技图书公司三楼的“天地图书”,大量地选购八折的新书,甚至到了碰到新作品就买的程度。靠着奖学金、稿费和学校发给的那点可怜的津贴,我买了两万多块钱的图书,以至于外地的不少同行,竟然常常向我寻求资料上的帮助。那时会那么痴迷,一是有压力,论文写不好拿不到博士学位;二是真的想做好,不希望敷衍了事;三是真的很专注,论文成了头等大事,其他事情都与我无关。

黄发有认为，文学批评并不是文学创作的附庸，批评家只有保持自身的独立性，批评才有可能具备艺术的独创性

问：非常赞同您的主张“真正的批评家所扮演的角色应该是安徒生《皇帝的新装》中那个道破真相的孩子”，既要有无所顾忌的勇气，还要有透亮澄明的坦诚，只有这样才能和作家“建立真诚的对话关系”。但是，在中国的人情社会，您认为“那个道破真相的孩子”是否很难？

黄发有：肯定有难度！记得1998年我读博士时在《文汇报》发表了一篇批评当时热炒“70后”女作家现象的短文，题目叫《激素催生的写作》，有作家朋友后来跟我开玩笑，说我是“辣手摧花”，并说像我这种人“要躲得远一点”。作家和评论家的关系一直比较微妙，歌德曾愤怒地说过“打死他，这个狗东西！他是评论家”。评论家和作家之间保持必要的距离，有利于保持评论家和评论的独立性。

问：评论家吴义勤也发现，“黄发有的文学批评有很强的对话性”，您认同吗？如何理解“对话性”？

黄发有：我觉得独立的文学批评就应当是平等的对话，批评家既要尊重自我，也要尊重研究对象。只有这样，文学评论才能不拔高研究对象，也不通过贬损研究对象来显示自己的高明。

问：您认为“一个批评家对文学的参与，如果要真正地有益于文学的健康发展，那就必须将自己的生命投入其中，点燃自己，然后才能照亮批评的对象”，您是这么做的吗？投入生命的研究，使您的学术研究呈现出怎样不同的状态或特点？

黄发有：文学批评是一种冒险的事业，文学批评并不是文学创作的附庸。批评家只有保持自身的独立性，批评才有可能具备艺术的独创性，批评家的学识、人格、气质会渗入到文学评论的文体之中，批评因此成为批评家生命的一种载体。我确实把批评当成一种生命形式来实践，但出发点和目标点之间会有偏差。究竟做得怎么样，有待时间检验。

问：您曾多次指出“发现”的热忱对于文学批评的重要意义。您是如何理解“发现”的？

黄发有：发现是文学批评的生命线，文学批评要有创见，研究者要有新思维与新方法，在发掘、选择和组织材料时有自己的眼光，这样才不至于陷入重复劳动和低水平运转的怪圈，才能避免学术研究的同质化。如果运用的史料大同小异，甚至严重雷同，所谓的“创新”也只能是一种表面功夫和形象工程。在片面追求量化指标的学术大环境中，近年当代文学研究的泡沫化是不争的事实。以作家研究为例，讨论莫言的小说叙事必然提及其儿童视角，源于马尔克斯与福克纳的外来影响更是烂熟的话题。研究晚年的郭沫若，他与陈明远的通信尽管充满争议，甚至被视为“伪史料”，但在不少论著中仍然是支撑论证的核心证据；余华、苏童、格非等作家总是被套在“先锋”的框架中进行阐释，他们的个性只是“先锋”的一个侧面。铁凝、王安忆、迟子建等作家创作的独特性，往往被笼统地归结为“女性意识”。“60后”“70后”“80后”“90后”作为代际研究的主流话语，已经逐渐沦落为一种万能的标签，不管遇到什么样的作家，总能找出一款适合的、简便的理论行头；评论家感兴趣的是作家对自己同代人的描述与定位，这些材料被置于放大镜之下反复端详，与此无关或相悖的材料被无情地剔除。不少评论刊物会发表某一位重要作家的评论小辑甚至专号，我多次通读这些集束性文章，发现重点解读的作品高度相似，观点也大同小异。这究竟是英雄所见略同，还是一种惯性的撞车？还有一个现象耐人寻思，作家的创作谈或访谈录在文学评论中有极高的引用率，作家的意见甚至成了一些评论者的阅读指南。以作家自己的意见为指挥棒，文学评论的独立性何在？作家的意见有参考价值，但是，如果评论者耗尽自身的学养，抵达的目标仅仅是对作家的意见进行更为细致的学理化解释，这样的评论注定只是过眼云烟。

现实题材的作品显示出日益强劲的发展态势，是作者创新求变和制度引导的综合效果，也是网络文学主流化的必由之路

问：对媒介文化与当代文学之间关系的研究也是您学术研究的重要方向。可否谈谈，您为何能够敏锐地把握新生事物？对媒介文化的关注和研究，更多地出于怎样的考虑？

黄发有：我在写作和修订博士论文《准个体时代的写作——20世纪90年代中国小说研究》的过程中，越来越清晰地意识到，如果忽略了九十年代媒体对文学的改塑以及各种力量对于媒体的强势渗透，很多问题是谈不透的，因此增加了对这方面问题的专题讨论，针对文学期刊、文学出版、影视文化、媒体趣味与小说创作的关系，考察文学环境与文学生产的互动模式。后来逐渐深入地研究文学传媒，将研究重点从当代作家作品研究逐渐转向文学传媒研究，也算是水到渠成。2001年，我设计的科研项目“新时期文学的传播接受史”，意外地获得教育部“十五”人文社会科学项目基金的资助，这促使我更加系统而深入地研究大众传媒与当代文学共生互动的复杂方式。这一课题的结题成果是2005年由山东文艺出版社出版的《媒体制造》，重点探讨的主要是二十世纪八十年代到新世纪初年的文学传媒与文学生态。坦率地说，这本书在选择代表性个案和进行思潮评析时，个别地方可能有些随意性，还不够系统。为了尊重文学样态的多样性，评价标准很难达到一致，甚至会顾此失彼。

随后几年，我始终把文学传媒研究作为重点关注的一个领域，希望通过自己的努力，能够更全面、更深入、更有原创性地探讨大众传媒与当代文学的深层互动。近几年出版的《中国当代文学传媒研究》《文学与媒体》《文学传媒与文学传播研究》《跨媒体风尚》等著作，都是沿着这一思路不断扩展和深化的结晶。

问：从很早就关注网络文学，浏览榕树下等网站，您对早期的网络文学作何评价？一路跟踪过来，您认为网络文学的发展经历了怎样的变化?

黄发有: 网络文学一开始处于一种野生野长的状态，最早的一批写作者纯粹是为了内心需要，像图雅的文字在艺术性上不算突出，但那种直抵内心的写作状态有特殊的感染力。从榕树下的网络沙龙到天涯社区文学板块的啸聚江湖，再到起点中文网的娱乐资本模式，网络文学在类型化、商业化的道路上快速生长。

为了突出特色，发挥网络媒介的传播优势，填补纯文学创作长期忽视通俗性和娱乐性的市场缺口，网络作者以类型小说为突破口，通过影视改编、游戏改编等 IP 的跨媒介运营方式兑现类型文学的商业价值。应当重视的是，过度的商业开发会伤害网络文学，以创作数量取胜的粗放模式抑制了创新的活力。玄幻小说、穿越小说一度以陌生化的想象令网友耳目一新，但最近几年创新乏力，让网友产生餍足心理。随着抖音、微视等网络新玩法的走红，网络文学如果缺乏难以取代的特质，其可持续发展将面临多重挑战。

问: 在近几年的网络文学创作中，现实题材的作品显示出日益强劲的发展态势。您如何看待这种变化，是必然的吗?

黄发有: 这是网络文学突破发展瓶颈的有益探索，是作者创新求变和制度引导的综合效果，也是网络文学主流化的必由之路。现实转向给网络文学注入了新的艺术活力。

问: 现实题材的网络文学创作应该注意哪些方面的问题，可否为网络作家提些建议?

黄发有: 总体而言，近年现实题材的网络文学作品在反映现实的广度上不断有拓展，广泛涉猎不同阶层、不同行业的现实生活，但在表现现实的深度上亟待加强，有一些作品仅仅是对新闻报道的组合与改写，文字比较潦草，停留于对现象的匆促跟踪和对新人新事的简单铺陈。现实题材的网络文学创作要真正有一番作为，不仅不应该片面追求产量的快速增长，还应该警惕泡沫化的陷阱。现实题材的网文创作已经遍地开花，对于其后续发展而言，质的提升才是真正的考验。

问：您对网络文学的研究，打通了国内外、网络与传统文学、网文与游戏等多方面的关系，这种开阔的视野和超拔的格局来自什么？

黄发有：目前国内的网络文学研究主要有两种模式：一是在文艺学视野中的理论观察，侧重研究网络文学发展带来的文学格局变化；二是在当代文学视野中的网络作家、网络文学作品研究。我个人在研究网络文学的过程中，一是避免把网络文学从当代文学的整体格局中剥离出来；二是在网络与影视、印刷媒介的多元互动格局中考察网络文学的生产与消费。

只有通过不断的反思和调整，才能在学术上有所成长

问：2018 年，您的《中国当代文学传媒研究》获第七届鲁迅文学奖文学理论评论奖。您是第一次参评吗？在什么情况下获得得奖消息的？是在预料之中吗？有何获奖感言？

黄发有：根据鲁奖的评审规则，参评作品必须由出版社、杂志社、网站和中国作协各团体会员单位推荐，我应该不是第一次参评。2018 年 8 月 11 日中午，看到学生转来的中国作家网发布的第七届鲁迅文学奖的评奖结果，既高兴又惶恐。作为在鲁迅先生影响下成长起来的文学工作者，能够获得鲁迅文学奖，当然是一件很荣幸的事情。不过，我清醒地意识到自己对文学和文化的贡献微不足道，应当不懈奋进。

问：您如何评价这部作品在自己创作中的独特价值和意义？

黄发有：《中国当代文学传媒研究》获得鲁迅文学奖，确实体现了文学界和学术界对文学传媒研究的关注和重视。以前的文学研究大多以作家作品为研究中心，忽略文学的传播接受，忽略读者的作用。随着新媒体的快速崛起，在媒体日益多元化的格局中，忽略传媒对文学的深入影响，已经很难准确把握文学的发展态势。文学传媒不仅是文学研究的对象，还是研究文学的一种方法论。当代文学传媒研究的跨学科视野、内外结合的视角、偏重实证的研究路线、对文学史研究的拓展和深化，为当代文学研究开辟了别开生面的新天地，已经成为学科发展新的生长点。

作为一个新兴的研究领域，当代文学传媒研究还不够成熟，不少研究成果缺乏历史视野，与研究对象靠得太近，没有统一的评判标准。当代文学传媒研究在学术规范、研究方法等方面都应该不断完善。我个人只有通过不断的反思和调整，才能在学术上有所成长，也希望有更多的学术同行进入这一片开阔的领地，共同创造更多有价值的学术成果。

问：担任山东省作协主席至今，您的生活和学术研究发生变化了吗？您对山东文学队伍和当前的创作愿意作何整体评价？

黄发有：我觉得没有明显的变化，生活还是柴米油盐，学术研究该做什么还是做什么。关于对山东文学的整体认识，我曾在《人民日报》(海外版)发表了一篇《山东文学：有根的灿烂》，文中主要有三层意思：其一，山东是文学大省，在改革开放走过四十年的今天，回顾山东文学走过的历程，我们不难发现，艺术观念的革新和开放的文学姿态是开启辉煌之门的金钥匙。其二，山东文学是有根的写作。山东作家都深深地植根于脚下的大地，从故乡的自然世界和乡亲的现实生存中获得审美启示，并以故乡为精神根据地，展开与世界、历史和文化的多元对话。其三，山东作家的写作往往有一种特殊的韧性，在时代风尚的流转中表现出一种审美定力，拒绝随波逐流，拒绝轻易转换自己的立场与趣味，在自己的园地深耕不辍，有一种持续的生长性。齐鲁文化既有农耕文明的厚重与丰富，也有海洋文明的开放与包容，这种文化的融合性也赋予山东文学以审美的多样性。山东作家的创新不是凌空蹈虚的形式游戏，它离不开对山东文脉的继承与发扬，善于从充满活力的民间文化中吸取精神滋养。也就是说，这种创新有底气，也接地气。当然，山东文学要取得新的突破，需要更多具有冲击力的新生力量，以无所畏惧的青春活力摆脱成规，推动文学的不断创新。

我渴望成为当代文学里的“持微火者”

张莉 1971年生于河北，河北保定人。北京师范大学文学院教授，博士生导师。北京师范大学“最受研究生欢迎的十佳教师”。中国作家协会散文委员会副主任，茅盾文学奖评委。著有《中国现代女性写作的发生（1898—1925）》《小说风景》《我看见无数的她》《持微火者》等。主编《2021中国女性文学选》《望云而行：2021年中国短篇小说20家》《带灯的人：2021年中国散文20家》《散文中的北京》等。评论专著《小说风景》获第八届鲁迅文学奖。

采访手记

小的时候，张莉常常会去农村的奶奶家小住。一觉醒来，最先看到的是贴在墙面的一幅画：梳着两条长辫子的女人坐在拖拉机上，笑容灿烂，手握方向盘，柔美又阳光，驰骋在辽阔无边的田野上。

她喜欢那张画。女拖拉机手的健康、乐观，手握方向盘的自信模样，似乎就已然掌握了自己未来的命运。

后来，张莉就长成了自己喜欢的样子，智慧光洁的额头，自信开朗的大笑，更重要的，她以独特的角度开展女性文学和女性写作，用自己的方式理解她们的生命经验。

因为有早年写小说打底，不论是从事当代文学与文化研究工作，还是重返女性文学写作现场进行性别观调查，或是开展各类女性文学年选、小说和散文的年选……她始终有一种体恤之情，同时又不失锐气和态度，“不和众嚣，独具我见”。

接地气与在场性，是张莉文学研究的重要特点。她认为文学研究要和自己的生命发生情感连接，和自己的时代发生情感连接。一个研究者，尤其是做当代文学的人，不应该“躲进小楼成一统”。她努力让自己成为一个能和时代有互动的批评家。当然，她也很看重那些选本。现代文学史上，年选本就是批评工作的一部分，从鲁迅茅盾巴金到朱自清胡适郁达夫，既评且选，由此确立批评主张和美学趣味。张莉希望通过这样的遴选确认自己对文学的理解方式。

教学研究之余，张莉特别喜欢看脱口秀大会，尤其喜欢女脱口秀演员们的表演，在她眼里，自嘲与幽默都是一种勇敢。我觉得，在当代文学的各种场域，张莉的发言也是一种脱口秀，一样勇敢的真实表达，一样经过了生命和情感经验的浓缩升华。

她希望能做些工作，打破偏见和圈层，让女性文学研究从象牙塔里走出来，能够和时代进行对话

问：你的博士论文就是关于中国第一代女作家，这是你从事女性文学研究的开端？为什么会对这个话题感兴趣，从事女性文学与性别方面研究，有何契机？

张莉：这要从二十年前说起，当年我的硕士论文就是以女学生为例，讨论新教育、新媒体与现代爱情话语建构之间的关系，那时候我就注意到，女学生命运的变化和整个社会的变革有很大关系，也认识到女性解放之于社会进步的重要性。而且，在查阅资料的过程中我逐渐意识到，如果没有女性解放，就没有我今天的生活。也就是说，在读硕士研究生时，我就已经开始注意到女性命运与我个人的生命连接。所以，后来的博士选题也是"自然的"选择，我想在硕士论文的基础上去探索一百年前的女作家们是如何成为女作家的，我希望从文学、社会学和教育学的角度出发，讨论现代文学第一个十年里女作家写作的发生与延续，并探索她们的作品如何生成女性文学的美学特征。如此说来，从事女性文学与性别研究的契机应该是从写博士论文开始。它慢慢让我更深入地了解了女性生活、女性解放和女性写作的关系，是在做研究的过程中，我看到了"无数的她"。

问：北师大前身是女高师，中国历史上第一门女权主义理论课是李大钊先生在北师大开设的。鲁迅《娜拉走后怎样》的演讲也在这里发表。现代最早一批的女作家几乎都从这里走出。那么在北师大开设"中国现代女性文学研究"，是否也有传承的意味？或者说，有一些特殊的优势？

张莉：说得很对，现代文学史上第一代女作家都曾生活在北师大，而且也有李大钊先生开设女权主义理论课的传统，因此在北师大开设"中国现代女性文学研究"对我来讲有传承的意味，这也可以说是一种特殊的优势。当然，还有一个优势在于，我本身是做女性文学研究的，我把我的研究与教学结合在了一起；另外，北师大的女生很多，选修的同学也很多。但其实对我来讲，这门课更重要的是和同学们一起梳理女性文学的传统，并不是社会议题和公共问题的讨论。

说到底，这是一门专业课，虽然我能理解很多人将女性文学或者女性视角放在社会公共问题里讨论，但对于课堂而言，我希望更多的同学来了解中国现代女性文学的发展，明晓女性文学历史的脉络与写作风格，并参与到中国经典女性文学作品的细读工作当中来，同时也尽量不让自己的课堂枯燥。换句话说，我希望这门课更加贴近我们这个时代，让更多的年轻人去理解文学、爱上文学。

问：中国现代女性文学只有一百多年的时间，研究起来是否有一定的难度？从哪些角度切入，你有规划吗？是否有长远的目标？

张莉：现代女性文学研究的史料问题是难度，很多女作家作品已随风而逝，留下来的多是著名女作家作品，但我以为，那些普通女作者的写作也应该被注意。另外，女性文学研究常常要面对很多常识性的问题，比如为什么会有女性文学，为什么要强调女性写作，等等。另外，怎样梳理一个女性文学的传统，怎样确认我们判断女性文学的标准也十分具有难度。当然，我也很希望更多的年轻人加入到女性文学批评和女性写作的工作中来，在培养新一代青年写作者方面，也是挑战重重。

长远的目标是希望女性文学和女性写作能更好地发展，直到有一天我们不必再强调性别。我做事情喜欢从小事做起，自己觉得有意义便会去动手。你看，从“性别观调查”到新女性写作专辑，到女性文学年选，再到女性文学好书榜，看起来工作很多，但其实内核没有改变，围绕的是如何推动女性文学的发展，如何让更多的女作家作品受到关注。我也并不是一开始就计划好一切，而是做一件事时发现另一件事也应该做，再加之是在自己力所能及的范围里，那么便拓展一下吧，就是这样子。

问：强调女性文学和女性视角，对你的学术研究会有怎样的影响？

张莉：我觉得我不是在强调女性视角和女性文学，而是说以前我们的研究领域有意或无意地忽略了女性视角，所以我希望通过我的努力，让基于女性读者的阅读能和基于男性读者的阅读站在共同的层面。我想说的是，女性视角不是在“被强调”，而是本就应该有一个女性视角存在，这对于研究者和创作者而言都非常重要。

以往，在做文学批评的过程中，我没有特别强调过自己的女性身份和女性视角，但是，最近几年来，我深刻认识到我的女性身份对我的研究工作的重要性，因此，我开始认取我的女性身份和女性视角。我也注意到，二十一世纪以来，女性文学其实进入了某种程度的低潮，无论是女性写作还是女性文学批评，都不再是热点问题。我希望能做些工作，打破偏见和圈层，让女性文学研究从象牙塔里走出来，能够和我们的社会、我们的时代进行对话。就像我们意识到的，整个社会的性别意识正在发生改变，那么女性文学研究应该与我们的时代发生一种遥相呼应的关系，我觉得这是非常重要的工作。既然我看到了这个工作的重要性，那么，我就尝试做吧。

她展开了文学史上对于性别观的首次调查，希望借此让更多的人了解女性文学的过去以及未来的诸多可能

问：2018年，你曾对一百三十七位中国作家进行“我们时代的性别观”调查，那么调查结果是什么？你从中发现了什么？

张莉：我的调查发现，当代作家的性别观在进步，男作家们的回答也深具平等意识。当然，透过他们的表态也能发现一些特别微妙和值得分析的东西。比如，在回答自己何时开始有性别意识的时候，很多作家回答的都是自己对生理性别的认知。其实，人有生理性别，也有社会性别，人的生理性别和社会性别并不绝对一致。而我们讨论性别观时，并不是强调一个人对生理性别的理解，更重要的则是社会性别。在性别观调查里，苏童的回答被广泛引用过，他说：“福楼拜写包法利夫人的时候，他得有颗艾玛的心。”一直以来，在我们对文学经典的认定中，其实包含了对社会性别意识的肯定，比如《红楼梦》《包法利夫人》《安娜·卡列妮娜》《祝福》等。作品及其中的文学形象之所以成为经典，也在于他们在写作时都深具社会性别意识。这些作品的作者跨越了自己的生理性别，赋予笔下的女性以鲜活生命，选择和那些女性站在一起体察世界。

调查中还有个问题是：你在写作中会克服自己的性别意识吗？许多男作家的回答是：“面对自己的性别，为什么要克服呢？它是自身的一部分。”而女作家在回答“你如何理解自己的女性意识”这个问题时，却会感受到她们对女性意识的犹疑。相比而言，男作家对性别问题会更坦然。这意味着，并不是作家们的回答出了问题，而是要看到，男作家对于自己身上有男性意识感觉到安全，而女作家的潜意识里则有一种不安全感或者自卑感存在。

问：做“性别观调查”时，你给作家们的问题之一是：“性别观最早是如何形成的？”这一调查是否普遍得到支持？

张莉：性别观调查得到了大部分作家的支持，收到了一百三十七个回答。也有几位作家私下跟我表示不愿意表达，不愿意参加这样的公开调查，对此我都能够理解。面对调查，作家有愿意回答的自由，也有不愿意回答的自由，我都有心理准备，但意外的是几乎百分之九十八的作家都接受了这个调查，这对我而言是莫大的支持，对我后来的很多工作也是一种精神上的鼓励。

问：你认为整个时代社会性别意识的变化说明了什么？

张莉：说明了我们整个社会都在进步。你看今天，女性的声音更容易被听到了，社会也在形成男女平等的意识，那些曾经有意无意被忽略的女性重新得到了关注。这是非常了不起的进步。

好的批评应该是有锋芒、有态度的，张莉试图在写作的过程中逐渐打开自己，慢慢形成自己鲜明的性格

问：你也曾是文学青年，还发表过一些小说，能否谈谈你的写作经历？

张莉：十八岁的时候我发表过小说，在一些蛮有名的文学杂志上。但是我并不觉得自己写得有多好，尤其是我在清华大学读研究生后。我觉得小说需要有一些锐利和刺痛感，还有别有所见的体悟，我自己在这方面其实是欠缺的。

但是我也特别感谢我的小说写作经验，它让我知道写作者的甘苦，知道写作者如何行文布局，如何发表，包括写作者在写作过程中对理想读者的预设，以及他/她的左右为难，等等。这些东西我都有过，所以我能很快看到写作者存在的问题。

问：这样的写作经历，对你的评论和研究有很大的帮助吧？

张莉：这些写作经验让我可以理解一个小说家，理解他们的好和他们的为难，但我也能理解到他们的虚弱或者是虚荣。另外，写作也教会我要做一个“不和众嚣，独具我见”的人。我逐渐觉得好的批评应该是有锋芒、有态度的，我试图在写作的过程中逐渐打开自己，慢慢形成自己鲜明的性格。

问：你读到的比较有共鸣的女性文学作品有哪些？能谈谈对你影响比较大的作品吗？哪些方面打动了你？

张莉：比较有共鸣的作品有很多，比如铁凝的《永远有多远》，萧红的《呼兰河传》，张爱玲的《倾城之恋》等。铁凝的《没有纽扣的红衬衫》和《永远有多远》对我有很大影响，它让我觉得做一个独立的女性特别重要。我还特别喜欢奥斯汀小说里面的幽默感——我一直认为，一个真正强大的女性是要具有幽默感的。当我们内心强大了，才能自在而轻松地面对世界，也才有能力自嘲。最近一年，我特别喜欢看脱口秀大会，尤其喜欢女脱口秀演员们的表演，在我眼里，自嘲与幽默都是一种勇敢。

问：你曾经谈到，“在我心目中，优秀批评家首先是‘普通读者’，他/她有情怀，面对社会的人间情怀，面对作品的文学情怀。他/她的批评文字不是冷冰冰的铁板一块，它有温度，有情感，有个性，有发现。优秀的批评家是文学的知音，是作品的知音，是作家的知音”。这一批评观是如何形成的？

张莉：这个批评观的形成与伍尔夫有关，我注意到她的“普通读者”的说法时，心有戚戚。当然还有就是我的导师王富仁先生的影响。王老师的文字很少有高头文章，他的文字里也没有各种注解，但是我们却能从中感受到一种诚挚。我最近在读他的《中国现代作家印象记》，关于每个现代作家的评论不过两三千字，却是非常好的文学普及文章。在我眼里，文学批评家其实就是摆渡人，是在文本和作家之间建立桥梁的写作者。——我把自己的评论文章作为与读者的一种分享，我想和他们一起分享我从中所学、所感。我觉得这种分享的意识对普通读者身份的体认很重要。

问：你的评论文章，不乏真知灼见的锐气，同时也有体贴和关怀。你觉得自己的评论风格的形成，和性格有关系吗？如果有，你觉得是怎样的影响？

张莉：批评风格的确与性格有关。我们家里是三姐妹，我和两位妹妹一起成长的经历深刻塑造了我。坦率说，我是喜欢理解他人、喜欢站在别人的角度去想问题，这看起来是优点，但生活中也有不少困扰。比如常常顾左右而言他、不敢直接面对别人，不敢说不好听的话等等。如果说我的文章里还有一些锐气，很大的原因就在于我在有意克服自己身上的这些缺点。也正因如此，我一直要求自己的文字要有锋芒，有态度，要向鲁迅先生学习，努力向“不和众嚣，独具我见”的境界靠得更近。

二十年前，还在读硕士研究生时，我的导师就跟我说过，文章一定要有所见识，不要让自己成为生产“学术垃圾”的人。这是愿景，我可能永远达不到，但我希望自己向这个目标努力。

她努力让自己成为一个能和时代有互动的人。文学不提供答案，但有的时候可以当作一面镜子

问：《中国现代女性写作的发生（1898—1925）》探源百年前的文学现场，对于冰心、凌叔华、冯沅君、陈衡哲、庐隐等第一批中国现代女作家的出现有自己独特的发现，在还原她们文学创作之路的过程中，有什么难度吗？

张莉：是有难度的。我们很容易把一个不著名或不知名的文本放大、过度阐释，认为它在当时产生巨大的影响。所以我经常会提醒自己保持警惕，同时我也强调要把作家和作品放在整个现代文学的发展史里，既看到她们个人的努力，也看到她们和整个文学圈、朋友、出版、发行等各个行业的互动。她们的成功并不是个人的成功，她们每一个人、每一个作品能够留存下来，都与著名出版社和著名主编有关系。比如冯沅君的作品是鲁迅主编的，冰心的作品是由文学研究会主编，在商务印书馆出版。没有哪一个女性是单打独斗。

问：从现代女作家的写作研究，到当代女作家，你的视野如此开阔，几乎所有的女作家都在你的研究范围之内。

张莉：这是一个阶段性的过程。我并不是在一个时期关注如此多的作家，是有侧重的。比如在研究的前十年我着重关注现代作家，后来又将视角转移到当代作家。但当代作家也不可能全都关注到，有一些作家其实只是注意过，但并不专门研究。当代女作家里我对铁凝、王安忆、迟子建研究得比较多一些。

我觉得不存在很特别的阅读方法和技巧，但我会天天看作品。尤其是十年前，那时写《持微火者》是一个很艰辛的历程。文学阅读就是这样，在一开始进入作家时很困难，当熟悉以后便容易了，这是一个漫长的过程。我肯定不能全面了解当代文学的创作。我只是对我喜欢的作家作品了解更深。每一个人的精力都很有限，只不过我在不同的时期写下了对不同作家的理解和看法。

问：《对镜：女性的文学阅读课》(以下简称《对镜》)精选鲁迅、丁玲、萧红等十八位文学名家，选择的标准是什么？

张莉：选择的标准就是作品里书写了女性形象，和我们这个时代能够发生情感连接，能够使普通读者感到共鸣。最重要的是女性形象和女性故事。同时，我也要求我所选的女性形象和女性故事，是一个好作家写的，写得好看。最重要的是带着问题意识去选作家和作品的，而不是给这些作家做评论。

问：《对镜》二十三讲中，包含了对当下热门女性问题的思考，如理解女性身体、女性美，爱情中的金钱与性，婚姻的恩爱和离别，母亲形象的多样性……也涉及女性的传统和女性写作的源流等等。你的评论和研究不是凌空蹈虚，对当下现实生活有着很强的针对性。

张莉：我认为文学研究要和自己的生命发生情感连接，和自己的时代发生情感连接。一个研究者，尤其是做当代文学的人，不应该“躲进小楼成一统”。虽然和时代发生关系存在难度，但是我觉得这是文学研究应该有的一个信念。所以我最近几年一直在努力让自己成为一个能和我们时代有互动的人。文学它不提供答案，但有的时候可以当作一面镜子，像《对镜》里说的，可能不是一个真正的镜子，有的时候是哈哈镜，或者是一个显微镜、放大镜。每一个人的肉身对世界的理解其实是有限的，我们的一部分身体需要通过阅读来不断滋养。所以我觉得以这种方式来重新阅读文学，可以激活我们对文学作品产生另外的理解。

《小说风景》获得第八届鲁迅文学奖文学理论评论奖。张莉说，优秀批评家既是文学的知音，也是作品和作家的知音

问：《小说风景》源自在《小说评论》开设“重读现代中国故事”专栏，起意是什么？

张莉：这本书的写作初衷是我希望以自己的方式重读中国一百年来的经典小说，并在其中找到我们这个时代新的阅读经典的方法。我觉得经典之所以是经典，就是在当下的土壤中，依然有它存在的价值与意义；因而经典就是要常读常新。为什么我们今天对这个作家、这部作品依然感兴趣，其中一定有某种密码需要我们去解开。所以，写作《小说风景》的过程，就是在寻找、破译时代密码的过程。

问：在这一系列文章中，重读经典文本的同时你也在思考当下文学创作的经验和问题，是带着问题意识。阅读你的作品，能感受到你其实是把自己的生命经验跟学术研究结合起来，这样的一种研究方式，你觉得使自己的学术研究和评论有何特点？

张莉：因为我也在给“文学创作与批评”专业的研究生上课，所以在发现作品的问题意识时，不仅仅要找到我们时代的读法，还要去思考“它是如何写的”“为什么这部作品在当时会引起广泛注意”以及“为什么它成为经典”等问题。因此在理解作品时，自然会携带着我们的生命经验。比如说，作为一个年轻的作家，萧红何以在那个时候写出《呼兰河传》？鲁迅何以在那个时候写出《祝福》？思考这些问题，要投入自己对生命经验、情感经验和人的理解。

您说得很对，可能我是一个动情动意的写作者。在面对一个触动我的写作对象时，会格外动情。因为动了情，所以我在写评论时，也特别希望把自己被打动的那一瞬传递给别人。但我现在觉得，这样的写作特别耗神，对写作者的消耗也很大。

问：能否结合你的《小说风景》谈谈具体的批评方法？

张莉：《小说风景》提到，在《萧萧》里，萧萧是有反抗的，她最大的反抗就是不认同他人的讲述。“女学生”在老祖父的讲述里被扭曲、变形，作为听众的萧萧却没有被迷惑。小说中，她一直幻想自己有一天会像女学生一样生活。所以你看，即使懵懂无知，小说中的萧萧也试图从那个怪谈中挣脱出来，从那个百孔千疮的故事里获得启悟和滋养。尤其是在被诱惑怀孕后，萧萧想到的是要逃跑，去做女学生，过另一种生活。没能离开是她的命运，而想离开却是她主体性的表达。在鲁迅的《祝福》里，祥林嫂其实也在努力，但因为外在力量太强大，她无路可去。在《小说风景》里，我想将那些喑哑的、看起来生命没有光泽的女性还原为有主体性的女性，她有她的力量，她做了她在那个时候能做的事情，她的悲剧在于那个社会没有给她更多的出路，是出路的狭窄影响了她对自己未来的想象。她不是蒙昧的“他者”。

问：获得鲁奖，你最想表达的是什么？

张莉：我最想表达的还是感慨、感激和感恩之情，包括对我们学校的感谢，2022 年正好是北师大一百二十周年校庆，所以我想把这个奖献给北师大，感谢母校的培养，也感谢这些年来学校对我的厚爱。其实，这个奖对我来说更多的是一种鼓励和鞭策。

北师大校园里，矗立着先师鲁迅的雕像，获奖当天我想到了鲁迅先生的话，“无穷的远方，无数的人们，都和我有关”。我的导师王富仁先生是鲁迅文学研究的专家，可惜他离开了我们。我想，如果他在世，一定也会感到高兴。

文学翻译奖

真正的诗人是没有不爱祖国和人类的

顾蕴璞 1931年出生于江苏无锡。北大外国语学院教授，九三学社社员，中国作协会员，中国译协会员。主要成果有：《莱蒙托夫抒情诗选》《莱蒙托夫诗选》《叶赛宁诗选》等译著；《莱蒙托夫全集》《普宁精选集》等编著；《莱蒙托夫》《诗国寻美——俄罗斯诗歌艺术研究》等专著。2006年获俄罗斯作协颁发的高尔基奖状；2014年获俄罗斯作协颁发的莱蒙托夫奖章；2016年获《诗歌的纽带·中俄诗选（双语）》译者奖；2016年获中国俄语教学研究会颁发的中国俄语教育终身成就奖；2017年《莱蒙托夫研究》获北京大学第十三届人文社会科学研究优秀成果一等奖。译作《莱蒙托夫全集·抒情诗Ⅱ》获第一届鲁迅文学奖。

采访手记

顾蕴璞是在解放初全国学习俄语的大浪潮（1952 年）中喜欢上俄语的。当时他的工作岗位是位于南京的华东农业研究所畜牧兽医系，仅有高职文化水平的顾蕴璞无志于自然科学，却与英语和音乐有缘，他先是借助于听俄语广播模仿标准的发音，后来觉得和大家一起学太慢了，便用自学语法、自行突击单词、背诵范文、反复俄汉互译重要选材等方法，只用了半年业余时间，顾蕴璞就能读《真理报》并达到俄译汉笔译农业科学资料的出版水平。

不能不承认，顾蕴璞在语言方面的天赋。他的俄语情结不仅表现为喜欢俄语，快速粗通俄语，还在于俄语帮他渡过难关。顾蕴璞是地主家庭出身，又身为长子，在职时的大部分工资是寄回七口之家，困难时期，他挤出业余时间与同事合译的两部兽医专业著作，攒了三百多元稿酬，在他被组织以调干身份保送去考大学时，帮助他边深造边养家。

在北大俄罗斯语言文学系的教室里，二十六岁的顾蕴璞在三年级的必修课俄罗斯文学史课堂上，第一次听到恩师武兆令声情并茂、生动讲述莱蒙托夫专题，他立即被领进这位俄罗斯天才诗人的精神世界里，从心眼里立即萌生无限的敬仰和崇拜之情。

“武兆令老师让我与莱蒙托夫结的这个缘便成了我的莱蒙托夫情结。我最先读到的是他的成名作《诗人之死》，我是被他捍卫俄罗斯民族之魂普希金的那种诗歌精神所打动的：一个在俄罗斯诗坛默默耕耘十个春秋的诗人，受这种精神的驱使，刹那间冲到了时代的最前沿，震惊了全球的每个角落，使自己成为世界文坛不朽的一种文化现象。”而自此之后，顾蕴璞也结下了和莱蒙托夫一生的情缘。

顾蕴璞迷上了莱诗，没想到在当时的某些人眼里却是在受名利思想作祟

问：听说您六十年代就翻译莱蒙托夫一百首抒情诗，但译作投出去后并无回音，是寄给了哪家出版社？能谈谈这中间的曲折故事吗？

顾蕴璞：我是在1962年花了半年时间选译了一百首莱蒙托夫抒情诗。为什么会在这个时候译，是有一点背景的。1959年组织上因工作需要让我提前一年毕业并留校后，我先是被借调到对外文委担任接待十周年国庆来华巡回演出的苏联芭蕾舞团的口译工作两个月，任务完成后就被领导安排教课。在俄语难易度上鲜明的反差使我担心刻苦提升了的俄语水平将不断下降，于是在晚上挤时间翻译一百首莱蒙托夫的抒情诗，因为我在1957年就已迷上了莱诗。没想到在当时的某些人眼里，我是在受名利思想作祟，走“白专道路”，因此我当时所担任的公共俄语教研室理科组小组长也被免了。我当时不能说一点儿没有受影响，但自觉于心无愧，把这一百首莱诗还是认真译完，就投寄人民文学出版社。没想到这一投寄，有如石沉大海，没有激起任何涟漪，既无接受函，也无退稿信。幸运的是十八年之后，我在恩师魏荒弩教授的帮助下把拙稿找了回来，继续修改加工，在这条布满荆棘的学术探索的漫漫长途上往前冲。

问：出版译作是在什么时候？莱蒙托夫被中国读者认知的过程是怎样的，您为推动莱蒙托夫的诗作做了哪些工作？

顾蕴璞：出版我的莱蒙托夫译诗是在1980年《苏联文学》季刊的第2期上，《诗人之死》等五首拙译是被编辑部安排在同一版面上与资深翻译家余振先生的几首新译同步刊发的。后来我才知道，开头编辑部里有人对刊发拙译持反对态度，只是由于蓝英年等几名编委的力挺才达成同步刊发两代译者的共识。由于拙译刊发后获得读者和专家的好评，1982年10月外语教研出版社约我出一本《莱蒙托夫抒情诗选》，翌年又再版，共出二百一十四千册。

拙译莱诗单行本出版后，我收到了大量读者的来信，他们对我的鼓励激发了我继续弘扬莱蒙托夫的抑恶扬善的正能量。1992 年 5 月我应邀参加了在俄罗斯喀山市举办的独联体语言文学研讨会，我在会上作了发言，题目是“莱蒙托夫与七八十年代的中国青年”，我把亲身经历的中国故事与俄罗斯朋友分享，引起他们浓厚的兴趣，与会者纷纷向我提问。会后回到国内，我便萌生主编《莱蒙托夫全集》的念头，在河北教育出版社的大力支持和帮助下，我终于在 1996 年与一批资深翻译家联手共同完成了这一夙愿。

对顾蕴璞而言，翻译莱蒙托夫作品和译其他俄罗斯经典诗人作品一样，是研究与翻译并重的

问：1998 年，您的译作《莱蒙托夫全集 · 抒情诗Ⅱ》获中国作协首届鲁迅文学奖。您知道当时的评选过程吗？

顾蕴璞：我对拙译《莱蒙托夫全集 · 抒情诗Ⅱ》获中国首届鲁迅文学奖的评选过程并不太清楚，当时只知道我已被入围的消息，我记得好像是从北大赵振江教授口里知道的，他说我和我系的臧仲伦教授两人同时入围了。我听了这消息后的感受是：一则以喜，一则以忧。我想，入围只能说明有评上的可能，但要拿我去和臧仲伦较量，自己胜算的可能性微乎其微，他的学术功底绝对不是我所能比的。

问：在众多关于莱蒙托夫的译作中，您认为自己的译著有何特点？

顾蕴璞：我认为拙译有三个特点：一是我译莱蒙托夫作品，和以后译其他俄罗斯经典诗人作品一样，是研究与翻译并重的，在研究中翻译，在翻译中研究，这是因为经典诗人，不同于一般诗人，博大精深，不易驾驭，要研究先行。例如为了在译诗中充分挖掘莱诗的音乐美，我曾把不断积累的有关研究资料整理成一篇专论《莱蒙托夫的音乐美》。二是我复译莱蒙托夫作品，如同复译其他俄罗斯经典诗人作品一样，虽也很珍视前人的成果，但不敢认可任何名家成果的权威性，一定要对照原文检验名译家是否真正理解并确切传达原诗的意境与神韵。三是对前人用过的词语、表现手段和韵律等非常小心，尽量避免拾人牙慧，努力铸造自己的风格。我的体会是复译比新译难得多，前人早已占领了选择最佳传达手段的制高点。

问：您从六十年代就翻译莱蒙托夫，为什么事隔四十年后的2002年才撰写出版中国第一部研究莱蒙托夫的专著？研究莱蒙托夫，您遇到哪些挑战？又是如何解决的？

顾蕴璞：我从六十年代初（1962年）就翻译莱蒙托夫作品到2002年撰写出版我的第一部研究莱蒙托夫的专著，中间是隔着漫长的六十年。原因有二：主观方面，对莱蒙托夫的研究是逐步深入的，八十年代初的出版诗选是进一步的研究，九十年代对《莱蒙托夫全集》的编纂是更深入的研究；客观方面，“文革”中，我也和别人一样被夺走了可供专题研究的十年宝贵时光，而之后的“拨乱反正”时期教学任务特别繁忙，只是在1996年退休以后，我才有大量的时间投入到对莱蒙托夫全方位的更深研究，终于兑现了我国老一辈莱蒙托夫专家孙绳武先生八十年代末就亲口对我殷殷嘱咐的期望：撰写中国第一部研究莱蒙托夫的专著。

问：2016年，您获得“莱蒙托夫奖章”，可谓实至名归。直到今年，您仍有莱蒙托夫的译作出版。对莱蒙托夫作品长达五十余年的翻译，您完成了他的多少作品的翻译？能否谈谈您对莱蒙托夫的理解？

顾蕴璞：时至今日，好几个出版社还在出版拙译莱蒙托夫诗，其实，都只是旧译新选或旧译新编，我只是借机对个别处进行修订罢了。莱蒙托夫不仅仅是十九世纪的俄国天才诗人，而且是以普希金为主帅的俄国近代文学奠基人之一（普希金是主体躯干，莱蒙托夫和果戈理是它的两翼）。莱蒙托夫对世界文学的不朽贡献是：用诗的审美方式的内驱力独辟世界散文叙事的新蹊径（长篇小说《当代英雄》），在俄国，他还是普希金和后普希金时期的作家、诗人之间的中介，起着俄国近代文学与白银时代文学之间承前启后的特殊作用。

顾蕴璞的文学翻译努力方向一直是：人品第一，翻译第二

问：您当年在北大读书，对哪些老师印象比较深刻？您从他们身上学到了什么？

顾蕴璞：我当年在北大读书时，给我深刻印象的老师很多，除了给我一生以深刻影响的武兆令老师和给过我决定学术前程的帮助的魏荒弩（魏真）老师外，我想着重谈谈余振（李航珍）老师。北大俄罗斯语言文学系培养出众多诗歌翻译家，主要归功于余振老师和魏荒弩老师，他们的道德和文章在学生中享有很高的威信。他们对学生的衷心热爱和严谨的治学态度对我产生了影响。1957 年被错划成“右派”前余振老师是系副主任，协助曹靖华老师领导全系的工作。六十年代初我翻译莱蒙托夫诗以后，有不少教师对我有负面想法，余振老师却不然，在调离北大后与我通信、见面时总是鼓励我，夸我译的莱诗比他译得漂亮，他的高风亮节深深打动了我。本来，在我的莱蒙托夫诗选的译后记中早就亮明自己对前辈的成果有所借鉴，在上海举办的一次纪念莱蒙托夫诞生二百周年的大会上，我在书面发言中说了“没有余振，就没有我顾蕴璞”的话。他是开拓者，我是后继者，他毕生的卓越业绩是我有缘坐享其成的珍贵精神财富，即便他的某些不可避免的失误，也是他留给我的一种免费的警示，让我在介绍外国文学经典的充满挑战的长途中，谨慎地留意每一个似是而非的细节，从而少走弯路。

问：对于翻译，您秉持怎样的原则或理念？

顾蕴璞：对于莱诗的翻译我是遵循自己的一些原则的，这就是：力求忠实地传达原诗的意境、神韵、情态、语气，尽量采用接近原文的译文形式。但如遇到有碍于完成上述主要任务的场合，那么，句子结构、表达习惯、形象手段、不可译的修辞手段等，均可加以变通

或更动。在韵律的处理上，对节奏：基本上“以顿代步”。对韵脚：不完全受原韵束缚，适当考虑我国的用韵习惯。与音与义发生矛盾时，则保义换韵（或变通顿数）。翻译像莱蒙托夫这样以浓重的音乐美著称的诗人的作品，光提“以诗译诗”“以格律诗译格律诗”是远远不够的，必须加上“以汉诗的音美相对等值地移植俄诗的音美”的原则，我经常改用一韵到底的韵式来增强汉译诗的音美含金量，以求得音美移植上的平衡（例如拙译《波罗金诺》的翻译的处理办法就是）。

问：您如何看待现在经典名著重译现象？比如一部《小王子》就有几十个译本。

顾蕴璞：经典名著复译（或称重译）应该说是必要的，主要看复译者的态度是否端正。我想用俄苏博学多才的大诗人勃留索夫的话来回答您提的这个很有意思的问题。他说：“把诗人的作品从一种语言变成另一种语言，是不可能的，但是要摈弃这种心愿，同样是不可能的。”我认为他所以这样说，是因为谁也不能说自己的翻译水平已达到最高限，是无人能挑战的。

问：在“一带一路”沿线国家经典诗歌文库（作家出版社）中，您独自完成整部《俄罗斯诗选》的编选和汉译，请问对于俄罗斯诗歌的选择，您有着怎样的标准？

顾蕴璞：组织上委我一人以编译《俄罗斯诗选》这样的重任，我感到势单力薄，曾小心而大胆地设定自认为合适的标准，不知能否经得起读者的考核。这是一个普及型的选本，对于如何配合俄罗斯诗歌史的要求无须太高，要紧的是尽量选出好的或比较好的含纳多种风格流派、属于不同历史时期的诗。虽然为篇幅所限只能以抒情诗为主，但也应该选入少量最重要的长诗（叙事诗），哪怕节选也行，好让国人都能感受一下俄诗发展的整体风貌。

具体到所选诗作的品位，也存在一个如何把握的标准问题，“一带一路”沿线国家经典诗歌文库是个新生开放的事物，选材上也应体现这个特点，所以我在尽量选择一流诗人和代表性诗作的同时，也不把二流诗人的诗作一棍子打死，往往二流诗人的一流作品远远超过一流诗人的二流作品。何况评判的标准也会与时俱进：过去被认作一流的诗人，今天已纳入二三流，而昔日名不见经传的已经成为经典诗人。此外，每种诗选的编选人都包容自己兴趣上的一定自由度。

问：“旧的诗，老的画”丛书去年由崇文书局推出，其中普希金、莱蒙托夫、叶赛宁是您的译作，这些译作也是一版再版，不知和过去的版本有何区别，重新出版时您会做修订吗？

顾蕴璞：武汉崇文书局所推出的我的几种译著（涉及普希金、莱蒙托夫、叶赛宁）也属于旧译新选，不能算我的新成果，至多只是给了我修订个别瑕疵的大好机会，这一点我对出版单位是感恩的。

问：这么多年，您一直坚持自己独立完成译作吗？有些名家会带领学生一起翻译，您会这么做吗？

顾蕴璞：您说得对，我从来都是坚持独立完成自己的译作的，有好几次和我的学生们在同一部诗选中合作翻译，也是各译各的，各署各的名，学生的译稿由我帮助审核或修订。只有一次例外，情况比较特殊，我在某丛书中应人之求，与我的一名学生合译一部名著，但署的是两人的名，稿酬对半分。对这一做法，我内心认为应下不为例的。

问：您在翻译的过程中遇到问题一般如何解决？

顾蕴璞：我在翻译过程中遇到问题时，从来不向百度等多媒体求助，先是查辞典，还不能解决便问高明的人。我初中读古文时知道孔圣人常“不耻下问”，我译诗碰到难题时，不怕上问：从外教到在我系每一位俄语教授，我也顾不上人家是不是厌烦我了。

问：多年来，您不断拓展对俄罗斯诗歌的翻译和研究，从普希金、叶赛宁、帕斯捷尔纳克、布宁，到白银时代和苏联时期各流派，您从俄罗斯诗歌的翻译和研究中，收获了什么？

顾蕴璞：多年来，我从俄罗斯诗歌的翻译与研究中收获良多，可谓言难尽意。我从这些可敬可佩的俄罗斯经典诗人身上首先学到的是如何做人。他们都把人品放在首位，不但有大爱，而且有傲骨，他们忠于自己的理想，在任何情况下都不撒谎。他们都是真正的诗人，而真正的诗人是没有不爱祖国和人类的。我自己最敬仰的俄罗斯诗人有：普希金、莱蒙托夫、叶赛宁、普宁、曼德尔施塔姆、阿赫玛托娃、茨维塔耶娃、帕斯捷尔纳克……他们的大爱表现出各自的个性特征。

我从自己所研究和翻译的杰出诗人中发现一个奇而不怪的文化现象，他们之间往往有相互雷同的情结。例如莱蒙托夫用诗的审美方式的内驱力独辟散文叙事新蹊径（长篇小说《当代英雄》）在帕斯捷尔纳克的身上得到一模一样的复制，请欣赏诗人帕斯捷尔纳克的长篇小说《日瓦戈医生》。

问：以您的经验，成为一名优秀的翻译家需要具备哪些素质？

顾蕴璞：首先得申明一下，我没有能力来定这样的标杆，因为我自己的能力就很有限，但作为一种理想标准，我试着来设想一下，作为包括我在内的一切文学翻译工作者努力的方向：

人品第一，翻译第二；具有不受人愚弄，也不忽悠别人的独立人格和工匠精神；掌握尽可能多的历史、社会、文化知识；精通对象国和祖国的两种语言，母语最好具有坚实的古文功底；熟悉各种修辞手法和技巧；如果以译诗为主，必须有三感（预感、诗感、乐感）合一的能力。

用汉语模仿塞万提斯的文字游戏

董燕生　1937年出生于北京。1960年毕业于北京外国语学院西班牙语系。同年任北京外国语学院西班牙语系教师，两次赴马德里自治大学教授汉语及中国文化，后任北京外国语大学博士生导师、教授。2002年加入中国作家协会。著有译著长篇小说《堂吉诃德》，中篇小说《总统先生》、《塞万提斯全集》（第一卷，诗、剧本）、《红高粱》、《美食家》，专著《西班牙文学简史》《西班牙语句法》，教材《西班牙语》（一至六册）、《现代西班牙语》（一至四册）。译作《堂吉诃德》获第二届鲁迅文学奖。

采访手记

当年小说作者塞万提斯在世的时候，《堂吉诃德》在西班牙甫一出版便风靡全国。据说，西班牙菲利普三世在王宫阳台上看见一个学生一面看书一面狂笑，就说这学生一定在看《堂吉诃德》，不然一定是疯子。

董燕生在中学时代读《堂吉诃德》也经常这样，看着看着就笑。那时候，他无论如何也想不到，一生会与这位游侠骑士结下不解之缘。

堂吉诃德的挂像，就在董燕生客厅的墙上，保持永远前进的姿态；他翻译的《堂吉诃德》多年来以不同的面貌不断再版，在书架上散发着沉静的芬芳；或者他的心里，藏着一个我们看不到也猜不透的堂吉诃德，一个长不大的骑士；他的字典里不设“防护墙”，想到十分非得要说到十二分，有时候把话说得越尖酸刻薄，越觉得过瘾，难免让人觉得“童言无忌”，实际上，他心地善良，又充满幻想。

董燕生笑谈自己“傻吃憨睡等死，捎带着干点儿活儿”。其实他获得很多荣誉，2000 年 11 月 6 日获西班牙胡安·卡洛斯国王授予的伊莎贝尔女王勋章。2009 年 9 月，获西班牙文化部颁发的“文学艺术功勋章”。2010 年获西班牙知名品牌联合会颁发的在华友好使者奖。2014 年 4 月被西班牙 Lleida 大学授予荣誉博士称号。2015 年被西班牙政府授予 Alfonso X el Sabio 勋章。

我问董燕生，有这些荣誉，是不是很有成就感？董燕生却说：“学生对我的情谊，让我十分十分地自在。学生把我当成他们的亲人，是我这一生最有价值的收获。”

你的文化有吸引力，像太阳一样把八大行星吸引过来，人家主动找上门，这才有意思。要有像样的中国文学翻译出现，还需要一两代人努力

问：现在国家对中国文化如何走出去采取了多种措施，实际上走出去情况如何，似乎并不乐观。

董燕生： 对于文化走出去，我有自己的看法。你的文化有吸引力，像太阳一样把八大行星吸引过来，人家主动找上门，这才有意思。如果没有实力，你推出去，人家再给你推回来怎么办？有时候适得其反。现在各地到处建孔子学院，我觉得可笑，好像中国文化只有踢毽子、包饺子，把中国文化浅薄化了。中国古代文化博大精深，应该把我们的博大精深拿出去给人家看看，不知道“博大”在哪里，怎么传播？

我知道，在这方面是不惜花费钱财的。但是，钱能买来友谊吗？钱能买来爱情吗？钱能买来别人的尊重吗？

问： 那么中国的当代文学在西班牙的情况如何？

董燕生： 没有任何反响。前些年，有些外国朋友甚至问我中国有没有文学。倒是老子的《道德经》有很多版本，到现在还在不断地翻译。但是对《道德经》的解读也不一样，很多认为是帝王统治术。

问： 您如何看待现在翻译界存在的问题？

董燕生： 别的语种我不知道，就西班牙语来说，无论是现在的翻译实力，还是文学作品本身的质量，我不知道翻译过去会有什么效果。

翻译界急功近利，出版社和译者都有责任。前者只会催促译者准时交稿，不管你遇到多大困难。一些译者不肯下功夫，连字典都不好好查。而且很多人图方便，总是案头不离双语词典。要知道这类词典一般只提供常见的对译，但是篇幅有限，无法把所有的可能性包含进去。很显然，不同的字在不同的语境里会有不同的对译，这就要靠自己绞尽脑汁去搜索，字典帮不上忙。所以我建议学生有一定的阅读能力之后，把双语词典放在一边，去查原文字典。好处是可以告诉你这个字究竟是什么意思，好的字典还给你举例，怎么用，用在什么场合，是通俗字还是文言字。有的人不考虑这些细节，看见字典的第一个释义就往上写。

问：关于如何提高翻译质量，您有什么具体建议吗？

董燕生：有一个解决办法，就是西语水平高、母语水平高的中国译者，与西语水平高、对中国文化感兴趣的外国人合作，这样的译文质量还有一定的保证。汉语译者先拿出毛坯，再和西语国家的专家沟通，最后再定稿。

问：您是通过什么判断得出这样的结论？

董燕生：通过我的教学和广泛的接触。有的人写出西语就不像样子，怎么能让他翻译？凡是西班牙语国家的文学作品，我从来不看译文，因为我知道，再好的译文也会走样子。原来我还以为，英语界的翻译水平会不会高一些，结果发现也不尽然。美国有个作家房龙，写过一本书叫《宽容》。我喜欢这本书，但总觉得汉译本有些地方不对劲，一对照英语原文，果然发现了不少误译。

将中文翻译成外文，外语水平首先要达到一定的高度，本身还要有作家的气质，说出的话要有文学味儿。西语界不知有几个人有这样的能力？一、文化本身没有那么强大的吸引力；二、西班牙语翻译实力不够，而且文学修养也欠缺。有些人不要说外国文学，中国文学也没看过多少。急功近利的结果，最后只能是适得其反，给人家造成中国文化一塌糊涂的印象。

问：这么说，是不是有一些危言耸听？

董燕生：有时候需要一点儿危言耸听，好让麻痹的神经稍微清醒一些。你翻译出去的东西，人家是否喜欢看？看了有什么感觉？相关部门做过调查没有？不要以为花足了钱，就会有效果。依我看，要有像样的中国文学翻译出现，还需要一两代人努力，恐怕还要更多的时间。

董燕生对译文好坏有一个比喻，原文好比一条直线，译文是以此为轴，上下波动的曲线，波纹起伏越柔和越好

问：您关注《堂吉诃德》的不同版本吗？怎样的翻译是好的

翻译?

董燕生：近期大概出现了二三十种不同的译本，我没时间关注，我一贯的习惯，西班牙语作者写的东西我只看原文。塞万提斯在《堂吉诃德》里借书中人物之口，说出了他对翻译作品的看法，他说：译文就像编织或刺绣的反面。我对译文好坏有一个比喻，原文好比一条直线，译文是以此为轴，上下波动的曲线，波纹起伏越柔和越好。坏的译本波峰很高，波谷很深，波动的幅度很大。这就是我们常讲的过犹不及。译文不可能回归为原文那条直线，多少总得和原文有些偏离，但不能偏离太大。

问：能否说说您是如何翻译《堂吉诃德》的?

董燕生：当时杨绛的《堂吉诃德》是唯一从西语直译的译本。我看她的译本，第一是学习，看前辈是怎么翻译的；第二，我将来能否达到这个水平。如果能达到，做这事儿多少有点意义。看了之后我有信心了，至少那些一眼就能看出的错误我不会犯。她的译本比我的少了十几万字。少在哪里？塞万提斯受巴罗克文学思潮的影响，词语华丽，时不时一下说出十几个同义词、近义词。我翻译时翻遍了字典，觉得十分棘手，就想去看看前辈是怎么做的。结果发现原著十几个词，在她那里只译了两三个。有人说大手笔会减繁，我实在不敢苟同这种高论。翻译有节译、选译、编译。我们现在说的是全译，必须照本宣科，不能有任何删节。

我制定的一个翻译标准和原则：首先要反映出原文说了些什么；其次，原文是怎么说的；第三，重要的不是说了什么，弄清楚原文为什么这么说。同样一件事，可以用不同的语气，调侃或庄重，要尊重原文说话的口气。庄重的还是调侃的，轻松的还是讽刺的，都要反映出来。

西语有个说法，所有的翻译都是“叛徒”。说出一定的道理。有的时候，译者必须稍微“背叛”一下原作者，目的在于达到他希望在读者当中引起的反响。弄清楚为什么要这么说，就可以“曲线救国”。

塞万提斯很喜欢玩文字游戏，搞一些谐音之类的噱头，这时一字一字对译，只能使原文的风采丧失殆尽。唯一的办法就是利用汉语的特点去模仿他的文字游戏，这样就达到了他所期望的效果。

问：翻译过程中遇到的困难有哪些？又是如何解决的？

董燕生：几乎都是困难。比方说，当时的人穿什么衣服，用什么布料，吃什么东西，都需要了解。有一章描写堂吉诃德吃的菜肴，名称非常古怪。我就请教朋友，尽量把当时的风土人情想办法传达给中国读者。我还遇到自己一无所知的击剑手法，这时就必须求教于懂行的人，然后再查阅百科全书，务必求得自己最满意的解决方案。

我当然也有一些便利条件：学校和系里，包括我自己有很多藏书可以随时查阅，还有很多西班牙语和拉美国家的朋友，他们很有学问，对《堂吉诃德》有研究。有些问题，参考书也查不出来，这些朋友帮我排除了很多困难。有了这些条件，我的胆子更壮了。

问：有那么多困难，是什么支撑您继续翻译下去的？

董燕生：我这个人一向这样，要么干脆不做，做就要像个样子。无论翻译还是教学。一堂课没上好，我会难受好长时间，饭也不想吃，觉也睡不好。翻译出来的东西不像样子，书放在那里，我心里岂不一直硌硬着。翻译《堂吉诃德》也是本着我一贯行事的原则。

问：那么您觉得您翻译的《堂吉诃德》，“像个样子”吗？

董燕生：我觉得基本“像个样子”。做完了之后反应还真不错。一位老系主任读过之后，马上对我表示祝贺，说，我看过以前的译本，觉得怎么那么枯燥无味。看了你这个译本，确实感到逸趣横生。就是说，我在一定程度上，达到了塞万提斯要实现的目标之一，要大家开开心。中国青年艺术剧院根据我的版本改编成戏剧，由孟京辉导演，在中国和西班牙演出过。

问：《堂吉诃德》重印了多少次？发行量您掌握吗？

董燕生：最早漓江社说要出版，不知发生了什么事情，版权转给浙江文艺出版社，几年之后，长江文艺出版社又出版过一次。最近有几个出版社和我签合同，拖了好几年也没见到书。更有意思的是，长春有一个人搞到一套《堂吉诃德》的连环画，是上个世纪一位西班牙画家的作品。画面下的文字，完全采用了我的译文。至于发表过我的译本的几家出版社改头换面出的好多版本，我都不知道。

出版社催稿时十万火急，签了合同后拖两三年见不到样书，都是常有的事。至于合同内容更叫人哭笑不得，全部是甲（译者）必须如何如何，否则就要受到惩罚，而有关乙方的条款，基本上是这个权利那个权利，这一切都与你无关。总之，条款也是他来定，稿费也是他来定。很像杨白劳的卖身契，看了使人感到屈辱。不过至今似乎也无人对此表示些许关切。

问：有一种说法，认为《堂吉诃德》过时了。您怎么看？

董燕生：在一定程度上是有点过时，小说节奏有点慢，不符合当代人的节奏。而且从小说主线延伸出好多枝杈，似乎和主线并无太多关联。这些小故事在当代人看来，纯粹是画蛇添足。

翻译《堂吉诃德》，为董燕生带来意想不到的声誉，也引起了翻译界的一番争论，董燕生没有回应

问：您的主业是教学，又是怎么和《堂吉诃德》结缘的？

董燕生：在很长一段时间里，教师如果课外搞翻译，在领导眼里是不守规矩的人，那时候有个帽子，叫“名利思想”。在那种气氛里，很长一段时间我没想过搞翻译。改革开放以后，气氛有变化了。但是我也没想过翻译《堂吉诃德》，虽然我中学时就读过傅东华的译文，上大学后开始读原文。我认为把这部作品翻译出来是大手笔，是大家的事儿。

有一次突然有一个漓江出版社的编辑到我家来，说被北京大学的赵振江夫妻俩推荐来的，他们异口同声地说：翻译《堂吉诃德》这件事，你最好找北外的董燕生。

我一听，一愣，我的朋友、我的同行给我这么高的评价，感动之余，就想不妨试试。我就说，你给我一段时间，让我考虑考虑，如果我觉得自己可以干再签合同；如果我觉得能力不够，我的翻译达不到现有的译本水平，何必做这个无用功呢？

在这一段时间，我读了杨绛的译本，对照原文，发现了很多基本的错误。

问：有哪些方面的错误？

董燕生：比如译名的专有名词，英、法语和西语有些地方是很相像的，但是拼写有小小的区别，这小小的区别让有些人糊涂了，也不查字典。比如古埃及的宗教和行政头目叫法老，西语是 F 开头，英法语是 PH 开头，但是约定俗成都翻译成“法老”。杨绛的译作里只按西班牙语的发音翻译，把“法老”译成“法拉欧内”；两河流域的一个古老文明国家亚述，她译成“阿西利亚”。

对于已经约定俗成、进入中国辞书的译名是不能改变的，不管是多么荒唐。英国有柯南·道尔写过《福尔摩斯》（*Sherlock Holmes*），英文“Holmes”是怎么变成福尔摩斯的？我始终不明白。后来接触福建学生，才知道在福建话里没有“F”这个音，所以他们就混淆“F”和“H”，从而把父亲说成 huqin，把斧头说成虎头。而翻译《福尔摩斯》的恰恰是福建人，于是 Holmes 就成了福（F）尔摩斯。不过这些译名已经进入现代汉语词汇像，反复出现在汉语辞书和中小学课本中。像“法老”“亚述”这样的译名是不能变更的。

问：关于“胸口长毛”的译文也发生过有意思的争论。

董燕生：各种语言里都有大量的固定说法，进入其中的单词已经失去原本的含义，其整体另有所指，不能照字面意思望文生义，而必须查阅词典才能确定译文。比如汉语中的“听风就是雨”，“东一榔头，西一棒槌”等，其实与“风雨”“榔头、棒槌”毫无关系，按字面直译只能使读者丈二和尚摸不着头脑。

《堂吉诃德》中桑丘描写堂吉诃德“意中人”时说：她胸口还长着毛呢！西语词典上解释的意思是，形容一个人非常勇敢强壮，女人具有男子汉气质。一旦西班牙语国家的人们明白了这个望文生义的直译，都会情不自禁地哈哈大笑起来。

问：争论是如何引起的？您回应过吗？

董燕生：我接受采访时顺便说出自己的观点，没想到记者写成文章刊登后引起轩然大波。好多资深编审和翻译家联名写了一篇文章，攻击了我一番，说我是“译界一霸”，说我踩着别人的肩膀往上爬。有意思的是，所有的这些资深学者，没有一个是懂西班牙语的，我不明白他们怎么就理直气壮地评论西班牙语的翻译。我没有回应，关于这场争论，我的朋友林一安写过《再论“胸口长毛”》，曾在《中华读书报》刊登。

问：这场风波对您有何影响？

董燕生：没有影响。我觉得很可笑。有朋友担心我，打电话问我惹下什么祸了。不过这也确实反映了我们这里还没有正常的学术讨论的气氛，往往只把话语权全部交给势力大的一方。

问：您和杨绛本人有过交集吗？

董燕生：没有。有出版社曾找我翻译她的《干校六记》，一是我不感兴趣，二是实在没时间，推辞了。

问：2000 年您获得西班牙胡安·卡洛斯国王授予的伊莎贝尔女王勋章，2001 年您翻译的《堂吉诃德》获第二届鲁迅文学奖全国优秀文学翻译彩虹奖。《堂吉诃德》带给您很大的声誉。

董燕生：这不是我追求的，完全是意外收获。能够从事《堂吉诃德》的翻译也是意外。前面说过，我的朋友和同行对我那么高的评价，我不能辜负；再者我过去没做过多少翻译，何不借此机会拼力试一把呢？参评第二届鲁迅文学奖全国优秀文学翻译彩虹奖也纯属偶然。法语系有个老师是作家协会的成员，一天我们一起上楼，他就问我要不要把《堂吉诃德》拿到作协评奖，我说不妨一试。各位评委评选的时候，赵振江念了一段我的译本。他的古典诗词很在行，也很会朗读，我之所以得奖，大概和他朗读得有声有色有很大关系。

“学生把我当成他们的亲人，是我这一生最有价值的收获。”董燕生说，过去有一种说法：没有学不好的学生，只有教不好的老师。应该说，既有教不好的老师，也有学不好的学生

问：从您读书到后来教学，不同年代的老师在西语教法上有何区别？今天的学生也有很大的不同了。

董燕生：我读书那会儿有中国教师，也有外教。我是课代表，经常集中了同学们的所有问题，找外教在一个晚上集中答疑，我当时的笔记就有好几大本。每一代学生的思维方式不一样，这跟整个社会氛围有关系。过去好多技术条件的限制，学生思路比较狭窄，眼界不是很开阔，现在的孩子思路比过去要宽广得多，该知道的和不该知道的事情都知道。尤其是不该知道的，比如歌星影星，我一个都不知道，他们都如数家珍。

问：先前您说过，现在的翻译家文学修养不够。您的文学修养来自哪里？

董燕生：我从小喜欢看文学方面的书。初中时看中国小说多，高中以后主要是看外国小说，世界名著看了不少，雨果的《九三年》《巴黎圣母院》，巴尔扎克、左拉，英国的狄更斯等等。

问：但是您没编故事，后来编起了教材。编写《西班牙语》教材，是否也给自己规定原则和标准？

董燕生：我上学的时候没有教材，从苏联的西班牙语教材上选一些，拿到手是散页的油印纸。六十年代我当教员，大家都是整天疲于奔命地找教材，选教材，打印教材，校对教材。那时也想引进外国的教材，不过一个很大的困难是意识形态的障碍。即便没有这个障碍，文化差异也很大。最后大家实在不愿意继续年年作无用功了，只能自己动手。但是谁也不愿干，不记得当时是我自告奋勇还是别人起哄，反正这事就摊到我头上了，而且很快就成了系里钦定的正式任务。

编教材是最吃力不讨好的事情了，哪有书像教科书一样一个字一个字地抠？哪怕是一个标点符号、一个重音。八十年代我们编写出版了六册《西班牙语》，现在的学生嘲笑说那是恐龙时代的教材了，所以从1999年开始我们在外研社又出版了六册的《现代西班牙语》作为全国西班牙语系的教材。

问：我听说学生们很喜欢您，您觉得自己有什么特别之处，这么吸引学生？

董燕生：那确实。像我和学生的关系，很少有。2017年的6月24日我满八十。中国的习惯是提前祝寿，一大帮学生提前为我举行了盛大的生日宴会，出了纪念册。我教过的学生全国各地都有，时不时地打电话，也常来看我。有的夫妻吵架，跑到我这里来躲着，有的和父母闹别扭也来我这里。我爸跟我妈说，我们这儿子好像长不大。另外我性格比较外向，不会拐弯抹角，不会闪烁其词。用我妹妹的话说，为什么这么多人喜欢哥哥，他憨头憨脑，不会坑人。

问：不只是性格，您在教学中肯定也有独特的方法。

董燕生：外语要实践，要练习，不应该花费大量时间讲解条文和理论，讲再多没用。上我的课，学生说累得要死，特别紧张。我不让他们有任何喘息的机会。书上有的我绝不在课堂上重复。我的做法是：从第一堂到最后一堂课，通过各种方式做练习，通过各种方式训练听说读写。

外语和艺术有某些相似之处，但不尽然一致。不是每个人都可以成为歌唱家，每个人都可以成为画家。但是每个人都有能力学会一两门外语，很简单的例子：一个小孩放到国外，几年就能讲一口流利的外语。只是有的人接受能力强，一点就通。但是不开窍的也不乏其人，你就是把他脑壳掀开塞都塞不进去。有些中小学的外语教的一直是哑巴外语，纯粹是为了应付考试。不过北外却有个优良传统，从一开始就重视听说读写译五种技能的培养。当然，原则归原则，具体到每个教师那儿就是八仙过海，各显其能了，当然效果也就差别很大。再说，学生是不是听你的也是决定教学效果的重要因素之一。过去有一种说法：没有学不好的学生，只有教不好的老师。应该说，既有教不好的老师，也有学不好的学生。

翻译是看不见的摆渡者

黄燎宇 1965年生于四川省自贡市，学者。先后任北京大学外国语学院德语系教授，北京大学德国研究中心主任，中国德语文学研究会副会长。已出版共计十几种个人文集、主编文集、传记、译作。代表作有：《思想者的语言》（个人文集）、《启蒙与艺术的心灵史》（个人文集）、《以启蒙的名义》（编著）、《托马斯·曼散文》（编译）、《批评家之死》（译著）、《恋爱中的男人》（译著）、《童贞女之子》（译著）、《逃之夭夭》（译著）、《自我意识和反讽》（译著）。《艺术社会史》获“2016书业年度评选社科翻译奖”。译著《雷曼先生》（斯文·雷根纳著）获第三届鲁迅文学奖。

采访手记

瑰丽多彩的世界文学中，德语文学堪称奇葩，许多作品富有深刻的思想和形而上的哲学品质。“高冷”气质或使德语文学作品余韵悠长，但也有可能使人敬而远之。

对于北京大学德国研究中心主任黄燎宇而言，浸淫德语文学世界四十多年，感受远非如此。

作为译者，黄燎宇有自己的翻译理念，他打了一个有趣的比喻，强调译者要和作品有“化学反应”，像恋爱般一见钟情。由此，不难理解这位研究托马斯·曼出身的学者，说出“谁喜欢托马斯·曼，我喜欢谁。谁讨厌托马斯·曼，我讨厌谁”的率真之语。

然而七十年代中期一篇对托马斯·曼进行批判的檄文，使黄燎宇认定作者马丁·瓦尔泽是一个绝顶聪明的人。几十年过去了，他对那篇檄文的标题记忆犹新：《反讽作为高档食品或者高贵者的食品》。几十年过去了，他和瓦尔泽的友谊像陈年老酒愈发醇香。

喜欢上讨厌托马斯·曼的人，这有点像是命运的嘲弄。但这对黄燎宇来说几乎是必然的。

托马斯·曼和马丁·瓦尔泽差别很大。之所以能同时喜欢这两位作家，是因为他们都具有鲜明的“德意志特色”。首先，他们都是反讽大师，其语言的思想密度很大，有一种独特的知性之美；其次，他们都对德国历史和民族精神进行过深入的思考，发表过诸多发人深省的见解；第三，他们都是博学之人，从他们的作品中可以学到思想史、文化史及其他实证知识。

考大学时黄燎宇填了四个志愿，法语排第一，收到的录取通知书却是德语系。选择外语的盲目性和偶然性，到现在也仍是现实问题

问：在学习德语的过程中，您得益于什么？是从什么时候开始翻

译的？

黄燎宇：肯定是文学作品，尤其是小说。我从大学一年级下学期读小说，当时每个单词都要查。老师认为我没学爬就学走，请来高年级学生作报告，告诉我们不要好高骛远。事实证明，这种跨越式学习方法是对的，到大学四年级，那些课程对我来说就比较轻松了。

问：很早就明确了这样的学习方法？

黄燎宇：原来只是感觉读文学作品很有用，后来思路才越来越清晰，认识到通过读文学可以学语言，学知识，学思考。这为我日后信奉“文学帝国主义”奠定了基础。

因为有这个信仰，我的翻译课堂上文学作品尤其是长篇小说选得最多，因为难度系数高，语言材料很丰富，一部长篇小说就是一盘话语大杂烩，有日常语言，也有诗意的、哲学的语言。

翻译任何一部小说对译者来说，都面临隔行如隔山的挑战

问：您翻译的《雷曼先生》获得第三届鲁迅文学奖。起意翻译这部作品，听说只是因为朋友认为您“适合”翻译？什么样的作品适合您？

黄燎宇：我的朋友说适合我，是因为小说充满了幽默和反讽，语言俏皮，和我平时言谈风格接近。看了《雷曼先生》第一章，我就决定翻译了。文学翻译和文学研究跟谈恋爱一样，全凭感觉，常常需要一见钟情。有些作品很伟大，是公认的经典，但你就是看不进去，你看不进去，这既不是作品的错，也不是你的错。只能说你们之间没有缘分。反过来一样，我推荐的作品如果别人不喜欢，我也没什么好抱怨的。如果你不喜欢某个作家却因为这是一位重要的作家就强迫自己去研究，我不认为这研究能做多好。

如果让我总结的话，我认为文学翻译多半需要译者和作品或作家之间的亲和力或化学反应。

问：为翻译作品中与精神病相关的术语，您居然跑到精神病院“求医”。这种精神实在令人感佩。为什么肯下这么大的功夫？

黄燎宇：生活有多宽广小说就有多宽广，翻译任何一部小说对译者来说，都面临隔行如隔山的挑战。小说里提到了精神病，有些药品词典里查不到，当时网络资源没这么丰富，一般医生也不知道。有一天我开车路过一家精神病医院，就跑去问医生。大概医生没有遇到这样问问题的，怀疑我是精神病，所以通过反问与我周旋。

问：关于翻译您曾有一个观点，就是大力提倡“工匠精神”。

黄燎宇：在文学翻译领域有一个常见的认识误区，很多人认为会外语就什么都可以翻译，没有意识到自己只是一个翻译匠人。鲁迅有一句名言：“词典不离手，冷汗不离身。”我故意进行了“歪解”，因为有些翻译不准确不是文本造成的，而是词典本身释义有问题——涉及术语和概念时，对于普通外汉词典的释义要保持高度警惕，不经查验和查阅，不能随便翻译人名、地名和概念术语。遇到疑点，要随时请教活词典，即各路专家、学者以及相关行业的从业人员。

我可以讲一则自身经验。翻译《批评家之死》的时候我碰上了“Karaffe”这个词。我知道这是盛酒的器皿，但不知怎么叫，德汉词典里译为“大腹车料瓶”，我感觉这是鬼话，可是我去哪里可以找到人话？在十几年前，红酒消费尚未变成我们的新兴中产阶级的时尚，我问了许多人都不知道这个东西叫什么。最后我急中生智，把电话打到一家五星级宾馆的西餐厅。前台不知道，但是叫来了领班。领班告诉我：这叫“醒酒器”。

再比如德文中的“警官”怎么翻译？说起来简单，其实很难。严格说，要拿德国警方的机构图，看看他们的职位处于什么地位，再对应中国的警方职位翻译。为此我找过学校保卫部咨询。翻译中涉及我不熟悉的词汇，会找各方面的朋友请教，这是翻译的职业道德。平时听到的译界的笑话，很多是因为译者偷懒不去查证，要么时间不够，要么水平不够。

问：这种扎实严谨的学术态度来自什么？

黄燎宇：可能是一半先天、一半后天。后者主要是来自德国文化的熏陶。我是做托马斯·曼研究出身的，我从他身上学到很多东西。托马斯·曼中学都没毕业，但他的长篇小说最具大百科气象，被视为德国最博学的作家之一。他的勤奋努力和实证精神是一般人不具备的。他遇到任何专业问题都要找专家请教，都要进行田野调查，所以他的作品细节经得起推敲。为了写作为新生事物的X光透视，他不仅阅读相关专业资料，还通过医生朋友的关系到医院放射室进行观摩；为了写现代音乐的问题，他三番五次把当时研究音乐发展史的权威阿多诺请到家里做客，以便痛痛快快地向阿多诺请教相关问题。

黄燎宇喜欢德国文学。他风趣地比喻说，习惯了曲里拐弯的德国文学，再读别的文学作品，可能就不习惯了……

问：在《启蒙与艺术的心灵史》（作家出版社）一书中，您用深入浅出的语言从莱辛一直评说到二十世纪的文学大师，写出了德语文学的独特性。

黄燎宇：话要分两头说。一方面，世界各国的文学都是有共性的，一是任何一个国家的文学都是由个性不同的一个个作家创造的，所以必然是丰富多彩的，二来“民族文学”的概念是一个相对概念，因为任何一个民族文学都是在跟外来文学的互动过程中发展起来的，不能把一个民族的文学特色绝对化。另一方面，任何一个民族文学都有若隐若现的“民族特色”，而且主要体现在其代表性作家的作品中。

我是真心喜欢德国文学的。每当听人说德国文学不好看的时候我都一笑置之。因为，你要是习惯了读德国文学，再读别的文学作品的时候，也许会察觉出喝酒与喝水的区别。

问：德语文学大多作品包含深刻的思想，具有形而上的哲学品质。这样的作品在翻译中是否格外具有难度？能否举例谈谈，如何让深刻又有哲学品质的作品有效抵达到读者中，作为译者您做出了怎样的努力？

黄燎宇：是文学作品探讨纯粹的哲学话题，还是文学作品的语言具有哲学品质？这是两个不同的问题。文学语言是否具有哲学品质，译者自己要有鉴别力。托马斯·曼和马丁·瓦尔泽笔下就经常出现哲学化的语言。

在翻译中还有一个辩证关系是：有些来自非文学领域的专业词汇，你把它翻译得越是专业，越是远离文学，它就越是文学，就越能产生艺术效果，就越能体现出作者真正的意图。不知道这一点，我们就可以说译者不解风情。

问：您愿意分享在翻译德国文学作品中的一些独特感悟吗？

黄燎宇：最大的感悟就是，好作家恰恰表现在有点“坏”，所以“好人”不宜翻译“坏”作家，“好人”翻译“坏”作家，“坏”的地方他肯定视而不见。

问：怎么理解这种“坏”？

黄燎宇：反讽就是一种很典型的“坏”，反讽所表达、所呈现的，是反讽者的高智商和思想锋芒。所以我建议学生在翻译像托马斯·曼和马丁·瓦尔泽这样的反讽大师之前一定要先吃核桃。

我认为，衡量文学水准的高低就是看其思想密度。许多人认为，文学作品的文学性就体现为“美文”和“诗意”，体现为华丽辞藻的堆砌。真正的文学跟这没关系，文学的魅力来自思想的冲击力，当然它的媒介是语言。

问：那么您认为德语文学中比较具有思想冲击力的作家有哪些？

黄燎宇：德语经典作家都有这个特质。读文学作品我们有多重收获，最大的收获是丰富我们对人生、对世界的认识，进而构建或者修正或者颠覆我们的世界图景。经典作家的经典作品或多或少都具有这一功效。

托马斯·曼说自己的精神星空有相互关联的三颗北斗：叔本华、尼采、瓦格纳，后来又添加了歌德。套用他的话，我的德国文学精神星空也有三颗北斗，他们是托马斯·曼、莱希－拉尼茨基和马丁·瓦尔泽，还有一个海涅。他们的作品都有足够的思想冲击力。

研究马丁·瓦尔泽，黄燎宇便成为不折不扣的“瓦粉”。他喜欢谈论马丁·瓦尔泽作品中的三位一体即哲学、历史、诗意的三合一，特别是马丁·瓦尔泽的民族忧思

问：十五年中，您翻译了马丁·瓦尔泽六部小说——《批评家之死》《恋爱中的男人》《第十三章》《童贞女之子》《寻死的男人》《逃之夭夭》，还翻译过他的理论作品，因此被称为“瓦尔泽专业译者”。在和马丁·瓦尔泽交往的过程中，有很多趣事吧？您对他作何评价？

黄燎宇：我很珍惜这一称号，不过我不会称自己是瓦尔泽研究者。我有敬畏之心，还有自知之明：我很难遵循文学研究的头号清规戒律，难以做到公正、客观，也无法与研究对象保持距离。马丁·瓦尔泽几次来中国都是我邀请的，首访是在 2008 年，比同辈的格拉斯等德国作家，他来中国晚了三十年。此前他的中文译本很少，但令人欣慰的是，读者队伍在逐渐壮大。其中既有像莫言、铁凝、李洱、徐则臣这样的著名作家，也有千千万万的普通读者。

理解马丁·瓦尔泽需要多几道沟回，而且容易遭遇自身思维的极限。上我的笔译课的学生惊奇地发现，有时翻译马丁·瓦尔泽的一个短句竟然可以比翻译托马斯·曼的巴洛克式的套娃句更具挑战。其实，体验这种挑战的不仅仅是我和我的学生们。翻译《童贞女之子》的时候，我曾经拿着一个让我挠头的短句向三个赫赫有名的德国本土学者求助。结果，他们给我三种截然不同的阐释，让我一筹莫展。随后我向马丁·瓦尔泽本人要来第四种阐释，这才豁然开朗。

瓦尔泽是一个善待译者的作家。他不仅乐于回答译者的提问，而且期待译者向他提问。他与译者的工作交谈甚至可以安排在他可以眺望湖光山色的书房里进行。由于这一缘故，我多次前往博登湖畔的努斯多夫即核桃村拜访他。

问：您的翻译过程一定很享受吧？

黄燎宇：太享受了。马丁·瓦尔泽待人古道热肠，核桃村之旅是我译者生涯的高峰体验，在那里每天过的是神仙日子，给我留下美好回忆的，不仅有葡萄酒、啤酒和野味，我们还一起去森林里锻炼或者下博登湖游泳，一起讨论翻译问题，晚上则在一起谈天说地。

我的翻译工作得到作家本人的认可和奖赏，我甚至由此可以近距离地感受其人格魅力。这是不可多得的福气。每当想到他笔下的人物怎样看待译者，我就愈发珍惜这份幸运。我知道，《恋爱中的男人》里面有一个波兰女诗人，她在卡尔斯巴德请歌德读她的德文版诗歌，随后又告诉歌德，德文译文只是其波兰原文的影子。我还知道，对于《第十三章》中的作家巴西尔·施鲁普而言，“翻译”就是“狗屁不通”的同义词。

关于批评，黄燎宇认同莱希－拉尼茨基说的话：作家和批评家的关系是人性决定的

问：再谈谈那部当年在德国文坛最具争议性的《批评家之死》吧。“能够毁掉作家的人，才能做批评家。”这句惊人之语出自小说中的主角之一安德烈·埃尔－柯尼希，其原型是大批评家莱希－拉尼茨基。您如何评价《批评家之死》？

黄燎宇：如果让我推荐一本自己的译作，肯定推荐《批评家之死》，我个人非常看重《批评家之死》，这部作品翻译难度很大，但是能满足译者的荣誉心，因为他可以借此炫技。

一般都说译者是摆渡者，其实这个比喻很不科学。翻译是看不见的或者说隐形的摆渡者。翻译的悖论在于，译者翻译得越好，读者越不觉得这有什么了不起，别扭的译文更有可能引起读者的注意。摆渡者的手艺是否高超，得看河道有多宽、水流多湍急、水文是什么特征。不懂外语或者说始发语的人怎么知道摆渡者是不是高手？普通读者恐怕只有在两种情况下才能看出译者是不是高手：一是将同一作品的两个有着明显的高下之分的译本进行对比；二是拿译者“旬月踟蹰”或者“灵光一现”的结果和译者弃用的破词烂句对比。

当初决定翻译《批评家之死》，主要是因为我对莱希－拉尼茨基其人其作感兴趣，我听说这是一部影射他的小说，随便翻了几页，我就知道那是我想翻译的东西。我翻译这本书除了正常的稿酬之外，还有六瓶上等的法国好酒（这个事情跟翻译无关，而是因为我和十二个德国人、一个英国人一道撰文反驳对这本小说的无端攻击，这十四篇文章结集出版）。

这部小说的中文首版前言主要介绍了小说引起的媒体风波。批评的本质是什么，批评家和作家之间是什么关系，这类问题需要专篇讨论。我后来发表在《文景》杂志的一篇文章——《作家·批评家·老冤家》——也许更适合做导读。出乎预料的是，我在瓦尔泽家做客时谈起这篇文章，然后逐字逐句进行了口译，结果瓦老非常欣赏，立马拨打电话给他的出版社，要求尽快把这篇文章翻译成德文。后来这篇文章就成为《批评家之死》的德文版再版后记。瓦老看中这篇文章的原因是什么？很简单：我不受德国的意识形态和政治气候的影响，我看到什么说什么，想说什么说什么。我看见的一个事实就是：小说中的莱希－拉尼茨基比现实中的莱希－拉尼茨基更可爱、更有趣。

问：您也写过不少批评文章。能否谈谈中德批评界的差异？

黄燎宇：这个问题我们可以从异同两方面来谈。先说相同点，作家和批评家的关系是人性决定的。

批评家说作家好，作家就说批评家好，反之亦然。中国如此，德国如此，全世界都一样。人情批评也存在于作家之间。据莱希－拉尼茨基说，德国就存在“你叫我歌德，我叫你席勒”的腐败之风。

再说区别，文学批评的发展涉及多种因素。一方面，我们的文化传统讲究为人厚道，讲究含蓄有度、谑而不虐。另一方面，批评活动受制于政治制度和政治氛围。在德国，批评是制度化和体系化的。德国出版一本书，不管是学术著作还是文学作品或者译著，出版社在正式发行之前要寄一本给批评家看，以便图书和评论同步问世，而且这评论一定要有批判成分。德国的批评家地位是很高的，莱希－拉尼茨基更是雅俗共赏、路人皆知的大名人。默克尔总理曾亲自为他颁发奖项；死后还享受了国葬待遇，联邦总统也敬献了花圈。不过，德国作家的地位也很高。瓦尔泽在魏玛朗诵新出炉的歌德小说的时候，联邦总统到场聆听，朗诵会结束后还替瓦尔泽设宴款待嘉宾。

问：您认为文学批评如何见高低？

黄燎宇：文学批评水准主要看两点：一是文学细胞，这决定批评家是否有艺术直觉和语言天赋；二是学问。但学问不等于文学理论。有人以为优秀的评论家就是要掌握系统的批评理论，有的评论家的确把文学批评当作文学理论的试验场。而真正给人带来启迪的，是两种批评：一种是洞悉作品艺术奥秘的印象式和同类相识式的批评，这种批评常常来自作家笔下；一种是立足自身的学术兴趣和知识体系的批判，这类批评来自非文学领域的学术大家，比较典型的就是弗洛伊德和卢卡奇。文学批评应该是我注六经和六经注我的辩证统一。后一种批评的重点显然在于六经注我。

莱希－拉尼茨基既非学问家也非作家，他跟托马斯·曼一样没上过大学，但他却逆袭成为德国的“文学教皇”。他的成功，既要归功于他在文学世界博览群书，更得益于他的修辞和表演天赋，他把文学批评变成了读者和观众欣赏的对象，由此实现了批评的独立。耐人寻味的是，在德国文坛呼风唤雨的莱希－拉尼茨基一直受到学院派的坚决抵制，一个常见的理由就是他缺乏理论修养。若干年前，柏林自由大学要给他授予名誉博士，德文系的教授们几乎全部反对，后来校方还是促成了此事。

对于德国汉学家顾彬对中国文学的言论，黄燎宇不以为然。他觉得顾彬的诸多言论缺乏德国文学常识，顾彬故意把中国和德国两种文学变成两个极端

问：能否再谈谈对中国文学作品的看法？中国文学在海外的被关注度如何？

黄燎宇：西方看中国文学跟看本国文学的标准是不一样的。在西方人眼里，本国文学是文学标准，看中国文学是社会文献，需要从政治进行解读。在这个背景下，我们的主流作家在德国整体而言受到冷遇，德国人对我们重视程度不够。相比之下，德国人对中国文学尤其缺少化学反应。表现之一就是，不给中国作家颁奖，虽然德国的文学奖项不比其他国家少。以余华为例：他在西方主要国家都拿过大奖，唯独德国没给他奖。入德国人法眼的，只有来自中国的异见作家。

问：您对中国当代作家颇为了解，认为中国当代文学达到了很高的境界，但是也有一些汉学家对中国文学有不同看法。

黄燎宇：顾彬竟然说中国作家不了解什么是人，批评中国小说不会写人，认为“中国小说家很少只在作品中写一个人，而且容易流于表象，没有深入人物内心”——德国的大部头小说，哪一部不是几十个甚至上百个人物？顾彬批评中国的小说仍然在讲故事，认为小说的语言比故事更重要。德国小说家、欧洲小说家不重视故事？E. T. A 霍夫曼不讲故事？卡夫夫不讲故事？陀思妥耶夫斯基不讲故事？他建议中国作家提高汉语和外语水平，谁说大作家一定要外语水平高？托马斯·曼阅读外国作品都是靠译文，他的英语也只能对付一般的口语。顾彬说中国作家的汉语水平堪忧之前，最好让我们看看他自己的汉语写作有多好。

小说语言比故事重要，这不需要他告诉我们中国作家。莫言、余华、铁凝、阿来、李洱……哪个严肃的小说家不关注语言，不推敲语言？我认为顾彬要么缺乏常识，或者是昧着良心说话。他把中国和德国两种文学变成了两个极端。我为我们的中国作家感到骄傲，但我不理解有些作家为什么在遭受无端谩骂之后还对顾彬笑脸相迎。是因为缺乏民族自信，还是因为太儒雅？

问：您长期做翻译，一定有自己的感受和想法。您认为理想的翻译人才是怎样的？

黄燎宇：翻译问题可以从三个方面来考察：一是翻译理念，二是翻译技巧，三是译者的职业道德。就是说，你首先要考虑为谁翻译、为何翻译，然后再决定你如何翻译。翻译的时候一定要如履薄冰，如临深渊，遇到疑点一定要查实。

做文学翻译，译者除了外文好、中文好、知识背景好之外，还要自问和翻译对象之间有没有化学反应，没有就敬而远之。最后，我们还需要对作品做一些专门的研究，以便挖掘文本中的微言大义。

问：研究德国文学对您影响最大的是什么？

黄燎宇：回答很简单，就八个字：言之有理，言之有据。言之有理，靠你的聪明和逻辑；言之有据，则需要你辛勤劳动，寻找证据，积累材料。

诗歌翻译要像优秀的创作

赵振江　1940年出生。翻译家，北京大学西班牙语语言文学系教授、博士生导师。著作有《西班牙语诗歌导论》《山岩上的肖像：聂鲁达的爱情·诗·革命》（合著）等，译著有阿根廷史诗《马丁·菲耶罗》《拉丁美洲诗选》《西班牙黄金世纪诗选》《西班牙当代女性诗选》和鲁文·达里奥、米斯特拉尔、聂鲁达、帕斯、安东尼奥·马查多、希梅内斯、加西亚·洛尔卡等人的诗选以及《火石与宝石》《金鸡》等小说。译作《人民的风》获第六届鲁迅文学奖。

采访手记

北京大学西语系教授赵振江是最没架子的老师之一。有一年参加迎接新生的活动，碰巧没有人帮新同学运行李，他就蹬起三轮车去运行李。旁边历史系的同学看见了，冲他喊："师傅，回来帮我们也拉一车！"

等到开迎新会的时候，新同学才发现，那位运行李的"师傅"原来是他们的系主任。

从1983年翻译出版第一部作品——秘鲁作家马里奥·巴尔加斯·略萨的《世界末日之战》开始，赵振江翻译出版了三十余部西班牙语文学作品、多部研究西班牙语文学的专著，西班牙语国家共有十一位诺贝尔文学奖获得者，他向中国读者介绍了其中的五位诗人（米斯特拉尔、聂鲁达、帕斯、希梅内斯、阿莱克桑德雷），成为国内西班牙语文学翻译界当之无愧的领军人物之一。

鉴于他在翻译介绍西班牙语文学方面的杰出贡献，智利－中国文化协会于1995年为他颁发了鲁文·达里奥最高骑士勋章；西班牙国王胡安·卡洛斯于1998年为他颁发了伊莎贝尔女王勋章；阿根廷总统于1999年为他颁发了共和国五月骑士勋章；2004年，智利总统又为他颁发了"聂鲁达百年诞辰"纪念奖章。2017年，为纪念中国新诗诞生一百周年，中国诗歌万里行组委会发起"百年新诗贡献奖"评选活动，赵振江荣膺"百年新诗翻译贡献奖"。

1964年留校任教，四十年来，赵振江兢兢业业，坚持在教学第一线工作，"不问收获，只求耕耘"。在他临近退休的那一年，被评选为全国模范教师，这是对他四十年来教学生涯的褒奖。

翻译《马丁·菲耶罗》纯属自娱自乐，却得到了中央领导的支持，出版了这部当时堪称豪华的高乔史诗

问：您的翻译是从什么时候开始的？

赵振江：我比较早地翻译诗歌，是因为上中学、大学时就喜欢诗歌。高二时还在《中学生》杂志发表过一首民歌体的诗歌。后来上北大，本来我报的第一志愿是中文系，而且被录取了，但我第二志愿又报了西语系，结果就被西语系要去了（我一点儿也不后悔去了西语系），可学习了一年半法语，又被转到新建的西班牙语系。后来还有一年把我调出来"半脱产"，做学生会主席、团总支副书记。好在我的专业课一直没有中断。上完四年级，提前毕业任助教（工作一年后，又回去做毕业论文，所以我的毕业证书上是从 1959—1965 年）。我学西班牙语，满打满算，只有三年半。

做科研，要扬长避短。我本来就喜欢中文，喜欢诗歌，而翻译和研究诗歌的人相对又少，因而容易出成果。所以一开始就奔着诗歌翻译去了。

问：那么正式翻译出版的作品是什么？

赵振江：二十世纪八十年代，国内对拉美的"文学爆炸"很感兴趣，我最早发表的译作是和北大赵德明、段玉然两位同事合译的秘鲁作家马里奥·巴尔加斯·略萨的《世界末日之战》，而我独自翻译的则是阿根廷史诗《马丁·菲耶罗》。到现在我也认为，翻译《马丁·菲耶罗》的过程，对我是非常有益的。这是一部阿根廷高乔人的史诗，共七千二百行，可以说，我一开始就给自己选了一块"难啃的骨头"。这部史诗讲的是草原上的生活，是马丁·菲耶罗捍卫自由和尊严的斗争，我很喜欢，时不时就翻译几行，日积月累，到 1979 年就翻译完了上部。1979 年我去墨西哥学院进修，就把下部也翻译完了。回国后便束之高阁，并未奢望出版。

1984 年，恰逢《马丁·菲耶罗》的作者何塞·埃尔南德斯诞辰一百五十周年，阿根廷要展览各种文本的《马丁·菲耶罗》。当时台湾当局在外交上非常孤立，当然，现在更孤立了，他们抢先出版了《马丁·菲耶罗》并送到阿根廷。我驻阿根廷的大使馆知道后，时任文化参赞的张治亚先生就往国内发消息，希望国内尽快出版此书。

这时距离展览只有四个月的时间了，虽然我有现成的译稿，但是因为当时还没有激光照排，时间紧张，又无利润，因此没有出版社愿意出版。时任中国西、葡、拉美文学研究会副会长的陈光孚先生就给中央领导写信，结果得到胡耀邦同志的批示，由湖南人民出版社出版了当时堪称豪华的《马丁·菲耶罗》。

问：《马丁·菲耶罗》对您来说有怎样的意义？

赵振江：翻译《马丁·菲耶罗》，我花了六年时间，这是在我所有的译著中，花时间最多的一部。在翻译过程中，我不时想起书中绰号“美洲兔”老人的话：谁若想成就好事/急性子那可不行：/奶牛要反复倒嚼/牛奶才又纯又浓。“慢工出细活”，一点儿不假。而眼下，“萝卜快了不洗泥”的情况时有发生。

首先要考虑形式和语言风格的近似，因此，我采用七言，和原诗的每行八个音节大体相当。有一次我去阿根廷大使馆，送大使先生一本我译的《马丁·菲耶罗》，他让我念一段，我便读了史诗的开头：“我在此放声歌唱，伴随着琴声悠扬，一个人夜不能寐，因为有莫大悲伤，像一只离群孤鸟，借歌声以慰凄凉。”他听了后很认可，高兴地从橱柜里拿了一把高乔人用的刀送我。我说：“中国人一般不送刀，送刀表示一刀两断。”他听了哈哈大笑。后来，因为我翻译了《马丁·菲耶罗》，阿根廷总统还为我颁发了五月骑士勋章。

问：您做翻译有怎样的标准？怎样才能达到好的译本？

赵振江：首先当然是要选好作品，无论内容还是形式，经得起时间的考验。至于翻译，如果是西译汉，对西语理解应该到位，汉语表达应尽可能做到准确、鲜明、生动。我认为，汉译西，应是国外汉学家的事。因此，当国内诗人找我翻译时，我一般不接受，道理很简单，我不能用西班牙语写诗，如何能把他们的诗翻译成西班牙语呢，非不为也，实不能也！如果我做，一定是和西班牙语国家的诗人合作才行。

洛尔卡是二十世纪西班牙最重要的诗人之一，被赵振江喻为“西班牙当代诗坛的神话”

问：您共翻译出版了加西亚·洛尔卡七部作品。为什么会重点选择洛尔卡的作品来翻译？

赵振江：1987年，我应邀去西班牙格拉纳达大学翻译《红楼梦》。当那里的朋友们知道我做诗歌翻译时，无不向我提出一个问题：为什么不翻译他们格拉纳达的诗人加西亚·洛尔卡？而且还有一位诗人自告奋勇，愿亲自为我编选一个集子。此人非无名之辈，就是哈维尔·埃赫亚（Javier Egea），一位在格拉纳达颇有名气的诗人。当时电脑尚未普及，他用打字机为我打了那份稿子，并写了一篇短序。这使我深受感动，后来我们成了好朋友。1996至1997年，当我再次去格拉纳达大学的时候，令人十分痛心的是，哈维尔·埃赫亚竟在我回国后不久自杀了。

在格拉纳达，我不止一次地参观了洛尔卡故居博物馆和圣维森特的洛尔卡公园，并参加过多次朗诵和纪念活动。尤其是诗人故居博物馆，每年都要组织许多活动，其中有两次是必不可少的：6月5日诗人的诞辰，在富恩特巴克罗斯；8月19日凌晨，在比斯纳尔诗人遇害的山坡上。1996年8月18日，诗人故居博物馆馆长胡安·德·洛克萨先生邀请我们去参加第二天凌晨的纪念活动。当我们在酒吧谈及此事时，他担心去参加的人不多，会影响纪念活动的气氛，因为只发出四百张请柬，而且接受邀请的许多人年事已高，一般很难在深夜到一个偏远的山村去参加这样的活动。但当我们提前一个小时到达那里时，参加者已有两三千之众。观众之踊跃，气氛之热烈，都是主办者与我们这些参加者始料不及的。我听着著名演员拉巴尔的朗诵，心中不禁默默地说：加西亚·洛尔卡没有死，像他这样的诗人是不会死的，他永远活在所有善良人的心中。这样的经历，进一步增强了我翻译加西亚·洛尔卡的信念。

问：您愿意对加西亚·洛尔卡作何评价？

赵振江：加西亚·洛尔卡是伟大的诗人，但是在二十世纪西班牙剧作家中，也占有重要地位，当然，他有的剧作也多是诗剧。他的剧作有两大特点：一是浓厚的生活气息，用现在的话说，就是接地气。他的题材多是乡村和女性题材。加西亚·洛尔卡一向同情弱者，同情受压迫最深的吉卜赛人（《吉卜赛谣曲集》）、妇女（《血的婚礼》《叶尔玛》《贝纳尔达·阿尔瓦之家》）和美国黑人（《诗人在纽约》）。无论是作为诗人还是戏剧家，他从不把自己局限在个人的狭小天地里，既不孤芳自赏，更不顾影自怜，而是站在人类、人性、人情的高度，有了这样的大气，才使他成了大家。二是他的剧作既深深地植根于传统，又不乏超现实主义因素。此外，他还创作了一些具有实验性的剧作，只是这些作品几乎无法演出，所以至今尚无人译介。

正是因为翻译了加西亚·洛尔卡、胡安·拉蒙·希梅内斯和安东尼奥·马查多的作品，赵振江获得了西班牙国王授予的伊莎贝尔女王骑士勋章和智者阿方索十世骑士勋章

问：能否谈谈翻译《红楼梦》的具体过程？翻译这部作品给您带来了什么？

赵振江：我们下功夫最多的是在诗词翻译方面。我们是这样做的：比如"满纸荒唐言，一把辛酸泪。都云作者痴，谁解其中味"，我先将诗歌注上汉语拼音，把每个词的意思写在下面，再用规范的西班牙语说明这句话的意思。然后由我的合作者（他也是诗人），把译文加工成诗。还要把他的译稿分发给几位诗人朋友，请他们润色，最后再对照原文定稿。

这本书出版以后，得到了评论界的认可，也受到了读者的欢迎：第一卷印刷两千五百册，一个月就售完了，并被西班牙图书杂志推荐上榜。我在 1998 年获得了西班牙国王胡安·卡洛斯授予的伊莎贝尔女王骑士勋章（Orden de Isabel la Católica）。2005 年，一百二十回的西文版《红楼梦》全部出齐，成为西班牙文化界的一桩盛事。

我译《红楼梦》，既没有版权，也没有稿酬。但是我觉得，一生能做一件这样的事，很难得，很幸运。弘扬中华文明不能停在口头上，要做点实事。

问：能否再谈谈《堂吉诃德》？到现在为止，关于董译本和杨（绛）译本的争论还在继续。董燕生的译本获得第二届鲁迅文学奖，那一届正好您担任评委。

赵振江：九十年代，主持漓江出版社外国文学出版工作的刘硕良先生来找我，希望我来翻译《堂吉诃德》。我对他说，重译一部文学作品，总要有超过前一个译本的地方，否则就毫无意义。《堂吉诃德》已有杨绛先生的译本了，要有所超越谈何容易？只有找一位西班牙语的顶尖高手来译，才能有所突破，否则只是重复性的劳动。我建议他请董燕生教授出山，至少能在对原文的理解上有所超越。至于我本人，我学西语的背景一波三折，“中文比不过杨先生，西文比不过董先生”，由我来译，实在是心有余而力不足。

董教授译的《堂吉诃德》，全票获得第二届鲁奖的翻译奖。没想到，后来竟有媒体发表了一篇题为《众译家据理驳斥译坛歪风》的文章，文中所说的“学术腐败”“滥用职权”“译坛歪风”全是指责董燕生教授。令我不解的是，那几位指责董先生的“译家”没有一位懂西班牙语，而且可能也没细读过董先生译的《堂吉诃德》。董译本究竟如何，其实我在写审读报告的时候就曾逐字逐句地认真阅读了评委会指定的那一章的中西文两种文本，而且将董先生的译本和已有的译本进行了比较。我要说明的仅仅是：董燕生所译的《堂吉诃德》是一个优秀的译本，绝不是什么“译坛歪风”，它获得鲁迅文学奖翻译彩虹奖，是当之无愧的。我对比了一章董译本和杨译本，至少董译本并不比杨绛差，在理解上还要比杨译本更到位一些。

“诗可译否”至今仍是一个议论不休的命题

问：“新诗百年”和“译诗百年”几乎在同步前行。新诗百年，北大新诗研究院院长谢冕主编了《中国新诗总论》，其中的诗歌翻译卷是您主编的。

赵振江：我做了几十年诗歌翻译，却很少关注翻译理论，借机补了一下课。我国新诗的发展几乎是和西诗汉译同步进行的。西诗汉译影响了中国文学的现代性进程。所谓中国文学的现代性，即中国文学“西化”的问题。就诗歌而言，其“现代性”的表现集中于“去古典化”，表现为文言向白话的转变以及诗歌格律与意象的革新。胡适翻译的《关不住了》与其创作的诗歌《蝴蝶》，算是新诗的破茧而出。苏曼殊所译的《拜伦诗选》成为第一本外国诗歌翻译集。从某种意义上说，西诗汉译成就了中国新诗，但同时对中国诗歌的文化主体性也有所伤害。

谈诗歌翻译，首先要让读者知道诗歌翻译是怎么回事。

问：请您谈谈对诗歌翻译的看法。

赵振江：从根本上说，我同意墨西哥诗人帕斯对诗歌翻译的看法。他认为“翻译与创作是孪生行为”，区别在于“诗人开始写作时，不知道自己的诗会是什么样子；而译者在翻译时，则已经知道他的诗应该是眼前那首诗的再现”。就是说，诗歌翻译，尤其是西诗汉译，实际上是二度创作。我认为：诗歌翻译要像优秀的创作，而诗歌创作千万不要像蹩脚的翻译。

诗歌翻译就是看懂原诗后，自己用母语写一首与其近似的诗。完全等同是不可能的。现在有人大力提倡诗人译诗，最早翻译诗歌的译者，确实都是诗人，郭沫若、徐志摩、戴望舒、冯至，他们首先是诗人，同时也做诗歌翻译。但并非只有诗人才能译诗，也并非诗人译诗就一定译得好。好与不好，还是要看文本，要看对原诗的理解是否准确，要看译出来的诗与原诗的近似度。

我个人觉得，译诗的人应该会写诗。但即便懂外语，也会写诗，当代的诗也不好译。尤其是后现代、先锋派诗人写的诗，主要是因为其过于个性化、碎片化和私密化。如，我译的一首诗里有这样的诗句："深海里 / 预感到我的小活塞机 / 要摆脱纲领性的兄弟情谊。"我实在不明白这是什么意思，就去问诗人自己，他告诉："就是我想在大海里撒尿。"谢天谢地，我无话可说！当下有一些诗歌节就是这样，诗人们自娱自乐，很热闹，但听众们不知道他们在说什么。我认为，一位优秀的诗人，不仅要抒发个人的情感，更要做人民的代言人和历史的见证。

问：诗是不是可译，您的观点是什么？

赵振江：可译又不可译，有可译的部分，也有不可译的部分。简言之，内容是可译的，形式是不可译的。当然，这里说的是西诗汉译或汉诗西译。如果是同一语族之间的互译，则另当别论。如西班牙语和法语或意大利语诗歌之间的互译，要做到"形神兼备"就容易多了。

记得齐声乔教授（他曾是彭德怀元帅在板门店与美国谈判的首席翻译）有一次对我说："王勃有一首题为《山中》的五言绝句：长江悲已滞，万里念将归。况属高风晚，山山黄叶飞。我去问朱光潜先生：'这首诗如何翻译？'朱先生回答说：'没法翻译。'"

我上北大时，西方语言文学系有两位一级教授，一位是系主任冯至先生，另一位就是朱光潜先生。连朱先生都说"没法翻译"，还有讨论"诗可译否"的必要吗？朱先生说的"无法译"指的是要译得和原诗"一模一样"，那当然是不可能的，因为汉语和西方语言是完全不同的载体：一个属汉藏语系，另一个属印欧语系；一个是单音节表意的方块字，一个是多音节的拼音文字；一个有四声而且韵母非常丰富，一个是韵母相对单调但节奏鲜明。如果逐字逐行，肯定是无法译的。

又如，学过外语的人都知道，在外语的写作里，最忌讳的就是重复使用同一个单词；而在汉语里，有时这却是一种修辞手段。当年翻译《红楼梦》时，这使我们吃尽了苦头。诸如“花谢花飞花满天，红消香断有谁怜”“秋花惨淡秋草黄，耿耿秋灯秋夜长”“桃花帘外东风软，桃花帘内晨妆懒。帘外桃花帘内人，人与桃花隔不远”，请问，七个字里三个“花”，如何逐字逐句地翻译呢？硬是那样翻译出来，恐怕非但不是诗，简直就不是“人话”了！我想，朱先生所谓的“无法译”就是在这个意义上说的，这和西方人说的“翻译即背叛”是同样的道理。

翻译外国诗歌的目的之一是为本国诗人提供借鉴和参考，从而丰富和繁荣自己的诗歌创作。至于如何借鉴，那就是诗人自己的事了

问：这么多年来，您对翻译的理解有过变化吗？

赵振江：译诗，首先要理解原诗。理解原诗，首先要“设身处地”，要“进入角色”，要体会诗人在彼时彼地的情感和心态。这样，对原诗的理解就不会有太大的偏差。《马丁·菲耶罗》诗歌中有一句“穷人的道理是木钟”。当时教我们西班牙语的老师是阿根廷律师协会主席，他讲，每次给穷人写辩护词，开头都要引用这句诗。但如果直译出，给人的印象并不这么突出。所以我在翻译时就加了一句：穷人的道理是木钟——干敲不响没人听。不能说加上这一句就不忠实原文了。因为在原文中，这是言外之意，可是在译文中，如果不加上，读者可能体会不出原诗的原汁原味来。说“进入角色”，是因为译者有点像演员，是二度创作。比如，人艺的舒绣文和李婉芬都演虎妞，但她们的扮相、神采、韵味，各有千秋，但却都没有离开原作，都是老舍先生《骆驼祥子》里活灵活现的虎妞儿。你一定要说哪一个更像，恐怕就见仁见智，众说纷纭了。

我们翻译外国诗歌的目的之一是为本国诗人提供借鉴和参考，从而丰富和繁荣自己的诗歌创作。至于如何借鉴，那就是诗人自己的事了。一百年来，译诗对我国新诗的影响是有目共睹的。在我们回首

新诗百年的时候，同样应审视和反思译诗对我国新诗的影响：有无不足之处，有无过分之处；如何在继承诗歌传统和借鉴外来诗歌的基础上，繁荣我们的诗歌创作，既不要失去自我，也不要故步自封，这才是至关重要的。

问：您翻译米格尔·埃尔南德斯的《人民的风》，获得了鲁迅文学奖翻译奖。能谈谈这本书的翻译吗？《人民的风》对您来说有何特殊的意义？

赵振江：首先，任何时候，翻译都不是为了获奖。2010 年西班牙诗人米格尔·埃尔南德斯诞生一百周年。我一直非常喜欢这位诗人。《人民的风》是鼓舞人民的号角，声讨法西斯的檄文。书中还选译了一些别的诗作，如《思念的歌谣》（选三十一首）是诗人在狱中写成的。它揭露了敌人的凶残，更表现了诗人对生命、爱情、亲情和友情的无限眷恋。聂鲁达在致米格尔·埃尔南德斯的诗中说："通过你的死，我学会了生：我的眼睛几乎没有模糊过，我有的不是恸哭的泪水，而是无情的武器。"这也是所有正直、善良的人们共同的心声。

自改革开放以来，人们普遍感到：在我们的生活中，物质层面的东西越来越多了，精神层面的东西似乎越来越少了；人们谈金钱的时候越来越多了，谈理想的时候似乎越来越少了。《人民的风》集中体现了诗人热爱家乡、热爱劳动、热爱和平的品德和捍卫正义、捍卫自由、捍卫理想的精神。因此，我决定翻译这本诗集，将它献给诗人的百年诞辰，以表自己真切的缅怀与崇敬之情。

心中有一张世界文学地图

余中先　1954年出生，浙江宁波人。中国社会科学院外国文学研究所研究员，《世界文学》前主编，中国社会科学院研究生院教授，博士生导师。傅雷翻译奖评委。中国作家协会会员，中国翻译工作者协会理事。长年从事法语文学作品的翻译、评论、研究、编辑工作，翻译介绍了奈瓦尔、克洛岱尔、阿波利奈尔、贝克特、西蒙、罗伯-格里耶等人的小说、戏剧、诗歌作品八十多部。并有文集《巴黎四季风》《左岸书香》《是禁果，才诱人》《左岸的巴黎》《余中先译文自选集》等。被法国政府授予文学艺术骑士勋章。译作《潜》获得第七届鲁迅文学奖。

采访手记

余中先是一个纯粹的人。

他的翻译是纯粹的，毫无功利之心；最早的翻译仅仅希望“填补空白”，国内几乎无人翻译的法国大作家，奈瓦尔、克洛岱尔、吉罗杜……即便一开始的翻译很难出版，他也义无反顾。在刚刚参加工作的一段时间，余中先曾利用工作之余，研读和翻译了奈瓦尔、克洛岱尔、吉罗杜的一些作品，译完就放入抽屉，它们接下来的命运如何，似乎并不在他的考虑范围之内。此后，他又专门选新小说作家（或说是午夜出版社的作家，如贝克特、西蒙、罗伯－格里耶、图森、埃什诺兹）的作品来翻译，仅仅是因为趣味相投。近几年来，因为研究法国文学创作的美学倾向，他翻译的法国获奖作品多了一些，包括获龚古尔文学奖的作品，如费尔南德兹的《在天使手中》、埃什诺兹的《我走了》、利泰尔的《复仇女神》、维勒贝克的《地图与疆域》、热尼的《法兰西兵法》等，法兰西学士院学说大奖的作品他也翻译了五六部，如图尼埃的《礼拜五》、吉尼亚尔的《罗马阳台》、法伊的《长崎》、奥诺－迪－比奥的《潜》、桑萨尔的《2084》等。

他唯一认准的是，翻译要与自己的研究或教学相结合，这样才能更深刻地理解原著，把握作者的风格、作品的特点。粗略一数，余中先的主要学术成果目录上，统计了一百一十五种译著。即使包含个别重版，也是了不起的成就。

抛开工作，余中先的“爱玩”也很纯粹。旅游、美食、游泳……他把自己的业余生活安排得丰富多彩，看上去洒脱自在。

也许恰恰是他的不慕虚名，反而得到了幸运之神的眷顾。在几十年持之以恒的文学翻译之后，2018 年 8 月，余中先的《潜》获得第七届鲁迅文学奖。

1978 年，余中先考上北京大学法语系，四年后又读研究生，从此决定毕生致力于法国文学的研究翻译

问：很多诺贝尔文学奖得主在获奖之前，都被《世界文学》译介过。为什么能有这么超前的眼光？

余中先：《世界文学》的编辑几乎都是研究者和翻译者，他们的心中对外国文学有一张“地图”，知道什么作者应该翻译，也熟悉国内外的译者队伍。他们往往会自己选定篇目，约请翻译家来翻译，偶尔也自己上马，亲自翻译。比如在九十年代，当时的副主编申慧辉女士在研究加拿大女性作家时，发现门罗的作品值得介绍，就在编辑《房中鸟：加拿大女作家作品集》的同时，选了《善良女子的爱》，请编辑部的庄嘉宁翻译，在 1998 年第 6 期发表，同期封面上还刊登了门罗的照片。门罗获得诺贝尔文学奖，大家才发现，《世界文学》早已有三次发表过门罗的作品了。她的另一短篇《熊从山那边来》则是李文俊先生退休后的译作，他亲自推荐给刊物的，我们觉得好，就在 2010 年第 1 期上刊登了。

在勒克莱齐奥、格拉斯、莱辛、品特、巴尔加斯·略萨、特朗斯特罗姆、门罗等人获得诺贝尔奖之前，他们的作品就已经通过《世界文学》为中国读者所熟悉了。当然要让读者熟悉，我们的编辑自己就应该早熟悉，这一点，完全凭借他们的学养素质和编辑能力。

问：如何评价您在《世界文学》的三十年？

余中先：《世界文学》的前辈给了我很多榜样，他们踏踏实实做翻译，高莽、李文俊，他们的为人，对工作的执着，对人的和蔼，对后辈的提携，给我们留下很多好东西。这个等于是给了你三十年的营养。我和《世界文学》很能融在一起，它给我的，一辈子都受用。

其实，当年读北大时，北大一些老师确实水平不错，老师教给我们说，翻译就该像傅雷那么做。当然，傅雷的一些习惯我们也有改变。比如他认为翻译某个东西要看个三五遍。你如果对一个作家的情况很了解，也不一定要读几遍，读一遍之后顺着走找到节奏，会直接进入到文本中。

翻译《你好，忧愁》之后，余中先开始琢磨适合自己的作家是哪些。九十年代，余中先更多地翻译午夜出版社出版的“新小说”，他觉得这些作品与自己心心相通

问：您最早翻译的法国作品是哪一部？

余中先：1987年，有出版社找我翻译萨冈的小说，我选择了《你好，忧愁》。小说出版后，很长一段时间里并没有引起读者的关注。2006年修改后再版就引起了关注。这说明，作品在不同的时代会有不同的反响。二十年后，我发现自己原先的译文还是有修改之处，也惊叹自己年轻时候的朝气和才华。现在让我译，有些句子可能译不出来。翻译家是慢慢成长的，总能在早先的译文中发现自己的错，但，后来再读，往往也追不到那个时候译笔的妙。

问：在您的翻译生涯中，“新小说”占的比重相当大。可否具体谈谈？

余中先：我在大学时已经听说了法国有新小说。第一次接触到新小说，是在读研究生的时候，1984年，阿兰·罗伯－格里耶来访，我在北京陪同他参观访问了几天，为了更好地了解他，我读了他的小说《嫉妒》和《窥视者》，从理论上明白了他为什么要这样写。当时，我对罗伯－格里耶为代表的新小说的认识大致是，法国的小说诞生以来，每一个时代都有与当时相适应的小说，巴尔扎克的小说到了某种顶峰，二十世纪的作家不应该跟在巴尔扎克后亦步亦趋，而应该创作出自己的“新”小说来。第二年，我来到《世界文学》编辑部工作，马上就接触到了一些新小说作品译文的编辑工作。易超（罗新璋）先生译的克洛德·西蒙（他刚刚获得了诺贝尔文学奖）的小说《农事诗》（选章），傅先俊先生译的西蒙在接受诺贝尔文学奖仪式上的演讲词，都是由我做了编辑工作后在《世界文学》上发表的。

新小说并非一种有共同倾向的写作流派，新小说作家们只是在一种对小说写作不应该因循守旧的观点下团结在一起，而他们各人又都有自己的写法。例如从写作的一些细节特点来说，罗伯－格里耶偏爱对物的精细描写，萨罗特重视挖掘人物内心的两重声音，西蒙强调文字中要透出色彩、线条等绘画因素，等等。这些新小说代表作家，无论在法国还是在中国，不见得拥有很多读者，但是他们对文学的敏感，对文学写作形式的探索下了很大功夫，包括他们的理论，在很大程度上影响了中国作家的思维和写作。

问：您是从什么时候开始翻译法国文学的?

余中先：刚到外文所时，柳鸣九先生正在主编一套“20世纪法国文学研究丛书”，当时出版了《萨特研究》《新小说研究》等好几种，在文学青年中反响还不错。他约我主编一本《克洛岱尔研究》，这与我的兴趣是一拍即合，我就很痛快地答应了，先翻译了克洛岱尔的《缎子鞋》《城市》《给圣母玛利亚报信》这三个剧本。《缎子鞋》是散文诗体的剧本，柳先生建议不要写成诗行，我就做成散文体。差不多二十年后，吉林出版社再版《缎子鞋》，我把作品还原为诗体，修改了上万处，也算对克洛岱尔有个交代。

问：追踪研究了近四十年，您如何评价克洛岱尔和他的《缎子鞋》?

余中先：日本有十几个学者研究克洛岱尔，中国在我之后才有两三个学者研究。之所以没有人翻译研究克洛岱尔，是因为意识形态和宗教、语言等各方面的原因。我发现他的思想和道家的思想是相通的，就把二者结合起来翻译研究，很有意思。他曾在中国生活过，慈禧光绪去世时他代表法国参加出殡；他还在福州待了多年。我曾到福州找过他的踪迹，发现在福州有一位教授在研究他的外交生活。

克洛岱尔更多的身份是诗人，也是一位很重要的戏剧作家。《缎子鞋》在法国戏剧史上有着极为重要的位置，堪与莎士比亚的剧作媲美。克洛岱尔还有着深厚的中国渊源，正是他开了法国近代作家写中国的先河，《缎子鞋》其实就是牛郎织女故事的欧洲翻版。克洛岱尔自己也承认，作品的主题是“那个两颗情人星的中国传说，他们在银河两边不得相遇，一年只见一次面”。

我曾在巴黎的图书馆借到葡萄牙人拍摄的电影《缎子鞋》。八十年代末法国电视三台转播安托万·维泰兹导演和主演的《缎子鞋》，从中午十二点一直播放到夜里，我为看电视，在电视机前守了十个小时。译出《缎子鞋》后，我一直盼望着这部跟中国那么有关的戏剧巨作，能够在中国演出。

问：翻译《缎子鞋》之后，您甚至喜欢上缎子鞋的收集——感觉您特别舍得下翻译之外的功夫？

余中先：翻译一部作品，要尽可能了解作品的背景。翻译于斯曼的《逆流》（被文学史家们看作是“颓废主义”的圣经），我去小说主人公居住的地方，坐了几个小时的火车，又坐在咖啡店门口发呆，想象一百多年前的“颓废”生活。

翻译《女大厨》的时候，我在厦门大学，更多地去体验“吃”的感觉。不是吃了就能译好，而是翻译需要重新体验法国吃的文化，头道菜、二道菜，不吃想不起来。这种体验认识更多地让你对所译图书的文化有特别感性的认识。

我在法国留学时，有韩国朋友送我一双缎子鞋。从此后我就开始收藏各种工艺品鞋子，现在有一百二十多只（双），各种质地，一般不能穿，我特别喜欢其中一双土族的绣花布靴子。这样的收藏源于翻译，也是一种乐趣。女儿说我们家充满了“邪（鞋）气”，我说我们是避“邪”的。

问：翻译法国文学作品给中国读者，您的选择标准是什么？

余中先：首先这个作家是值得介绍给读者的；其次，我会选择和自己的研究有关的，翻译是我研究工作的一部分，翻译与研究也是相辅相成的。我有一种倾向，就是要研究别人没有研究过的作家。记得读研究生时，刚从法国归来定居的梁佩贞教授讲授法国诗歌，让我们做一些翻译，我便选了以前还没有人翻译过的几位大诗人：奈瓦尔（十九世纪）、克洛岱尔和苏佩维埃尔（二十世纪）。

在热衷于翻译经典名著的翻译界，余中先对翻译作品的选择不走寻常路线，是独特稍显另类的

问：既舍得花时间下苦功，出版的译作如《理想藏书》获得较好的社会效益和经济效益，同时又是一位高产的翻译家，每年几乎都有几十万字的翻译出版。您是怎么兼顾的？

余中先：《理想藏书》早在 1996 年由光明日报出版社出版，2011 年由世纪文景新修订再版，不但对译文作了认真的修改、订正，补译了原书的序言、前言和后记，还增补了原书附录部分的诺贝尔文学奖和法国五大文学奖资料，同时对个别书目做了调整。我们还是要努力在文学方面挖掘好的东西。

我的效率相对来说是比较高的。以前，一般上午工作近四个小时，下午差不多三个小时，晚上不工作，做一些轻松的阅读。周末也常常在工作。现在退休了，节奏在放慢。我也很喜欢玩，每年都安排旅游计划。我生活有规律，不熬夜，几乎每天抽时间锻炼身体。

问：您自 2002 年起担任人民文学出版社的“21 世纪年度最佳外国小说”评选工作，所选的作家很多在后来获得了诺贝尔文学奖。

余中先：这一点确实是引以为豪。我们所选的作品应该是法国最好的作家作品，那些优秀作家，只要有新的作品我们就很关注，同时还要作出判断，看它们是否能进入文学史，事实证明我们还是有眼光的。克里斯托夫·奥诺－迪－比奥的小说《潜》也是我们力推的。小说所写的，是主人公塞萨和帕兹所熟悉的欧洲艺术家和记者的生活。

他们所经历的经济危机、恐怖袭击、天灾人祸，也是一般欧洲人所遇到的社会现实和日常生活；他们在各自专业领域中的奋斗经历，也是一般欧洲人为生存、为艺术、为人生价值的实现而做出的追求。但是，后来发现作品比较难译。我就说我来译吧。

问：然后这部作品就获得了第七届鲁迅文学奖。

余中先：很巧合。小说的最后几章重点描写了在海中潜水的故事。我在翻译时感觉很亲切，原因很简单，2013 年，在翻译《潜》之前我曾下海潜了一回水。潜水的时候，我没有想到翻译这本书。当时我在澳大利亚的大堡礁旅游，有自费的潜水项目，不知道我脑子里哪一根筋搭错了，全旅游团就我一个报名下了水。那一段潜水的经历，几乎与主人公塞萨的第一次下水一模一样，连细节都一模一样。一年之后在翻译这部作品时，我有一种似曾相识、如鱼得水的感觉，我自己当真觉得仿佛又潜了一次水。

于斯曼的《逆流》一直被文学史家们看作是颓废主义的圣经。为了翻译，余中先专门去了法国图书馆查找资料，还走访了作者故居、墓地

问：《潜》是您译得最好的作品吗？

余中先：如果让我自己提名，我会选择《逆流》。二十世纪九十年代，当我首次把法国人的《理想藏书》翻译过来后，国内有读书人对照其中所选法国文学的篇目，发现有那么几篇还没有中译本，其中就有于斯曼的《逆流》。

问：这么重要的小说，为什么当时没有人翻译？

余中先：这部作品是法国小说史上一部毋庸置疑的杰作。小说一开始写到，主人公贵族后代德塞森特厌倦了早年在巴黎的放荡生活，并且跟都市的资产阶级时尚文化格格不入，便幽居到离巴黎稍稍有些距离但又交通便利的郊区乡下，在丰特奈玫瑰镇买下一所宅子，去那里过着一种被当时和后来的一些人认为是“颓废主义”的生活。

一本有文学价值的小说，迟迟没有翻译过来，其原因大致可以猜想。是作品太难了，不太好翻译，还是作品不太合国人的口味，或者说不太合国情？实际上，《逆流》跟反动、暴力统统不沾边，至于色情，也只局限于幽默含蓄地描绘，不属于挑逗性欲的 porno。要硬说它有什么趣味上的毛病，恐怕只有一点：“颓废”。

问：作为翻译家，您如何理解“颓废”？

余中先：这两个字，我理解为是一种反时尚却又很时尚的生活方式，和对文学艺术上一般性的追求正好相反，是反潮流而行，人隐居到了某一个地方，但是也没有完全退出社会。

小说的主要内容就是德塞森特在乡下隐居期间的日常生活，它从头到尾没有连贯的故事情节，只是杂乱地、随心所欲地、充满细节真实地描写家里家外的各种事物，以及主人公看到这些事物时心中的种种联想。而这些联想，分别涉及自然现象、社会生活、艺术现象、私人生活的各个方面，体现出了作者对当时的时尚文化、传统的文明、各种艺术的发展情况、各种风俗习惯的演进所做的个性化的价值评判，颇有一些“指点江山，激扬文字”的味道。因此，从某种程度上说，这本小说可以作为那个时代的文化百科全书来阅读。

早在 1985 年，米兰 · 昆德拉就毅然决定“决不再接受任何采访”，然而作为中译者，余中先曾和米兰 · 昆德拉夫妇有过充分的交流

问：能谈谈和昆德拉的交流吗？

余中先：翻译中与昆德拉的联系局限于通过传真提问题。后来，去法国时约他见面，才识得了真人。昆德拉会让他太太帮助处理很多事情。他太太薇拉简直是一个阿庆嫂，拳打脚踢很厉害，跟出版商、译者、研究者打交道，各种公关事务都是薇拉的事。

问：可否谈谈您所了解的昆德拉？

余中先：昆德拉高大，略瘦，较沉默，但很善解人意，我们约会时，他怕我找不到地方，在电话中交代得清清楚楚，一个细节都不放过。我们一起吃饭的餐馆就在他们家楼下，昆德拉穿着拖鞋在路口等我，然后带我闯红灯过马路。我们出国都是很守规矩的，不会闯红灯，但他满不在乎地说，这条街我很熟，意思是即便是红灯，也不会有车来。

他们楼下的餐馆是他们会见朋友的场所。昆德拉说我坐的那把椅子，一个星期之前墨西哥作家富恩特斯才坐过。我说我很荣幸。

我们见面后没有聊他的作品本身，聊得更多的是捷克文学，包括左派右派作家的作品。谈到《绞刑架下的报告》，他说这种书你也读，我说当然要读，我们是社会主义国家。我还谈到《好兵帅克》和《世界美如斯》，他很吃惊，说你还知道这些作品，我说不光这些，我们还读赫拉巴尔、霍朗。他问我对捷克文学怎么这么了解，我说我在《世界文学》工作，当然了解得更多一些。说起来，他也是个很矫情的人。他早先的作品基本上都被他自己抹掉了，留下来的是《玩笑》之后的十三部作品。

我们聊得很高兴，他说下次见面送你一张光盘。果然，下一次在一家咖啡馆又见一次面，送的光盘是他喜爱的捷克作曲家雅纳切克的音乐。

问：您和您所翻译作品的作家之间有无有趣的故事？

余中先：1984 年，阿兰 · 罗伯 – 格里耶作为法国著名新小说作家来中国访问，我陪他们夫妇游故宫休息时，他看到对面有两个中国游客，就说，老人是搞艺术的，年轻人是他的学生。

作家的眼睛一般都敏锐，但能一眼看出对方是“搞艺术的”，我不敢相信，因为那老头儿一脸黝黑，像是农民。后来我上前一问，老头果然是山东某师范学校教绘画的老师。那年轻人说他们来北京出差，老先生教过他，他现在也当了老师。我很佩服罗伯－格里耶敏锐的观察力，认为这是他作为一个好作家的基本功。之后，我曾经专门就此写了一篇文章《罗伯－格里耶的“毒”眼》。

作为法国新小说的骁将，罗伯－格里耶的出名在于他对物的纯客观描写，对物的准确记录。也许是他早年当过农艺师，后来又是电影家的缘故，他的小说描写物体时特别细致。这与他特“毒”的眼睛有关。

问：法国作家会关注译本的准确性吗？

余中先：会的。昆德拉就在约会时检查过我的译本《被背叛的遗嘱》的某一段，让我回译为法语。我胸有成竹地做了回译和解释，得到了他的认可。另一位作家艾什诺兹也查过我的译文。他不懂中文，但他会看。我们在巴黎第一次见面，我送他一本《我走了》的中文译作，他马上打开翻作品的第一页和最后一页。我就知道他在关注什么：他小说中的第一句话和最后一句话在法语中是重复的，都是“我走了”。我就告诉他，“我走了”在中文译本里的表达几乎是一样的，但又有不一样的处理。开头译为“我走了”，最后一章译为“我就走”。

小说故事的第一天，男主人公要离开家，对妻子说“我走了”。在外闯荡一年后，又一段爱情破裂，回到家，他发现物是人非，房屋的新主人正在举行家庭聚会。他推开门一看都不认识，就想走。但房屋主人好客，说进来喝一杯吧。小说主人公同意了。我把他的最后一句话翻译成“只喝一杯，我就走”。我认为，小说最开始的“我走了”是为了告别，结尾的“我就走”说明主人公的游荡还没有结束。艾什诺兹听完我的解释后说，你那么理解也可以。一个译者如果做得好，在中文里有更妥当的译法，是能得到作者的认可的。

问：什么情况下才能达到这种“合拍”的境界？

余中先：要取决于大家的语言水平。当作者和译者的语言水平、习惯差不多时，翻译中莫名其妙能大概猜到下一个句子。

问：您认为自己的翻译工作在法语翻译界有什么独特性？

余中先：承上启下。国内其他语种的文学翻译，做得像法语文学翻译那么好的很少。我国从事法语翻译的一代代人能写能译，老一辈像李健吾、傅雷、梁宗岱等，之后的前辈还有柳鸣九、郑克鲁、罗新璋、郭宏安、周克希、李玉民等，我们这一代中有许钧、我等人，再年轻的也有一些，如胡小跃、袁筱一、金龙格等，尽管人数不多。不管是“拿来主义”，还是“洋为中用”，我们几代人一直都还是在做实事的，这对中国的精神文明的传播还是很有益的。

我所经历的鲁迅文学奖

——鲁奖评委谈鲁奖

谢有顺（第八届鲁奖中篇小说奖评奖委员会委员）

参加第八届鲁奖评选，印象最深的还是评委们的认真、庄重。到后半段，二十部作品，真的是反复讨论、掂量、分析、比较，各种遗憾，各种舍不得，又各种互相说服。有些年轻作家被注意，就是在这样的讨论、比较中慢慢显露出来的，而有些名家作品也是在这样的细读中发现了太多破绽而被大家放弃的。

评奖是见仁见智的事情，倒没有一定之规，它和写评论是不一样的，评论是面对一部作品，是具体解读、阐释这部作品，而评奖是在一堆作品中发现一部和几部作品。评奖的标准是在比较的过程中不断修正的。没有好作品时，次好的作品你也觉得不错了，而一旦读到更好的作品，你的标准不自觉地就提高了。具体到这次评奖，我感觉，大家明显更倾向有时代感、有大局观的作品。对文字细节也更加注意了。可见，作家如果要参评国家的这些主流奖项，不能只琢磨自己的艺术趣味，还要倾听现实的声音，对时代性的命题也要有回应。小情调、小趣味的写作很难再感动评委了，大家还是希望在获奖作品中碰到一些有重量的话题、有使命感的思索。当然，如果纯属个人写作，不参评奖项，作家大可自由书写，自由发挥。

本届鲁奖中篇小说奖获奖作品有亮点，有新意，但偏于稳重。《红骆驼》叙事上引而不发，简净而又情感饱满，读之令人感动。《荒野步枪手》描写两代军人之间既有相同的精神基因，又有不同的时代印记，对比之中见叙事力度。《过往》是一个疯狂的青衣和他的孩子们的故事，艾伟以其独有的叙事风范诠释了人性的美德和宽恕的力量。《荒原上》粗粝有力地展示了青春和生命的新鲜质地，而且作者是多数评委不认识的新人，是一个大胆而有新意的选择。《飞发》在叙事上从容而细致，对日常人事充满深情和敬意。它讲述的是发生在香港的故事，致敬一群人对传统行业的信仰与坚守，通过日常生活史的考证，写出了个人的深沉命运与岭南的现代精神，也见证着一种文化的兴变和融合。但总体而言，报送的两百多部作品，质量并不理想，比之以前，中篇整体质量是下滑的。我没有读到那种令人眼前一亮、错过了就会觉得有重大遗憾的作品。据说其他门类的评委也有类似的感叹。

做这届鲁奖评委，如果说有什么遗憾，那就是孙频的《骑白马者》没有获奖，还有，王威廉因为同时有短篇小说闯到了最后一轮，他的中篇小说《你的目光》也没能走到最后。孙频这些年状态非常好，尤其在中篇小说创作上用力尤深，佳作不断，是中国文坛不可忽略的尖锐存在。但评奖常常是一个平衡、妥协和遗憾的事件。但获奖不是评价一个作家的唯一标准，大家不必太在意奖项。以往的许多鲁奖得奖作家，今天都不写了，也没什么人再记得他了，而很多没有获奖的作家却越写越好，可见，真正决定作家地位的仍然是作品本身。好的作家不仅要写得好，还要写得久。

潘凯雄（第八届鲁奖短篇小说奖评奖委员会副主任）

最近几年，我主要关注长篇小说的创作，短篇小说相对则读得很少。这次有幸参加评奖逼得自己集中阅读了近三百部短篇小说，对近四年来短篇小说的创作有了一个相对完整的了解，而且感觉出现了一批我完全陌生的新锐，这倒也使得我在这次选择中的视线很单一——就是选作品。

事实上，任何一项评奖其实都会有自己的标准，理直气壮地张扬自己的主张十分正常。作为国家级最高文学奖项之一的鲁迅文学奖，以国家意志、家国情怀、艺术精湛作为自己的选择标准本是题中应有之义，也完全符合厚重内容与艺术个性完美融合的艺术规律。本次参评短篇小说奖者，涵盖了老中青三代作家，最终获奖的五篇作品构成了一个讲究的立体组合，无论是作品本身的水准，还是作者的年龄及性别结构以及地区分布，几个重要节点都兼顾到了。

最终获奖的五部作品也是各有千秋。刘建东的《无法完成的画像》其实是个革命历史题材的短篇，但是处理得十分文学化和艺术化，把崇高的革命理想不动声色地植入到民间日常生活之中；张者的《山前该有一棵树》中边塞的场景、胡杨的寓意，透出的是一种特定而鲜明的时代气息；钟求是的《地上的天空》以一个对爱书人离世后藏书的处理为故事，关注的是普通人的精神状态，构思巧妙，意韵丰满，表现十分细腻；蔡东的《月光下》标题就有诗意，有意境，虽然描写的是两代人生活的种种不易，但处理得却很温馨、很巧妙；董夏青青的《在阿吾斯奇》表现的是边防军人的日常生活，更质朴、更真实、更接地气。

任何评奖都有名额的限制，都会存有遗珠之憾。获奖的五部作品固然各有其特点和某种代表性，但未能获奖的更多作品中其实也绝对是一片藏龙卧虎之地。因此，我们在祝贺五位获奖作家的同时，也要向更多坚持短篇小说创作并致力于这一文体探索与创新的作家表示深深的敬意。

丁晓原（第五届、第六届、第七届鲁奖报告文学奖评委）

我参加过的三届鲁奖报告文学奖评选，每一届的评奖都基本顺利，但评奖不可能完美，遗憾的是有遗珠之漏，也有并不算上乘的作品入选。评奖对于评委而言不只是一种荣誉，更是一种责任。从某种角度而言，鲁奖评选也是对评委专业能力和人格良心的评审。第五届《震中在人心》是一部优秀作品。汶川地震从本身看是一场灾难，许多生命消逝，自然是一个悲剧。李鸣生的作品也写“一方有难，八方支援”社会主义制度的优越，更有对地震灾难的深刻反思，有一种思想的力度。还有第六届任林举的《粮道》，所写关涉“国之大者”，人类生存。这部作品从形制看像文化大散文，是对以往模式化报告文学的一种有意义的改写。

2018 年第七届评奖，我的印象最为深刻。按通常规定，评委不能连续多次参加同一个门类的评选，因此，这一届报告文学评委名单中本来没有我。张胜友先生是报告文学的评委会主任，他觉得我比较熟悉报告文学的整体创作情况，言说观念又比较客观理性适体开放，专门向具体主持评奖工作的作协领导提出要求，得到同意后我得以补入。当时张胜友先生大病初愈，正在康复之中。但两个多月后，他就辞世了。其实，他是在带病主持报告文学的评奖工作。我们致敬、怀念他。

文学评奖有争议，这很正常。差不多每一次对一些具体的作品，特别是确定进提名和获奖名单的作品都会有一些不同的意见。如第六届阿来的《瞻对》，这是一部题材和主题都有价值的作品，进入了十部提名名单。在议定获奖作品时，评委中有不同的主张，最后形成共识，优先考虑长期从事报告文学创作的作家的作品。还有一部题材涉外的作品，一些评委认为作品的报告性不强，而且当时的国际关系也有一些不确定因素，而有一些评委认为作品题材独特，作者资深，对文学有特殊贡献。

《鲁迅文学奖评奖条例》对评选的标准作了明确的规定，这就是“坚持思想性与艺术性统一的原则”，对此，还有具体的说明。但这需要评委结合具体的门类、具体的作品加以把握。从报告文学文体来看，主题写作成果斐然，大多不缺失思想性。缺失较多的是思想的深刻性和文学性，即使是一些获奖作品的艺术品质也不令读者满意。所以，报告文学的评奖“坚持思想性与艺术性统一的原则”，更具针对性，也更有意义。

第八届鲁迅文学奖报告文学奖参评作品达三百三十多部篇，为历次参评最多的一次，也高居各门类参评作品数量之首。评选工作任务重，压力似乎更大。我尊重评委会的工作，对于评选的结果比较满意，大致评选出了近年来主题写作中的优秀之作。但报告文学不只是主题写作，《鲁迅文学奖评奖条例》要求评选时既要关注重点，也“兼顾题材、主题、风格的多样化”。如果能适当地兼顾到创作的多元化，那么可能更合读者之意了。

在我关注的鲁奖评选中，有很多未能获奖的优秀之作。我认为，李春雷的《木棉花开》是他最好的作品，虽为短篇却有长篇的容量，更显才情和思想的风骨。朱玉的《天堂上的云朵》是汶川大地震题材书写中的出类拔萃之作。此外，陈启文的《命脉——中国水利调查》、丁燕《低天空：珠三角女工的痛与爱》、李发锁的《围困长春》等参评作品，也基本达到了获鲁奖的水准。

罗振亚（第六届、第七届鲁迅文学奖诗歌奖评委会委员）

这一届评奖结构上相对理想，五位诗人确实都很优秀，有代表性。刘笑伟的《岁月青铜》饱含中国军人昂扬向上的精神和阳刚之气，富有家国情怀，具有思想深度，这是当下发嗲与软绵诗歌流行时节诗坛最需要的声音，正能量和艺术性结合到无缝状态，也值得诗人们揣摩。刘笑伟可视为军旅诗的代表，作为中国当代诗歌的劲旅，军旅诗在历届鲁迅文学奖的评选中都有不俗的表现，只是批评界对它的评价比较薄弱，相对滞后。陈人杰属于存在型诗人，他在西藏的眉目与形体“绘形”的基础上，尽力凸显西藏的骨骼和血肉，披露西藏人的灵魂。他的《山海间》是高海拔的精神鸣唱，代表一种有精神重量的艺术取向，善于调整、化解异质对立的矛盾艺术因子，想象力繁复、高远、奇崛，给人天高地阔、豁然开朗之感，于当下诗坛不仅是一种抗衡，更是一种启迪。韩东是实力派的优秀诗人，曾代表过一个时代，现在也仍然不老，他的诗歌和当下生活的融会很巧妙。他有写诗的天赋，平常的话语在他的唇舌之间、吞吐之后有天然的诗性，把口语和诗歌这两个相对对立的东西化合得非常理想，看上去和读者打成一片，实则底蕴深厚。我认为这种诗歌会扩大诗歌的受众面，如果诗歌都写得过于晦涩、阳春白雪，读者可能会越来越少。路也的《天空下》对现实有着细微体察，避免了以往诗歌进入生活比较薄弱的一面，她经常把叙述作为维系诗歌和世界关系的基本手段，表现出处理复杂生活的能力比较强，体现出深邃、阔达的诗意。它对诗歌发展有一点儿启示，那就是新诗要想克服自身“此在”占有性不足、处理复杂事体的能力薄弱的弊端，就必须借鉴叙事文学的长处，以缓解自身的文体压力。

诗人虽然多是人本主义者，却没有去摸索人生根本问题的，这一遗憾到了穆旦、洛夫等诗人那里得到了一定程度的弥补，而臧棣在这一向度上做得更为彻底，使观察、聆听事物之“思”由片段、局部、不自觉的穿插，上升为一种本体性的存在，完全打破了诗歌只是激情流露的迷信，以理性深邃的筋骨支撑使文本愈发坚实，这也是他《诗歌植物学》的一大亮点。百年新诗对植物的观照基本属于咏物诗范畴，诗人们的想象总是盯着其外在形态，将其作为对社会、人生和自我情感认知的隐喻体，很少能够抵达植物本质的深层。在这样相对黯淡的背景下，臧棣植物诗学建构的出场意义非凡。

鲁奖是我们国家级的文学奖项，参与评选是一件很庄严的事情，每一个评委的态度都非常端正认真，我曾参加第六届、第七届鲁奖诗歌奖评选，最后选出的五部作品，代表了当代诗歌最高的水准。我认为旧体诗、散文诗的评选值得探讨，比如有近三十部旧体诗参评，是否需要单独设一个名额？散文诗的评选标准是否和诗歌完全一致？耿林莽的散文诗初评时排名比较靠前，但最终未能评上，我觉着还是有些遗憾。

任何文学作品，都是审美意味和审美形式共时性的体现，以往的评奖强调政治性或者内容的维度，但我觉得更要讲究艺术性。有些作品看似“无用”，实则有“大用”；近距离看不一定和现实、和时代发生多么密切的关系，但是从长远角度看，和艺术、和人生关系更密切，这样的诗歌也应该被关注。鲁迅文学奖诗歌奖的评选，应该是思想和艺术达到一种平衡，有用和无用达到一种很好的结合。做得恰到好处，更能够被人们认可。如果完全都是贴近主旋律的诗歌，可能若干年之后就成为隔日黄花；如果完全强调艺术，也会出现失衡。

整体上看，历届获奖作品体现了二十一世纪诗歌的一些变化或趋势，至少有几个方面：

第一，诗人们经历了二十一世纪整个国家民族很多大悲大喜的事件，比如非典、雪灾、海啸、地震、奥运、共和国华诞等，及物意识越来越深细化、内在化，很多诗人注意参悟、承担诗歌伦理的内涵和分量，在承继九十年代的个人化写作，遏制八十年代的大词、圣词入诗的同时，努力在疼痛感和烟火气中寻找诗歌介入现实的一种对话途径，把周边的生存境遇和感受作为诗歌的资源，建构诗歌美学。并且因为诗歌直觉力的超拔，很多诗歌已经超出片段的、灵性的感悟层面，传达出对人和社会的一种独到理解，暗和了读者的深层经验，在某种程度上把若干年前诗歌和现实关系悬而未决的难题基本协调好了。

第二，诗人艺术上最明显的变化是日趋沉潜，注意诗歌本体的打磨和可能性的开掘，使整体艺术表现水准获得大幅度提高。比如说有的诗人用象征、意象的追求，但是更成熟，达到了习焉不察的程度。还有一个明显的变化就是和入世化的倾向相应和，诗人们注意挖掘细节、过程、对话和场面等等叙事性文学因素的能量，以克服诗歌在经验的占有和处理复杂事体等方面的不足，向小说、戏剧、散文等文体进行扩张，使得叙事意识越来越强，甚至将叙述作为维系诗歌和世界关系的基本手段。比如路也、陈先发的很多诗歌都具有这些特点。还有一些诗人艺术上有很明显的变化，就是大多数语言变得很朴素，返璞归真，读起来不那么累，更宽阔、更宽泛地贴近人性，贴近读者。

第三，诗人们把诗看得越来越重要，写诗、读诗成为生活的一部分，甚至在某种程度上以宗教的态度对待诗歌，非常虔诚，这实际上也是诗歌伦理的一种复苏。他们确立了一种清洁的诗歌精神，把写诗当作非常重要的一种人生活动，自身也注意人格的铸造，包括艺术手段的打磨，对整个文本精益求精，这些也都是值得深思的，也将对当下诗歌创作带来很好的影响。

谢大光（第二届、第三届散文杂文奖评委）

我先后参加了两届鲁奖散文评选。2002年，我参加了第二届鲁奖散文杂文奖评选。说是评奖，其实没有硬性的标准，思想、艺术的评价都很笼统。评选要求得票率超过三分之二才能获奖，讨论时分歧很大，评委们各自根据自己的主导思想提出五部作品，名单很分散，那一届投了三次票才选出获奖作品。

和其他门类不同，散文评选的眼光的区别太大了，大家对各自心目中应该得奖的书目分歧很大。我觉得当时鲁奖的评选有点偏保守，似乎安慰的作用更大一点，有些作家写了几十年，名气不小，但是作品究竟有多好要打个问号。鲁奖评选不能光在资历和声望上做文章，应该更多地针对文本，同时也应该新老搭配，写作时间不长但水平不低的无名作家也应该纳入评选范围。所以我当时提了三个比较年轻的作家——我更关心资历不高、有写作潜力的作家，他们的散文关注的事物和当时的散文界不太一样。但是都未能评上。

2005年我又参加了第三届鲁奖散文杂文奖评选。这一届评委只保留了上一届的三位评委，懂散文的人少了。从评委构成来看，一方面，有些专家在各自的领域很有水平，但跨界担任评委有时候会说外行话，多少有点不搭界；另一方面，如果是小说家获奖，作家一般对小说创作熟悉或有独到见解，散文似乎不一样。散文写得好大多出于自身的文化修养和文字能力，未必对当下散文面貌，或对散文理论心中清楚，这基本上不是一回事。

我最欣慰的是，这一届把大连作家素素的《独语东北》评上了。当时素素和另一位作者在第二轮评选中平票，第三轮专门对这两位作家来投，二选一。评委们陈述评选理由的时候，我就比较明确地说，素素这样的作家，如果这一届不往上推的话，是很大的遗憾。素素一个人走遍了东三省，写出了东北历史的沉重和残酷，这不是女性作家轻易可以达到的。而且她的案头工作做得很深入，把东北历史研究得比较到位，《独语东北》是历史文化散文中的一个另类，在叙述中抒情，有她自己的心理根据，和其他人写的东北不同。最终，素素在第三轮投票时以一票险胜。

第三届评选时我记得还有周晓枫的《鸟群》，终评会上我投了票，我希望以她的作品冲一冲陈旧的空气，但没有达到目的。当时散文界涌现出一些新气象，没能在这一次评奖中体现出来。史铁生的作品《病隙随笔》获奖我心服口服，并且写了授奖词。鄢烈山的《一个人的经典》我也赞同，他的杂文写得确实好。但是到了第四届评选，只评出了四部散文，杂文空缺。其实散文本身品类多，杂文只是散文中的一类，必须设定一个杂文获奖者有些不合理。如果这一届没有好的杂文，为什么非加一个杂文奖？

《贾平凹长篇散文精选》获奖我也认可，贾平凹的散文写得好，但这部不是他最好的散文。这就涉及另一个问题，散文评奖很难评出一个人最好的作品。一个作家最好的散文往往是在他名气还不够大的时候，当然也不排除老年或晚年衰年变法，达到高峰，比如孙犁。有生命力、有闯劲、有爆发力的散文，在散文评奖中很难评出来。所以获奖与否，对作家、对读者来讲，都不要太当真。名气和实力往往不是一回事。奖的名声越高、影响越大，对获奖者的压力越大。名气的顶点不是实力的顶点，甚至可能是走下坡路的起点。这种例子在作家里实在太多了。

对作家毫无了解的情况下，只对文本评选得出判断，是最好的评奖。2007 年第四届鲁奖评选的时候，因为散文组有一本百花文艺出版社出版的散文集，我需要回避，就临时从散文组调到中篇小说组担任评委，发现小说界比较活跃，不陈腐。印象最深的是，崔道怡声嘶力竭地往上推葛水平的《喊山》。他穿着红色的衬衫，极力推荐，以压倒一切的气势说："如果不评上，我这个评委不当了！"——这在散文组是没有过的，这是我在中篇小说组的一大收获。那一届非常遗憾的是，天津作家王松的《双驴记》写得非常好，我虽尽了力量，也有别的评委认同，也许在这里我终是个“门外汉”，最终落选了。我始终认为，那是王松的高峰之作。好在他的中篇小说《红骆驼》获得第八届鲁奖中篇小说奖，我觉得这个奖对于王松来说迟到了十五年。

杨扬（第八届鲁奖文学理论评论奖评委）

从一百六十一部（篇）参评作品中最终评选出的五部作品，作者无一例外都是高校教授，这反映出近些年文学理论和文艺批评的专业化程度越来越高。同时获奖的五位批评家，“60后”“70后”“80后”都有，还包括女性批评家，出版社东南西北都有，当然，主要是评论各有特色，时代性强。

本届鲁奖评选文学理论评论有一些特色是值得关注的：一是小说评论一枝独秀，其他文类批评，如戏剧批评和诗论、报告文学理论、散文评论、网络文学评论等没能在理论奖中体现出来，这可能一方面是申报得少，另一方面与小说评论相比，成熟的作品不多。二是从获奖作品看，当代文学批评与学术研究的分野比较明确，体现了评委对“何为文学批评”认识上的相似性和一致性。评审中有相当一部分成果是国家社科项目成果，评委认为，文学批评和学术研究还是有一定差别，文学批评直面作家作品和当代文学，不一定像学术研究那样对问题追根溯源，强调历史性和系统性。

小说评论在获奖中一枝独秀的现象，应该引发我们思考和重视。从当代文学的发展势头看，多文体、跨文体的现象越来越明显，如果文学评论不能保持多样化和多类型，文学批评的生态就会受到影响。“五朵金花”评出来了，但是否能够做到百花齐放呢？是否有遗漏和遗憾呢？从目前文学评论发展情况看，各种文体评论的发展势头不平衡。小说研究人员多一些，戏剧评论、诗歌评论和散文评论人员不及小说评论，成熟的著作也少一点，但不能说绝对没有。九十年代王元化先生对样板戏的评论，就是非常好的文学评论，但那时可能没有申报奖项。

中国是文艺大国，有这么多人从事文学创作和文学批评，基数非常大，鲁奖难以覆盖，会有遗漏和遗憾。这次入围的十位评论家，都是非常出色的，有的数十年来一直从事文学批评，因为各方面因素的考量，最后只有五位获奖，而另五位没有获奖，不见得这些没有获奖的，批评水平就弱，只是机缘不巧合的原因罢了。

评奖是直面当代文学、当代作家作品、当代文坛、当代现象，以理论的方式展现出来。目前常见的评论是以现有的理论来分析、阐释作家作品，而不是在评论过程中总结出新的理论和分析方法。用现有理论对作家作品总结分析，固然重要，但从文学评论更高的理论追求来看，应该期待那些对当代文学的创作经验有所提炼和升华的理论。这当然是非常难的，黑格尔用“密涅瓦的猫头鹰在黄昏中起飞”来比喻哲学和理论产生的过程，我愿借此来说明理论产生的难度。

这也是鲁奖评奖中我期待的目标。

鲁奖是国家文学奖项，代表国家某个时期的文学水准。现在有各种文学排行榜，每届评奖总会有各种各样的声音，这对鲁奖评委来说确实是一种监督和考验。参加评奖的每个评委都很珍惜自己的声誉，认真阅读，反复研讨。

现代文学评论家李健吾先生曾强调，文学批评的本质是灵魂在杰作中的冒险。以此标准来看待鲁奖获奖作品，我们可能会说得奖需要诸多评委的集体认同，那些公约数最大的作品，其文学评论的个性在哪里呢？这本身就是个矛盾。历届鲁奖非常前卫的批评文章或论著得奖率不会很高，这也是客观事实。有人问：我们最新的文学理论和批评到底有哪些？在鲁奖中有没有得到体现？这个问题问得好！切中了文学奖的软肋——文学奖是有软肋的，不是说得奖的一定都跑在最前面，可能是那些跑得稳、跑的动作比较娴熟优美的，最终获奖了。我借此想要提醒大家的是，不要因为奖项而遮蔽了广阔的文学视野。世界很大，奖项只是其中的很小部分。

获奖作品对于中国当下的文学是有引领意义的，对作家创作也会有积极的推动作用，对媒体和传播有聚焦作用。而且评出来的作品无论是对鲁奖本身，还是对评委、对作家都是一种考验。多少年后，大家回过头来看这些获奖作品时，这些作家作品能否经得起时间的考验，我想这会是中国当代文学史研究的一个课题。

董强（第七届鲁奖文学翻译奖评委会委员、第八届鲁奖文学翻译奖评奖委员会副主任）

我先后参加了两届鲁迅文学奖翻译奖的评选，感觉鲁奖的评奖方式认真严肃，来自全国各地的评委们专心阅读，相互讨论，每个人畅所欲言，尊重相互之间的意见。最后两场会有公证，程序严谨，仪式感很强。

这一届鲁迅文学奖文学翻译奖的获奖作品丰富多元，最大的特点是体现了多样性。从体裁上来说，小说、诗歌、传记、散文非常全；从语种上来说，有英语、俄语、日语，尤其是阿拉伯语，在此之前没有得过鲁奖。

相对于其他门类的评选，翻译类作品因其语言的多样性评选难度较大，需要多重把关，所以更为慎重。比方说，有些小语种我们都不是专家，对于入围的作品会再请两人以上的外聘专家把关。一个优秀的评委在评选过程中，阅读时会有直觉，几乎不需要对原文就知道译本的好坏。因为优秀的文学作品本身有一种生命力，内容、语言、结构等都有内在的逻辑，好的译者能把这些准确地传递过来，即使不懂外语也能感受到。即使有些不太好读的名著，也有自身的内在逻辑。

我连续担任十四届傅雷翻译奖的评委，对评奖有丰富的经验。我认为无论什么奖，都有一个基本前提：规则加良心。规则一定要公正，否则稍不注意就会漏掉好作品；良心就是我所说的对外国文学全部的经验和了解。这两个加在一起评判，比较容易出现好的结果。中国的翻译界完全投入翻译的人越来越少，不再像八九十年代，那个时候翻译家上手就是翻译福克纳等名家，因此会涌现出一些大家公认的耳熟能详的翻译家。翻译是需要有学识和学术作为支撑的，翻译家要靠实力，评选作品要看译者是否投入了全部的精力。打个比方，今年有个专攻艾略特的译者许小凡，翻译了戈登的《T. S. 艾略特传：不完美的一生》。艾略特是重要诗人、思想家，他的传记又是独特的，译者在翻译过程中非常精心投入，译著呈现了艾略特的生活历程和复杂内心，获得鲁奖就当之无愧。

从目前来看，学者型的译者也是外国文学翻译的发展方向。很多年轻学者有机会留学、研究名作家，在这种前提下，如果文笔、语言各方面比较高超，就可能成为合格的、优秀的翻译家。他们有学术的支撑，又有留学背景，可以平起平坐看世界，应该涌现出更多更好的翻译家。

也有一些遗憾。我个人比较喜欢《赫贝特诗集》，这部诗集收录赫贝特一生创作出版的十本诗集（含诗体散文），译者也是专门研究赫贝特的专家，没能获奖非常可惜。我作为法语专家，很遗憾法语语种没能入围。评奖遵循的是名作名译，法语翻译家阵容强大，法国文学的翻译也非常丰富繁荣，但是遗憾此次没有重头作品。